La Philosophie
De l'âge classique à nos jours

POUR LES NULS

Photographies de couverture :
Portait de René Descartes © Archivo Iconografico, S.A./Corbis
Portait de Jean-Jacques Rousseau © The Art Archive/Corbis
Friedrich Nietzsche © Bettmann/Corbis
Jean-Paul Sartre © Bettmann/Corbis

La Philosophie pour les Nuls
© Éditions First, 2008. Publié en accord avec Wiley Publishing, Inc.

« Pour les Nuls » est une marque déposée de Wiley Publishing, Inc.
« For Dummies » est une marque déposée de Wiley Publishing, Inc.

ISBN : 978-2-7540-0797-9
Dépôt légal : 3e trimestre 2008

Ouvrage dirigé par Benjamin Arranger
Correction : Bérengère Cournut
Mise en page : Marie Housseau
Illustrations : Marc Chalvin
Couverture : KN Conception
Fabrication : Antoine Paolucci
Production : Emmanuelle Clément
Imprimé en France

Tous droits réservés. Toute reproduction, même partielle, du contenu, de la couverture ou des icônes, par quelque procédé que ce soit (électronique, photocopie, bande magnétique ou autre) est interdite sans autorisation par écrit des Éditions First.

Le Code de la propriété intellectuelle interdit les copies ou reproductions destinées à une utilisation collective. Toute représentation ou reproduction intégrale ou partielle faite par quelque procédé que ce soit, sans le consentement de l'Auteur ou de ses ayants cause est illicite et constitue une contrefaçon sactionnée par les articles L335-2 et suivants du Code de la propriété intellectuelle.

Éditions First
60, rue Mazarine
75006 Paris – France
Tél. : 01 45 49 60 00
Fax : 01 45 49 60 01
E-mail : firstinfo@efirst.com
Site internet : www.editionsfirst.fr

La Philosophie
De l'âge classique à nos jours
POUR LES NULS

Christian Godin

À propos de l'auteur

Christian Godin, philosophe, est maître de conférences de philosophie à l'université de Clermont-Ferrand. Auteur d'une trentaine d'ouvrages, il a notamment publié *La Totalité* (sept volumes, Champ Vallon, 1997-2003), *Au bazar du vivant* (en collaboration avec Jacques Testart, Seuil, 2001), *Dictionnaire de philosophie* (Fayard/Éditions du temps, 2004), *Le Nouveau Cours de philosophie* (Éditions du temps, 2004), *La Guerre* (Éditions du temps, 2006), *Petit Lexique de la bêtise actuelle* (Éditions du temps, 2007) et *Le Triomphe de la volonté* (Champ Vallon, 2007). Aux Éditions First, il est également l'auteur du *Comptoir philosophique* (2007) et du *Bac philosophie pour les Nuls* (2008).

Dédicace

Trouvant le genre de la dédicace faux et artificiel, je ne m'y suis jamais adonné. Pour cette fois, je fais une exception.

Cet ouvrage est dédié à Marie-Christine, ma sœur bien-aimée, morte scandaleusement jeune, d'un cancer. Elle qui aimait la pensée critique et enjouée aurait eu sur ce travail un regard qui me manque.

Remerciements

Mes remerciements à Benjamin Arranger, des Éditions First, qui a su me convaincre de mener à bien ce projet, en abattant une par une, avec une discrète insistance, les barrières dont j'avais cru me protéger.

Mes remerciements à tous les «nuls», présents, passés et futurs, connus et inconnus, parce que c'est à eux que j'ai pensé en rédigeant cette histoire de la philosophie – un pari dans lequel je ne me serais sans eux jamais lancé.

Mes remerciements enfin à tous les censeurs sévères de la philosophie, vrais ayatollahs de la pensée, car l'idée de les exaspérer a suscité en moi une réelle délectation.

Sommaire

Introduction 1
- À propos de ce livre 2
- Comment ce livre est organisé 3
  - Première partie : L'âge classique (XVIIe-XVIIIe siècles) 4
  - Deuxième partie : La philosophie moderne (XIXe siècle) 4
  - Troisième partie : La philosophie contemporaine
    (XXe-XXIe siècles) 5
  - Quatrième partie : Partie des dix 5
  - Cinquième partie : Annexes 6
- Les icônes utilisées dans ce livre 6
- Et maintenant, par où commencer ? 8

Première partie : L'âge classique : XVIIe-XVIIIe siècles 9

Chapitre 1 : L'aube des temps modernes : Bacon, Hobbes, Descartes 11
- Francis Bacon : la science physique sera expérimentale 11
  - On ne commande à la nature qu'en lui obéissant 13
  - La division des sciences 14
  - La chasse aux idoles et aux faits 14
  - Une autre logique 15
- Thomas Hobbes : la science politique sera mécanique 17
  - La légende noire de Hobbes 17
  - Ne pas confondre les mots avec les choses 18
  - Une pensée mécaniciste et artificialiste 18
  - Léviathan 19
  - La théorie politique de Hobbes justifie-t-elle
    le despotisme ? 20
  - L'absolutisme n'est pas le totalitarisme 21

L'absolutisme n'est pas le totalitarisme.................................21
Religion et politique : premier aperçu sur la laïcité..............22
René Descartes, le cavalier français parti d'un si bon pas.........23
    La raison cartésienne 23
    La porte grande ouverte au songe..25
    Une philosophie de la certitude..26
    L'unité de la connaissance..27
    La méthode contre l'encyclopédie : un coup de froid fatal....27
    Le « Discours de la méthode »..28
    « Les Méditations métaphysiques »..31
    Le mécanisme cartésien...32
    La théorie de l'animal-machine 33
    Dieu toujours en place...34
    Le monde est une fable..35
    L'étrange dialogue de l'âme et du corps 36
    Pourquoi est-on séduit par des défauts physiques ?..............37
    Une morale de la générosité...38

Chapitre 2 : La raison à l'infini : Spinoza ou Leibniz..41

Spinoza, comète dans le ciel des idées 41
    La légende noire de Spinoza...42
    La réalité est parfaite !...43
    L'éternité ici et maintenant !...43
    Substance, attributs, modes...44
    Dieu ou Nature (au choix)...45
    Toute détermination est une négation 46
    Et l'homme dans tout ça ?...47
    Les trois genres de connaissance..48
    La raison contre les êtres de raison...48
    L'âme et le corps de conserve..49
    Puissance égale joie égale liberté 50
    Le penseur de la démocratie..51
    Spinoza en précurseur de la laïcité..52
Leibniz, soleil de tous les mondes 53
    Un philosophe éclectique...53
    Une philosophie de l'intégration..54
    Une bête de sommes..55
    Le labyrinthe, l'océan et le jeu de miroirs...............................55
    Pas de sauts, pas de bâtons rompus 56
    La pensée du lien...58
    Semblable ne veut pas dire identique 59

Une pluralité de substances toutes différentes.................................60
Un centre de forces et de perceptions 61
L'harmonie universelle 62
La symphonie de l'âme et du corps 63
Vérité de raison, vérité de fait 63
Le meilleur des mondes possibles 64
La théodicée : Dieu ni responsable ni coupable 65
L'œcuménisme leibnizien 67

Chapitre 3 : Dieu fait de la résistance 69

La réaction des platoniciens de Cambridge 70
Les idées viennent d'ailleurs 70
La nature est une artiste..70
Malebranche : qui n'a pas vu Dieu n'a rien vu 71
L'occasion fait bien des choses 71
Voir en Dieu est donné à tout le monde !..................................72
L'emboîtement des germes 73
Pascal, effrayé par le silence éternel des espaces infinis 74
L'effrayant génie 75
Des nains juchés sur des épaules de géants............................75
Les trois ordres...76
Esprit de géométrie, esprit de finesse 76
Les deux infinis et l'homme au milieu 77
La controverse du jansénisme...78
Vanité des vanités 80

Chapitre 4 : L'empirisme : retour à la réalité commune 83

Qu'est-ce que l'empirisme ? 83
L'empirisme est analytique..83
L'empirisme est nominaliste..84
L'empirisme est subjectiviste...84
L'empirisme est relativiste...84
L'empirisme est émotiviste 85
Locke, ennemi des idées innées et père du libéralisme politique 85
Au commencement, l'expérience...86
Le problème de Molyneux : un aveugle pour voir 86
L'acquis contre l'inné..87
Les deux sortes d'idées 87

		Enfin l'enfant paraît !..89
		Une philosophie de la tolérance...89
		La légitimation de la propriété privée 89
		Une philosophie individualiste..90
		Les trois pouvoirs 91
	Berkeley, un évêque non sans toupet..92
		Être, c'est être perçu..92
		Le bon sens se rebiffe...93
		L'eau de goudron mène à tout, à condition d'en sortir 94
	Hume, celui qui a empêché Kant de dormir plus longtemps 94
		Les atomes psychiques 95
		Générosité du sujet 96
		L'association des idées..96
		Pourquoi une telle attention à la causalité ? 97
		Et si le soleil ne se levait pas demain ? 98
		La réhabilitation de la croyance..99
		Le monde plus important que mon doigt ? 100
		Un scepticisme mitigé...101
	Condillac, l'abbé animateur de statues 102
		Il suffirait d'une rose pour éveiller une statue à la pensée .. 102
		De fil en aiguille, la statue est devenue une philosophe 103

Chapitre 5 : La philosophie des Lumières : éclairage, illumination ou éblouissement ? 105

	Qu'est-ce que les Lumières ?...105
	Le siècle de la nature..106
		L'illusion de l'homme blanc 107
		Fonction de l'idée de nature 107
	Naissance de l'esthétique 109
	Naissance de la philosophie de l'histoire 110
		Vico contre Descartes..110
		Une conception élargie de la pensée 110
		Les trois âges de Vico 111
	Naissance de l'esprit encyclopédique...112
		L'idéal encyclopédique contre le système 112
		Le triomphe de l'idée de progrès 113
	Une nouvelle pensée de la loi 115
		Montesquieu, un homme de loi qui ne manque
		pas d'esprit 115
		Beccaria ou l'intelligence des lois..117
	Une nouvelle pensée de la société 119

Les vices privés profitent à tous 119
La main invisible : la providence du marché..........................120
Changer l'ordre du monde 121
D'où vient l'idée de droit de l'homme ? 121
La radicalité révolutionnaire 122
Qu'avez-vous à déclarer ? Ma liberté !...................................123
Un nouveau matérialisme 123
La Mettrie, le philosophe de l'homme-machine...................125
Helvétius, la morale comme une physique 125
D'Holbach, un baron bien carré 126
L'aspiration à la religion naturelle..126
Déisme et théisme..126
Naissance d'une vertu : la tolérance 127
Les forces vives de la déraison..129
Entre l'initié et le citoyen, il faut choisir !...............................130
Rousseau ou l'art de transformer ses rêveries en projets........131
La représentation comme corruption 131
Nature et société 132
Rousseau n'était pas pour notre retour dans les bois !........133
Le Contrat social : tous les hommes doivent s'y retrouver .134
Si l'origine est la clé de tout, comment la trouver ?...............135

Chapitre 6 : Kant, le philosophe de la limite et de l'universel 137

Les fondations 138
Qu'est-ce que le criticisme ?..138
Ce que Kant pensait avant sa naissance 139
Le programme critique : répondre à trois questions 140
La révolution copernicienne..140
Une théorie de la connaissance 141
La connaissance doit être à la fois rigoureuse et féconde...141
Universel et nécessaire..143
Critique de la raison pure 143
Qu'est-ce, enfin, que le transcendantal ?................................145
L'imprudence de la prudence..147
Ne pas manquer d'expérience...148
Phénomène et chose en soi..148
Le mariage réussi des cadres a priori et des contenus
empiriques 149
La vérité n'est pas une chose mais une qualité......................151
La table des catégories et la table des jugements 152

        La raison passe outre..153
        Les trois illusions de la métaphysique.............................153
        On ne connaîtra jamais tout le monde 154
        Dieu n'est pas démontrable 155
    Une théorie de la morale...156
        La religion dans les limites de la simple raison................156
        L'usage pratique des noumènes.......................................156
        La liberté du sujet pratique 157
        La bonne volonté est meilleure qu'on ne pense...............158
        La nécessité de la loi..159
        L'impératif catégorique 160
        D'abord le devoir ; pour le bonheur, on verra après !...........161
        La loi morale est-elle plus forte que la crainte
        de la mort ?...162
        Des mains pures mais pas de mains 163
        Un nazi peut-il sérieusement se réclamer de Kant ? 164
        La dignité et le respect..164
        Les limites d'un homme de génie......................................165
    Une théorie du jugement...166
        Jugement déterminant et jugement réfléchissant............166
        Le jugement de goût..166
        Les quatre définitions du beau 167
        Pour l'amour de l'art, cessez de penser un autre chose !.....170
        Le sublime : au-delà du beau...170
        Le génie : l'édifiante histoire d'un petit dieu romain........171
        La finalité dans la nature 172
        L'insociable sociabilité 173
        Une philosophie idéaliste mais non utopique
        de l'histoire 174

Chapitre 7 : La génération romantique ou l'absolu à portée d'esprit.............................177

    Contre Kant, tous !...177
        Anti-Kant..178
        La revanche du sentiment...178
        L'amour, toujours l'amour !..179
        Avec un zeste de Witz !..180
        Le retour du serpent : un et tout 180
        Refaire ce que Kant a défait et retrouver la nature !...........181
    La mesure de la nature 182
        L'organisme de la nature 182

La métamorphose : tout est chenille et tout est papillon 183
La spiritualisation de la matière 183
L'homme total à la mesure de la nature 184
Le rêve de la communauté humaine 184
L'art en guise de religion 185
Fichte recolle les morceaux du vase brisé par Kant 186
Reconstituer le savoir absolu 187
Au commencement était l'action 187
Pas d'existence hors de l'État ! 188
Fichte dans les griffes nazies 189
Schelling : la nuit où toutes les vaches sont noires 190
Polarité et compensation 191
Peut-on être philosophe et croire aux revenants ? 191
L'art et la religion 191
La philosophie comme la mer, toujours recommencée 192

Deuxième partie : La philosophie moderne : XIXe siècle 193

Chapitre 8 : Hegel : la totalité en système 195

L'empereur de la philosophie moderne 195
Un cercle de cercles 196
La raison reprend l'avantage sur l'entendement 197
Planisphère du système hégélien 198
La patience du négatif 200
Les exemples du germe et du gland 201
La mort de Dieu, autre exemple de dialectique 202
Encore plus fort : l'être identique au néant ! 203
La vérité passe par la case « erreur » 204
L'anchois et le pourceau 205
Le concret devient abstrait et l'abstrait, concret ! 207
Hegel était-il un romantique ? 207
Pas la nature mais la culture ! 208
L'absolu, en fin de compte 208
L'odyssée de la conscience, sirènes et cyclopes compris 209
La Phénoménologie de l'Esprit 210
La conscience malheureuse 210
La belle âme 211
La dialectique du maître et de l'esclave 211

La raison est une taupe 212
  Ce qui est rationnel est réel et ce qui est réel
  est rationnel 212
  La ruse de la Raison 213
L'art et l'histoire 214
  L'art ou l'Esprit absolu à la portée de nos sens 214
  La mort de l'art 215
  Les quatre moments de l'Histoire universelle......................216
  La fin de l'Histoire 217
  Hegel totalitaire?..217

Chapitre 9 : Auguste Comte : de la rigueur scientifique à la rêverie religieuse 219

L'inventeur du positivisme 219
  L'origine du positivisme 219
  Plus de pourquoi! Que du comment! 220
Les classifications du positivisme 220
  La loi des trois états 220
  Les trois états de la religion 221
  L'ordre des sciences...222
Comment user de la science 223
  Contre la réduction et contre le mélange...........................223
  La science de la société..223
  Science, d'où prévoyance ; prévoyance, d'où action............224
  Au-delà de cette limite, le ticket n'est plus valable...............224
Rives et dérives 225
  Ordre et progrès 225
  La religion de l'humanité 226
  La religion de l'humanité sélective 227
  Le destin du positivisme 228

Chapitre 10 : Kierkegaard, le maître des existentialistes 229

Le subjectif contre Hegel..229
  Les miettes philosophiques contre le pain complet............229
  Le choix de la petite partie contre le grand tout..................230
  Napoléon a-t-il existé ? 231
Kierkegaard, le pathétique...232
  Pas chez lui dans ce monde 232
  Un visage et des masques ou bien plusieurs visages?.........233

Le pathétique de l'existence 234
Le christianisme trahi 235
Les trois stades de l'existence et leurs couloirs 236
    Le stade esthétique 237
    Le sens sérieux de l'ironie 238
    Le stade éthique 238
    Le sens sérieux de l'humour 239
    Le stade religieux 239

Chapitre 11 : Marx, un moment capital 241

Retrouver la réalité 241
    Un philosophe, entre autres 241
    L'idéalisme, voilà l'ennemi ! 242
    Les beaux rêves de la chambre obscure de l'idéologie 243
    L'opium du peuple 244
Un matérialisme social 245
    Rapports sociaux et matérialisme 245
    Le moteur de l'Histoire 246
    Matérialisme, oui, mais dialectique ! 246
    La naissance du capitalisme ne fut pas une mince affaire ...247
    L'essence du capitalisme, les sens du capitalisme 248
    Le premier philosophe de la mondialisation 250
Des idées fondatrices 250
    Un philosophe de la liberté 250
    L'homme total : rien n'est trop grand pour lui 252
    La lutte des classes 252
    L'internationalisme prolétarien contre l'universalisme
    bourgeois 254
    Qu'est-ce que le communisme ? 254
La postérité de Marx 256
    De Marx au marxisme 256
    Marx est-il responsable du goulag ? 257
    Nous ne sommes pas responsables des imbéciles
    qui nous admirent 259
    Marx est-il mort ? 259

Chapitre 12 : Schopenhauer : la réalité est toujours pire qu'on ne pense 261

Un pessimisme radical 261
    Un maître de l'absurde 261

Le Monde comme Volonté et comme représentation............262
Le pire des mondes possibles 263
Un faible salut moral et esthétique...264
La voix de l'Inde...264
Le baume de l'art..264
La fortune de Schopenhauer 265

Chapitre 13 : Nietzsche, notre premier contemporain 267

Ainsi parlait Nietzsche..267
Grandes moustaches et petites oreilles 267
Pourquoi l'aphorisme ?...268
Apollon et Dionysos, frères ennemis de l'art........................269
La démolition des temples de la culture 270
Dieu est mort 270
L'athéisme n'est pas forcément bon signe............................271
Le diagnostic et le pronostic du nihilisme............................272
Comment voulez-vous ?..273
La volonté de puissance est partout 273
La volonté de puissance n'est pas une armée en marche....274
Les deux volontés de puissance...275
Le surhomme n'est pas Superman...276
L'éternel retour n'est pas le mouvement perpétuel.............276
La Généalogie de la morale 278
Nietzsche était-il nazi ?..279

Troisième partie : La philosophie contemporaine : XXe-XXIe siècles *283*

Chapitre 14 : Les aventures de la vérité 285

Le doute sur l'absolu de la vérité...285
Les difficultés de la conception classique de la vérité.........285
Une philosophie typiquement américaine :
le pragmatisme 287
Sérieux doutes sur la fabrique de la vérité 288
La crise des fondements..288
Les mathématiciens se battent comme des chiffonniers.....289
Gödel déçoit Hilbert...290

Deuxième tremblement de terre : la révolution quantique .. 290
La bataille de l'holisme et de l'individualisme 291
Les restaurateurs sauvent les meubles 293
  Alfred North Whitehead : une nouvelle philosophie
  de la nature 294
  Karl Popper : une épistémologie moyenne 294
  Gaston Bachelard, le philosophe du non 297
  François Dagognet : le meilleur congé à la métaphysique ... 297
  Thomas Kuhn : la théorie des paradigmes 298
Le côté des démolisseurs 298
  Une épistémologie dadaïste : Paul Feyerabend 299
  Michel Foucault : la vérité est un effet de pouvoir 299
  Doutes sur l'induction 301
  L'herméneutique : de la jouissance de la vérité
  au plaisir du sens 301
  Jacques Derrida, le déconstructeur édifiant 303

Chapitre 15 : La mise au jour de l'inconscient 307

Les découvertes de Freud 308
  Les trois blessures narcissiques infligées à l'homme 308
  Névrose et psychose 309
  De l'hypnose à la méthode d'association libre 309
  L'énigme de l'hystérie 310
L'inconscient, autre monde intérieur 310
  Le doute en soi inoculé par le rêve 310
  Je suis deux 311
  L'inconscient a ses raisons que la raison ne connaît pas 312
  La fonction centrale du complexe d'Œdipe 313
Les manifestations de l'inconscient 318
  Le rêve : la voie royale pour accéder à l'inconscient 318
  Le langage des symptômes 320
  Les actes manqués ne le sont que pour la conscience 320
  Les mots d'esprit 321
  La seconde topique : la triade du moi, du ça et du surmoi .. 322
  De quoi l'inconscient est-il constitué ? 323
Regards sur Freud et la psychanalyse 326
  Freud était-il un obsédé ? 326
  L'expansion de la psychanalyse : les successeurs
  de Freud 327
  L'inconscient structuré comme un langage 329
  Une critique radicale de la psychanalyse : Gilles Deleuze ... 330

Chapitre 16 : Conscience, être, existence 333

Bergson, philosophe de la durée créatrice 333
   Un précurseur : Maine de Biran 333
   La science fait son cinéma et nous l'impose ! 334
   La durée s'oppose au temps comme l'intuition
   à l'intelligence 335
   La durée est créatrice 337
La phénoménologie : retour aux choses mêmes 338
   Qu'est-ce que la phénoménologie ? 338
   Toute conscience est conscience de quelque chose ! 339
   La Terre ne se meut pas ! 340
Une école de pensée particulièrement féconde 341
   Merleau-Ponty, le philosophe de la chair des choses 341
   Paul Ricœur, la conscience avertie 342
   Levinas : de la phénoménologie à l'éthique 344
Heidegger : tout d'abord l'être et ensuite rien que lui 345
   La poésie jouée contre la science 346
   La conscience disparaît au profit du Dasein 347
   Un exemple d'existential : le souci 347
   La technique signe le triomphe de la métaphysique ! 348
   La philosophie de Heidegger est-elle nazie ? 349
Sartre : une conscience engagée 350
   L'angoisse, l'épreuve de la liberté, la preuve de la liberté ... 351
   La conscience n'est pas une chose mais une action 351
   La liberté sans limite est le propre de l'existant 352
   Assumer ce que l'on est devenu 353
   La liberté est toujours en situation 354
   Le regard croisé 354
   L'enfer, c'est les autres 355
   Sartre n'a-t-il été qu'un philosophe ? 355
   Sartre s'est-il beaucoup plus trompé que n'importe qui ? ... 356

Chapitre 17 : Le tournant linguistique de la philosophie analytique 359

On ne change pas de langage comme de chemise 360
   L'ordre des choses, des idées, des mots 360
   Hegel, voilà l'ennemi ! 361
   Le choix de l'extension aux dépens de l'intension 361
   Une difficulté à propos de la théorie des ensembles 362
   Ne pas tirer de plans sur la comète ! 364

Exemple assassin de raisonnement par récurrence..............365
Un travail insensé sur le sens...................................366
Sérieux doutes sur la traduction................................367
Wittgenstein ou la fin d'un ton grand seigneur.......................368
Éclaircir plutôt qu'élucider.......................................369
La question du second Wittgenstein..............................369
La prison du langage...370
Implications de cette pensée du langage.....................................371
Un empirisme logique..371
Quand dire, c'est faire...371
Un exemple d'énoncé performatif : le négationnisme...........372
La théorie émotiviste de la morale................................373

Chapitre 18 : Les avatars de la justice 375

Les derniers feux du marxisme...375
L'école de Francfort, branche dérivée du tronc marxiste........376
La raison est-elle coupable du pire ?...........................377
Marcuse, le philosophe des campus de 1968.........................378
Habermas, le flambeau de l'universel............................379
Hannah Arendt pense le totalitarisme...................................380
Du côté libéral, le triomphe de l'utilitarisme......................382
Les grandes idées de Bentham.................................382
John Stuart Mill, un démocrate exemplaire.....................383
Le regain du libéralisme...384
L'État minimal..384
John Rawls fonde une nouvelle théorie de la justice..............385
La fiction du voile d'ignorance..................................385
Critiques de la théorie de la justice comme équité...........386
Hans Jonas, le premier philosophe de l'écologie....................387
Le principe responsabilité.......................................388
L'heuristique de la peur..388
La nécessité d'une nouvelle morale............................389
Le monde partagé entre universalisme et différentialisme......389

Chapitre 19 : Mort et transfiguration :
la philosophie au XXIe siècle 391

Inventaire avant travaux 391
Les maux de la fin, les mots de la fin........................391
Paysage après la bataille..391
« La pensée faible »..393

La mondialisation de la philosophie..........................394
La philosophie est aussi dans la rue.........................395
La pensée essaie de sauver sa peau 396
Esprit, es-tu là?..397
Au-delà du dualisme..398
Le fantôme dans la machine 399
Le sophisme de l'homoncule 400
Le cerveau dans la cuve 401
La chambre chinoise..401
La société existe encore!..402
La fin de l'Histoire?..403
Et Dieu dans tout ça?...405
L'homme en question 405

Quatrième partie : Partie des dix 409

Chapitre 20 : Dix grandes questions.......................411

Le monde existe-t-il en dehors de nous?........................411
D'où vient l'homme?..414
Quelle est la nature de l'être humain?.........................415
Quelle est la nature de l'être vivant?.........................417
D'où vient la société?..418
Quel est le moteur de l'histoire humaine?......................419
D'où vient le langage?..420
D'où viennent les idées?..421
Quelle est l'origine de la morale?..............................422
Quelle est la nature de la vérité?..............................422

Cinquième partie : Annexes 425

Annexe A : Pour aller plus loin 427

René Descartes..427
Baruch Spinoza..427
Gottfried Wilhelm Leibniz 427
Blaise Pascal 428
John Locke 428
David Hume..428
Cesare Beccaria...428

Jean-Jacques Rousseau 428
Emmanuel Kant 428
Friedrich Hegel 429
Arthur Schopenhauer 429
Auguste Comte 429
Søren Kierkegaard 430
Karl Marx 430
Friedrich Nietzsche 430
Sigmund Freud 430
Henri Bergson 430
Gaston Bachelard 431
Martin Heidegger 431
Ludwig Wittgenstein 431
Jacques Lacan 431
Jean-Paul Sartre 431
Hannah Arendt 432
John Langshaw Austin 432
François Dagognet 432
Michel Foucault 432
Michael Wälzer 433
Peter Sloterdijk 433

Annexe B : Liens utiles 435

Index 437

Introduction

Imaginons un homme assis à la table d'un restaurant. On lui présente la carte. Il commence par remarquer à la ligne «bavette» qu'il y a une faute d'orthographe à «échalote» écrite avec deux *t*, puis observe attentivement l'écriture et l'encre, plonge sa cervelle, qu'il croit innocente comme celle d'un agneau, dans la magie des termes qui, ainsi qu'en amour, fait venir l'eau à la bouche, rêve sur le beau mot équivoque de «Menu» gravé sur la couverture en similicuir. Lorsque le serveur vient prendre la commande, notre penseur reste muet, parce que le langage lui a tenu lieu de réalité et que, en spéculant sur la matérialité et le symbole du texte, il en a oublié de manger.

N'allons pas croire que cet étrange client est un cas unique de son espèce. Il ressemble à nombre de nos professeurs en philosophie qui n'aiment rien tant que d'oublier et de faire oublier la chose au profit de ses conditions. C'est peu de dire que ceux-là restent sur leur faim et nous laissent sur la nôtre (certains croient s'en tirer en nous soûlant...). Le grand public des curieux a une faim de philosophie que les exégètes du même nom n'ont pas rassasiée.

Platon pensait que l'esprit de n'importe qui, fût-il esclave, contenait déjà tout le savoir possible, le travail du dialogue consistant dès lors à le mettre au jour. Descartes écrivit son *Discours de la méthode* en français, et non en latin, la langue savante de l'époque, de manière à être compris même des femmes. Leibniz, qui fut avec Newton le cerveau le plus productif de son temps, se faisait fort d'expliquer les grandes lignes de sa pensée (pourtant complexe) à n'importe quel honnête homme de son temps en un quart d'heure.

Le siècle écoulé aura eu tendance à oublier cette leçon: une pensée n'existe vraiment que si elle est comprise. Dépouillée petit à petit par la science des secteurs du savoir qui faisait d'elle depuis les Grecs la connaissance par excellence, la philosophie a souvent eu pour réaction de se réfugier dans les ténèbres de ses abstractions. Elle cultiva avec un soin tout particulier la manie du négatif; l'impossible sous toutes ses formes (l'incompréhensible, l'incommunicable, l'intraduisible…) devint son maître mot, le fin fond de sa pensée.

Contre ce préjugé de l'impossible, qui agit comme la plus impitoyable des censures – car dans le totalitarisme aussi, la pensée franche est impossible –, il faut dire et répéter que la philosophie est, comme la musique et comme l'amour avec lesquels elle a tant de points communs, l'affaire de tous. La connaissance, le plaisir, le sens de la vie, la communauté politique, la beauté des êtres, l'inattendu des événements, la faute, la mort, l'espoir: il n'est pas absolument indispensable d'avoir fait dix ans d'études, ni de connaître le grec et l'allemand, pour avoir une idée de ce qu'ont pu en dire les plus grands philosophes de l'histoire.

L'univers de la philosophie, dont le big-bang eut lieu presque en même temps en Grèce, en Inde et en Chine, il y a vingt-cinq siècles, est loin de constituer une unité homogène. S'il partage avec l'univers physique cette caractéristique d'être en expansion, il se disperse rapidement en lieux qui n'ont pratiquement pas de relations d'échange entre eux. Les hommes, les doctrines font bien davantage que différer: ils se contredisent. Qui dira jamais la vérité sur l'art, le sentiment, le gouvernement des hommes ou la croyance religieuse? Des questions que l'homme ne peut pas s'empêcher de poser tout en étant dans l'incapacité de les résoudre de manière définitive, voilà l'espace symbolique dans lequel se déploie le monde de la philosophie.

À propos de ce livre

C'est à cette formidable aventure, qui pour une bonne part a constitué l'histoire, que le lecteur est convié. Ce livre n'a pas la prétention de présenter une vision personnelle ou originale de la philosophie et de son développement. Bien des ouvrages, rédigés par des spécialistes reconnus, remplissent avec plus ou moins de bonheur cette fonction.

La Philosophie pour les Nuls a pour ambition d'offrir dans une langue accessible à tous une approche de la philosophie à travers son histoire. Elle possède, du moins je l'espère, les qualités du panorama (la vision large et le plaisir de l'instant), mais aussi ses limites : la généralité des grandes lignes qui estompent les détails.

Nous allons ainsi parcourir quatre siècles d'histoire de la pensée philosophique. Non pas à la façon des collectifs de chercheurs spécialistes, chacun attaché à un auteur et assez indifférent à ceux qui le précèdent et qui le suivent. Non pas à la manière de ceux qui ne se déplacent plus qu'à la vitesse de la lumière et prétendent faire le tour de toutes les questions avec seulement quelques flashs d'informations. Nous allons plutôt tâcher de caractériser, le plus simplement mais aussi le plus fidèlement possible, les grandes philosophies dans leur originalité propre.

Dans cette *Philosophie pour les Nuls*, une place importante sera réservée aux images et aux comparaisons : c'est grâce à elles que les idées prennent des couleurs. Ainsi ne sera-t-on pas étonné d'y voir voler la colombe de Kant ou rugir le lion du Zarathoustra de Nietzsche. Et comme les philosophes ne sont pas des esprits sans corps ni des noms séparés d'une vie d'homme et qu'il est souvent instructif ou amusant de rappeler tel détail de leur existence ou de leur caractère, nous avons également fait la part belle aux portraits.

Comment ce livre est organisé

Vingt chapitres constituent ce livre. Ils sont regroupés en quatre parties suivies d'annexes. Les trois premières se suivent selon un ordre chronologique, depuis ces inventeurs de la modernité philosophique que furent Bacon, Hobbes et Descartes dans la première moitié du XVIIe siècle jusqu'aux philosophes d'aujourd'hui et de demain, qui ont encore fort à faire, comme nous le verrons.

Première partie : L'âge classique (XVIIe-XVIIIe siècles)

Trois hommes marquent l'entrée de la philosophie dans la période moderne qui met fin à la Renaissance – un Français, Descartes, et deux Anglais, Francis Bacon et Thomas Hobbes. Historiquement parlant, ils sont les témoins de bouleversements qui ont en partie (en partie seulement, car, en matière d'histoire des idées, il faut se garder des schémas trop simplistes) leur traduction dans leur philosophie : l'émergence de l'individu libre, l'apparition de véritables sciences de la nature fondées sur l'observation et l'expérience (et non plus sur la seule spéculation), la souveraineté de l'État, la constitution d'une société sur d'autres bases que religieuses… Bref, les cadres généraux qui sont encore ceux de notre monde d'aujourd'hui. Cet âge classique, que l'on associe un peu vite à l'ordre immuable des châteaux et jardins royaux, est aussi celui des révolutions en tous les domaines : scientifique, moral, politique. Ce n'est pas un hasard si les révolutionnaires de 1793 reconnaîtront en Descartes et en Bacon des frères.

Deuxième partie : La philosophie moderne (XIXe siècle)

Un polémiste de droite a écrit il y a une centaine d'années un livre sur « le stupide XIXe siècle ». Pour un philosophe, ce siècle fut, à l'inverse, l'un des plus intelligents qui soit. Il va de Hegel à Nietzsche en passant par Auguste Comte, Kierkegaard, Marx et Schopenhauer. Ces penseurs ont évidemment marqué notre temps de manière plus directe que leurs prédécesseurs. Symboliquement, ce sont les premiers philosophes dont on ait des photographies (et pas seulement des portraits) : l'effet de réalité n'est plus le même. Ces philosophes sont presque nos contemporains. En fait, si l'on y regarde bien, aucun philosophe du XXe siècle, même très grand comme Bergson ou Husserl, n'a eu un impact aussi grand qu'Auguste Comte, Marx ou Nietzsche. Génial XIXe siècle !

Troisième partie : La philosophie contemporaine (xxe-xxie siècles)

Un contemporain, c'est celui que l'on peut voir et entendre. Mais sa proximité ne nous le rend pas forcément plus familier. S'il est encore trop tôt pour faire le bilan du terrible xxe siècle, du moins est-il possible de donner un aperçu des idées qui ont animé des philosophes tels que Bergson, Husserl, Sartre, Merleau-Ponty ou Derrida. Nul progrès au demeurant : la philosophie n'est pas une marche dans le désert et il n'y a aucune oasis en son point d'arrivée.

Notre histoire débouchera donc non sur une lumière mais sur une interrogation (la même pourrait être posée en art) : le temps est-il encore à la philosophie ? Cette aventure commencée avec les sages de la Grèce, de l'Inde, de la Chine et de la Palestine est-elle à lire comme une histoire déjà finie, à admirer comme un musée, un patrimoine, ou bien peut-elle continuer de vivre en nous, et surtout par nous ? Au lecteur de trancher (en prenant garde de ne pas se couper).

Quatrième partie : Partie des dix

Les lecteurs, utilisateurs, habitués et maniaques de cette collection connaissent bien cette « partie des dix » qui est son signe distinctif, sa marque de fabrique. Plutôt que comme une récapitulation, une révision en vue d'un examen, nous l'avons conçue comme une espèce de session de repêchage : seront évoqués des noms et des idées qui n'ont pas trouvé place dans les chapitres précédents. Le monde existe-t-il en dehors de nous ou bien n'est-il qu'une idée de notre esprit ? D'où vient le langage ? Quelle est l'origine de nos conceptions morales ? Telles sont quelques-unes de ces grandes questions qui seront abordées dans cette partie et auxquelles la philosophie donne, à défaut de solutions (apanage des sciences et des techniques), des réponses.

Cinquième partie : Annexes

Une bibliographie sélective vous fournira les indications les plus précieuses pour aborder les grands philosophes, car les montagnes les plus rudes ont toujours une voie d'accès relativement facile. Découvrez enfin les quelques grands sites philosophiques proposés sur Internet : la philosophie honnête et au net grâce au Net !

Les icônes utilisées dans ce livre

La philosophie n'est pas un film burlesque, on s'y lance des arguments plutôt que des tartes à la crème. Elle n'est pas pour autant ce plateau aride et désolé que certains nous présentent de leur écriture desséchée. Descartes, philosophe physicien de l'optique et amoureux des femmes qui louchent, Spinoza gardant le manteau troué qu'il portait le jour où un fanatique tenta de le poignarder, Nelson Goodman imaginant des émeraudes qui ne seraient plus vertes, tels sont quelques-uns des tableautins dont l'histoire de la philosophie nous réserve la surprise.

Une chouette, une taupe, une colombe, des porcs-épics, un lion – si l'on excepte le raton laveur de Prévert, la philosophie pourrait constituer une ménagerie à peu près complète. N'allons pas croire que les philosophes ne manipulent que des idées abstraites : ils ont volontiers recours aux symboles pour rendre plus accessibles leurs idées. Profitons-en, servons-nous d'eux !

On a comparé les citations aux diamants d'une couronne. Qui n'a jamais éprouvé la le bonheur de citer ? C'est un plaisir comparable à celui de dérober, accompagné d'un sentiment de fierté. Parmi les citations, on a choisi les plus belles et les plus représentatives ; elles ne sont pas forcément les plus connues, même si parmi elles figurent un certain nombre de phrases célèbres. Elles sont à prendre, donc éventuellement à apprendre. Notre civilisation a beau n'être plus celle du livre, des citations bien placées dans un texte écrit ou dans une conversation ne manquent pas de produire encore leur effet. Soyez donc sans pudeur : pillez ce livre !

 Saviez-vous que c'est Leibniz qui a inventé le terme d'éclectisme, que c'est Kant qui a forgé l'expression de « société des nations », que c'est Auguste Comte qui a inventé le terme de « sociologie » et fourni la devise qui figure sur le drapeau brésilien ? La philosophie est volontiers là où on ne l'attend pas !

 *La Critique de la raison pure* de Kant, *La Généalogie de la morale* de Nietzsche, *Le Principe responsabilité* de Jonas – on n'entre pas dans un livre de philosophie comme on entre dans un moulin. Les grands classiques de la philosophie sont souvent épais et difficiles. Grâce à *La Philosophie pour les Nuls*, le jour remplace la nuit. Vous allez éprouver ce plaisir délicat et durable qu'est celui de comprendre !

 Voulez-vous savoir à quoi ressemblait Descartes ? Pourquoi Spinoza a-t-il passé sa vie à polir des verres ? Quelles étaient les manies de Kant et de Schopenhauer ? Est-ce que les philosophes sont aussi fous qu'on l'a dit ? Par ici l'entrée !

 Patience et longueur de temps font plus que force ni que rage, disait un fabuliste dont la sagesse coulait de source (La Fontaine). La philosophie a cet avantage considérable sur les mathématiques ainsi que sur les romans et les films qu'on peut sauter un chapitre sans pour autant perdre le fil de l'histoire. Primo parce qu'il n'y a pas d'histoire linéaire et contraignante, secundo parce qu'il y a beaucoup de fils (on est sûr d'en tenir toujours au moins un dans la main). « Un peu de technique » signifie : plus que nul, moins que nul, passe ton chemin ! Ne t'acharne pas sur la différence entre les jugements déterminants et les jugements réfléchissants. Tu ne perdras rien pour attendre ! Ce passage est délicat, mouillé, verglacé. *La Philosophie pour les Nuls* n'est pas une table de Monopoly : il n'y a pas de case prison et, à la différence du jeu de l'oie, le retour en arrière n'est pas une pénalité.

Et maintenant, par où commencer ?

L'ordre chronologique nous a paru être la présentation la plus claire : il permet de suivre le fil des idées ainsi que de parcourir la galerie des penseurs. Mais ce fil n'est ni assez rigide ni assez continu pour devoir être nécessairement tenu d'un bout à l'autre : liberté est laissée au lecteur de voyager plutôt que de marcher et même de vagabonder plutôt que de voyager.

Pour reprendre l'image du repas utilisée au début de cette introduction : tous les plats sont présentés comme dans un buffet, libre à chacun de se resservir du poisson ou de sauter l'entrée. L'histoire de la philosophie ressemble à une partie d'échecs : on peut comprendre le jeu en prenant la partie en cours, il suffit de regarder l'échiquier et de connaître les règles.

Première partie
L'âge classique : XVIIe-XVIIIe siècles

Dans cette partie...

Vous allez sortir définitivement de l'ancien monde, marqué par l'Antiquité grecque et la religion chrétienne. L'âge classique est la porte de la modernité. La philosophie prend appui désormais sur cette base nouvelle : le sujet humain solidement pourvu d'une raison et d'une sensibilité. D'où les deux grands courants qui dominent cette période : le rationalisme et l'empirisme. La religion, elle, reflue. Dans l'ordre politique, l'individu surgit, en même temps que le sens de l'État. Le xviie siècle est le temps des grands systèmes avant que son successeur, le Siècle des Lumières, ne les conteste. Ainsi va la vie historique de la pensée, qui se pose en s'opposant (la formule est de Hegel).

Chapitre 1
L'aube des temps modernes : Bacon, Hobbes, Descartes

Dans ce chapitre :
- Les trois penseurs qui ont posé les bases de la modernité philosophique
- Francis Bacon, le théoricien de la science expérimentale
- Thomas Hobbes, le premier penseur de l'État moderne
- René Descartes, le penseur de la subjectivité de la conscience

À la fin de la Renaissance, comme l'a aussitôt compris John Donne avec son intuition de poète, le monde s'en est allé en morceaux. L'idée d'une radicale discontinuité entre l'homme et la nature, qui aura pour double conséquence la thèse d'une infinie supériorité de l'homme sur les animaux grâce à la pensée et la disparition du modèle de l'homme image du monde, finit par s'imposer.

Francis Bacon : la science physique sera expérimentale

Les Français, qui sont aussi chauvins que leurs voisins en ce qui concerne les idées et leur développement, parlent de révolution galiléo-cartésienne à propos de la naissance de la science physique moderne, au début du XVIIe siècle. Connaître la nature ne consiste plus à spéculer sur elle, comme on le faisait depuis les Grecs, mais à l'observer et à la mesurer.

Les Français ont associé Descartes et Galilée à cette noble entreprise – d'où l'expression de révolution galiléo-cartésienne. Or, l'importance de Bacon dans ce changement d'esprit est au moins aussi grande que celle de Descartes, car si ce dernier a bien fait avancer la physique en plus d'un domaine (celui de l'optique en particulier), il a malgré tout davantage songé à appliquer sa métaphysique que les mathématiques à la connaissance des choses. Galilée dit que la nature est un livre écrit en langage mathématique et il faut entendre par là, qu'elle n'est pas à lire comme un poème. Et c'est Bacon qui fait la première théorie de la science expérimentale, non Descartes. Il eût été plus juste par conséquent de parler de «révolution galiléo-baconienne».

Les livres doivent suivre les sciences et non le contraire.

Francis Bacon

Deux légendes ont couru sur le compte de Francis Bacon : il aurait été le fils naturel de la reine Elizabeth et on lui a attribué la paternité des œuvres de Shakespeare (voir la plaisanterie d'Alphonse Allais : Shakespeare n'a jamais existé, c'est un inconnu du nom de Shakespeare qui a écrit toutes ses pièces). Bref, un homme à la filiation et à la paternité brouillées. (Pour un philosophe qui a attaché son nom à la recherche de la certitude des faits, le paradoxe est croquignolet.) Il a mené une carrière politique qui l'a conduit aux plus hautes charges de l'État. Comme Thomas More, il a été chancelier, l'équivalent de notre poste de Premier ministre. Accusé de vénalité, il fut exclu de la vie publique (décidément, les philosophes n'ont pas de chance en politique). Le mot qu'il a produit pour sa défense est resté dans l'Histoire, grâce à Beaumarchais qui l'a repris dans son *Barbier de Séville* : «Calomniez, calomniez, il en restera toujours quelque chose!»

La vertu peut être comparée à certains aromates précieux qui ne répandent jamais plus d'odeur que lorsqu'on les broie ou qu'on les brûle ; la prospérité découvre nos vices et l'adversité nos vertus.

Francis Bacon

On ne commande à la nature qu'en lui obéissant

Cette phrase de Bacon signifie que, pour agir sur la nature, il convient tout d'abord de la connaître. Ce n'est, par exemple, pas en rêvant comme Icare au vol des oiseaux que l'homme a pu s'élever dans les airs, mais en dégageant les lois de la mécanique. L'articulation de la science et de la technique, leur dialectique, est ce qui a fait, à partir de la Renaissance, la puissance de l'Europe sur le monde. Les Grecs puis le Moyen Âge avaient tellement séparé la théorie de la pratique qu'ils s'étaient, sans le savoir, interdits d'agir efficacement sur leur milieu.

La science s'applique dans la machine, laquelle, en retour, permet d'autres découvertes. Les découvertes (scientifiques) et les inventions (techniques) entretiennent ainsi des relations dialectiques, chaque découverte permettant de nouvelles inventions, lesquelles déboucheront sur d'autres découvertes. Ainsi, les travaux des mathématiciens grecs sur les sections coniques (cercles, paraboles, hyperboles, ellipses) ont conditionné la fabrication des lentilles, donc de la première lunette astronomique par Galilée, et du premier microscope par Leeuwenhoek. Grâce à sa lunette astronomique, Galilée découvre les cratères de la Lune et les satellites de Jupiter, et grâce au microscope, les biologistes découvriront la cellule.

On appelle technosciences l'ensemble constitué aujourd'hui par l'unité des sciences et des techniques, et ce phénomène est l'un des plus caractéristiques de notre modernité telle qu'elle s'est mise en place à partir de la Renaissance.

L'abeille serait supérieure à l'araignée et à la fourmi. L'esprit dispose, dit Francis Bacon, de trois façons de travailler. Il peut, comme l'araignée, tout tirer de son propre fond : c'est ainsi qu'opèrent les dogmatiques. Il peut, comme la fourmi, se contenter d'amasser ce qu'il trouve çà et là : on reconnaît la manière des empiristes. Enfin, il peut faire comme l'abeille, c'est-à-dire élaborer son miel à partir de ce qu'il trouve, et telle est, aux yeux de Bacon, la méthode supérieure qui effectue une synthèse habile des deux précédentes.

La division des sciences

Francis Bacon divise les sciences en trois groupes d'après la faculté de l'esprit qui est concernée :

- **La philosophie,** science de la raison
- **L'histoire,** science de la mémoire
- **La poésie,** science de l'imagination

Diderot et d'Alembert reprendront cette tripartition pour classer en rubriques les articles de l'*Encyclopédie*.

On notera que sous le terme de philosophie sont englobées les sciences mathématiques et les sciences de la nature. Pendant longtemps, jusqu'aux débuts du XIXe siècle, l'expression de philosophie naturelle désignera la physique. Ainsi, l'ouvrage dans lequel Newton expose sa théorie de la gravitation universelle s'intitule *Principes mathématiques de philosophie naturelle*.

> *La science n'est rien d'autre que l'image de la vérité. Car la vérité d'être et la vérité de connaître sont une seule et même chose et ne diffèrent pas plus entre elles que le rayon direct et le rayon réfléchi.*
>
> Francis Bacon

La chasse aux idoles et aux faits

Une théorie de la connaissance comprend nécessairement une partie critique : pas de doctrine de la vérité sans doctrine de l'erreur. Francis Bacon appelle *idoles* (ou fantômes) les erreurs que l'esprit doit absolument éviter s'il veut accéder à la connaissance véritable. Il en distingue quatre, déterminées d'après leur origine :

- **Les idoles de la tribu :** ce sont les préjugés les plus communs de l'espèce humaine, ceux que tous partagent, comme la tendance à réduire la réalité à ce que les sens en montrent, l'idée que le monde est simple et uniforme, le fait de ne tenir compte que des cas favorables, etc.

- **Les idoles de la caverne :** ainsi appelées par allusion à l'image de la caverne dont Platon s'était servi pour illustrer le monde des apparences et des illusions, elles naissent de la situation et de la nature particulières de l'individu (de sa caverne intérieure) et viennent de l'éducation, de l'habitude, de la constitution propre à chacun.
- **Les idoles de la place publique :** elles désignent les erreurs qui proviennent des limites du langage (rareté du vocabulaire, existence de mots pour désigner des entités fictives et qui ainsi font croire à leur réalité, divisions superficielles ou arbitraires, etc.).
- **Les idoles du théâtre :** elles naissent, quant à elles, de l'autorité et des systématisations abusives des philosophes, comme on peut le constater avec les rêveries des alchimistes ou bien encore avec les interprétations délirantes de la Bible.

Rien n'est aussi vaste que les choses vides.

Francis Bacon

La chasse peut aller dans deux sens : la capture et le refoulement. Chasser les idoles, c'est les repousser ; chasser les faits, c'est les prendre. Francis Bacon appelait chasse de Pan l'activité de collecter des faits observés (Pan est le nom que les Romains donnaient à la nature).

Une autre logique

Le grand ouvrage programmatique de Bacon s'intitule *Novum Organum scientiarum* (on dit par abréviation *Novum Organum*), *Le Nouvel Organon*. Le terme d'*organum* fait référence à la *Logique* d'Aristote dont les six parties ont été réunies sous le titre latin d'*organum* qui signifie « outil », la logique étant considérée comme l'outil de la pensée.

Dans son *Novum Organum*, Bacon entend par conséquent dépasser la logique d'Aristote. Aristote faisait de la déduction, qui tire une conclusion à partir d'énoncés premiers, le raisonnement type. Le syllogisme est une déduction en trois parties (une majeure : « Tous les hommes sont mortels », une mineure : « Socrate est un homme » et une conclusion : « Donc Socrate est mortel »).

Aux yeux de Bacon, la déduction ne rend pas bien compte de l'avancement des sciences (le philosophe anglais fut le premier à introduire l'idée de progrès des connaissances). La déduction, en effet, tire une idée d'une précédente qui la contenait. Elle n'invente donc pas réellement ; tout au plus se contente-t-elle de découvrir. L'induction, en revanche, et tel est le genre de raisonnement que Bacon promeut, élargit réellement la connaissance, car, à partir d'un certain nombre de faits observés, elle conclut à une proposition générale. Par exemple, de ce qu'une pomme, une pierre, la pluie tombent, on en conclura que les corps (tous les corps) tombent.

Alors que la déduction passe du général au particulier (de l'homme à Socrate dans l'exemple du célèbre syllogisme), l'induction est une généralisation. Seulement, au lieu d'être une généralisation hasardeuse (comme avec la fameuse exclamation « Les Anglaises sont rousses ! » d'un Français fraîchement débarqué après observation de deux femmes Britanniques assez rouges de cheveux), l'induction est une généralisation rationnelle. Certes, Aristote parle de l'induction dans sa logique, mais il n'envisage que celle qui récapitule un ensemble donné d'informations. Par opposition à cette induction dite aristotélicienne (ou totalisante), l'induction dite baconienne (ou amplifiante) laisse ouverte la possibilité de faits à connaître (par exemple, la loi de la gravitation universelle établie par Newton avait d'abord une validité limitée au système solaire, alors seul connu ; c'est par induction que l'on supposait que la force de gravitation concernait tous les corps de l'univers).

À la fin de sa vie, Francis Bacon écrivit un roman utopique intitulé *La Nouvelle Atlantide* d'après l'Atlantide que Platon avait évoquée dans *Critias*. Cette île idéale (depuis *L'Utopie* de Thomas More, les sociétés idéales, isolées du reste corrompu du monde, sont presque toujours situées sur des îles) est une république utopique de savants. Elle est organisée selon les principes de la connaissance nouvelle. Périodiquement, des savants et chercheurs de la Nouvelle Atlantide sont envoyés incognito aux quatre coins de la terre pour rapporter les renseignements utiles sur toutes sortes de choses : l'étude du sous-sol de l'atmosphère, l'élevage des animaux, la culture des plantes, l'examen de la chaleur et de la lumière… Cette utopie est devenue notre réalité.

Ce ne sont pas des ailes qu'il faut à notre esprit mais des semelles de plomb.

Francis Bacon

Thomas Hobbes : la science politique sera mécanique

La pensée de Hobbes a été, comme celle de Machiavel avant lui et comme celle de Spinoza après lui, l'objet de simplifications et de caricatures qui ont poussé systématiquement les traits au noir.

La légende noire de Hobbes

On a accusé Hobbes de matérialisme (un crime inexpiable contre l'esprit dans la société de l'époque) sous le prétexte qu'il réduisait la totalité du réel à des corps. Il serait plus juste de parler à propos de lui de corporalisme : aux yeux du philosophe anglais, même Dieu a un corps – ce qui ne signifie pas nécessairement qu'il a des muscles et des os, des poils et des dents. La république forme un corps politique – ce qui ne veut pas dire qu'il y ait identité entre lui et un organisme individuel (une analogie comme réseau de relations n'est pas la même chose qu'une identité).

On a accusé Hobbes d'athéisme – un autre crime contre l'esprit, au même titre que le matérialisme avec lequel d'ailleurs il était confondu. Comment en juger ? À la question de savoir s'il croyait en Dieu, Einstein, par exemple, répondra : « Définissez-moi d'abord Dieu et je vous dirai si j'y crois ou non. »

Ne pas confondre les mots avec les choses

Hobbes est nominaliste : pour lui, les termes généraux sont des moyens utiles, commodes pour désigner des réalités possédant entre elles suffisamment de points communs. La vérité n'est pas dans les choses mais dans les énoncés de la langue portant sur elles (ce n'est pas le cheval qui est vrai mais le fait que je dise que cet animal-là, pourvu d'une grande crinière et qui piaffe d'impatience, est un cheval).

Le monde des mots et des idées est pour Hobbes un monde de conventions, comme l'est également, dans le domaine politique, le monde des lois. Ainsi le crime n'existe pas en tant que tel : il n'y a pas de crime comme il y a des roses ou des marronniers. « Crime » est le terme par lequel on désigne une certaine catégorie d'actes – ceux qui transgressent le plus gravement la loi. Ainsi est-ce la loi qui littéralement détermine le crime. De même, la définition de la secte ne doit pas être cherchée du côté d'une improbable essence de nature (telle serait la démarche des réalistes ou des platoniciens). Une secte ne se définit pas par ses caractères propres mais simplement par le fait qu'elle n'a pas la légitimité d'une Église.

Le vrai et le faux sont des attributs du langage, non des choses. Et là où il n'y a pas de langage, il n'y a ni vérité ni fausseté.

Thomas Hobbes

Une pensée mécaniciste et artificialiste

Pour Hobbes, il n'existe que des corps, des forces et des mouvements. Contrairement à ce que prétendait Aristote, la société et le pouvoir politique ne sont pas naturels à l'homme ; ils sont apparus à la suite d'une convention qui, pour mettre fin à l'état d'insécurité permanente qui caractérise l'état de nature, fonde la souveraineté de l'État. À cet égard, l'image du frontispice du *Léviathan* qui le présente sous l'apparence d'un corps de colosse est trompeuse. Le Léviathan qui figure l'État est un automate plutôt qu'un organisme. (L'animal biblique qui porte ce nom n'est-il pas précisément un animal imaginaire, un animal de pensée ?)

Léviathan

L'édition originale du *Léviathan* (dont le titre entier est *Léviathan ou la matière, la forme et le pouvoir de la république ecclésiastique et civile*), qui comme *Le Prince* de Machiavel inaugure une nouvelle ère dans l'histoire de la pensée politique, s'ouvre par une image qui représente de manière spectaculaire un colosse bienveillant couronné. Ce géant aimable surgit d'une ligne d'horizon barrée par des montagnes et domine une ville qui, avec son église, son château et ses maisons, apparaît comme petite à côté de lui.

Léviathan est le nom d'un monstre de la mythologie phénicienne qui apparaît dans le Livre de Job sous la forme d'un crocodile et dans les prophéties d'Isaïe comme l'incarnation de la puissance païenne destinée à être soumise à Dieu. Hobbes reprend la figure du Léviathan pour en faire le symbole de la puissance politique de l'État, seule apte à assurer la sécurité et la liberté des hommes dans la cité. Comme le sphinx égyptien ou le dragon chinois, le Léviathan est un monstre, mais un monstre bénéfique.

L'ouvrage de Hobbes comprend quatre parties. La première développe une conception matérialiste et pessimiste de l'homme : celui-ci n'est pas l'être de raison décrit par les stoïciens mais un être de passions violentes. La rivalité qui oppose les individus les uns aux autres est inexpiable : l'homme est un loup pour l'homme (Hobbes reprend une formule du poète comique latin Plaute : *homo homini lupus*). Hobbes appelle état de nature cette situation de violence extrême exacerbée par cette fondamentale égalité : sans pouvoir pour les contraindre et les retenir, les hommes jouissent de cette égalité terrible, celle de donner la mort à quiconque, car ceux qui ne disposent pas d'une grande force physique peuvent toujours user de ruse ou de trahison.

Fénelon répondra en écho à Hobbes que les hommes pourtant tous frères s'entre-déchirent (les bêtes farouches sont moins cruelles, qui ne font la guerre qu'aux autres espèces ; l'homme seul, malgré sa raison, fait ce que les animaux sans raison n'ont jamais fait). Seul un pouvoir fort, donc, est susceptible de sortir les hommes d'un état aussi épouvantable et de leur assurer le premier des biens, qui est la condition de tous les autres, la sécurité.

Dans la deuxième partie, Hobbes évoque le pacte social qui institue l'État. L'État est une institution, un artefact comme une machine. Dans les deux dernières parties, Hobbes traite de la nécessaire subordination du pouvoir ecclésiastique au pouvoir civil.

La théorie politique de Hobbes justifie t-elle le despotisme ?

Déjà Pufendorf, sensible au fait que le souverain n'est pas lui-même engagé dans le contrat (telle est la définition même du pouvoir absolu de conditionner les lois sans être lui-même conditionné par aucune loi) reprocha à Hobbes de faire la théorie du despotisme. Aussi, pour écarter une telle conséquence, propose-t-il de distinguer deux pactes, le pacte d'association par lequel les hommes décident de s'unir et le pacte de soumission par lequel les contractants renoncent à une partie de leur liberté naturelle en faveur du souverain.

Souvent invoqué par les partisans de l'absolutisme monarchique, Hobbes est parfois apparu aussi comme un précurseur des théories totalitaristes du pouvoir telles qu'elles ont proliféré au XXᵉ siècle. C'est doubler un anachronisme d'un contresens. Alors que les régimes totalitaires sont ceux qui plongent les hommes dans une terreur prolongée, l'État tel que le pense Hobbes a pour première fonction d'assurer la sécurité. De plus, alors que le totalitarisme régente toutes les dimensions et tous les aspects de la vie humaine, depuis le berceau jusqu'à la tombe, le pouvoir du Léviathan ne concerne que la vie publique des citoyens et ne s'immisce pas dans leurs projets et croyances. La liberté des sujets, rappelle Hobbes, dépend du silence de la loi, or le totalitarisme est ce monstrueux régime qui prétend parler de tout et dicter sur tout ce qu'il est interdit ou obligatoire de faire, l'autorisé étant réduit à néant.

Aussi longtemps que les hommes vivent sans un pouvoir commun qui les tienne tous en respect, ils sont de cette condition qui se nomme guerre et cette guerre est guerre de chacun contre chacun.

Thomas Hobbes

L'absolutisme n'est pas le totalitarisme

L'absolutisme du souverain n'est pas le pouvoir personnel d'un individu mais une fonction sociale indépendante de la personne qui l'exerce. Cette fonction d'origine divine impose des devoirs plus encore que des droits. Le roi absolu de droit divin n'était ni le tyran de la Renaissance ni le despote des régimes totalitaires modernes. Certes, Hobbes justifie la toute-puissance de la monarchie, mais avec cette réserve toutefois qui fait toute la différence entre l'absolutisme et le totalitarisme : le prince peut tout dans l'exacte mesure où il protège l'intégrité corporelle de celui qui lui est assujetti ; son pouvoir absolu n'est pas total : il s'arrête là où commence la propriété privée du corps propre. Si le souverain ordonne à un homme, même justement condamné, de se tuer, de se blesser, de se mutiler ou de ne pas résister à ceux qui l'attaquent, écrit Hobbes, cet homme a la liberté de désobéir.

Un adage latin dit : le silence de la loi est la liberté des citoyens. La liberté civile existe en effet là où la loi est muette. Or, pour Hobbes, il est bon que la loi se taise souvent. Parmi ces silences de la loi, l'auteur du *Léviathan* évoque ces choses essentielles que représentent pour les membres de la république la liberté d'acheter, celle de vendre et de conclure des contrats, la liberté de choisir sa résidence, son genre de nourriture, son métier, la liberté d'éduquer ses enfants comme on le juge convenable, et ainsi de suite. Le « ainsi de suite » est évidemment capital. Rappelons, par contraste, la devise consacrée du totalitarisme : tout ce qui n'est pas obligatoire est interdit.

Point décisif : Hobbes admet, sous l'appellation de cultes privés, l'existence d'autres religions que celle de l'État. Il va même jusqu'à admettre l'athéisme (que Thomas More, dans son *Utopie*, punissait de mort !). Aux yeux de Hobbes, la parole et la communication sont la condition de la société. Or, le totalitarisme, une fois les clameurs tues, tend vers le silence, celui de la mort.

> **Le totalitarisme : une invention contemporaine**
>
> En 1942, Franz Neuman, marxiste allemand exilé, publia au Canada l'un des tout premiers ouvrages de fond sur le pouvoir nazi intitulé *Behemoth*, où il s'efforce de soustraire le philosophe anglais et sa pensée politique à l'emprise des zélateurs hitlériens. Béhémoth est un monstre biblique comme Léviathan mais, alors que celui-ci symbolise la toute-puissance de l'ordre, celui-là représente les forces du chaos. L'État Léviathan de Hobbes n'est pas une machine à broyer les existences mais au contraire à les préserver. Ce n'est pas, comme le sont les régimes totalitaires, un appareil à rendre les hommes fous mais, à l'inverse, il garantit leur existence d'êtres raisonnables : la vie, la raison, tels sont aux yeux du philosophe anglais les deux biens les plus précieux et c'est parce que l'état de nature les ignore ou les met en péril que l'État puissant est nécessaire.

Religion et politique : premier aperçu sur la laïcité

Le frontispice de l'édition originale du *Léviathan* met en scène les symboles du pouvoir politique d'un côté et du pouvoir religieux de l'autre. Tout le Moyen Âge avait été déchiré par la lutte des deux principes incarnés d'une part par l'empereur (ou le roi) et d'autre part par le pape.

Hobbes milite pour la subordination de l'Église au pouvoir politique : il ne peut y avoir selon lui deux sources de la loi. Hobbes fut le tout premier penseur de ce que l'on pourrait appeler la privatisation des croyances : tant qu'elles n'empiètent pas sur les prérogatives du souverain, les croyances sont affaire personnelle, elles font partie du domaine privé. C'est pourquoi Hobbes peut être considéré comme le premier philosophe de la laïcité avant et avec Spinoza. La protection des sujets est le premier devoir et la première fonction du souverain : elle doit s'étendre à la liberté de pensée. La prééminence du pouvoir politique sur le pouvoir religieux non seulement garantit la paix civile mais assure aussi la paix des consciences.

René Descartes, le cavalier français parti d'un si bon pas

La formule est de Charles Péguy. Descartes est un philosophe mousquetaire qui a passé une bonne partie de sa vie à sillonner l'Europe centrale à cheval. Il est contemporain de ce temps baroque du règne de Louis XIII qui nous apparaît léger en comparaison de celui qui va suivre. Dans notre mémoire, tous les commencements ont cette vertu de légèreté.

Y a-t-il un système cartésien ? Premier constat : de toutes les grandes philosophies, celle de Descartes paraît la moins complète : on n'y trouve ni esthétique, ni politique, ni pensée juridique, sans même parler de philosophie de l'histoire, laquelle ne prendra son essor qu'au siècle suivant.

L'histoire a retenu de Descartes ses découvertes fondamentales en mathématiques (la géométrie analytique, les coordonnées dites cartésiennes) et en physique (les lois de réfraction en optique, entre autres). On sait qu'il fit des observations et expériences approfondies en physiologie (il pratiquait la dissection d'habile manière). Ce que l'on sait moins, en revanche, c'est qu'il s'intéressa aussi aux avalanches, décrivit la structure des flocons de neige, songea à faire construire une lunette assez puissante pour voir s'il y a des animaux dans la Lune et voulut comprendre pourquoi, près de Rome, on crut voir, certain jour, plusieurs soleils.

On rapporte que, arrivé en Suède où il transporta Descartes après une traversée de trois semaines, le pilote du bateau raconta à la reine Christine qu'il lui avait amené non un homme mais un demi-dieu, car il en avait appris davantage en trois semaines sur la marine et les vents qu'il n'avait fait en soixante ans sur la mer.

La raison cartésienne

La raison se définit comme bon sens – à prendre non dans l'actuelle acception abâtardie, mais dans l'entière vigueur de ces termes « sens » et « bon ». C'est ainsi qu'il faut entendre la première phrase du *Discours de la méthode* : le bon sens, ce n'est pas l'opinion commune, ni la sagesse populaire un peu bécasse, mais la faculté de penser clairement et distinctement. Inversement, le fou, le forcené, «fors sené», c'est littéralement celui qui est en dehors du bon sens. La folie, c'est la déraison, cette sortie hors de soi qu'exprime bien le mot latin d'aliénation (*alienus* signifie «étranger» en latin).

Quand je pense, je suis: je suis moi-même, et non un objet ou un animal, entre les mains ou sous le pouvoir d'un autre. La raison suppose donc, en même temps qu'elle les détermine, conscience de soi et conscience du monde (dont autrui fait partie), pensée ordonnée, méthodique des éléments de ce monde, création d'idées nouvelles à partir des idées antérieures.

Mais humaine, la raison ne l'est pas seulement en ce sens qu'elle en représente la plus haute gloire. Elle l'est aussi en ce qu'elle constitue cet idéal d'unité humaine auquel les grands penseurs de l'histoire ont songé: alors que l'irrationnel divise, la raison rassemble. Dans les fantasmes, je suis seul avec moi-même et les autres ne sont plus que les otages de mes désirs. Tandis que dans le dialogue de la raison – lorsque, par exemple, j'échange des arguments avec mon interlocuteur –, je fais partie d'un monde commun qui, tendanciellement, peut s'élargir à l'humanité entière.

On comprendra que la raison puisse être rare en même temps qu'essentielle et que la phrase introductive du *Discours de la méthode*, dont on n'a retenu que la première partie («le bon sens est la chose du monde la mieux partagée») doive être comprise en un sens ironique: on se plaint de son apparence physique (on ne se trouve jamais assez beau), on se plaint de son sort matériel (on ne se trouve jamais assez riche), on se plaint à la rigueur de son peu de mémoire, jamais en revanche on ne se plaint de son peu de raison et ceux qui auraient tout lieu de le faire en tireraient presque gloire: nous nous vantons davantage de nos folies que de nos calculs.

Le bon sens est la chose du monde la mieux partagée car chacun pense en être si bien pourvu que ceux mêmes qui sont les plus difficiles à contenter en toute autre chose n'ont point coutume d'en désirer plus qu'ils n'en ont.

René Descartes

La porte grande ouverte au songe

Dans la langue commune, «cartésien» signifie «méthodique», «rationnel», avec un rien de rigidité et pour tout dire d'ennui. Il n'est plus sûr que l'adjectif «cartésien» accolé à l'esprit soit une louange. On y verrait plutôt une marque d'étroitesse, comme si une raison serrée (au sens où un café noir peut l'être) nous empêchait de voir la réalité dans toute sa largeur.

Il serait naïf de croire que Descartes lui-même a toujours vécu et travaillé de manière exclusivement rationnelle (la remarque vaut, évidemment, pour n'importe quel homme de science). On a gardé le récit des rêves que le jeune philosophe (il avait alors 23 ans) fit durant une nuit de novembre. Il n'est pas impossible d'y reconnaître une impulsion qui décida de son destin ou bien le signe inconscient de ce que Sartre appellera un projet fondamental. C'est d'ailleurs bien ainsi que Descartes comprit lui-même ses rêves, à la façon d'une espèce de conversion philosophique. Interrogé sur ceux-ci, Freud se récusa: le père de la psychanalyse pensait qu'il n'est pas réellement possible de connaître le sens d'un rêve en l'absence du rêveur et sans pouvoir parler avec lui. Nous serons moins prudents que lui et tenterons d'éclaircir un peu la chose.

Les trois rêves de Descartes

Dans le premier rêve, Descartes voit un personnage lui présenter un melon – où il n'est pas impossible de reconnaître une image du globe, symbole du monde à posséder. Certes, le melon peut être une image érotique – en anglais argotique, *mellon* désigne le gros sein. Mais cette dimension (c'est le cas de le dire) ne contredit pas tout à fait la précédente, car il y a entre le désir de savoir couramment figuré par un globe et le désir tout court, figuré par un fruit, rapport d'équivalence.

Le troisième rêve (passons sur le second) qui sembla à Descartes lui désigner sa mission est le moins énigmatique. Le philosophe voit sur sa table un dictionnaire et une anthologie poétique. Ouvrant celle-ci, il tombe sur un vers latin disant: «Quel chemin suivrai-je dans la vie?»

Une philosophie de la certitude

La pensée de Descartes est une philosophie de la certitude, c'est-à-dire une philosophie de la vérité *prouvée*. D'ailleurs, à partir de Descartes, l'expression de vérité prouvée commence à devenir un pléonasme. N'est vrai que ce qui peut être démontré. Or, seule la raison peut démontrer quelque chose.

Je pense, donc je suis

Le fameux « Je pense, donc je suis » (on dit aussi : le *cogito*, « je pense » en latin, du verbe *cogitare*, qui nous a bien entendu donné « cogiter ») est d'abord important en ce qu'il dit *je*. *Je*, et pas il (le roi, le père, le chef, Dieu), *je* et pas nous (la société, la chrétienté, l'Église), *je* et pas on (la foule anonyme, le quidam, l'individu qui n'est personne). C'est un tournant radical dans l'histoire de la civilisation : l'homme prend conscience de lui en tant que personne. Le cogito cartésien s'inscrit dans un grand mouvement historique qui voit l'émergence du moi dans toutes les dimensions de la culture. Au XVe siècle, le peintre Van Eyck a pour la première fois signé ses tableaux ; au XVIe siècle, la Réforme protestante (Luther, Calvin) invente la subjectivité religieuse (l'examen de conscience, le rapport personnel à Dieu). Le capitalisme naît également à cette époque : il est l'expression en même temps que le fondement de l'individualisme en matière économique et sociale ; enfin Montaigne écrit un gros ouvrage (les *Essais*) dont le sujet n'est autre que lui-même.

Cela dit, la philosophie cartésienne n'est pas un rationalisme au sens moderne (athée) : elle repose sur une métaphysique chrétienne. Aux yeux de Descartes, l'existence de Dieu est la garantie ultime de la réalité de ce monde et des vérités qu'on peut en extraire, tandis que l'âme (on dirait aujourd'hui le psychisme) contient en elle les idées innées que Dieu y a déposées.

La philosophie de Descartes peut être comprise comme une réponse à la question sceptique de Montaigne : « Que sais-je ? » Elle inaugure la modernité pour une raison essentielle : c'est une philosophie du sujet.

L'unité de la connaissance

L'arbre de la connaissance qui tenta Adam mortellement (et dans le bois duquel la tradition sculpta la croix de Jésus) fut redressé par Descartes : ne dit-on pas *tronc commun*, *branches* (pour disciplines) et *racines* (pour fondements) ?

La première des règles énoncées dans les *Règles pour la direction de l'esprit* énonce le principe de l'unité des connaissances, de cette mathématique universelle dont l'idée se retrouvera chez Malebranche et Leibniz. Les sciences, dit Descartes, sont tellement liées ensemble qu'il est plus facile de les apprendre toutes à la fois que d'en isoler une des autres. C'est une grande différence avec les techniques (on dit arts à cette époque) : on ne peut connaître tous les métiers en même temps, une spécialité technique ferme l'accès aux autres (on ne peut être à la fois excellent cuisinier, navigateur très habile et maréchal-ferrant émérite). De même que la lumière éclaire une multitude d'objets sans rien perdre de son unité, la raison peut se porter sur une multitude d'objets sans rien perdre de sa cohérence (l'expression de lumière naturelle désigne, à l'âge classique, la raison humaine par opposition à la lumière révélée des livres sacrés). D'où la possibilité et même la nécessité d'une *méthode*.

Toute la philosophie est comme un arbre, dont les racines sont la métaphysique, le tronc est la physique et les branches sont toutes les autres sciences, qui se réduisent à trois principales, à savoir la médecine, la mécanique et la morale.

René Descartes

La méthode contre l'encyclopédie : un coup de froid fatal

Descartes a eu l'occasion de rencontrer deux personnalités qui, curieuses de tout, avaient accumulé une masse considérable de connaissances. La première était l'humaniste tchèque Comenius. Lui et Descartes se sont parlé (en latin) pendant quatre heures. Ce fut la confrontation de deux esprits opposés, le choc de l'idéal humaniste de savoir universel et de l'exigence moderne de connaissance méthodique. Sans la méthode, le savoir, aussi étendu soit-il, ne peut être, aux yeux de Descartes, qu'un fatras. Il sera même d'autant plus fatrasique qu'il sera étendu.

La reine Christine de Suède fut la seconde personnalité que Descartes tenta de convaincre à la nécessité de la méthode. L'esprit de cette femme était si rempli de connaissances de toutes sortes que notre philosophe en fut, dit-on, presque effrayé. Le voyage que Descartes fit jusqu'à Stockholm où Christine l'avait appelé pour s'instruire encore allait être, on le sait, le dernier. L'auteur du *Discours de la méthode* dormait volontiers douze heures par jour, la reine était plus ou moins insomniaque. Une nuit, en plein hiver, elle fit venir Descartes pour un problème de mathématiques. Le philosophe, qui avait prévu qu'en se soignant convenablement lui-même, l'homme pourrait vivre si vieux qu'il en deviendrait presque immortel, attrapa froid et ne se rétablit pas. Il mourut à l'âge de 54 ans, c'est-à-dire à l'âge où Kant n'aura encore pratiquement rien écrit de son grand œuvre.

Le « Discours de la méthode »

Le *Discours de la méthode* est paru en même temps que trois traités scientifiques dont il constitue la préface. Son titre complet est *Discours de la méthode pour bien conduire sa raison et chercher la vérité dans les sciences*. Descartes l'a écrit en français et non en latin (langue savante utilisée par tous les penseurs de l'époque) pour être compris même des femmes. Alors que le sujet traité porte sur la connaissance vraie et certaine, l'auteur n'hésite pas à mettre en avant son *je* qui pense. Avec les *Essais* de Montaigne, le *Discours de la méthode* marque l'entrée en fanfare du sujet qui dit *je* dans la pensée (certes, Augustin l'avait fait il y a très longtemps dans ses *Confessions* mais son *je* était en grande partie suspendu à la transcendance de Dieu).

La première partie du texte de Descartes s'ouvre par la fameuse phrase déjà évoquée : le bon sens est la chose du monde la mieux partagée. Il y a le fait que tous les hommes, sauf les fous, sont doués de raison et le fait que si personne ne se juge assez riche ou assez fort, personne ne croit manquer de bon sens. Mais si tous les hommes sont également doués de raison, tous ne l'appliquent pas de manière égale. D'où la nécessité d'une méthode qui permette l'accès à la connaissance vraie et certaine.

Descartes fait ensuite le bilan de ses études. Cette autobiographie intellectuelle écrite à la première personne a valeur générale : des différentes disciplines étudiées (humanités, philosophie, mathématiques), seules les mathématiques trouvent grâce à ses yeux à cause de la rigueur de leur méthode.

C'est dans la deuxième partie que Descartes établit la liste des quatre règles de la méthode :

- **La règle de l'évidence :** n'admettre comme vrai que ce que l'on conçoit clairement et distinctement.
- **La règle de l'analyse :** diviser la difficulté en autant de parties qu'elle en comporte.
- **La règle de la synthèse :** reconstituer l'ensemble à partir des éléments.
- **La règle de l'énumération :** s'assurer que la question a été traitée de manière exhaustive.

Dans la troisième partie, Descartes énonce les règles de la morale dite provisoire (car la vie pratique ne peut attendre) :

- **L'obéissance aux lois et coutumes de son pays, et en particulier de sa religion** (on n'a pas manqué de noter le contraste entre cette prudence et le caractère novateur de la théorie de la connaissance).
- **La fermeté et la résolution dans les actions** (mieux vaut marcher droit dans une forêt, même si l'on est perdu, plutôt que de tourner sans cesse en rond).
- **La sagesse qui veut que l'on change ce qui dépend de nous (nos désirs) plutôt que ce qui ne dépend pas de nous (l'ordre du monde)** – cette maxime est d'origine stoïcienne.

La quatrième partie traite de deux grandes questions métaphysiques : les preuves de l'existence de Dieu et de l'âme. C'est au début de cette partie que l'on rencontre le fameux *cogito*. On pourrait traduire cela par la certitude de la conscience de soi. Le *cogito* apparaît en effet aux yeux de Descartes comme le premier principe indubitable de la philosophie. On peut en effet douter de tout, mais pas de sa pensée elle-même puisque douter, c'est penser. Or, penser, c'est exister comme être pensant. On peut douter que l'on a un corps mais pas que l'on est un être pensant. Le *cogito* est à la fois le prototype (le premier exemple) et l'archétype (le modèle) de l'idée claire et distincte : toutes les fois que je serai en possession d'une idée aussi claire et distincte que le *cogito*, je pourrai dire que je suis en possession d'une idée vraie.

Ensuite, Descartes expose deux preuves de l'existence de Dieu : la preuve par l'idée de parfait énonce que je possède en moi une idée de parfait dont je ne peux être la cause, étant moi-même imparfait. La cause de cette idée de parfait ne peut être qu'un être parfait, qui est Dieu. La seconde preuve de l'existence de Dieu est une variante de la preuve ontologique imaginée par saint Anselme au Moyen Âge : dans l'idée d'un être parfait, l'existence est nécessairement incluse comme une propriété du triangle dans l'idée de triangle. Inversement, l'inexistence est une imperfection. Donc Dieu existe.

Dans la cinquième partie, Descartes passe aux questions de physique. La matière se ramène à l'étendue et au mouvement. Les animaux, qui n'ont pas d'âme (à la différence de l'homme), ne sont que des machines.

Le *Discours de la méthode* s'achève sur l'espoir de voir la connaissance de la physique utilisée pour la maîtrise de la nature et la santé du corps. C'est dans cette sixième dernière partie que figure l'expression célèbre des hommes rendus comme maîtres et possesseurs de la nature, qui aujourd'hui met les écologistes tellement en colère.

Le concept plus fort que l'image

Pour montrer la supériorité de la pensée abstraite sur l'imagination, Descartes suggère cette expérience de pensée : il est aisé, dit-il, d'imaginer un carré (imaginer est ici pris au sens originel : former une image mentale), il est aisé également de concevoir un carré (il suffit pour cela de connaître sa définition : quadrilatère possédant quatre côtés égaux se coupant à angle droit). Maintenant, si j'imagine un octogone, cela me demandera un certain effort (il est plus difficile de « voir dans sa tête » un octogone qu'un carré) ; en revanche, il ne me sera pas plus difficile de concevoir un octogone qu'un carré : il suffit que je sache que c'est un polygone régulier convexe à huit côtés.

Soit à présent un chiliogone, polygone régulier convexe à 1 000 côtés : il est clair que je ne peux plus m'en forger une image mentale. En revanche, je peux très facilement le concevoir dès lors que j'en connais la définition. Contrairement à ce que l'intuition nous suggère volontiers, le concept, c'est-à-dire l'idée symbolisée par un mot, va plus loin que l'image. La pensée abstraite est donc plus libre que l'imagination. Je peux, par exemple, penser et l'absence et l'infini. Je ne peux pas, en revanche, me les *imaginer*.

« Les Méditations métaphysiques »

Le titre latin de cet ouvrage dit littéralement : Méditations touchant la première philosophie dans lesquelles l'existence de Dieu et la distinction réelle entre l'âme et le corps de l'homme sont démontrées. Pour parvenir à la vérité (objective) et à la certitude (conscience subjective de posséder la vérité), il est nécessaire de soumettre toutes ses croyances et connaissances au doute : la certitude qualifiera par définition ce qui aura su surmonter cette épreuve. Ce doute extrême, hyperbolique, n'épargne rien, même pas les évidences le mieux assurées. Descartes va même jusqu'à imaginer qu'un esprit tout-puissant, aussi rusé que subtil, s'ingénie à nous plonger dans un monde de mensonges. Cette fiction du malin génie joue le rôle de critère décisif. Avant même d'en connaître les résultats et bénéfices, la pensée découvre le pouvoir de son infinie liberté : rien ne saurait la contraindre dans un sens ou dans un autre. À malin, malin et demi !

Au fond même du doute le plus profond, une certitude inattaquable se dégage : celle-là même de la pensée et de l'existence : je pense, j'existe. Pour douter, en effet, il faut penser, et pour être trompé, il faut être. Le doute ne peut être lui-même mis en doute. Le célèbre passage du morceau de cire est destiné à montrer que la pensée se connaît beaucoup mieux que la matière : avec elle, dira Hegel, la pensée est chez elle.

Mais l'esprit qui pense n'est pas seul : il y a un Dieu – dont Descartes, dans la troisième méditation, prouve l'existence à l'aide de deux variantes de l'argument ontologique :

- L'idée d'infini qui est en moi suppose un être infini qui n'est pas moi, qui suis un être fini.
- Si j'avais eu le pouvoir de me créer, je me serais donné toutes les perfections dont j'ai l'idée, seul un Dieu infini est l'auteur de mon existence.

En lui-même, mon entendement, qui est mon pouvoir de juger, est parfait. Mais, à la différence de la volonté, il est fini. C'est, explique Descartes, de la disproportion entre ces deux facultés que provient l'erreur. Énoncer une idée, c'est en effet la concevoir (œuvre de l'entendement) d'une part et l'affirmer ou la nier (œuvre de la volonté) d'autre part. L'homme se trompe parce que sa volonté affirme ou nie des idées qui ne sont pas claires et distinctes.

La cinquième méditation expose l'argument ontologique : puisque l'essence de Dieu contient toutes les perfections et que l'existence est une perfection, Dieu existe.

Les *Méditations métaphysiques* s'achèvent sur la considération des relations entre l'âme et le corps. Le problème est particulièrement trapu, car ces deux substances radicalement distinctes et même opposées (le corps est matériel, l'âme ne l'est pas) sont en très étroite union l'une avec l'autre : Descartes dit « comme un mélange », ce que prouve assez l'expérience banale de la douleur.

Le mécanisme cartésien

La réalité chez Descartes est coupée en deux : la matière d'un côté, l'esprit de l'autre. Il n'y a dans la nature que de la matière et du mouvement : ce sont les objets de la mécanique. Le corps chez l'être humain est susceptible du même traitement : la physiologie, à laquelle Descartes fut l'un des premiers à s'intéresser, est une espèce de physique appliquée. Là encore, il faut effectuer un retour en arrière pour mesurer le caractère révolutionnaire d'une telle démarche : pendant des siècles, voire des millénaires, le corps humain a été considéré comme une chose sacrée, d'où le tabou qui pesait sur la dissection. La Renaissance bouleverse cela : pour la première fois, les organes du corps sont exposés comme des choses dans les planches anatomiques des premiers livres qui faisaient par là du corps un livre aussi.

À l'époque de Descartes, un médecin anglais du nom de Harvey effectue l'une des plus grandes découvertes de l'histoire de la médecine : la circulation du sang. En comparant le cœur à une pompe, et les artères à un circuit hydraulique, le médecin anglais appliquait à l'une des fonctions de la vie (qui en perdait ainsi autant de son mystère) le modèle mécanique qui semblait infiniment éloigné d'elle.

La théorie de l'animal-machine

Si l'être humain est composé de deux substances, l'âme et le corps, l'animal, dépourvu d'âme, est limité à un corps. Aussi n'est-il, dans la conception de Descartes, qu'une machine un peu plus fine et compliquée que les mécaniques comme l'horloge. Cette théorie de l'animal-machine repose sur un présupposé métaphysique d'origine religieuse, et spécifiquement chrétienne : Dieu a réservé l'âme aux créatures raisonnables, c'est-à-dire aux hommes. Certes, les animaux semblent éprouver de la douleur mais en fait, lorsqu'un chien aboie quand on lui marche sur la patte, c'est un mécanisme somme toute analogue à celui des portes ou des poulies qui grincent parce qu'elles sont mal huilées.

Un auteur célèbre prendra bientôt le contre-pied de cette théorie : La Fontaine. Certes, le poète des célèbres fables ne croit pas réellement que le corbeau et le renard discutent ensemble le bout de gras, en revanche il prend très au sérieux l'intelligence et la morale des animaux qu'il voit à l'œuvre dans le comportement de ruse et d'entraide. Force est de constater que l'éthologie, qui est la science du comportement animal et qui a fait ces derniers temps des progrès considérables, donne raison à La Fontaine plutôt qu'à Descartes : les animaux ne sont pas seulement des mécanismes, même perfectionnés.

Le morceau de cire

En quoi consiste la matière ? Descartes la définit comme une substance, c'est-à-dire comme une réalité irréductible à aucune autre. Pour dégager la nature (l'essence) de cette substance, le philosophe prend l'exemple d'un morceau de cire. Ce matériau comprend un certain nombre de qualités immédiatement repérables : il est froid, de couleur jaune, solide, il rend un son lorsqu'on le frappe, il a gardé une odeur de miel.

Dira-t-on que ces qualités constituent l'essence du morceau de cire ? Non, car que l'on chauffe celui-ci et toutes ces qualités disparaîtront pour faire place à d'autres : le froid est devenu chaud, le dur est devenu mou et même liquide, la couleur a changé, l'odeur a disparu. Il y a une chose en revanche, observe Descartes, qui a été conservée par-delà toutes ces transformations : la cire occupe toujours un certain fragment d'espace. Descartes en déduit que l'étendue est l'essence de la matière. On ne peut, en effet, pas concevoir de matière sans étendue (alors qu'on peut parfaitement concevoir un esprit sans étendue).

Dieu toujours en place

Si Descartes est considéré comme le père de la philosophie moderne, c'est parce qu'il fut le premier philosophe du sujet, le premier philosophe à avoir fait de la conscience le fondement même de la pensée. C'est Dieu qui, au Moyen Âge, représentait le fondement ultime de l'être comme de l'idée.

Cela dit, chez Descartes, Dieu n'est pas pour autant évacué, bien au contraire ! Descartes est un croyant sincère, et plutôt conservateur en matière religieuse et politique. En tout cas, il a toujours fait montre d'une extrême prudence – ainsi lorsqu'il apprit la condamnation de Galilée, il se garda bien de publier son *Traité du monde* où il exposait la même thèse de la Terre tournant autour du Soleil. Dieu, donc, reste le créateur de l'univers, sa liberté infinie est même, aux yeux de Descartes, à l'origine des vérités éternelles : s'il avait plu à Dieu de faire en sorte que la somme des angles d'un triangle fût différente de 180 degrés, il en eût été ainsi. En fait, c'est grâce à Dieu que tout tient debout.

Le monde est une fable

Un tableau peint par un artiste hollandais montre Descartes tenant entre ses mains un livre sur lequel est écrite en latin cette phrase énigmatique : « Le monde est une fable. » L'expression figure dans un passage du *Traité du monde* où Descartes compare d'ailleurs son travail à celui d'un peintre, capable, pour plaire à l'amateur, de répartir de façon variée les ombres avec les couleurs claires. Nombre de commentateurs ont voulu baroquiser Descartes et voir en lui l'analogue philosophique de Shakespeare et de Calderón, dont le théâtre jouait constamment sur la réversibilité de la scène et du monde : le monde est une scène avec ses personnages, ses décors et ses prestiges ; inversement, le théâtre est le monde (celui de Shakespeare s'appelait d'ailleurs le Globe).

Lorsque Galilée commença à avoir des ennuis avec les autorités de l'Église simplement parce qu'il affirmait que c'est la Terre qui tourne autour du Soleil et non l'inverse – alors que dans la Bible (Livre de Josué) il est dit que Josué arrêta le Soleil pour permettre à Josué de remporter une victoire décisive contre les ennemis du peuple hébreu (si le Soleil est arrêté, c'est donc lui qui bouge) – un responsable ecclésiastique un peu plus intelligent que les autres proposa au savant ce marché : dites que ce que vous soutenez n'est valable que relativement à la raison humaine, tandis que la vérité, c'est ce qui est écrit dans la Bible.

En d'autres termes, ce que l'on proposait à Galilée, c'était l'aveu que la science ne peut développer qu'une fable sur le monde, tandis que la vérité est définitivement consignée dans l'Écriture. Il est clair qu'aucun savant n'admettrait un pareil marché : ou bien la physique s'en tient aux phénomènes (le monde qui apparaît) parce que le monde en soi est inconnaissable, ou bien elle considère qu'elle donne une image vraie du monde, mais jamais elle n'accepterait de se considérer comme la pourvoyeuse d'une espèce de fiction théorique destinée à donner le change, alors que de son côté la religion prétendrait détenir à jamais le secret des choses.

Lorsque Descartes parle de sa fable du monde, il ne veut certainement pas dire que sa physique est à mettre sur le même plan que les contes et les légendes que les grands-mères transmettent à la veillée à leurs petits-enfants, mais que les mots dont se sert la raison pour traduire la réalité des choses ne sont pas identiques à cette réalité, ils n'en sont que la représentation, de même que nous savons faire la distinction entre un visage et un portrait. Pour Dieu seul, qui a une connaissance parfaite du monde à cause de son entendement et aussi parce qu'il en est le créateur, le monde ne serait pas une fable.

L'étrange dialogue de l'âme et du corps

On aime tous cette situation burlesque habituelle aux dessins animés classiques : un personnage court comme un fou sans s'apercevoir qu'il a dépassé le bord de la falaise et qu'il a le précipice sous lui. Dès qu'il s'en rend compte, ses yeux sortent d'horreur de leurs orbites et il tombe. C'est la conscience qui fait exister les choses.

Descartes se penche sur l'une des énigmes les plus curieuses de la médecine : un amputé du bras dit qu'il a mal au bras. On appelle membre fantôme cette illusion. Comment peut-on avoir mal à une partie du corps que l'on n'a plus ? Descartes suppose (à juste titre) que le cerveau possède inscrite en lui une certaine image du corps qui ne suit pas toujours automatiquement l'état réel de ce corps (c'est un peu ce qui se passe lorsqu'on ne se voit pas vieillir). La pensée ordonnée par le cerveau peut donc présenter un certain décalage.

Chapitre 1 : L'aube des temps modernes : Bacon, Hobbes, Descartes

L'âme à abattre

Pour tout un courant de pensée actuellement en vigueur aux États-Unis et gravitant autour des sciences cognitives, Descartes fait figure de brute — celui qui, contre l'évidence supposée, aurait creusé entre l'âme (l'esprit) et le corps (le cerveau) un abîme infranchissable, rendant ainsi impossible la compréhension de leurs relations.

Or, il se trouve que Descartes n'a pas cessé d'insister sur la très étroite connexion entre les deux substances, au point qu'il dit « comme un mélange » à propos de leurs rapports. Son hypothèse des « esprits animaux » où certains ont à juste titre reconnu la prémonition de l'influx nerveux, découvert bien plus tard, montre assez que le philosophe tenait à comprendre les mouvements intérieurs de l'âme (telle était l'expression de l'époque) comme pouvant être traduits sur le plan physiologique.

Descartes ne serait-il pas une victime collatérale de ce « tabassage de Français » dont on sait qu'il peut constituer outre-Atlantique une manière de sport national ?

La nature m'enseigne aussi, par ces sentiments de douleur, de faim, de soif, etc. que je ne suis pas seulement logé dans mon corps ainsi qu'un pilote en son navire, mais outre cela que je lui suis conjoint très étroitement et tellement confondu et mêlé que je compose comme un seul tout avec lui. Car si cela n'était, lorsque mon corps est blessé, je ne sentirais pas pour cela de la douleur, moi qui ne suis qu'une chose qui pense ; mais je m'apercevrais cette blessure par le seul entendement comme un pilote aperçoit par la vue si quelque chose se rompt dans son vaisseau.

René Descartes

Pourquoi est-on séduit par des défauts physiques ?

Dans un texte étonnant, Descartes raconte qu'il a toujours craqué pour les femmes qui louchaient. Il est clair que le strabisme est une disgrâce objective et qu'une femme qui ne

louche pas est plus belle qu'une femme qui louche. On n'a encore jamais vu de femmes qui louchent remporter un prix de beauté. Le politiquement incorrect n'est pas allé jusqu'à franchir cette barrière symbolique. Pourtant, on peut trouver plus séduisante une laideur qu'une beauté ; la chose est même banale.

Dans une lettre, Descartes se souvient qu'étant enfant, il aimait une petite fille qui présentait cette particularité de loucher. Ainsi le philosophe du *cogito*, le penseur de la conscience, avait-il deviné l'existence de l'un des principaux mécanismes de l'inconscient psychique : l'être humain cherche spontanément à retrouver les situations et à renouveler les expériences qui lui ont procuré du plaisir dans le passé, tandis qu'il cherche à fuir celles qui lui ont procuré du déplaisir. Comme le passé où se mettent en place ces points de fixation psychologique est l'enfance de l'individu, on comprend que celle-ci sera considérée par la psychanalyse comme la période la plus importante de la vie : c'est le moment en effet où se dessinent les grands traits du caractère, celui où se cristallisent les amours et les détestations qui, plus tard, trouveront d'autres objets. Ainsi se comprend ce mot en apparence paradoxale, mais que la psychanalyse a rendu presque banal : « L'enfant est le père de l'homme. »

Une morale de la générosité

La morale de Descartes est un mélange de stoïcisme et de christianisme. Il existe chez l'être humain une volonté qui n'a pas de limite *a priori*. Cette volonté a un usage théorique aussi bien que pratique : émettre un jugement, c'est toujours dire oui (acquiescer) ou dire non (refuser) à un certain nombre de représentations proposées par l'intelligence.

La connaissance qu'il peut prendre des passions (à l'époque classique, on appelle ainsi tout ce qui, émotion, sentiment ou affectivité, se déroule chez le sujet tout en échappant à son pouvoir de décider) permet à l'être humain de s'en rendre maître. Descartes n'est pas, comme on l'a dit, un ennemi des passions, mais il pense qu'elles doivent et peuvent être dirigées.

La *générosité* dont il fait le point ultime de sa morale n'est pas seulement la bonté dont on peut faire preuve envers autrui. Elle est d'abord l'estime de soi qu'un être raisonnable comme l'homme doit avoir. Il faut avoir conscience de sa vertu d'être libre et raisonnable pour bien agir, car celui qui s'estime ainsi donnera aux autres l'occasion de s'estimer également.

La liberté de notre volonté se connaît sans preuve par la seule expérience que nous en avons.

René Descartes

Chapitre 2
La raison à l'infini : Spinoza ou Leibniz

Dans ce chapitre :

▶ Deux esprits opposés mais tous deux dans le sillage de Descartes
▶ Spinoza, celui qui détruit joyeusement les idoles et les préjugés
▶ Leibniz, celui qui bâtit avec enthousiasme tout un monde d'idées et de projets

Spinoza, comète dans le ciel des idées

Issu d'une famille juive portugaise réfugiée en Hollande, Baruch Spinoza bénéficia d'une éducation juive complète (la Bible, le Talmud, les philosophes juifs du Moyen Âge, la Kabbale). Sa liberté de pensée lui valut, à l'âge de 24 ans, une excommunication majeure de la part de sa communauté, ce qui équivalait à une espèce de mort civile : Spinoza ne devait plus apparaître en public, nul ne pouvait l'approcher, son nom était exécré. Un fanatique tenta même de poignarder le philosophe, lequel garda chez lui le manteau avec le trou qu'avait fait le couteau.

Menant une vie retirée, à la fois par nécessité et par choix (il refusa un poste que l'université allemande de Heidelberg lui proposa), il vécut de manière très simple en polissant des verres d'optique. On peut voir dans ce métier un signal philosophique. L'époque de Spinoza est celle des progrès considérables qui furent faits dans l'observation des mondes extrêmes, grâce justement à l'invention des lunettes astronomiques et des microscopes. Mais les verres sont aussi des symboles de vue claire et distincte : le travail manuel de Spinoza n'allait-il pas tout compte fait dans le même sens que son travail intellectuel ?

La légende noire de Spinoza

Le jugement d'excommunication prononcé contre Spinoza était particulièrement violent : « À l'aide du jugement des saints et des anges (rien que cela !), nous excluons, chassons, maudissons et exécrons Baruch de Spinoza avec le consentement de toute la sainte communauté. Qu'il soit maudit le jour, qu'il soit maudit la nuit ; qu'il soit maudit pendant son sommeil et pendant qu'il veille. » Les membres de la communauté ne devaient avoir avec le réprouvé aucune relation ni écrite ni verbale. Personne ne devrait l'approcher à moins de quatre coudées (c'est-à-dire environ deux mètres), personne ne devrait demeurer sous le même toit que lui et bien sûr lire aucun de ses écrits.

Par la systématisation de la haine qu'il exprime et le désir d'anéantir l'autre jusqu'au point de rêver à son éternelle inexistence, ce type de discours est déjà d'essence totalitaire. La différence toutefois avec le totalitarisme effectif de l'époque moderne tient au tabou de l'élimination physique : il est de fait que Spinoza n'a pas été condamné à mort ni (malgré une tentative) assassiné.

L'excommunication dont Spinoza fut victime fit sentir ses effets bien au-delà de la communauté juive de Hollande. De son vivant, Spinoza eut la réputation sulfureuse d'un penseur matérialiste et athée, qui niait à la fois la liberté humaine et la Providence divine. Ses ennemis firent courir le bruit que son occupation favorite consistait à voir des araignées combattre et s'entre-dévorer !

Le prétendu matérialisme de Spinoza vaudra d'ailleurs à son auteur une réputation de précurseur auprès des philosophes marxistes. Au XVIIIe siècle et pour la génération romantique, Spinoza représenta celui qui, seul parmi tous les philosophes de l'âge classique, aurait eu un sens panthéiste, voire mystique de la nature. Inutile de dire que ces deux lectures opposées sont également éloignées de la pensée du philosophe mais n'oublions jamais que la vie des pensées est volontiers faite des déformations que l'on a pu leur faire subir. Comme Platon, Spinoza est un philosophe que l'on a pu tirer en tous sens ou presque, et cela même contribue à constituer ce que nous appelons «la philosophie de Spinoza».

L'Éthique, ouvrage unique en son genre, possède cinq parties dont chacune a une disposition et une subdivision calquées sur les *Éléments* d'Euclide: d'abord des définitions, parfois suivies d'explications, puis des axiomes, enfin des propositions, suivies de leurs démonstrations et éventuellement de corollaires et de scolies.

La première partie traite de Dieu, la seconde de la nature et de l'origine de l'âme, la troisième de l'origine et de la nature des affections, la quatrième de la servitude de l'homme et la cinquième, de la liberté.

La réalité est parfaite!

Spinoza est le plus antiaristotélicien des philosophes: sa pensée exclut toute idée de possibilité non réalisée. Tout ce qui doit exister existe et il n'y a pas à chercher une quelconque perfection au-delà de la réalité elle-même. On comprend que Spinoza fut l'un des très rares lecteurs non hostiles à Machiavel: il partage avec le philosophe italien son radical refus des idéaux et des utopies. Ainsi dans son *Traité politique* reprend-il la tripartition grecque des régimes politiques: il n'y a pas, écrit-il, à chercher d'autres types que la monarchie, l'aristocratie et la démocratie, car le passé a épuisé tous les possibles en ce domaine.

L'éternité ici et maintenant!

Il n'y a pas chez Spinoza d'au-delà du temps. L'éternité n'est pas cette échappée que les religions promettent à l'âme, mais le mode propre d'existence de l'âme qui coïncide avec Dieu, la substance unique, lorsqu'elle pense la vérité. Dans la vérité qui est adéquation, non de la réalité et de la chose (selon la définition traditionnelle) mais de l'âme avec la substance unique, nous sentons et nous expérimentons que nous sommes éternels, dit Spinoza. La béatitude n'est pas la récompense qui attend l'âme dans l'au-delà pour une vie de bonnes actions, mais l'état actuel, effectif de l'âme qui se sent en conformité complète avec la substance unique qui est Dieu ou Nature.

Ainsi la philosophie de Spinoza nous apparaît-elle comme une formidable promesse, non pas promesse de type religieux qui ne cesse de séparer l'ici du là-bas et le maintenant du plus tard, mais promesse de type éthique, qui concerne l'existence actuelle, effective de l'être humain.

La philosophie est une méditation de la vie et non une méditation de la mort, écrit Spinoza. Comme l'épicurisme, le spinozisme est une morale de la liberté parce qu'elle vise la délivrance vis-à-vis de la crainte et de l'ignorance, qui sont des servitudes.

Substance, attributs, modes

Spinoza reprend les termes scolastiques de substance, d'attribut et de mode pour leur donner un contenu très différent. La substance est une réalité qui est en soi et est conçue par soi, ce dont le concept n'a pas besoin du concept d'une autre chose dont il devrait être formé. Le propre d'une substance est d'être irréductible : à la fois non dérivable et non assimilable à quelque chose d'autre. Pour Descartes, il y a deux substances, la matière et l'esprit ; pour Leibniz, il y en a une infinité, les monades ; pour Spinoza, il n'y a qu'une seule substance appelée Dieu ou Nature.

Un attribut est ce que l'entendement perçoit de la substance comme constituant son essence. Il existe selon Spinoza une infinité d'attributs mais nous n'en connaissons que deux : l'espace et la pensée. L'attribut est infini mais en son genre seulement (car chaque attribut est limité par tous les autres), tandis que la substance est infinie absolument.

Un mode enfin est la manière particulière dont l'attribut de la substance est déterminé : un corps est un mode de l'attribut « étendue », une idée est un mode de l'attribut « esprit ».

Chapitre 2 : La raison à l'infini : Spinoza ou Leibniz

Notre âme en tant qu'elle perçoit les choses d'une façon vraie est une partie de l'intelligence infinie de Dieu.

Spinoza

Des incompréhensions qui s'en tirent par des pirouettes

Dans l'article « Spinoza » de son *Dictionnaire*, Pierre Bayle ignore (ou feint d'ignorer) la distinction entre la substance, les attributs et les modes, et croit bon d'identifier le spinozisme à un panthéisme radical : dans le système de Spinoza, écrit-il, ceux qui disent que les Allemands ont tué 10 000 Turcs parlent mal, à moins qu'ils n'entendent : Dieu modifié en Allemands a tué Dieu modifié en 10 000 Turcs, et ainsi toutes les phrases par lesquelles on exprime ce que font les hommes les uns contre les autres n'ont d'autre sens que celui-ci : Dieu se demande des grâces à lui-même, et se les refuse, il se persécute, il se calomnie, il s'envoie sur l'échafaud...

Dans un texte intitulé *Le Philosophe ignorant*, Voltaire reprend contre Spinoza l'argumentation de Bayle : si Dieu est le monde, alors il a des parties et l'on doit dire qu'il se mange et se digère lui-même, qu'il aime et hait la même chose en même temps.

Dieu ou Nature (au choix)

Spinoza appelle Dieu ou Nature la substance unique (nous dirions la réalité fondamentale unique). Ce Dieu n'a plus rien du Dieu judéo-chrétien : il n'est pas une personne, il n'est pas transcendant (séparé du monde et supérieur à lui), il n'a pas créé le ciel et la terre, il ne surveille pas providentiellement les pauvres êtres que nous sommes... C'est cette accumulation de refus, autant de ruptures révolutionnaires, qui ont valu à Spinoza l'accusation d'athéisme. Si Dieu ne crée pas, s'il n'est pas une personne, s'il n'est pas transcendant, est-il encore Dieu ? N'est-il pas réduit à un mot, que le philosophe se sentirait obligé de conserver par prudence ?

Dans son *Traité théologico-politique*, Spinoza montre que les épisodes bibliques et les discours des prophètes s'expliquent par le contexte intellectuel de l'époque où ils ont été produits.

Cette pensée qui fonde l'exégèse critique en matière religieuse doit être appliquée au philosophe lui-même : l'auteur de *L'Éthique* appelle Dieu, substance, nature ce que nous nommons réalité, monde, chose. La question se pose d'autant plus volontiers que Spinoza lui-même établit l'équivalence : *Deus sive Natura*, ce qui signifie « Dieu ou la Nature », « Dieu ou si l'on veut la Nature ». Est-ce à dire que les deux termes sont strictement identiques ?

Les choses ne sont pas si simples. D'abord le Dieu de Spinoza garde, en dehors de son unicité, une qualité essentielle du Dieu judéo-chrétien : il est infini. Ce qui signifie d'abord qu'il possède une infinité d'attributs (nous dirions aujourd'hui de dimensions). Si nous n'en connaissons que deux, l'étendue et la pensée, cela est dû au caractère limité de notre entendement. Et chacun de ces attributs est infini en son genre, si bien que le Dieu est défini comme un infini contenant une infinité d'infinis. Ce Dieu est la réalité même, dont nous avons vu qu'elle s'identifie à la perfection.

Spinoza est-il panthéiste ?

Il y eut en Allemagne dans la deuxième moitié du XVIIIe siècle une célèbre controverse philosophique appelée querelle du panthéisme et qui impliqua l'interprétation donnée alors de Spinoza. Le panthéisme est la conception selon laquelle l'univers est de nature divine dans la moindre de ses parties : de même que l'étincelle est du feu, la plus humble des créatures (ver de terre, moustique, microbe) est une parcelle de divinité. Spinoza est on ne peut plus éloigné de telles considérations. Chez lui, la Nature n'est pas d'abord l'ensemble des éléments et des êtres vivants, et l'infinité de Dieu n'implique pas que tout soit divin. Enfin, il n'y a pas de divine naturelle chez Spinoza au sens où le panthéisme l'entend.

Toute détermination est une négation

Si nous définissons un carré comme un quadrilatère qui possède quatre angles et quatre côtés égaux, nous impliquons par là même toute une série (en droit infinie) de négations :

nous disons par exemple que le carré n'a ni cinq, ni six, ni sept, etc. côtés, qu'il n'a pas des angles inégaux, etc. Toute affirmation implique logiquement une infinité de négations : cette *Philosophie pour les Nuls* n'est ni une *Philosophie pour les Médiocres*, ni une *Philosophie pour les Misérables*, ni une *Philosophie pour les Incompétents*. C'est ce que voulait dire Spinoza lorsqu'il disait que toute détermination est une négation : déterminer, délimiter, définir (c'est tout un), c'est nier l'infini – lequel, comme chez Descartes, apparaît comme le départ positif, affirmatif de toutes choses (c'est là que l'esprit moderne est en rupture la plus radicale avec l'esprit grec antique).

Le mode est une détermination de l'attribut, lequel est une dimension de la substance. C'est par où Pierre Bayle et Voltaire (qui ont tous deux assimilé sa pensée à un panthéisme), ainsi que tous les lecteurs pressés d'en finir avec Spinoza, se sont, non sans irresponsable jubilation, mis l'index dans l'orbite oculaire le plus proche : un mode n'est pas une partie de la substance comme une branche est une partie de l'arbre, ou le bras une partie du corps. Lorsque je pense à faire une bêtise, ce n'est pas Dieu qui pense en moi et par moi (le lâche !) à faire une bêtise, d'abord parce que Dieu n'est personne et ensuite parce qu'il ne désigne pas l'ensemble des pensées.

Et l'homme dans tout ça ?

L'homme, dit Spinoza, n'est pas un empire dans un empire, ce qui signifie que dans le monde il n'occupe aucune position privilégiée, sinon d'être un être susceptible par sa pensée d'éprouver de la joie.

L'homme a une âme, qui est un mode de l'attribut « pensée » et un corps qui est un mode de l'attribut « étendue ». Rien n'a été fait en vue de lui : Spinoza fut l'un des critiques les plus radicaux du finalisme et de l'anthropocentrisme qui en constitue la forme privilégiée. Ce que la raison humaine décrète mauvais n'est pas mauvais en soi mais selon sa propre nature. L'homme, en effet, a tendance à voir les choses non telles qu'elles sont mais telles qu'il est : une mauvaise digestion suffit à le mettre de mauvaise humeur et à en accuser le monde entier. La philosophie a un effet libératoire lorsqu'elle dénonce comme illusoires ses tendances naïves à tout rapporter à soi.

Les trois genres de connaissance

Spinoza distingue trois genres de connaissance:

- ✔ La connaissance du premier genre correspond à l'expérience vécue et à ce que nous savons par ouï-dire : c'est par elle que nous savons ce qu'est la douleur ou bien la date de notre naissance.
- ✔ La connaissance du deuxième genre correspond à celle que la raison discursive, qui procède par méthode et déduction, peut découvrir (elle est bien entendu supérieure à la précédente mais se trouve néanmoins dépassée par la suivante).
- ✔ La connaissance du troisième genre constitue aux yeux de Spinoza la connaissance supérieure, celle à laquelle conduit la raison intuitive qui coïncide avec les objets singuliers et qui ne touche que des généralités : la connaissance du troisième genre touche des singularités.

La raison contre les êtres de raison

Il existe un rapport étroit entre Spinoza et le nominalisme, cette philosophie selon laquelle les termes généraux comme le bien et le mal, la liberté et la servitude sont des moyens commodes pour dire et pour penser ce qu'il peut y avoir de commun entre un nombre indéfini d'objets mais certainement pas des descriptions d'essences éternelles, comme le croient les réalistes platoniciens. Spinoza appelle *être de raison* non pas l'être doué de raison mais l'entité abstraite, l'hypostase à laquelle on accorde une réalité objective et autonome alors qu'en réalité il n'est que le produit de notre entendement. L'être humain, en effet, construit dans sa pensée des fictions qu'il croit être des images adéquates de la réalité. L'une des tâches principales de la philosophie, sinon sa tâche principale, consiste à faire la critique de ces abstractions – dont la plupart, d'ailleurs, sont le fait des philosophes eux-mêmes.

Ainsi pour Spinoza il n'y a réellement ni le bien ni le mal mais des choses qui sont bonnes dans la mesure où elles augmentent notre puissance d'agir et mauvaises dans la mesure où elles la diminuent. Critiquer par la raison les êtres de raison, c'est remplacer le bien par le bon et le mal par le mauvais. L'homme fait l'expérience de liqueurs qui lui tordent le ventre, de paroles qui l'insultent, de violences qui le blessent, et de là il tire l'idée du mal. Puis il finit par croire au mal et lui donne une figure avec une tête de bouc et une petite queue de rat. Ainsi d'un bond passe-t-on des intestins qui se tortillent à Belzébuth.

L'âme et le corps de conserve

Descartes s'était lui-même mis la tête dans la farine de son pétrin lorsqu'il s'efforçait de comprendre la communication de l'âme immatérielle avec le corps matériel. Ces deux parties de l'être humain ont été au départ posées comme tellement séparées que leur échange devenait incompréhensible (le problème est analogue à celui que rencontrent les religions monothéistes : à vouloir creuser la distance infinie entre Dieu et l'homme, on rend impossibles leurs relations).

Pour Spinoza, l'âme et le corps ne sont pas deux parties de l'être humain mais deux dimensions strictement parallèles : la série des états de l'âme (nous dirions aujourd'hui des événements psychiques) et celle des états du corps (nous dirions des événements physiques) coïncident au point que l'une des deux peut être considérée comme la traduction, l'expression de l'autre. De même que l'on peut décrire une même cathédrale en termes matériels (les pierres, les forces) et en termes formels (les lignes, le style), on peut donner une traduction psychique d'états physiologiques, comme on peut donner une traduction physiologique d'états psychiques.

L'ordre et la connexion des idées sont les mêmes que l'ordre et la connexion des choses.

Spinoza

Puissance égale joie égale liberté

Spinoza ne définit pas les passions par leurs objets mais par leurs forces. La joie est le passage de l'homme d'une moindre à une plus grande perfection; la tristesse, inversement, est le passage de l'homme d'une plus grande à une moins grande perfection. L'amour est joie, la haine est tristesse, lorsque s'y ajoute l'idée d'une cause extérieure. Nietzsche écrira dans un esprit voisin: lorsque nous disons à quelqu'un «je t'aime», cela doit s'entendre de cette manière: il y a en moi un désir dont je pense que tu pourras le satisfaire.

> *Le désir est l'essence de l'homme, c'est-à-dire l'effort par lequel l'homme s'efforce de persévérer dans son être.*
>
> Spinoza

La liberté, tant qu'elle est définie comme faculté de choisir entre des options contraires (libre arbitre) ou semblables (liberté d'indifférence) n'est, aux yeux de Spinoza, qu'un être de raison, une abstraction illusoire. L'homme se croit libre parce qu'il ignore les causes qui le déterminent: il est comme la pierre qui s'écrierait (la sotte!): «J'ai bien fait de choisir de tomber!» Il y a des choses que nous ne pouvons pas ne pas faire mais dont nous pensons néanmoins que c'est nous qui les avons choisies.

Mais si Spinoza récusait comme illusoire la liberté abstraite des hommes malheureux comme des pierres, c'est pour mieux la définir par rapport à la *puissance*. Être libre, ce n'est pas «pouvoir faire», c'est *faire* (que l'on songe à la plaisanterie: «Il peut le faire... Il peut le faire! Applaudissons-le!», alors qu'il s'est contenté de dire qu'il peut le faire).

> *Les hommes se trompent lorsqu'ils pensent être libres et cette opinion consiste en cela qu'ils sont conscients de leurs actions et ignorants des causes par lesquelles ils sont déterminés.*
>
> Spinoza

Le penseur de la démocratie

Vivant comme un reclus, pour les raisons qu'on a plus haut évoquées, Spinoza a néanmoins toujours pensé que l'être humain est plus libre dans la cité où il vit sous la loi commune que dans la solitude où il n'obéit à lui-même. Avec Locke, Spinoza partage l'honneur d'avoir été le premier penseur de la démocratie.

Philosophie et démocratie

En général, la philosophie n'aime pas la démocratie, essentiellement à cause de la bêtise attribuée à la foule. Le préjugé remonte à Platon, qui déteste les sophistes en grande partie à cause de leur préférence démocratique en matière politique. Que l'on considère l'histoire de la philosophie dans son ensemble et l'on sera frappé par ce trait: la plupart des philosophes ont pensé que le meilleur régime était monarchique (le despotisme dit éclairé, dont l'idée remonte à l'utopie platonicienne du philosophe roi, a séduit un grand nombre de philosophes) ou bien aristocratique. La démocratie est presque unanimement dénoncée comme stupide, ignorante, aveugle, anarchique. À cet égard, Locke, Spinoza, Rousseau et Marx sont des exceptions notables.

L'originalité de la pensée politique de Spinoza tient à ce qu'elle ne pose pas le problème en termes d'idéal politique. Si la démocratie est à ses yeux préférable aux autres régimes, c'est parce qu'elle est le régime de la raison, donc de la puissance, donc de la liberté. La démocratie est le régime qui convient à la nature raisonnable de l'être humain; les autres le traitent en animal.

Les pires tyrans sont ceux qui savent se faire aimer.

Spinoza

Spinoza en précurseur de la laïcité

Le théologico-politique, comme son nom l'indique, mélange le religieux et le politique et subordonne celui-ci à celui-là. Spinoza est partisan d'une séparation stricte entre les deux domaines et en ce sens il peut être considéré, plus encore que Hobbes avec qui il partage plusieurs thèses, comme un précurseur de l'idée moderne de laïcité.

Le *Traité théologico-politique* se présente d'abord comme un formidable travail critique sur les Écritures. Certes, la lecture allégorique des textes sacrés est une antique tradition dans la culture juive. Philon d'Alexandrie, pour ne citer que lui, l'employait systématiquement. Mais si elle dépasse la lettre des textes, l'allégorie reste malgré tout dans le sens religieux qui y est déployé ; elle le renforce même, car au moindre détail elle trouve un sens religieux.

Spinoza procède tout autrement : derrière les images et les idées de la Bible, il repère des façons détournées de signifier des situations et des besoins effectifs. Là où Philon interprète le vent comme le symbole de l'esprit divin, Spinoza voit bien plutôt le vent derrière l'esprit divin (et même, si l'on peut dire, jusque dans le sens vulgaire de l'expression : il n'y voit que du vent). Les prophètes ont parlé et écrit pour des ignorants comme eux, aussi ne faut-il pas voir dans ces textes plus que ce qu'ils peuvent contenir et dont la première fonction était de fournir un cadre de vie, un système de valeurs au peuple juif.

Spinoza vivait dans un pays, les Provinces-Unies (aujourd'hui les Pays-Bas) qui à travers crises et convulsions était alors le plus tolérant d'Europe en matière religieuse (Descartes y avait trouvé refuge). Ce pays, avant les autres, avait « privatisé », intériorisé la croyance religieuse. Le protestantisme avait essaimé un grand nombre de sectes ; il y avait par ailleurs des juifs et des catholiques. L'essentiel étant de travailler et de vivre en paix. La séparation du politique et du religieux coïncidait avec celle du public et du privé. Telle est la position de Spinoza : la fonction de l'État est de garantir aux individus la liberté de leurs cultes et de leurs croyances sans en privilégier aucun ni aucune parmi eux.

Leibniz, soleil de tous les mondes

Le terme d'éclectisme a peut-être été inventé par Leibniz. Il désigne une pensée qui, au lieu de se tenir dogmatiquement à un point de vue particulier, se constitue à partir d'une pluralité de doctrines. Leibniz disait que la plupart des écoles philosophiques (on disait sectes à l'époque) ont raison dans ce qu'elles affirment mais tort dans ce qu'elles nient – tendance caractéristique du philosophe à ne rien rejeter hors du pensable.

Un philosophe éclectique

De fait, à l'exception notable de Spinoza qui lui est apparu comme une manière d'impossibilité, Leibniz intègre Platon et Aristote, le finalisme et le mécanisme, le cartésianisme et la scolastique. Avec lui, les écoles opposées ne sont plus exclusives ; et si elles restent concurrentes, c'est précisément parce qu'elles concourent à faire surgir la vérité.

Comme Aristote avant lui, comme Hegel après lui, Leibniz est un esprit universel dont on peut dire, en détournant le mot célèbre de Térence, que rien de réel ne lui fut étranger. Il nous a laissé 100 000 pages manuscrites dont un certain nombre attend toujours, après trois siècles, une publication ou une traduction en français… C'est bien sûr à sa propre philosophie que Leibniz pense d'abord lorsqu'il dit de la monade qu'elle exprime la totalité de l'univers. Il ne faut rien mépriser, disait-il, chaque connaissance a son prix. Nul dilettantisme, au demeurant, chez cet affamé : s'il apprend, c'est pour découvrir, et s'il cherche, c'est pour trouver.

Un authentique savant

Leibniz est le premier à comprendre que certaines roches sont d'origine interne et d'autres d'origine externe. Il devine, et là encore il fait œuvre de pionnier, que les fossiles ne sont pas, comme on le croyait à l'époque, des jeux de la nature artiste mais des restes d'animaux pétrifiés. Se met-il aux mathématiques ? Il découvre l'analyse en même temps que Newton, ce qui suffit à faire de lui l'un des plus grands mathématiciens de l'histoire.

Conseiller aulique (vous n'attendez tout de même pas que j'ouvre le dictionnaire à votre place!), Leibniz aura à cœur de s'occuper de l'état des routes et de l'exploitation des mines aussi bien que des écoles et des académies. Intéressé par la mécanique (mais par quoi ne l'aurait-il pas été?), il conçut une machine pour l'assèchement des mines de Harz, un nouveau système de fermeture des bouteilles (la technique connaît plus de systèmes encore que la philosophie), des montres de poche qui se remonteraient et se régleraient d'elles-mêmes et des voitures sans frottement... Aujourd'hui, les philosophes ne savent même plus comment fonctionnent les machines qu'ils utilisent!

Une philosophie de l'intégration

L'intégration est la construction ou la reconstruction d'un tout à partir d'une valeur donnée. Elle est davantage qu'une sommation ; elle ne se réduit pas à l'addition des éléments pris séparément puisque l'addition d'un nombre infini d'éléments d'une série est impossible (on ne peut pas faire la somme de 1 plus 2 plus 3 plus 4 à l'infini). Mais il arrive que la série converge lorsque par exemple ces termes tendent vers 0 (ou l'infiniment petit). On peut faire le total de l'infini. Telle est la qualité d'une série convergente découverte par Leibniz : $1 - 1/3 + 1/5 + 1/7 + 1/9$, etc. $= \pi/4$.

Et l'expérience commune rejoint là les mathématiques. Pour Leibniz, la pensée et la perception sont des intégrations, donc des manières de calcul. Tel est le sens du fameux exemple du bruit de la mer. Lorsque nous entendons le bruit de la mer, nous n'entendons pas le bruit que fait la multitude des vagues qui constituent la mer, ni celui que fait la multitude des gouttes d'eau qui constituent ces vagues. Pourtant, il faut bien que le bruit de ces gouttes et de ces vagues soit *perçu* pour que le bruit de l'ensemble soit *aperçu*. Leibniz distingue ainsi une aperception consciente qui se porte sur un tout intégré (le bruit de la mer) et une perception inconsciente qui se porte sur l'unité élémentaire dont ce tout est fait. Pareillement, écouter une musique, c'est intégrer des sons que nous n'apercevons pas séparément, quoique nous les percevions indistinctement. La musique est du calcul inconscient, dit Leibniz.

Une bête de sommes

Archimède avait entrepris de compter les grains de sable de la terre, Leibniz se proposa de compter le nombre de propositions possibles dont les vraies font partie. Il a pensé que le nombre des énoncés vrais possibles est fini. L'argument qu'il en donne est le suivant : toutes les connaissances humaines peuvent être exprimées par les lettres de l'alphabet. Or, le nombre de combinaisons cohérentes entre ces lettres est fini (même s'il est très grand). Leibniz a été fasciné par l'écriture chinoise capable de transcrire un nombre indéfini de langues parlées, justement parce qu'elle traduit des idées et non des paroles.

Avec Leibniz, l'infini est partout. Il n'est pas seulement l'attribut de Dieu et de l'univers. Il n'est pas non plus seulement ce qui contient mais aussi ce qui est contenu : par exemple, dans chaque perception, un infini est impliqué.

Dans plusieurs domaines, Leibniz a cherché le moyen d'apprivoiser cet infini. Très jeune, il conçut un alphabet des pensées humaines, une sorte de logique universelle qui aurait eu son système propre de signes, la *caractéristique universelle*. Par celle-ci, on pourrait écrire la totalité du pensable. On a reconnu dans cette utopie l'une des origines de l'informatique contemporaine.

Le labyrinthe, l'océan et le jeu de miroirs

Une comédie italienne de l'époque faisait dire à Arlequin qui prétendait avoir accompli un voyage dans la Lune : « Là-bas, c'est tout comme ici ! » Leibniz cite à plusieurs reprises ce mot. L'univers est un, comme son nom l'indique. S'il y avait une pluralité de mondes comme certains le pensent depuis les matérialistes de l'Antiquité, rien ne nous empêcherait d'appeler univers l'ensemble englobant tous ces mondes, de sorte que c'est bien à un seul univers que nous avons affaire, et non à plusieurs. Mais cet univers est compliqué.

Avec Leibniz, l'image et le modèle du labyrinthe des connaissances remplacent ceux de la chaîne privilégiée par Descartes. La forêt au lieu de l'arbre. Ce labyrinthe est à l'échelle du monde : tenir le bout d'un fil, c'est s'engager à parcourir tous les corridors et à visiter toutes les salles. C'est ainsi qu'à partir de ses recherches généalogiques sur la maison de Brunswick, Leibniz fut conduit à s'interroger… sur la formation primitive de la Terre ! Car les ducs de Hanovre sont inséparables de leur peuple et celui-ci est relié à son sol et celui-ci à son tour à la terre, donc à la Terre.

Une autre image, souvent utilisée par Leibniz pour signifier la foncière unité de toutes choses, est celle de l'océan : le corps entier des sciences peut être considéré comme un océan unique qui fait communiquer toutes les mers.

Une troisième image est celle de la salle des miroirs. Chaque secteur du savoir ouvre un point de vue sur tous les autres. Ainsi, dans un texte intitulé *Pour mettre en ordre le droit romain*, Leibniz prévoit que seront nécessaires une grammaire du droit, une logique du droit, une métaphysique du droit, une physique du droit (où l'on traite, par exemple, de la nature des animaux, des champs…), une mathématique du droit, une éthique du droit, une politique du droit. C'est là que réside la *complication*. La pensée de Leibniz est compliquée au sens où l'une quelconque de ses dimensions appelle toutes les autres.

> *Toute substance est comme un monde entier ou comme un miroir de Dieu ou de tout l'univers.*
>
> Leibniz

Pas de sauts, pas de bâtons rompus

Le principe de continuité a une validité aussi bien objective, physique, que gnoséologique : il s'applique aux choses et aux idées. La nature ne nous parle pas à bâtons rompus, répète Leibniz ; elle ne fait pas de sauts. L'infini loge au creux de n'importe quel intervalle. Le principe de continuité nous conduit nécessairement à l'idée que rien ne saurait apparaître d'un coup, par brusque bond hors du néant, pas plus la pensée que le mouvement. Cela veut dire qu'il n'y a pas de repos absolu qui serait une absence totale de mouvement, pas d'inertie absolue qui serait une absence totale de force, pas de

mort absolue qui serait une absence totale de vie. En d'autres termes, il n'y a pas un commencement pour la perception ou la force ou la vie qui serait non-perception, non-force, non-vie.

La table est déjà mise

Le refus opposé par Leibniz à l'hypothèse empiriste de la table rase (notre esprit à la naissance serait comme un tableau sur lequel rien ne serait écrit) découle du principe de continuité : de même qu'il n'y a pas d'être vivant sans germe, aussi ténu soit-il, il n'y a pas de raisonnement sans les idées innées qui sont ses conditions. Leibniz dit un jour à un ami qu'il pourrait bien y avoir dans la tasse de café qu'il prenait des monades qui vivraient un jour comme des âmes humaines douées de raison. La croyance de Leibniz en la métempsycose doit être rapportée au principe de continuité. L'âme ne se trouve jamais sans corps naturellement. Ainsi au lieu de croire à la transmigration des âmes, il faut croire à la transformation d'un même animal.

Pour Leibniz, il n'y a ni génération ni mort absolue, mais seulement des développements et des enveloppements, des augmentations et des diminutions des animaux déjà formés et toujours en vie, quoique avec différents degrés de sensibilité. Comme Malebranche, Leibniz croit à l'extravagante théorie de l'emboîtement des germes mais pour des raisons différentes : l'idée qu'Adam contenait en lui la totalité des hommes à venir, emboîtés à la manière des poupées russes, correspondait à la nécessaire puissance créatrice de Dieu aux yeux de Malebranche ; tandis que pour Leibniz, elle découle du principe de continuité et de l'idée d'unité de la vie.

Chaque portion de la matière peut être conçue comme un jardin plein de plantes et comme un étang plein de poissons. Mais chaque rameau de la plante, chaque membre de l'animal, chaque goutte de ses humeurs est encore un tel jardin ou un tel étang.

Leibniz

La pensée du lien

Leibniz n'oppose pas mécanisme et organisme : la machine est un organisme simple, l'organisme, une machine compliquée. Une machine faite par l'homme n'est pas une machine dans chacune de ses parties, dit Leibniz. Mais les machines de la nature, c'est-à-dire les corps vivants, sont encore machines dans leurs moindres parties jusqu'à l'infini. C'est ce qui fait, aux yeux de Leibniz, la différence entre la nature et l'art, c'est-à-dire entre l'art de Dieu et l'art des hommes.

Si Leibniz reprend à Aristote le vieux concept d'entéléchie, ce n'est évidemment pas pour faire le malin, c'est parce qu'il y reconnaît une idée unificatrice de physique et de métaphysique susceptible de s'appliquer aux formes du vivant aussi bien qu'aux forces de la mécanique.

Que diable peut être l'entéléchie ?

On raconte de Barbaro, un humaniste italien du XVe siècle, que, désespérant de comprendre le terme d'entéléchie, il invoqua le diable pour en savoir le sens. Nous pensons pouvoir rassurer le lecteur sur ce point. Il n'aura pas besoin du diable. Chez Aristote, qui a inventé le mot, l'entéléchie désigne la perfection de l'acte, c'est-à-dire l'accomplissement entièrement achevé d'une tendance. Pour Leibniz, le terme renvoie plutôt à la tendance qui caractérise la substance simple ou monade, et dont l'âme est l'expression la plus connue.

Les *Nouveaux Essais sur l'entendement humain* ont la particularité de suivre exactement le plan de l'ouvrage de Locke, *Essai philosophique sur l'entendement humain* dont il se veut la réfutation systématique. Deux personnages sont censés dialoguer : Philalèthe (l'ami de la vérité, en grec) représente Locke et ce qu'il dit est constitué d'extraits du livre de celui-ci, et Théophile (l'ami de Dieu, en grec) est le porte-parole de Leibniz lui-même.

La préface prend la défense de la thèse des idées innées : il n'est pas vrai, aux yeux de Leibniz, que toutes les idées proviennent de l'expérience. Il n'y a en fait pas de table rase. L'âme ne peut être absolument sans pensée – ainsi que le montre l'exemple du bruit de la mer (voir *supra*).

Le livre I traite des idées innées : les principes logiques (comme ceux d'identité ou de non-contradiction) et les principes moraux (comme l'amour des parents) ne sont pas issus de l'expérience. S'il en était ainsi, on ne comprendrait pas leur nécessité.

Le livre II traite des idées. Rien n'est dans l'intelligence qui n'ait été auparavant dans les sens, disait Locke ; si ce n'est l'intelligence elle-même, ajoute Leibniz. Ce n'est pas par les sens que nous pouvons avoir des idées comme celles de cause, d'unité ou d'identité.

Le livre III traite des mots. Le langage véhicule les abstractions et les généralités sans lesquelles il serait impossible non seulement de penser mais aussi de parler (on n'imagine pas une langue constituée uniquement de noms propres).

Le livre IV est consacré à la connaissance en général. Leibniz y établit une importante distinction entre les vérités de raison, qui sont universelles et nécessaires parce qu'indépendantes de l'expérience, et les vérités de fait, qui sont particulières et contingentes car dépendant de l'expérience. La dualité qu'établira plus tard Kant entre les jugements analytiques et les jugements synthétiques découle de là.

Semblable ne veut pas dire identique

Avec le principe de continuité, le principe des indiscernables constitue le grand principe qui, comme lui, gouverne l'ensemble de la pensée leibnizienne. Il signifie qu'entre deux choses quelconques, aussi ressemblantes qu'on voudra, il y aura toujours une différence qui les distinguera. En d'autres termes, deux choses seront toujours distinctes dans leur nature et pas seulement par le fait qu'elles constituent chacune une unité.

La critique que fait Leibniz de l'idée de liberté d'indifférence est une application de ce principe. Selon cette théorie, l'être humain aurait la capacité de choisir entre deux options strictement identiques. Aux yeux de Leibniz, cette situation d'indifférence, c'est-à-dire au sens propre d'absence totale de différence entre le terme A (un grain de sable) et le terme B (un autre grain de sable) du choix, n'existe pas, car il y a toujours une différence entre deux termes, aussi petite soit-elle. L'apologue de l'âne de Buridan est artificiel. Aux yeux de Leibniz, il n'y a jamais réellement situation d'indifférence, c'est-à-dire d'absence radicale de différence entre deux côtés. La parfaite symétrie est une fiction : il y a plus d'intestins et d'estomac de l'âne d'un côté que de l'autre, ce qui le poussera vers un côté plutôt que vers l'autre.

Une pluralité de substances toutes différentes

Descartes pensait qu'il y a deux substances, la matière et l'esprit. Spinoza pensait qu'il n'y en avait qu'une : Dieu ou la Nature. Pour Leibniz, il existe un nombre infini de substances. Avec lui, l'individualité reçoit une promotion sans pareille, car la monade (c'est le nom qu'il donne à la substance spirituelle) est à la fois différente de toutes les autres monades et semblable à elles.

La monade

Leibniz emprunte à Plotin le terme de monade mais lui donne un tout autre sens. Alors que chez Plotin la monade désigne l'Un absolu, à l'origine de tout ce qui existe, chez Leibniz le terme renvoie à l'unité spirituelle élémentaire dont ce qui existe est composé. La monade est un point métaphysique, l'analogue en métaphysique du point géométrique.

Il n'y a pas chez Leibniz l'esprit d'un côté et la matière de l'autre. Même les plantes, même les pierres possèdent une dimension spirituelle. Leibniz appelle entéléchie la monade en tant qu'elle constitue un centre dynamique de perceptions. On trouve des monades douées de mémoire chez les animaux. L'esprit ou âme raisonnable est une monade douée de raison.

Toutes les monades sont différentes. Elles représentent le monde de manière plus ou moins claire, à la manière de miroirs plus ou moins bien polis. Dieu, leur créateur, les a réglées de manière à ce qu'elles constituent toutes ensemble un tout harmonieux, car chacune est comme un monde fermé, sans portes ni fenêtres, c'est-à-dire sans communication.

Un centre de forces et de perceptions

Pour Spinoza, l'âme n'était que l'idée de son corps ; pour Leibniz, elle est l'idée du monde. Comme une même ville peut être vue selon différentes perspectives, l'univers est représenté différemment et singulièrement par chaque monade, laquelle est une réalité spirituelle dynamique.

De même qu'un sujet grammatical représente l'ensemble des attributs que l'on peut lui accorder (au sujet Henri IV, nous attribuerons les qualités de roi de France, amateur de poule au pot, initiateur de l'Édit de Nantes, père de Louis XIII, assassiné par Ravaillac…), la monade représente l'ensemble des événements (situations, perceptions, actions) auxquels elle peut être associée. Ainsi constitue-t-elle une série. Une série non développée est comme un livre plié ; une série développée, comme un livre ouvert.

> *Le présent est gros de l'avenir: le futur se pourrait lire dans le passé; l'éloigné est exprimé dans le prochain. On pourrait connaître la beauté de l'univers dans chaque âme si l'on pouvait dépouiller tous les replis, qui ne se développent sensiblement qu'avec le temps.*
>
> Leibniz

L'harmonie universelle

Descartes croyait que la quantité de mouvement (le produit de la masse par la vitesse) est constante dans le monde. Pour Leibniz, c'est la force vive (le produit de la masse par le carré de la vitesse) qui est constante. La force se répartit, mais elle ne se dissipe pas – à la manière dont une grosse pièce de monnaie est échangée contre plusieurs petites: la somme totale doit rester la même.

Une belle idée

Depuis les pythagoriciens, l'idée d'harmonie opère la synthèse des mathématiques et de l'art (musique, danse, architecture, poésie), de l'intelligence et de la sensibilité, elle est au cœur, on le sait, de l'esthétique classique. Pour Leibniz, l'ordre est partout, même dans des domaines qui, comme le droit, semblent n'être que des fatras. Certes, il y a bien des règles qui paraissent aberrantes mais un système juridique absurde est impossible, il ne tiendrait tout bonnement pas.

Leibniz cite souvent ce mot d'Hippocrate, le père de la médecine: «Toutes les choses sont conspirantes.» Les substances sont entre elles dans des rapports harmoniques et les séries d'événements qui les définissent sont elles aussi dans des rapports harmoniques. L'univers est constitué de ce double ensemble infini de lignes horizontales et verticales.

La symphonie de l'âme et du corps

Pour éclaircir le difficile problème de l'union et de la séparation de l'âme et du corps sur lequel Descartes avait déjà achoppé, Leibniz utilise l'image des deux horloges. Figurons-nous deux horloges qui marquent très exactement la même heure. Cette concordance ne peut s'expliquer que de trois manières :

- Ou bien les deux horloges s'influencent mutuellement.
- Ou bien un préposé aux horloges ne cesse de passer de l'une à l'autre pour annuler le plus petit décalage.
- Ou bien les deux horloges ont été dès le départ réglées avec la plus minutieuse exactitude.

Leibniz penche vers la troisième hypothèse, car c'est la plus économe et la plus élégante. Il sous-entend évidemment que le réglage de départ a été effectué par Dieu.

Pour que les musiciens jouent ensemble leur concert, pour que les chanteurs fassent ensemble un chœur, il ne faut pas qu'ils se concertent (justement !), car cela n'aboutirait qu'à une lamentable cacophonie (Fellini l'a montré d'amusante manière dans *Prova d'orchestra*). Les instrumentistes et les choristes ne se voient pas, ils s'entendent à peine et pourtant ils produisent une harmonie parfaite à l'oreille de ceux qui les écoutent. Cela s'explique par le fait qu'ils règlent leur musique et leur chant d'après les indications d'un chef d'orchestre. Le chef d'orchestre de la symphonie que joue le monde s'appelle Dieu et, de même que la musique exécutée suit une partition écrite à l'avance, l'ordonnancement du monde, dont celui de l'âme et du corps est un cas particulier, a été prévu et calculé dès l'origine : c'est ce que Leibniz appelle *l'harmonie préétablie*.

Vérité de raison, vérité de fait

Descartes traite de la vérité comme si elle était une. Même si les choses sont liées et dépendantes les unes des autres, Leibniz distingue les vérités que la raison peut établir par le seul raisonnement déductif et celles qui tiennent à l'existence même des choses et des êtres.

Pour les vérités de raison, le principe de non-contradiction suffit : en mathématiques, il suffit, en effet, qu'une conclusion ne soit pas contradictoire avec un axiome pour être considérée comme vraie. Mais, pour ce qui concerne l'être des choses, le fait qu'elles soient, le principe de non-contradiction, ne suffit pas : il n'est, par exemple, pas logiquement contradictoire qu'une montagne de diamant existe ; cela ne suffit pourtant pas à fonder son existence.

Le principe de raison, dit plus précisément principe de raison suffisante, sert à combler ce vide : il énonce que tout ce qui existe a une raison d'être. Le principe de causalité (tout ce qui existe a une cause qui le détermine à exister) en dérive. Aristote répétait que la nature ne fait rien en vain. Pour Leibniz, Dieu ne fait rien en vain.

Descartes a logé la vérité à l'hôtellerie de l'évidence, mais il a négligé de nous en donner l'adresse.

Leibniz

Le meilleur des mondes possibles

À la fin de ses *Essais de théodicée*, Leibniz imagine un prêtre romain, Théodore, visitant pendant son rêve le palais des destinées où se trouvent les représentations non seulement de ce qui arrive (le monde réel) mais encore de tout ce qui est possible. Avant le commencement du monde existant, Jupiter (qui, dans l'apologue de Leibniz, figure bien sûr le Dieu créateur) a passé en revue tous les mondes possibles et parmi eux a fait le choix du meilleur.

Pallas, la fille de Jupiter, incarnation de la sagesse, guide Théodore dans son songe ; elle lui propose d'observer différents mondes qui auraient pu exister, si telle condition initiale avait été choisie à la place d'une autre. Par exemple, il existe un monde possible où Jules César n'a pas franchi le Rubicon, où il n'a pas conquis la Gaule, où il n'a pas été assassiné, etc. Chaque bifurcation donne naissance à des mondes possibles différents en un nombre, sinon infini, du moins indéfini, car il suffit qu'une seule condition initiale change pour que le monde possible qu'elle détermine change lui aussi.

La pyramide des destinées

Dans les appartements du palais des destinées imaginé par Leibniz, on peut voir comme en un théâtre la scène entière des vies : il suffit de mettre le doigt sur le livre où elles sont inscrites. Le palais a la forme d'une pyramide dont la base se perd dans l'infini. Plus on s'y élève et meilleur est le monde possible.

Le meilleur des mondes possibles correspond à l'étage ultime, au sommet de la pyramide. La base, en revanche, est infinie, car il n'y a pas de pire des mondes possibles. Il est toujours possible, en effet, de trouver une bifurcation de malheurs plus intenses.

La théodicée : Dieu ni responsable ni coupable

Le monde dans lequel nous vivons est le produit d'un calcul : Dieu, avant de le mettre à l'existence, a développé la série entière de chaque terme (un peu à la manière dont un ordinateur joueur d'échecs déroule la série complète de la partie à partir d'un coup joué hypothétique), évalue les différents mondes possibles (calcule leur intégrale) et choisit parmi tous ces mondes le meilleur (à la manière dont l'ordinateur jouera à chaque fois le meilleur coup possible).

Cette philosophie bute évidemment sur le problème du mal, que Leibniz s'efforcera de résoudre dans ses *Essais de théodicée*. « Théodicée » est un terme forgé par le philosophe à partir de deux mots grecs signifiant « justice » et « Dieu ». Il s'agit de rendre justice à Dieu et en particulier de le laver de l'affreux soupçon de malveillance et de faiblesse que l'existence du mal fait porter sur lui.

Dieu est aussi peu la cause du péché que le courant de la rivière est la cause du retardement du bateau.

Leibniz

> **Voltaire, le non-dupe, erre**
>
> On connaît peut-être le conte ironique que Voltaire a écrit pour répliquer à ce qu'il croyait être la pensée de Leibniz et dans lequel il s'amuse à faire subir à son héros tous les malheurs possibles et imaginables, ponctués par le constat de sagesse imbécile du leibnizien Pangloss : « Tout est pour le mieux dans le meilleur des mondes possibles. » Le lecteur ne peut qu'approuver Voltaire, compatir avec son Candide et rire de Pangloss que le savoir universel (son nom en grec signifie « toutes les langues ») ne garantit pas de l'ineptie.
>
> En fait, comme toujours, Voltaire se moque d'une pensée qu'il a commencé par simplifier et caricaturer à l'extrême (il procède de la même façon avec Rousseau qu'il a aussi peu compris que Leibniz, ce qui n'est pas peu dire !). Voltaire confond Leibniz avec Alexander Pope, ce poète anglais qui avait écrit que tout est bien. Le meilleur des mondes possibles ne signifie pas que le mal n'existe pas – il faut faire un minimum confiance à l'intelligence des philosophes avant de se mettre à les critiquer –, cela signifie que le mal est relatif à l'ensemble dont il fait partie et qui est celui d'un optimum.

Pour ce travail de relativisation du mal, Leibniz recourt à une série d'arguments dont la plupart remontent aux stoïciens (car eux aussi défendaient philosophiquement l'idée d'une harmonie du monde) :

- Ce qui est un mal d'un point de vue ne l'est pas sous un autre point de vue (voir la maxime cynique : le malheur des uns fait le bonheur des autres).
- Un mal peut apporter un bien (la piqûre de l'infirmière).
- Le mal est plus immédiatement visible que le bien (nous faisons plus attention à la maladie qu'à la bonne santé), d'où l'illusion pessimiste selon laquelle le mal a tout envahi (on pense au catastrophisme systématique des médias modernes).
- Le mal est nécessaire pour faire sortir un bien, de même qu'en musique une dissonance contribue à renforcer l'harmonie totale.

Tous ces arguments ont leur valeur mais cèdent devant la souffrance d'un seul innocent, dont Leibniz ne parle pas. Dostoïevski dira: si ma place au paradis doit être achetée au prix de la souffrance d'un enfant, je rends mon billet. Que dire alors lorsque des millions d'innocents souffrent, comme en Arménie, à Auschwitz, dans le Cambodge des Khmers rouges ou au Rwanda? Devant de telles tragédies qui rendent dérisoire jusqu'à leur nom de «tragédie», les théodicées ne font pas le poids.

Il est dans le grand ordre qu'il y ait un petit désordre.

Leibniz

L'œcuménisme leibnizien

Leibniz se disait lui-même philanthrope. À la différence d'un Descartes qui, bien que grand voyageur, n'a jamais manifesté la moindre curiosité géographique ou historique, Leibniz pense l'humanité sinon dans son ensemble (il faudra attendre le XVIIIe siècle pour que l'Océanie et le XIXe siècle pour que l'Afrique entrent dans la conscience de l'Europe) du moins hors des limites de la chrétienté. À un correspondant, il écrivit qu'il irait jusqu'en Chine s'il était plus jeune pour établir la communication des Lumières. Peut-être se prit-il à rêver d'être l'Aristote d'un nouvel Alexandre qui eût été Louis XIV?

Leibniz avait la nostalgie du médiéval Saint Empire romain germanique avec le pape pour chef spirituel et l'empereur pour chef temporel en même temps qu'il aimait à projeter sa pensée vers un futur idéal. Alors que Bossuet, à la même époque, travaillait pour l'unité de la seule Église catholique, Leibniz œuvrait pour l'union des Églises, ce qui est d'une ampleur autre: il s'agissait ni plus ni moins de réconcilier les catholiques et les protestants, et de fonder une confédération des États européens.

Chapitre 3
Dieu fait de la résistance

Dans ce chapitre :

- Les platoniciens de Cambridge
- Malebranche, celui qui voit en Dieu
- Pascal, le meilleur ennemi français de Descartes

Le XVIIe siècle n'a pas seulement été une époque de pensée soumise aux dogmes de la religion. Nous avons déjà pu voir que le Dieu de Spinoza n'avait plus guère de choses à voir avec le Dieu d'Abraham, d'Isaac et du curé du coin. Il y eut même alors tout un ensemble d'hommes appelés libertins qui menaient contre la religion joyeuse guerre, mangeant volontiers (mais en cachette, bien sûr) du jambon le jour de carême et troussant les filles de belle manière dans les meules de foin. Parmi ces gens, peu croyaient au mystère de la Résurrection et au diable cornu, certains allaient même jusqu'à nier l'existence de Dieu et de l'âme.

Philosophiquement parlant, il y avait bien des passerelles entre ceux qui, comme Hobbes, affirmaient que tout n'est que corps et machine, ceux qui, comme Gassendi, reprenaient pour l'essentiel les thèses de l'épicurisme antique et ceux qui, enfin, s'engageaient dans la voie d'un franc matérialisme et d'un athéisme radical. Même si les libertins n'ont pas produit de « grande » philosophie, ils constituent néanmoins un courant de pensée important et peuvent à bien des égards être considérés comme les précurseurs du Siècle des Lumières à venir.

La réaction des platoniciens de Cambridge

À partir du XVIIe siècle, l'empirisme sera la philosophie dominante de l'Angleterre. Mais la philosophie vit sans cesse du jeu des réactions nécessaires de ceux que ne satisfait pas telle ou telle pensée dominante. C'est pourquoi cheminera parallèle à l'empirisme un idéalisme indigné, jusqu'en notre époque. Il y eut, à Cambridge, un groupe de philosophes, dont R. Cudworth et H. More sont les plus célèbres, qui prônaient un certain retour à Platon pour contrecarrer le matérialisme et l'empirisme de Hobbes et de Gassendi. On les appelle les platoniciens de Cambridge.

Les idées viennent d'ailleurs

Pour un empiriste ou un matérialiste, les idées sont issues des impressions sensibles, donc forcément acquises. Selon les platoniciens de Cambridge, la connaissance ne dérive pas des choses mêmes, mais de Dieu, qui a déposé dans l'intellect humain les notions communes grâce auxquelles les choses peuvent être reconnues : ainsi la vérité n'est-elle issue ni du monde ni du travail de l'esprit mais d'une réalité transcendante (Dieu) dont l'esprit humain a en lui l'image déposée. Certes, le recours à Dieu n'est pas précisément dans la lignée platonicienne ; ce qui l'est, en revanche, c'est la thèse selon laquelle les idées viennent d'ailleurs (de l'étage du dessus, si l'on peut dire) et qu'il existe en nous des idées innées.

La nature est une artiste

L'autre grande thèse des platoniciens de Cambridge concerne la nature dont ils déplorent que le mécanisme cartésien la transforme en chose inerte. La nature, selon eux, est un organisme actif, vivant, créateur de formes à partir des modèles conçus par Dieu. Jusqu'à la naissance de la géologie et de la paléontologie modernes, au XIXe siècle, les fossiles trouvés dans la terre seront parfois, conformément à cette idée de la « nature artiste », considérés comme les œuvres d'un sculpteur caché.

Malebranche : qui n'a pas vu Dieu n'a rien vu

Comme Berkeley avec lequel il partage plus d'un point commun, Malebranche est un homme d'Église – ce qui se remarque aussitôt sur son portrait (de tous les philosophes, il est celui qui ressemble le plus à une vieille femme) et dans ses écrits.

L'imagination est la folle du logis.

Malebranche

L'occasion fait bien des choses

Le temps de Malebranche était sur le plan politique celui de l'absolutisme monarchique. Malebranche donne ou plus exactement redonne à Dieu un pouvoir absolu sur sa création.

On connaît la distinction entre la cause, qui produit son effet, et l'occasion, qui permet à la cause de produire son effet. Ce n'est pas la queue du billard qui est la cause du mouvement de la boule ; elle n'en est que l'occasion. De même, aux yeux des croyants, les parents ne sont pas la cause de l'existence d'un enfant, ils n'en sont que l'occasion. Bref, l'occasion est apparente et la cause est réelle. Le système de Malebranche est appelé « occasionnalisme ».

C'est, selon Malebranche, Dieu seul qui fait, comme cause véritable, par les lois générales de l'union de l'âme et du corps, ce que les hommes font, comme cause occasionnelle ou naturelle – si bien que sans Dieu je ne pourrais même pas bouger le petit doigt. Dieu est, aux yeux de Malebranche, la cause réelle de tout puisque c'est lui qui a établi les lois de la nature ; tous les autres facteurs ne sont que des occasions.

Cela dit, si Dieu est la cause de tout, cela ne signifie pas qu'il s'occupe de l'intendance dans ses moindres détails. La simplicité est aux yeux de Malebranche le mode de l'action de Dieu – lequel agit toujours par des lois générales et non pas par des volontés particulières. La théorie des causes occasionnelles est un moyen de décharger Dieu d'une intervention directe dans l'ordonnancement des choses, qui ne manquerait pas de tomber dans le ridicule.

La preuve de l'existence de Dieu la plus belle, la plus relevée, la plus solide et la première, c'est l'idée que nous avons de l'infini.

Malebranche

Voir en Dieu est donné à tout le monde !

L'originalité de la théorie malebranchiste de la vision en Dieu est de n'être pas du tout mystique. Percevoir, penser, c'est, aux yeux du philosophe, voir en Dieu. Autant dire que tous les hommes, même les plus aveugles, sont capables de le faire.

La vision en Dieu est l'application de la théorie des causes occasionnelles au domaine des idées. Pour Malebranche, le lien qui unit l'esprit à Dieu est beaucoup plus solide et nécessaire que celui qui unit l'esprit au corps. De même que lorsque nous percevons les choses sensibles, nous les percevons nécessairement dans un cadre physique, lorsque nous portons notre attention sur les idées, nous les pensons dans un espace symbolique qui n'est autre, aux yeux de Malebranche, que l'entendement de Dieu. Puisque c'est en Dieu que sont les idées, les modèles de toutes choses, grâce auxquelles nous connaissons toutes choses, connaître, c'est littéralement voir en Dieu. Si les idées sont en Dieu, c'est parce que celui-ci les a utilisées pour créer les êtres et les choses de ce monde. Il n'y aurait, en effet, pas eu de création s'il n'y avait pas eu de modèles originaires.

L'homme ignore souvent ce qu'il pense savoir et il connaît bien certaines choses dont il s'imagine ne pas avoir d'idées.

Malebranche

Par le moyen de la raison, dit joliment Malebranche, je puis avoir quelque société avec Dieu. En pensant, en effet, l'être humain fait exactement, quoique de manière bien imparfaite, ce que Dieu faisait lorsqu'il créait les êtres et les choses. Dieu est le plan d'être infini à partir duquel je peux agir et penser. Certes, ce n'est pas Dieu que je vois en bougeant mon petit doigt, la vision en Dieu n'est pas la vision de Dieu et la pensée de Malebranche est étrangère au panthéisme. Mais si Dieu, en tant que plan d'être infini n'existait pas, alors rien ne pourrait plus être perçu ni accompli car, lorsque nous pensons, ce n'est certainement pas dans l'esprit des autres que nous le faisons.

La théorie de la vision en Dieu peut être interprétée comme une façon de résoudre les problèmes posés par l'idée d'omniprésence divine. Malebranche part de l'idée suivante : si elle est infinie, l'étendue n'est pas une créature (une créature ne peut, en effet, qu'être finie, sinon elle se confondrait avec son créateur). Mais si l'étendue n'est pas une créature, cela signifie qu'elle est en Dieu.

L'emboîtement des germes

Nous avons déjà rencontré cette étrange théorie avec Leibniz : l'ensemble de tous les êtres constituant l'humanité aurait été présent dès l'origine dans le corps du premier homme. Fantastique hypothèse : à la manière des poupées russes, tous les hommes auraient été emboîtés les uns dans les autres à l'état de germes minuscules.

Pourquoi des philosophes qui sont gens intelligents, même diminués, comme tous les hommes, de leur plage de préjugés et de bêtise, ont-ils soutenu une théorie aussi extravagante ? Il convient d'abord de rappeler que ce n'est qu'au XVIIe siècle, justement à l'époque de Malebranche et de Leibniz, que l'on découvre (grâce au microscope nouvellement inventé) que le spermatozoïde n'est pas un homoncule, un homme miniature avec une tête, un tronc et des membres extrêmement petits. Ce n'est qu'au siècle suivant, d'autre part, que l'on découvrira que l'ovule des femmes est la cellule originaire de la fécondation – et que lui non plus n'a pas forme humaine.

La théorie de l'emboîtement des germes attribuait à l'homme seul, au mâle, un pouvoir actif dans la fécondation : l'homme dépose dans le corps de la femme un minuscule bonhomme déjà bien formé (jusqu'aux ongles et aux oreilles) qui trouvera le gîte et le couvert lui permettant de se développer de manière à atteindre la taille d'un bébé à naître. Mais ce petit bonhomme contient à son tour dans son corps les petits bonshommes qui seront ses enfants et ainsi de suite à l'infini, c'est-à-dire pour la suite des siècles des siècles, amen!

C'est sa théorie de l'infini qui fait soutenir cette thèse à Leibniz (la vie est infiniment repliée sur elle-même, elle ne surgit pas de la non-vie), tandis que le Malebranche y voit plutôt le signe de la très grande gloire de Dieu. Puisque Dieu est la cause de tout, il crée les corps aussi bien que les âmes, et comme il procède toujours par les voies les plus simples, il se contente de créer les germes des corps qui n'auront plus qu'à se développer sans lui. C'est pour sa gloire que Louis XIV a construit le château de Versailles, c'est pour la sienne que le Dieu de Malebranche, cette espèce de Roi-Soleil universel, a créé le ciel et la Terre.

Pascal, effrayé par le silence éternel des espaces infinis

Le monde de Descartes est plein, compact, resserré sur lui-même : les corps glissent les uns à côté des autres et ne laissent entre eux aucun interstice. Le monde de Pascal, à l'inverse, est hanté par le vide : vide physique qui troue la matière et dont la réalité objective a été établie lors de la célèbre expérience du puy de Dôme ; vide des espaces infinis de l'univers et auquel le silence seul répond en écho ; vide intérieur dont l'horreur, retirée à la nature, creuse le roseau pensant ; vide abyssal dont l'homme Pascal lui-même se croyait environné ; vide enfin entre les fragments du discours à jamais inachevé des *Pensées*.

Qu'on s'imagine un nombre d'hommes dans les chaînes, et tous condamnés à la mort, dont les uns étant chaque jour égorgés à la vue des autres, ceux qui restent voient leur propre condition dans celle de leurs semblables et se regardant les uns les autres avec douleur et sans espérance, attendent à leur tour. C'est l'image de la condition des hommes.

Pascal

L'effrayant génie

La vie, si courte (39 ans) de Blaise Pascal comprend trois phrases d'inégale longueur. Jusqu'à l'âge de 28 ans, Pascal s'adonne à des travaux scientifiques et techniques marqués par de multiples découvertes et inventions (un boulier mécanique aujourd'hui volontiers présenté comme l'ancêtre des machines à calculer, les expériences sur la pression atmosphérique, etc.). À 12 ans, le jeune Pascal avait retrouvé seul les trente-deux premières propositions d'Euclide. D'où le mot célèbre de Chateaubriand sur «l'effrayant génie». Ensuite, pendant trois ans, Pascal mène une vie mondaine en compagnie de libertins passionnés de jeu (c'est pour eux qu'il jettera les bases du calcul des probabilités). Et à partir de 1654 jusqu'à sa mort, Pascal mène une vie de rigueur ascétique. La nuit du 23 novembre 1654 fut pour lui un point de rupture, d'extase mystique qu'il consigna par des mots enflammés dans un *Mémorial* qu'il cousit dans la doublure de son vêtement et que l'on retrouva après sa mort.

D'une santé physique et psychologique délabrée (il croyait son fauteuil entouré par le vide d'un abîme), il mourut en 1662, laissant derrière lui des liasses de feuillets qui seront publiés sous le titre de *Pensées*.

Des nains juchés sur des épaules de géants

Lui-même grand découvreur en plusieurs sciences, Pascal fut l'un de ceux qui, avec Bacon, posèrent les bases de la théorie du progrès dans le domaine des connaissances. Nous vénérons les Anciens, dit-il, comme des modèles indépassables, mais c'est nous qui devrions plutôt êtres appelés Anciens, car c'est nous et non pas eux qui sommes les plus éloignés de la naissance du monde. Ceux que nous appelons Anciens étaient en réalité nouveaux en tout.

Par ailleurs, si nous sommes des nains relativement à ces géants (allusion à l'admiration vouée à des modèles jugés indépassables), nous voyons plus loin qu'eux, car nous sommes juchés sur leurs épaules (l'image vient de Bernard de Chartres, un auteur du Moyen Âge et Pascal la reprend à son compte).

Les trois ordres

Ce que nous appellerions aujourd'hui système ou table des valeurs a, chez Pascal, trois sources :

- La *chair* renvoie aux plaisirs sensibles et aux activités mondaines (intérêts matériels, vie en société).
- L'*esprit* renvoie au travail intellectuel et à ce que les philosophes appellent d'une manière générale la pensée.
- Le *cœur* renvoie non seulement à l'affectivité, mais aussi à l'intuition et surtout aux valeurs religieuses ; le Dieu de Pascal est sensible au cœur, il ne se démontre pas par des raisonnements.

Il y a, aux yeux de Pascal, un abîme infini entre ces ordres : abîme infini entre la chair et l'esprit, abîme infini entre l'esprit et le cœur. Descartes, qui a tout voulu rabattre sur la raison, s'est fourvoyé, selon Pascal : le cœur a ses raisons que la raison ne connaît point, écrit-il. La raison a beau crier, affirme-t-il avec force, elle ne peut mettre le prix aux choses, c'est-à-dire fournir une quelconque valeur.

Pascal appelle tyrannie le désir ou la tentative de soumettre un ou deux de ces ordres à l'un des trois jugé primordial. Il y a tyrannie à tout vouloir soumettre à l'ordre de la chair, il y a tyrannie à tout vouloir soumettre à l'ordre de l'esprit, il y a tyrannie à tout vouloir soumettre à l'ordre du cœur.

Esprit de géométrie, esprit de finesse

Une autre distinction opérée par Pascal concerne le mode de penser. L'esprit de géométrie est le raisonnement méthodique, déductif. L'esprit de finesse est l'intuition. Le premier chemine pas à pas et passe d'une idée à l'autre selon des règles déterminées. Le second va droit au but et saisit son objet immédiatement ; sa visée est une vision. Les notions communes (axiomes) de la géométrie ne peuvent être saisies que par l'esprit de finesse puisqu'elles échappent à la démonstration. La plupart des termes généraux échappent d'ailleurs, selon Pascal, à toute définition : ainsi le temps, l'espace, le nombre, l'existence sont des idées que tout le monde entend et ce serait les obscurcir au lieu de les éclaircir que de vouloir les définir.

Les deux infinis et l'homme au milieu

L'infinité du monde était une découverte récente au XVIIe siècle. Giordano Bruno y avait laissé sa peau. La théorie officielle de l'Église penchait pour un univers fini, l'infini devant rester l'attribut exclusif de Dieu et la coexistence de deux infinis apparaissant par trop abracadabrantesque. Ce cadre étroit craque petit à petit à partir de la Renaissance. La lunette astronomique, ancêtre de nos télescopes, lance le regard au-delà des étoiles visibles.

Pour dire l'infinité de l'univers, Pascal reprend la formule que Nicolas de Cues avait lui-même reprise du *Livre des XXIV philosophes* écrit au Moyen Âge : une sphère dont le centre est partout et la circonférence nulle part. Cette infinité dit deux choses d'un coup : la grandeur de Dieu, la petitesse de l'homme.

Mais si l'homme est petit, il ne l'est pas infiniment. D'abord, il connaît sa misère et peut ainsi prendre sur elle une revanche symbolique : l'homme est plus noble que tout cet univers qui l'écrase car il connaît sa faiblesse, alors que l'univers ignore tout de sa propre grandeur. Mais si l'homme n'atteint pas le fond de l'infime, c'est parce que sous lui, il y a un autre infini qui, de ce fait, le place au milieu.

> *L'homme n'est qu'un roseau, le plus faible de la nature ; mais c'est un roseau pensant. Il ne faut pas que l'univers entier s'arme pour l'écraser ; une vapeur, une goutte d'eau suffit pour le tuer. Mais quand l'univers l'écraserait, l'homme serait encore plus noble que ce qui le tue, parce qu'il sait qu'il meurt et l'avantage que l'univers a sur lui, l'univers n'en sait rien.*

Pascal

Une bonne partie des *Pensées* de Pascal tient dans ce balancement : misère de l'homme sans Dieu, grandeur de l'homme avec Dieu.

Un drôle de pari

Ami de libertins qui passaient des jours à jouer et à jurer, Pascal transpose la situation du pari sur le plan métaphysique.

Nous avons le choix entre l'existence de Dieu et sa non-existence. Le choix de l'existence de Dieu implique une perte réelle – les plaisirs fugitifs de la vie sensible et mondaine – et un gain possible : la vie éternelle. Le choix de la non-existence de Dieu implique un gain réel – les plaisirs – et une perte possible : la vie éternelle. La disproportion est telle entre chance de gain et risque de perte qu'il n'y a pas à hésiter, selon Pascal. Si vous gagnez, vous gagnez tout ; si vous perdez, vous ne perdez rien. Parions donc que Dieu existe.

Les libertins, évidemment, penseront qu'on met en balance, de façon trompeuse, les pertes réelles (les plaisirs) et les gains seulement hypothétiques. Et puis, faut-il encore que Dieu tienne le pari – car s'il existe, peut-être a-t-il son mot à dire ! Mais la situation du pari est celle, après tout, dans laquelle est placé n'importe quel joueur de loto : la disproportion entre la somme dépensée, donc risquée, et le gain escompté est telle que la plupart jugerait déraisonnable de ne pas en profiter.

À l'époque de Pascal, qui connut l'invention des premiers microscopes, le ciron, un acarien, était connu pour être le plus petit animal visible à l'œil nu. Pascal prend cette bestiole pour illustrer son idée de l'abîme de petitesse dans lequel tombe la nature, et nous avec, et qui fait le pendant de cet abîme du colossal dans lequel notre regard est plongé lorsqu'il se tourne vers le ciel la nuit. Il nous faut, dit Pascal, imaginer que dans le corps du ciron auprès duquel la puce fait presque figure de baleine, il y a des jambes, et dans ses jambes des veines, et dans ses veines du sang, et dans ce sang des liquides, etc. Entre les deux infinis, l'homme tient le milieu. Telle est sa grandeur, mais aussi sa faiblesse.

La controverse du jansénisme

Le jansénisme est une forme particulièrement rigoureuse de pensée et de vie chrétiennes. Son nom vient de son fondateur Jansénius, un théologien hollandais. Celui-ci avait écrit un ouvrage intitulé *L'Augustinus*, par référence à saint Augustin, à la pensée duquel il entendait revenir par réaction contre le laxisme des molinistes qui accordaient tant de pouvoir à la liberté de l'homme que plus rien ne restait à la puissance de Dieu.

En France, le jansénisme constitua une machine de guerre contre les jésuites qui, depuis la fondation de leur ordre par Ignace de Loyola et la Contre-Réforme catholique, avaient acquis une position dominante dans l'Église. Par ailleurs, en un temps où les partis politiques n'existaient pas encore, des mouvements comme le jansénisme représentaient des moyens indirects de combattre le pouvoir monarchique. Derrière les controverses compliquées sur la grâce et auxquelles Pascal prit une part active, on peut déceler l'expression d'une lutte d'influence entre groupes et individualités. Ainsi, plus près de nous, les guerres de clans dans les régimes stalinien et maoïste auront volontiers pour motif officiel des disputes très scolastiques qui, rétrospectivement, n'apparaissent plus que comme des prétextes à l'expression de purs rapports de force.

Cela dit, au XVIIe siècle, les débats sur la grâce efficace et sur la prédestination engageaient de très importantes questions sur la nature humaine et son pouvoir de liberté.

Pascal écrit un ouvrage, *Les Provinciales*, pour prendre contre les jésuites la défense du jansénisme. Il est intéressant de noter qu'il ne rejette pas les jésuites avec des arguments moraux (le fameux laxisme) ni par esprit de parti (Pascal est janséniste), mais pour des raisons philosophiques qui ne sont pas sans faire songer à celles de Platon dans son hostilité aux sophistes: les jésuites disposent d'un système rhétorique qui leur permet de tout justifier, y compris les actions les plus condamnables. Leur discours est donc tyrannique. À l'opposé de Descartes, Pascal ne croit pas à l'existence d'une seule méthode susceptible de faire voir clairement la vérité dans tous les domaines. Chaque problème requiert sa méthode spécifique.

Vanité des vanités

Lorsque l'on est comme le fut Pascal adossé à l'absolu, tout ce qui est humain finit par revêtir un sens dérisoire. On ne s'étonnera pas dès lors si le penseur le plus constamment présent, quoique de manière cachée, dans les *Pensées*, est Montaigne, le penseur sceptique.

Pascal met le scepticisme philosophique au service de l'apologie de la religion chrétienne. Tout est vain comparé à Dieu et toute activité qui n'a pas Dieu pour but ou pour objet est vaine. La philosophie qui prétend et entend connaître la totalité des choses ne sait pas de quoi elle parle : comment se pourrait-il que la partie (l'esprit humain) connût le tout ? Toutes choses étant liées, à la fois causes et effets, il est impossible de connaître l'une sans l'autre et l'une sans toutes les autres.

La raison échoue, donc, mais l'imagination ne vaut pas davantage. Pascal appelle l'imagination maîtresse d'erreur et de fausseté. D'autant plus fourbe qu'elle ne l'est pas toujours, car elle serait règle infaillible de vérité si elle l'était infaillible du mensonge – à la manière dont une montre qui retarde régulièrement de cinq minutes toutes les 24 heures pourrait être malgré tout utilement consultée.

Aucun régime de faveur pour le moi

Le moi est haïssable, écrit Pascal contre tous ceux qui à son époque n'aiment rien tant que de se regarder dans les miroirs (voir la galerie des Glaces du château de Versailles et les plans d'eau de ses jardins). Le moi est aussi une illusion : qu'aime-t-on quand on aime quelqu'un ? Une apparence physique, une qualité de l'esprit, qui peut se perdre sans que le moi soit détruit ?

J'ai découvert que tout le malheur des hommes vient d'une seule chose, qui est de ne pas savoir demeurer au repos dans une chambre.

Pascal

Pascal appelle divertissement tout ce qui détourne l'homme de son salut. Aussi est-ce la société tout entière avec ses goûts et ses usages qu'il passe au feu de sa critique. Il taxe la peinture de vanité car elle attire l'admiration par la ressemblance des choses dont on n'admire pas les modèles. Argument curieux, mais significatif : n'est-ce pas justement parce que la mort n'est pas belle qu'elle peut l'être à l'extrême lorsqu'elle est représentée en peinture ?

Le point de vue de Dieu (comme, en d'autres circonstances, le point de vue de Sirius) permet de pousser l'analyse à un point rare de contestation critique. C'est ainsi que Pascal écrit à l'adresse des grands qui portent plume au chapeau et épée au côté : votre naissance dépend d'un mariage ou plutôt de plusieurs mariages. Mais d'où ces mariages sont-ils issus ? D'une visite faite par rencontre, de paroles dites en l'air, de mille petits riens et minuscules occasions imprévues. Voilà le rang que l'ordre établi voudrait faire passer pour nécessaire et qui se trouve réduit à la pure contingence d'un choc d'épidermes. Il y a bien des comtes et des ducs qui sont nés parce que leur père, tel jour, a été saisi par la vision d'un grain de beauté sur un sein à moitié nu.

Saint Augustin avait écrit de l'habitude qu'elle est une seconde nature et Montaigne avait déjà bien dégagé ce mécanisme : pour justifier leurs plus extravagantes actions, les hommes ont tôt fait d'appeler nature leurs artifices. Leur justice ne peut apparaître que dérisoire, voire grotesque, comparée à ce qui serait la véritable justice et qui est évidemment celle de Dieu. Plaisante justice qu'une rivière borne ! s'exclame Pascal. Vérité en deçà des Pyrénées, erreur au-delà. L'Histoire dans son ensemble ne nous donne pas à contempler un spectacle moins comique.

La coutume est une seconde nature, qui détruit la première. Mais qu'est-ce que nature ? Pourquoi la coutume n'est-elle pas naturelle ? J'ai grand peur que cette nature ne soit elle-même qu'une première coutume, comme la coutume est une seconde nature.

Pascal

Si le nez de Cléopâtre avait été plus court, écrit Pascal, toute la face de la Terre aurait changé. C'est d'abord la face de la belle qui eût été changée, crut bon de faire observer l'humoriste Pierre Dac. Que voulait dire Pascal? Si Marc Antoine, amoureux de la reine d'Égypte, avait préparé son combat contre Octave au lieu de se prélasser, il serait devenu empereur à la place de son rival. En changeant de maître, Rome aurait changé le monde. Ainsi l'histoire tient-elle à des riens parce que, encore une fois, rien n'est sérieux, Dieu excepté.

Chapitre 4
L'empirisme : retour à la réalité commune

Dans ce chapitre :

▶ Des philosophes qui ne se paient pas de mots
▶ Locke, l'expérience pour la connaissance et la liberté individuelle pour la politique
▶ Berkeley, la négation de l'existence d'une matière objective
▶ Hume, le Newton du monde intérieur
▶ Condillac, l'animation des statues à partir d'une simple odeur de rose

Qu'est-ce que l'empirisme ?

Depuis l'Antiquité, deux écoles de médecine se sont affrontées : pour les dogmatiques, la compréhension et le soin des maladies doivent partir de principes universels (par exemple, l'opposition entre le chaud et le froid, le sec et humide) ; pour les empiristes, à l'inverse, il convient de s'appuyer sur l'observation des cas concrets, chaque cas étant singulier.

En philosophie, l'empirisme est la conception selon laquelle les idées dérivent de l'expérience sensible. L'empirisme s'oppose au dogmatisme des rationalismes et des idéalismes bâtisseurs de système.

L'empirisme est analytique

Il ne cherche pas à construire un système qui serait dans l'ordre du langage l'image du système du monde. Il tente plus modestement de comprendre les mécanismes de la pensée et de la morale humaines en les décomposant en unités élémentaires. De Thomas Hobbes, le premier (après Guillaume d'Occam, toutefois) à avoir lié la vérité au langage, à Thomas Reid, le philosophe du langage ordinaire, la pensée anglaise à l'âge classique fut celle qui se défia avec le plus de constance de la recherche de l'absolu.

L'empirisme est nominaliste

Pour l'empirisme, il n'y a que des choses singulières : le triangle prétendument universel, écrit Berkeley, n'est qu'un triangle particulier que l'on envisage comme le représentant des autres triangles possibles. Pour l'empirisme, l'idée générale n'est pas à l'origine mais à la fin de la pensée. L'esprit commence toujours par des sensations singulières, par des idées particulières. Ce n'est qu'ensuite, grâce en partie au langage, qu'il peut s'élever jusqu'aux idées générales. Seulement, il arrive en philosophie que la prudence extrême finisse en imprudence. Ainsi Locke, Berkeley et les disciples de Gassendi récusèrent comme dépourvu de sens le calcul infinitésimal sous prétexte qu'on ne saurait faire l'expérience ni avoir la moindre perception de l'infiniment petit.

L'empirisme est subjectiviste

En déplaçant la question fondamentale de la philosophie de l'être des choses au sujet humain, l'empirisme annonça à bien des égards le criticisme de Kant et la phénoménologie. Les problèmes ne sont plus tant ceux de l'être et de la vérité que : qu'est-ce que connaître ? Qu'est-ce que croire ? Comment connaissons-nous ?

L'empirisme est relativiste

Si tout ce qui est connu, cru, pensé dérive de l'expérience, alors les idées, les croyances et les connaissances varient selon les circonstances. La relativisation des facultés humaines conduit logiquement les empiristes à combler l'abîme que les rationalistes avaient creusé entre les hommes et les animaux : pour Hume, par exemple, les animaux possèdent la raison tout comme les hommes et Condillac écrit un *Traité des animaux* où il montre que les qualités que nous attribuons à l'homme en tant que déterminations de sa nature sont aussi possédées par les animaux, quoique dans une moindre mesure.

L'empirisme est émotiviste

L'émotivisme est la conception selon laquelle les valeurs morales dérivent d'émotions de base comme la joie (qui nous fait approuver certaines actions) et la peine (qui nous fait désapprouver certaines autres actions). Lorsque l'empirisme tend vers le matérialisme, les idées de bien et de mal sont pensées comme dérivant des expériences du plaisir et de la douleur. La sympathie est, chez les philosophes anglais du XVIIIe siècle, l'analogue moral et politique de l'association des idées dans le champ de la pensée. De même que l'association des idées a été jugée nécessaire pour penser le lien d'idées d'abord considérées comme isolées, la sympathie a été jugée nécessaire pour penser le lien d'individus d'abord considérés comme isolés. Hume pensait que la sympathie est universelle. Ainsi l'empirisme ne débouche-t-il pas nécessairement sur un individualisme radical.

Locke, ennemi des idées innées et père du libéralisme politique

Les deux grandes dimensions de la philosophie de Locke sont étroitement liées : le libéralisme politique du philosophe anglais n'est en effet pas compréhensible sans sa théorie relativiste de la connaissance : puisque aucune représentation ne peut être dite vraie absolument (les mots désignent des idées et non des choses), la liberté de pensée et de croyance doit être garantie dans un État gouverné selon des lois soucieuses du bien commun.

Au commencement, l'expérience

Pour penser, il faut d'abord éprouver des sensations. L'expérience des empiristes n'est pas celle des laboratoires de recherche (*Experiment* en allemand) mais le vécu quotidien des êtres sensibles que nous sommes (*Erfahrung* en allemand). C'est parce que les idées ont cette attache sensible que Locke estime que l'idée d'infini ne correspond à rien de réellement pensé. L'expérience n'est donc pas seulement une origine objective; elle sert de critère pour faire le partage entre les idées vraies et les idées illusoires.

> *Il n'y a rien dans l'entendement qui n'ait d'abord été dans les sens.*
>
> Locke

Le problème de Molyneux : un aveugle pour voir

Un certain Molyneux avait posé ce problème à l'adresse de la communauté savante de l'époque: si, par hasard, un aveugle de naissance, opéré avec succès, voyait pour la première fois un cube et une sphère qu'il avait appris à distinguer par le toucher, cet homme pourrait-il reconnaître ces deux volumes simplement par le sens de la vue? La question concernait la théorie dite des sensibles communs, qui remontait à Aristote : les différents sens sont-ils connectés les uns aux autres ou bien sont-ils séparés? Ceux qui croyaient à une connexion nécessaire entre les sens (et les rationalistes étaient dans ce cas) répondaient oui à la question de Molyneux. Les empiristes, en revanche, dont Locke faisait partie, répondaient non. Pour eux, le sens du toucher et celui de la vue sont indépendants, un aveugle opéré devrait donc apprendre à distinguer par les yeux le cube et la sphère qu'il verrait pour la première fois.

Locke ne sera plus là pour apprendre qu'une expérience lui donnera finalement raison. Vers 1730, un aveugle de naissance est opéré avec succès. On lui fait passer le test de Molyneux : l'homme ne put distinguer par la vue le cube et la sphère. Mais la controverse ne s'éteignit pas pour autant: et si, à cause de l'opération, les yeux avaient été trop abîmés pour remplir toutes leurs fonctions? Une expérience est rarement cruciale. Bien que n'étant pas des oiseaux, les philosophes défendent bec et ongles leurs théories, il est difficile pour eux de parler de verdict de l'expérience.

L'acquis contre l'inné

Contre l'innéisme défendu par les rationalistes, Locke tient le raisonnement suivant: si les idées étaient innées, alors elles devraient être universelles, présentes en tout homme, en tous temps et en tous lieux. C'est bien d'ailleurs ce que soutenaient, explicitement ou pas, les rationalistes. Mais c'est ce que contestait Locke et que contesteront les empiristes après lui: les idées sont éminemment variables selon les individus (et chez un même individu au cours de sa vie), selon les époques et selon les lieux. On comprend que les empiristes aient trouvé des arguments favorables à leurs thèses du côté de l'histoire et de la géographie, que la tradition philosophique rationaliste ou idéaliste dominante avait complètement laissés de côté.

Les deux sortes d'idées

Locke distingue deux sortes d'idées: les idées simples et les idées complexes. Les idées simples sont des représentations élémentaires, indécomposables: des atomes de représentation. Il existe, selon Locke, trois types d'idées simples:

- Les idées simples de sensation comme le chaud, le froid, le salé, le sucré, l'étendue, la forme, le mouvement, qui proviennent directement de notre expérience sensible.
- Les idées simples de réflexion, qui sont issues de nos facultés internes (mémoire, attention, volonté).
- Les idées simples qui sont à la fois de sensation et de réflexion comme celles d'existence, de durée, de nombre, qui requièrent aussi bien l'expérience sensible des choses extérieures que le travail de nos facultés internes.

L'existence des idées de réflexion suffirait à elle seule à laver l'empirisme de Locke de la critique qu'on n'a pas cessé de lui adresser, avec plus ou moins de bonne foi, de réduire l'être humain à une simple chambre d'enregistrement, à un support passif.

Les idées complexes sont des combinaisons d'idées simples. Locke en distingue plusieurs sortes selon qu'elles renvoient à des substances (des réalités qui peuvent subsister par elles-mêmes) ou à des modes (des réalités qui ne peuvent pas subsister par elles-mêmes). Les modes sont différenciés en modes simples (lorsque la même idée simple est combinée avec elle-même, exemple : le nombre, qui est une combinaison d'unités identiques) et en modes complexes ou mixtes composés d'idées simples hétérogènes, par exemple l'idée de meurtre, décomposable en trois éléments : tuer, homme, volontaire. L'homicide (idée complexe) est composé des idées de tuer et d'homme. Lorsqu'on y ajoute le caractère volontaire, on l'appelle meurtre et lorsqu'on y ajoute l'idée de préméditation, on l'appelle assassinat.

Pas de pensée sans mots

Les rapports des mots et des idées sont un exemple de cercle du type de la poule et de l'œuf : pas de pensée sans mot, mais pas de mot sans pensée. C'est ce dont rendait compte déjà le double sens du mot grec *logos* dont nous avons tiré notre « logique » et tous les noms de disciplines se terminant par la désinence « -logie ».

Les empiristes attachent une importance particulière au langage. Ce sont eux qui ont attiré l'attention des philosophes sur le problème du langage. La tradition idéaliste et rationaliste classique en effet a tendance à prendre la langue ou bien comme un absolu d'origine divine ou bien comme un moyen transparent, neutre, qui ne sert que de véhicule aux idées. À l'inverse, les empiristes, parce qu'ils s'intéressent aux conditions concrètes, effectives de la pensée et de la connaissance, ont fait du langage un objet propre de réflexion et de critique.

Chapitre 4 : L'empirisme : retour à la réalité commune   89

Enfin l'enfant paraît !

Il faudra attendre longtemps pour que les philosophes, comme les peintres et les poètes s'intéressent aux enfants. Le mot, d'origine latine, est négatif : l'enfant est celui qui ne parle pas. C'est tout dire ! Dans ses *Essais*, Montaigne nous rapporte qu'il a perdu quatre ou cinq enfants en bas âge, il ne se souvient plus très bien…

Puisque les idées sont acquises, il est normal que les empiristes attachent une importance particulière à l'éducation, domaine que les rationalistes laissent généralement de côté. Locke a écrit des pensées sur l'éducation dans lesquelles il établit la distinction entre l'instruction, qui ne concerne que l'acquisition des savoirs objectifs, et l'éducation véritable, qui a pour enjeu le développement de la personnalité de l'enfant. Rousseau, qui a bien lu Locke, s'en souviendra lorsqu'il écrira *Émile*.

Une philosophie de la tolérance

L'*Essai sur l'entendement humain* a un sens pratique : il s'agit, en montrant les limites du pouvoir de penser et de connaître, de donner une légitimité philosophique à la tolérance religieuse. L'innéisme, c'est-à-dire la thèse selon laquelle il existe dans l'esprit humain dès la naissance des idées vraies (censées avoir été déposées là par Dieu soi-même, excusez du peu !) conduit nécessairement selon Locke à l'intolérance puisqu'il implique l'idée d'une certitude qui ne s'autorise finalement qu'elle-même. Pour Locke, la vie, la liberté, la propriété sont des droits naturels que l'État doit garantir en sanctionnant les violations. Le seul droit naturel auquel l'individu doive renoncer dans la société civile est celui de se faire justice soi-même.

La légitimation de la propriété privée

Locke est le véritable père du libéralisme anglo-saxon, c'est lui qui est l'inspirateur central de la Déclaration des droits proclamée en Amérique presque un siècle plus tard : liberté politique et liberté économique sont conçues comme inséparables. Locke parachève le formidable travail de légitimation de l'activité économique, entrepris à partir de la Réforme au xvie siècle. Le travail n'est plus conçu comme la conséquence nécessaire et juste du péché originel, une manière de châtiment perpétuel, il est aussi pour l'être humain le moyen de se racheter et de trouver grâce aux yeux de Dieu. L'argent n'est plus cette chose sale que l'on laisse traîner dans les mains des Juifs, mais le moyen le plus commode pour l'échange des biens. La propriété privée n'est plus cette chose douteuse, qui fait plus ou moins vaguement penser à une usurpation (toujours cette idée que Dieu est le seul véritable propriétaire de tout) mais le juste produit du travail de l'homme.

Tel est le point de vue de Locke: par son travail, l'homme acquiert automatiquement un droit sur les choses. Et cela commence même avant toute institution sociale: le fruit est à celui qui le cueille, car le geste de cueillir est déjà un travail. Ce sera la fonction centrale de l'État que de garantir ainsi aux individus le juste produit de leur travail.

Comme Hobbes, Locke pense que la société est le résultat d'un pacte mais, à la différence de Hobbes, il ne pense pas que l'état de nature soit un état de violences perpétuelles. Il existe, selon Locke, un droit naturel que la société devra protéger. Celle-ci est donc en continuité et non en rupture avec l'origine.

La plus grande et la principale fin que se proposent les hommes, lorsqu'ils s'unissent en communauté, c'est de conserver leurs propriétés.

Locke

Une philosophie individualiste

L'individualisme est la traduction du réductionnisme en matière politique: la société, selon Locke, repose sur le consentement effectif de chaque citoyen, elle n'est pas un ensemble préalable, une personne morale qui viendrait couvrir de son surplomb ses membres. Le contrat est agrégatif: aucune volonté générale différente des volontés particulières ne vient les englober.

C'est donc à juste titre que l'on parlera au XXe siècle d'individualisme méthodologique par opposition à l'holisme. Alors que l'holisme part des ensembles (*holos* signifie « tout » en grec) pour en déduire les éléments et considère que ce sont les ensembles qui donnent le sens aux éléments (il traitera donc de la culture, de la société, de l'histoire, etc.), l'individualisme, héritier du nominalisme, considère que seuls les éléments ont une existence réelle, les ensembles ne sont que des mots commodes qui en aucun cas ne peuvent jouer un rôle explicatif.

Les trois pouvoirs

Locke distingue trois pouvoirs :

- Le pouvoir législatif, pouvoir suprême qui appartient à la société politique tout entière ou à ses représentants et ne peut être cédé.
- Le pouvoir exécutif, qui applique les lois décidées par le pouvoir législatif auquel il est subordonné.
- Le pouvoir fédératif, chargé des relations avec les puissances extérieures (l'équivalent de nos ministères des affaires étrangères).

Locke préconise (comme plus tard Montesquieu, qui en recevra l'influence directe) la distinction mais non la séparation des pouvoirs. Mais c'est l'idée de séparation des pouvoirs qui symbolisera pour les siècles futurs l'idéal démocratique dont Locke a été l'un des tout premiers théoriciens.

Innovation considérable en matière de philosophie politique : pour Locke, la souveraineté appartient non au pouvoir exécutif mais au pouvoir législatif (qui, en outre, comprend le judiciaire). C'est, aux yeux de Locke, l'assemblée qui détient la souveraineté. Alors que chez Hobbes le pacte qui lie les individus au souverain est unilatéral, chez Locke, il est bilatéral. Le souverain est donc engagé vis-à-vis du peuple. S'il rompt sa promesse et transgresse sa fonction en violant le droit naturel des individus, ceux-ci ont le droit de se révolter. Locke fut l'inspirateur de la révolution de 1688 qui, en mettant à bas l'absolutisme royal, jeta les bases de la démocratie anglaise.

Berkeley, un évêque non sans toupet

Une grande partie de l'œuvre de Berkeley est consacrée à la critique de l'idée d'une matière objective, substantielle, idée qui ne peut conduire, selon ce philosophe, qu'à l'athéisme.

Être, c'est être perçu

Les *Trois dialogues entre Hylas et Philonous* font converser entre eux un partisan de l'idée de matière objective (le nom d'Hylas vient d'un mot grec signifiant «matière») et un négateur de cette idée, porte-parole de Berkeley (le nom de Philonous est formé de deux mots grecs signifiant «aimer» et «esprit», soit «l'ami de l'esprit»). Philonous parle: «Je nie l'existence de la substance matérielle non pas uniquement parce que je n'en ai aucune notion mais parce que sa notion est contradictoire.»

De nationalité irlandaise, George Berkeley est le dernier grand dignitaire de l'Église à avoir été un grand philosophe (il était évêque, Condillac ne sera qu'abbé). Il fut le premier à faire le voyage d'Europe en Amérique où il se retrouva, tout en obéissant à son vœu de chasteté, dans la position du missionnaire. Il dut bientôt rentrer, faute d'argent.

La philosophie de Berkeley constitue le plus radical des idéalismes: être, c'est être perçu (*esse est percipi* en latin). Elle repose sur une théorie particulière de la vision: contrairement à ce que soutiennent les philosophes et l'opinion commune, ce n'est pas le monde extérieur que nous percevons lorsque nous ouvrons les yeux. Nous ne voyons ni les grandeurs, ni les distances, ni les déplacements. Notre perception n'est pas un contact avec le monde matériel mais une traduction analogue à celle que nous opérons lorsque nous comprenons la signification d'un énoncé: nous voyons un rocher avec sa grandeur et sa distance au même sens que nous l'entendons lorsque son nom vient frapper nos oreilles. Ce constat entraîne un renversement radical: le réel n'est pas la chose mais l'idée perçue dans la perception même. La matière n'est pas une substance, mais un mot.

Berkeley récuse la distinction que Locke avait reprise du philosophe et chimiste Boyle entre les qualités premières appartenant à la chose et les qualités secondes venant du sujet percevant. Il n'y a pas de qualité première, objective, de la matière (Descartes citait l'étendue, Leibniz l'impénétrabilité, d'autres la solidité, etc.). Toutes les qualités que nous lui attribuons viennent de nous, selon Berkeley. Quand j'entends passer dans la rue une voiture, dit le philosophe évêque, ce n'est pas une voiture que j'entends mais un son. C'est à partir d'un son que je déduis dans mon esprit que j'entends une voiture. De même, lorsque je lis un livre qui me parle de Dieu, ce n'est pas Dieu que je vois mais les taches noires qui représentent des mots.

Au bout de son argumentation, Berkeley n'est plus très éloigné de Malebranche: la perception est l'effet que produit sur l'esprit un autre esprit qui n'est autre que Dieu. Le monde est un ensemble de signes que Dieu envoie aux hommes.

Le bon sens se rebiffe

Ce pauvre Berkeley, écrivit le médecin de la reine, a maintenant une *idée* de santé qu'il a eu beaucoup de peine à se faire car il avait une étrange *idée* de fièvre, idée si forte qu'il lui a été fort difficile de la supprimer en en prenant une contraire.

On appelle argument du bâton l'irruption passablement brutale de la sensation physique (le coup de bâton) chez celui qui serait tenté de mettre en doute la réalité objective des choses. L'argument du bâton a été utilisé contre les sceptiques: vous niez existence de tout; nierez-vous l'existence de ce bâton? Et du coup de bâton que je vous donne? Et de la douleur que vous allez ressentir?

Par extension, on appelle argument du bâton toute expérience qui place les sceptiques ou le critique devant la crudité des choses et des événements. Berkeley eut à le subir de la part de Swift, son compatriote irlandais. On raconte qu'un jour, l'immortel auteur des *Voyages de Gulliver* laissa grelotter dans la pluie le penseur de l'immatérialisme, refusant de lui ouvrir: « Si sa théorie est vraie, disait-il, pourquoi s'obstine-t-il à frapper? Ne peut-il pas aussi bien entrer la porte fermée que la porte ouverte? »

L'eau de goudron mène à tout, à condition d'en sortir

Le paradoxe (et aussi la difficulté) de la philosophie de Berkeley est d'être à la fois empiriste et immatérialiste. Ce n'est pas le seul paradoxe, ni la seule difficulté. À la fin de sa vie, Berkeley écrit un curieux ouvrage au curieux titre, *Siris*, dans lequel il fait l'apologie de l'eau de goudron. *Siris* veut dire «chaîne» en grec. Non seulement l'eau de goudron est présentée comme une panacée, mais elle est décrite comme le premier maillon d'une chaîne qui embrasse tous les êtres de la nature jusqu'à la Trinité divine. On ne pourrait guère, en effet, aller au-delà.

Du bitume à Dieu, l'écart n'est pas minime. Mais le plus curieux est ailleurs – il est dans l'énigme que représentent pour un lecteur moderne ces considérations sur la plus opaque des matières de la part d'un auteur qui a inventé l'immatérialisme. Bel exemple de sujet de controverse entre les spécialistes (chaque université est comme une tige de rosier, ils y prolifèrent comme des pucerons) : faut-il supposer un reniement chez l'évêque d'Irlande ou bien y voir plutôt la preuve que l'immatérialisme ne doit pas être compris de manière trop simple ? Nous laisserons aux insomniaques et aux curieux le soin d'en décider.

Hume, celui qui a empêché Kant de dormir plus longtemps

Les systèmes métaphysiques du XVIIe siècle (Descartes, Malebranche, Spinoza, Leibniz) reposaient sur les idées de substance et de cause. Berkeley avait fait la critique de l'idée de substance matérielle et de celle de causalité physique, ne laissant debout que la causalité des esprits. Hume pousse la critique jusqu'à un point radical : c'est la notion de substance spirituelle et celle de causalité en général qui se trouvent balayées. Avec lui, le sujet n'est plus considéré (comme il l'était encore chez Berkeley) en tant que substance mais bien en tant qu'auteur de la connaissance. Kant dira que Hume l'a réveillé de son sommeil dogmatique.

Les philosophes sont les moins précoces de tous les penseurs : si l'on n'est pas joueur d'échecs ou mathématicien génial à vingt ans, on ne le sera jamais. La quasi-totalité des philosophes ont écrit leur grand œuvre à 40 ans passés. Kant avait 60 ans lorsqu'il a publié sa *Critique de la raison pure*. Il faut, en effet, un certain temps pour accumuler lectures et expériences. Mais il y a dans l'histoire de la philosophie deux exceptions notables : Hume et Schopenhauer ont tous deux eu cette particularité rarissime d'avoir été en possession de leur système avant l'âge de 30 ans.

Les atomes psychiques

C'est depuis Hume qu'a été établie l'analogie entre l'élément premier de la représentation et le grain de matière. L'atomisme de l'empirisme est à la fois psychologique, logique et physique : un tout, qu'il soit représenté, pensé ou matériel, est, pour l'empirisme, un ensemble réductible aux éléments qui le composent. Tout contenu mental se réduit en perceptions qui comprennent les impressions (passions et images immédiatement présentes à l'esprit) et les idées (copies affaiblies des impressions).

Au départ, il y a les impressions qui sont les effets que font les choses sur l'être humain. Hume appelle impressions les sensations, passions et émotions lorsqu'elles surgissent dans notre esprit. Les idées sont les reflets, les copies des impressions. Alors que les impressions sont vives, les idées sont pâles. Mais la théorie selon laquelle les idées sont des copies des impressions a une conséquence immédiate radicale : elles ne sont pas l'expression des choses mêmes

Le scepticisme de Hume vient de cette position de départ : nos représentations disent quelque chose de nous mais restent muettes sur les choses mêmes. C'est une illusion que de croire que les idées sont l'expression de la réalité objective, mais cette illusion est fort commune, tant l'homme a l'habitude d'attribuer aux choses extérieures ce qui en réalité vient de lui. En d'autres termes, lorsqu'il pense, l'homme n'aurait affaire qu'à lui-même alors même qu'il croit saisir les qualités du monde.

Générosité du sujet

Prenons un exemple qui, s'il n'est pas dans le texte de Hume, est dans la pensée du philosophe écossais. En hiver, nous mettons des vêtements chauds, ce qui signifie que nous accordons avec une certaine générosité à des morceaux de tissus rassemblés une qualité (la chaleur) qui en réalité vient de notre corps. C'est par métonymie (déplacement) que nous disons d'un vêtement qu'il est chaud.

L'association des idées

Hume fut l'un des premiers à prendre pour modèle la mécanique céleste de Newton pour rendre compte de la façon dont les idées s'attirent les unes les autres dans le monde mental qui est le leur. Il compare explicitement l'association des idées à une sorte d'attraction qui produit dans le monde mental d'aussi extraordinaires effets que dans le monde de la nature et se manifeste sous des formes aussi nombreuses et aussi variées. Si les idées que l'on peut et que l'on doit considérer à part pour les besoins de l'analyse restaient à jamais isolées les unes des autres, nous ne pourrions formuler aucune pensée, aucun raisonnement.

Il faut donc qu'une force les lie les unes aux autres, de même que dans le monde physique une force lie les uns aux autres les corps célestes (sans elle, ils partiraient dans l'infini de l'espace, en ligne droite, à la manière d'une pierre lâchée par une fronde). Cette force d'association des idées est spontanée (nous dirions aujourd'hui qu'elle est inconsciente).

Hume distingue trois types d'associations : la ressemblance, la contiguïté, la causalité.

L'association par ressemblance

Une idée en appelle une autre si, par un élément ou en totalité, elle présente une analogie avec celle-là. Ainsi un inconnu dans la rue peut-il nous faire aussitôt penser à un ami parce qu'il a la même allure générale ou parce qu'il porte une verrue sur le front comme lui. L'association par contraste, bien qu'inverse, peut être considérée comme une variante : un inconnu très maigre peut nous faire penser à notre ami très gros justement parce qu'il y a dissemblance accusée entre eux que (après tout, l'homme n'aurait pas à ce point cru aux paradis religieux puis politiques s'il n'avait pas lui-même vécu de tels enfers).

L'association par contiguïté

Une idée en appelle une autre si, par un élément ou en totalité, elle a été associée dans un même contexte spatial ou temporel à une autre. Ainsi une musique peut-elle nous faire penser à celui ou à celle avec qui nous avons couché pendant les vacances, un soir de soûlerie. La madeleine de Proust est un fameux exemple littéraire d'association par contiguïté.

L'association par causalité

Une idée peut nous faire penser à une autre si elle en est la cause ou bien l'effet. Ainsi une publicité pour voiture neuve peut faire penser aux inconnues que je pourrais séduire en cascade dans les rues. Notons à ce propos que la publicité qui fuit le raisonnement comme une petite peste fonctionne exclusivement à l'association d'idées : la poitrine du mannequin ne sert pas seulement à vendre telle marque de soutien-gorge, elle pointe vers le yaourt et le taboulé aussi bien.

Pourquoi une telle attention à la causalité ?

Si Hume attache une telle importance à la critique de l'idée de causalité (plus d'un «nul» parmi les lecteurs serait en effet en droit de se demander : pourquoi s'énerver pour si peu?), c'est pour plusieurs raisons.

D'abord la causalité est un principe d'association des idées, l'un des trois principes. Ensuite, l'idée de causalité est au cœur de tous les systèmes métaphysiques – que l'on pense au rôle exorbitant que l'on a donné à Dieu au XVIIe siècle. Les rationalistes pensaient que la relation de causalité est une déduction : de l'idée de la cause, je tire par la seule pensée l'idée de l'effet. Hume le conteste : de l'idée de refroidissement, je ne pourrai jamais tirer celle de glace. Si je le sais, c'est que je l'ai vu de nombreuses fois, que j'en ai fait l'expérience.

Enfin, *last but not least* comme disent les Anglais, la causalité semble dès le départ mettre en échec l'idée de base de l'empirisme. Cette relation, en effet, conduit la pensée à passer d'une cause donnée (le feu) à un effet *non encore* donné (l'ébullition de l'eau) mais seulement attendu. Faut-il en conclure que l'esprit, par ses seules ressources, soit capable de dépasser l'impression reçue ?

Fine mouche, Hume cherche l'impression particulière d'où naît l'idée de causalité. Qu'avons-nous dans la tête lorsque nous parlons de causalité ? Tout d'abord une relation de contiguïté inscrite dans l'espace et le temps proches (le feu touche la casserole d'eau, l'ébullition suit immédiatement la chaleur du feu). Même lorsque la cause et l'effet semblent éloignés l'un de l'autre, nous supposons quelque chose qui les relie : si le soleil grille les feuilles des arbres l'été, c'est parce que son énergie chauffe l'air de manière excessive, l'atmosphère étant le lien entre le soleil et la plante.

La causalité est en nous, pas dans les choses

Pour Hume, la relation de causalité ne tient ni à la réalité objective, physique des choses, ni à la structure logique de notre pensée, mais à un facteur psychologique : il existe dans l'esprit humain une tendance universelle à passer d'un terme à l'autre, qui naît de l'expérience de la répétition. L'expérience, en effet, nous montre la constance de certaines successions : la glace suit le froid, l'ébullition suit le feu. L'idée de causalité naît en fait de l'habitude.

Et si le soleil ne se levait pas demain ?

Hume, comme tous les empiristes, considère l'induction comme un pari imprudent et, pour tout dire, intenable. Pari sur l'avenir (rien ne dit que demain sera comme aujourd'hui), pari sur l'ordre des choses (rien ne dit qu'une relation doive être universelle). En donnant à l'induction un fondement non pas logique mais psychologique (elle serait une conjecture probable dérivée de l'expérience usuelle), Hume d'une part rabat la généralisation sur la répétition, d'autre part comble l'écart entre la pensée scientifique et les manifestations les plus rationnelles de la vie affective. Enfin, c'est bien parce qu'elle procède par induction et qu'elle ne peut faire autrement que la science, aux yeux de Hume, n'apporte pas de certitude absolue sur les objets qu'elle étudie.

La science n'échappe pas au domaine de la croyance. Certes, il est hautement probable que le soleil se lèvera demain mais, dit Hume, il n'est pas complètement impossible qu'il ne se lève pas – ce qui signifie qu'il n'est pas contradictoire ni logiquement ni physiquement que son lever n'ait pas lieu. Par habitude, nous avons mis notre réveil à telle heure et, jusque-là, ça a plutôt bien marché. Mais l'induction est un pari sur le futur que personne n'est tenu de tenir, pas même Dieu. Bertrand Russell dira à propos de l'induction qu'elle est le raisonnement que fait le poulet lorsqu'il associe la main de la fermière au grain qui le nourrit, jusqu'au jour où cette main lui tord le cou.

Pas de pourquoi, rien que du comment

Comme Newton, Hume estime que la science doit borner ses prétentions à la découverte des lois, c'est-à-dire de relations constantes dont nous échappe la raison. C'est l'idée d'où partira bientôt le positivisme d'Auguste Comte. Je ne forge pas d'hypothèses, disait Newton à propos de la force gravitationnelle. Autrement dit : la science est capable de la repérer et de la mesurer, quant à savoir en quoi elle consiste au juste… La philosophie de Hume part des appréciations et des croyances de l'homme pour en chercher par analyse et par induction le principe ; mais elle se gardera d'évaluer à son tour le principe par lequel nous évaluons, comme le newtonien se garde d'expliquer la gravitation par laquelle il explique le reste.

La réhabilitation de la croyance

Hume donne au terme de croyance un sens particulier : idée forte et vive dérivée d'une impression présente, en conjonction avec elle. Contrairement à ce que laissait entendre une philosophie d'inspiration rationaliste, la pensée n'est pas seulement le travail ardu d'un esprit qui gravit méthodiquement les difficultés une à une. Elle dispose aussi d'une marge de fantaisie et de liberté. La philosophie rationaliste avait l'habitude de rejeter la croyance du côté de l'ignorance et de la déraison, lorsque ce n'était pas du côté du mystère religieux. Avec les empiristes en général et Hume en particulier, la croyance devient un thème central car, même dans le savoir le mieux établi, la part de croyance est irréductible. Nietzsche en tirera cette conclusion radicale : il n'y a pas de science sans la croyance en la vérité et cette croyance, par définition, n'est pas de l'ordre de la vérité.

Toute connaissance dégénère en probabilité.

Hume

Le monde plus important que mon doigt ?

Lorsque Einstein s'exclamait qu'il n'est pas possible de démontrer logiquement qu'il n'est pas bon de détruire l'humanité, il ne faisait pas l'apologie de l'apocalypse nucléaire. Il constatait seulement, et son ton était, à l'évidence, tragique, que la raison logique est incapable de fonder nos certitudes morales. Nous savons presque tous qu'il ne serait pas bon que l'humanité tout entière périsse dans une guerre mondiale, seulement ce n'est pas la raison logique qui nous l'apprend et qui peut nous le démontrer.

Einstein disait autrement ce qu'avait déjà constaté Hume deux siècles avant lui : il n'est pas contraire à la raison de préférer la destruction du monde entier à une égratignure de mon doigt. Plus tard, on parlera de loi de Hume pour désigner la grande division (autre expression consacrée) entre les énoncés descriptifs qui disent ce qui est et les énoncés prescriptifs qui disent ce qui doit être. En termes philosophiques, on dira que le devoir-être ne saurait être déduit de l'être.

Par exemple, de ce que les femmes ont, sauf rarissime exception, toujours été soumises aux hommes, il ne s'ensuit pas que cela doit toujours être ainsi – sinon, les pires horreurs dont le passé nous donne l'exemple auraient indéfiniment continué. Il y a pourtant des gens qui continuent de croire, même aujourd'hui, que l'argument par le fait est un bon argument: c'est normal, c'est naturel, c'est juste puisque cela a toujours été ainsi! Hume nous apprend ou nous rappelle que, entre l'être et la valeur, le fait et la norme, il y a rupture de plan et qu'on ne passe pas de l'un à l'autre de manière continue.

La mise en question de l'identité personnelle

Il n'y a pas de *cogito* chez Hume, ni substance pensante ni chef d'orchestre intérieur: le moi est un terme commode pour désigner un ensemble fluctuant et discontinu d'états. Les psychologues de la fin du XIXe siècle verront en Hume un précurseur de l'atomisme psychologique. L'unité du moi érigé en substance pensante est une illusion qui ne tient pas devant l'observation empirique: notre conscience est trouée par des vides et des absences, constamment interrompue (par le sommeil, la distraction, l'ivresse, la colère…), elle passe du coq à l'âne. Vue de loin, elle apparaît comme une évidence, vue de près, elle éclate en mille fragments.

Un scepticisme mitigé

Par opposition au scepticisme radical des Anciens, Hume appelle mitigé son scepticisme. Pour lui, en effet, il existe une certitude des mathématiques. L'existence du monde extérieur ne peut raisonnablement pas être mise en doute et toutes les croyances ne se valent pas. En outre, et le fait a pour la philosophie morale une portée considérable, il existe des sentiments universels de sympathie et d'antipathie qui offrent à la réflexion et à l'action des points d'appui solides. C'est, aux yeux de Hume, le sentiment (par les jugements d'approbation et de désapprobation qu'il induit) qui est au fondement de la morale, comme il est au fondement de la religion sous la forme de la peur.

Condillac, l'abbé animateur de statues

Depuis les Grecs, on considérait que parmi les cinq sens de l'être humain, les deux supérieurs étaient l'ouïe et la vue, les trois autres, l'odorat, le goût et le toucher, étant ravalés au rang animal. La presque totalité des termes désignant le travail de l'esprit ont pour métaphores originaires les sens de la vue et de l'ouïe : on dit « entendre » et « voir » pour « comprendre ». « Idée » et « théorie » font directement référence à la vue.

Il suffirait d'une rose pour éveiller une statue à la pensée

Contre toute cette tradition qui hiérarchisait les sens au profit de l'ouïe et de la vue, il montre par son exemple de la statue (une expérience de pensée) que n'importe lequel des cinq sens, à commencer par celui qui est considéré comme le plus bas de tous, peut engendrer l'ensemble de la vie mentale humaine.

Pour montrer que n'importe quelle sensation suffirait à engendrer toutes les facultés de l'esprit, Condillac imagine en effet une statue qui n'aurait au départ qu'un seul contact avec le monde extérieur, par l'odorat. Si une odeur de rose venait à frapper la narine ouverte et frémissante de la statue, alors on pourrait dire qu'elle est entièrement odeur de rose : sa conscience serait tout entière occupée par cette sensation. Seulement, du fait même que cette sensation est unique, exclusive, elle induit une activité mentale particulière : l'*attention*. Ainsi la sensation d'odeur de rose ne serait plus seule, mais compliquée d'un état mental qui, en la répétant, la dédoublerait.

Si l'on suppose à présent que l'odeur de rose disparaît pour faire place à une autre odeur, de jasmin ou de chèvrefeuille (pour rester dans le registre agréable), alors surgira en sus de la sensation nouvelle une autre faculté, la *mémoire*.

Maintenant, notre statue est presque sur le point de ne plus savoir où donner de la tête, car si elle fixe son attention tour à tour sur l'odeur de rose et sur l'odeur de chèvrefeuille, alors elle effectue une opération mentale qui s'appelle *comparaison*.

Cette comparaison peut être diversement qualifiée selon que les ressemblances ou bien au contraire les différences l'emportent: il n'en faut pas davantage pour que notre bonhomme (ou bonne femme) de pierre effectue ce que tout être raisonnable effectue depuis qu'il existe: un *jugement*. Et il suffira à présent que la comparaison et le jugement soient effectués à plusieurs reprises pour que la *réflexion* apparaisse. Enfin, s'il arrivait à notre statue de sentir une odeur de vomi et de se rappeler, par contraste, l'ancienne odeur de rose (c'est du fond du fumier que l'on rêve aux oasis possibles), alors ce souvenir aurait une force supplémentaire et l'on verrait surgir l'*imagination*.

Toutes ces facultés réunies (attention, mémoire, jugement, réflexion, imagination) constituent l'*entendement*. Mais ce n'est pas tout, tant la sensation d'odeur de rose est féconde. Toute sensation est nécessairement qualifiée de bonne (agréable) ou de mauvaise (désagréable), il n'en est pas réellement d'indifférentes (ceux qui disent que les caresses ne leur font rien mentent: ou elles leur plaisent ou elles les agacent, ne serait-ce qu'un tout petit peu). De ce caractère agréable ou désagréable de la sensation combinée avec les facultés de l'entendement naîtront les facultés de la *volonté*. Le souvenir d'une odeur agréable, s'il a lieu en un moment où la statue est désagréablement affectée, est un *besoin* et la tendance qui en dérive, un *désir*. Si le désir domine le besoin, nous avons affaire à une *passion:* amour et haine, espérance et crainte naissent de cette manière.

Voilà notre statue tout à fait prête à courir le guilledou. Lorsque la statue a atteint l'objet de son désir et lorsque l'expérience du désir satisfait induit l'habitude de juger qu'elle ne rencontrera aucun obstacle à ses désirs, le désir débouche alors sur le *vouloir*, qui n'est rien d'autre qu'un désir accompagné de l'idée que l'objet désiré est en notre pouvoir.

De fil en aiguille, la statue est devenue une philosophe

Enfin la statue, même bornée au sens de l'odorat, a le pouvoir d'abstraire les idées et de les rendre générales, en considérant par exemple le plaisir commun à plusieurs modifications; elle a donc l'idée du nombre puisqu'elle distingue les états par lesquelles elle passe ; elle a l'idée du possible puisqu'elle sait qu'elle peut cesser d'être l'odeur qu'elle est actuellement et redevenir ce qu'elle a été ; elle a l'idée de la durée puisque, sachant qu'une sensation est remplacée par une autre, elle a l'idée de la succession ; enfin, elle a l'idée du moi qui est la collection des sensations qu'elle éprouve dans le présent et de celles dont elle se souvient. Bref, la statue bornée au sens de l'odorat se retrouve avec toutes les facultés qui qualifient un être humain.

L'empirisme de Condillac est-il un sensualisme ?

On a appelé sensualisme l'empirisme radical de Condillac. Il existe, cela dit, aux yeux de Condillac, un phénomène susceptible de dépasser les strictes déterminations de la sensation : le langage, dont les signes conventionnels permettent le développement d'une pensée logique et mathématique.

Ces deux sources de la connaissance — l'expérience et les signes conventionnels — seront ceux que reconnaîtra, au XXe siècle, l'école philosophique dite empirisme logique, dont Condillac représente de fait l'un des précurseurs.

Chapitre 5
La philosophie des Lumières : éclairage, illumination ou éblouissement ?

Dans ce chapitre :
- Une galerie d'idées et de portraits qui ont préparé notre modernité
- L'amour de la nature en dehors des fleurs et des oiseaux
- La naissance de la philosophie de l'histoire
- Des fondateurs qui ont repensé la loi et la société

Qu'est-ce que les Lumières ?

Lumières en France, *Enlightenment* en Angleterre, *Illuminismo* en Italie, *Aufklärung* en Allemagne, le XVIIIe siècle fut le seul à s'appeler du même nom dans tous les pays d'Europe, et ce nom est celui de la lumière – laquelle est descendue littéralement du ciel sur la terre. Au Moyen Âge, la lumière était le signe de Dieu. Désormais, elle sera celui de la grandeur humaine.

À la question : « Qu'est-ce que les Lumières ? », à laquelle il consacre un opuscule, Kant répond : sortir de l'état de minorité, être libre, ne dépendre d'aucune autre loi que celle de sa raison.

Le Siècle des lumières fut un grand siècle de l'esprit. Montesquieu disait que l'étude a été pour lui le souverain remède contre le dégoût de la vie, n'ayant jamais eu de chagrin qu'une heure de lecture n'ait dissipé. Heureux temps, heureux hommes qui, faute de drogues et de médecines, avaient les livres !

Les philosophes des Lumières, à l'opposé de ceux du siècle précédent, n'ont pas cherché à édifier leur pensée à la manière d'un château royal. Ils se méfient de ces vastes constructions qui prétendent être l'image du monde et n'en sont finalement que le substitut. La *Dissertation en forme de paradoxe contre les aristotéliciens* de Gassendi, écrit au siècle précédent, peut être comprise comme la première dénonciation philosophique de l'idée de système. Le philosophe épicurien y montre que le corpus aristotélicien, loin de constituer un tout, comprend des lacunes et des contradictions.

Contre la métaphysique

Une idée rassemble la plupart des philosophes du XVIIIe siècle : l'opposition à la métaphysique considérée comme une œuvre d'imagination, une illusion – Voltaire dit de la métaphysique qu'elle est le roman de l'âme. L'école écossaise dite du sens commun, représentée principalement par Thomas Reid, est caractéristique de ce rejet de la métaphysique au nom de la vie. En prenant acte de l'échec de la métaphysique dans le domaine de la connaissance orienté par la valeur de vérité, Kant, à la fin du siècle, s'efforcera de sauver la métaphysique en la réorientant vers le domaine pratique.

Le siècle de la nature

Le Siècle des lumières fut le grand siècle de la nature. Celle-ci apparaît partout et finit par qualifier tout : une certaine façon de concevoir le droit, la religion, la loi, les sentiments et même la musique (la gamme naturelle). Déni d'intellectuels se refusant à voir le caractère éminemment culturel, donc forcément conventionnel et arbitraire, du travail et des inventions des hommes (le calendrier révolutionnaire donnera de nouveaux noms aux mois en fonction des saisons et des travaux des champs) ?

L'illusion de l'homme blanc

Au XVIIIe siècle, l'Europe, déjà vieillie et doutant d'elle-même, se met à rêver à des sociétés lointaines et passées, souverainement libres parce que «naturelles». Le sauvage et le primitif commençaient ainsi, chez certains penseurs, à représenter un idéal de vie et d'humanité désormais introuvable dans les sociétés policées. On crut reconnaître chez les peuples de Polynésie des Adam et des Ève qui n'auraient pas été chassés de leur paradis. Inutile de dire à quel point cette pensée fut une rêverie. Non seulement les Polynésiens ne vivaient pas plus libres que ceux qui les enviaient, mais encore on s'aperçut bientôt, les travaux anthropologiques aidant, qu'à bien des égards, leur société était beaucoup plus contraignante que l'européenne. Ironie de l'histoire, c'est à ce peuple qui fit tant rêver les Blancs par sa prétendue liberté de mœurs (les vahinés aux seins nus censées pratiquer un érotisme hospitalier…) que fut emprunté le mot «tabou».

Aucun peuple, fût-il le plus sauvage, le plus primitif, ne vit naturellement. L'expression «vivre naturellement» est une contradiction dans les termes pour l'homme – appliquée à l'animal, elle n'est qu'une tautologie. Le pire contresens que l'on puisse commettre sur les peuples sans écriture (c'est la définition objective, non péjorative des «primitifs») est de les imaginer vivant comme des animaux. De ce qu'ils vivent proches de la nature, il ne faut pas conclure qu'ils vivent «naturellement». À bien des égards, leurs croyances et leurs mœurs sont plus complexes que les nôtres et leurs conventions, leurs artifices témoignent d'une ingéniosité dont nous avons perdu le sens. Parler à leur propos de sociétés non civilisées est aussi aberrant que parler d'un peuple sans langage.

Fonction de l'idée de nature

La nature n'a pas ce seul sens d'illusion et de nostalgie que nous venons d'évoquer. Elle prend la place de Dieu ou de la Providence. Certes, Dieu continue d'être généralement considéré comme le créateur de la nature, si bien que derrière le naturel se profile presque toujours le divin. Il n'en reste pas moins vrai que, sous la plume de la plupart des philosophes des Lumières, la nature et le naturel sont des moyens polis de congédier Dieu.

Ensuite, la nature a permis de penser le lien universel entre les êtres et même entre les êtres et les choses. Ce n'est plus la transcendance (le rapport à l'absolu divin) qui est censée fournir le sens, mais la double relation de coexistence dans un même espace et de succession dans un même temps. Diderot disait qu'un atome remue le monde, Shaftesbury, philosophe anglais, pensait que le monde est un grand vivant et que les êtres, tous solidaires, forment une chaîne.

Le modèle mécaniste qui assimile le monde à une machine s'oppose à ce modèle organique qui l'identifie à un corps, mais il abonde dans le même sens de totalité. Dans son *Système de la nature* (à l'époque, plusieurs ouvrages portent ce titre), le matérialiste d'Holbach voit la nature comme un grand tout qui résulte de l'assemblage de différentes matières, de leurs différentes combinaisons et des différents mouvements. La physique de Newton, qui domine la science de cette époque, semble conforter cette conception.

Mais entre le vivant et la machine, des synthèses sont possibles : ainsi La Mettrie, autre philosophe matérialiste, explique-t-il la naissance des formes vivantes par la rencontre de semences animales aussi bien que végétales présentes dans l'atmosphère – théorie que l'on nomme panspermie à notre époque.

L'unité et la continuité font de la nature une totalité dans laquelle les êtres sont des parties. Maupertuis, Buffon et Diderot devinent l'existence d'un plan unique à partir duquel les êtres vivants sont formés – une intuition qui sera développée et confirmée au début du siècle suivant par les pionniers de la paléontologie. La Mettrie, dans *L'Homme-plante*, reprend en un sens naturaliste l'antique analogie du sang et de la sève, tandis que dans *L'Homme-machine*, il renouvelle l'idée leibnizienne dans un sens matérialiste : la matière est aussi de la pensée et le passage est insensible de l'animal à l'homme.

Comme Spinoza, d'Holbach pense que l'homme n'est pas un empire dans un empire, il n'y a pas d'extériorité possible par rapport à la nature. L'homme est à la fois formé par la nature et circonscrit par elle. Sade, dans un autre registre et avec d'autres mots, ne pensera pas autre chose. Herder non plus lorsqu'il intégrera l'histoire humaine dans celle de la nature : les lois de l'Histoire sont un cas particulier, une application des lois de la nature.

Naissance de l'esthétique

Les grands philosophes du XVIIe siècle n'avaient ni théorie de l'art ni théorie du beau. Descartes a bien écrit un *Traité de musique* mais l'ouvrage est mathématique et physique, et non esthétique. Leibniz, qui a écrit sur tout, ne mentionne les arts et le sentiment du beau que de manière épisodique. Quant à Spinoza, il se contente d'observer que la musique n'est pas bonne pour le mélancolique, ce qui, on l'avouera, est un peu léger pour constituer une philosophie de l'art. C'est le XVIIIe siècle qui renoue avec les grandes interrogations de Platon et d'Aristote et s'intéresse de manière spécifique aux productions de l'art et au jugement de goût.

C'est le philosophe allemand Baumgarten qui, dans son ouvrage *Aisthetica* (1758), donne à l'esthétique et à l'adjectif « esthétique » leur sens moderne. Jusqu'alors, et conformément à l'étymologie grecque, « esthétique » signifiait : qui a la faculté de sentir et, par voie de conséquence, qui a rapport avec la sensibilité. C'est ce sens de sensibilité qui est retenu encore dans la partie de la *Critique la raison pure* de Kant consacrée à l'esthétique transcendantale.

Le sens esthétique, au XVIIIe siècle, est inséparable du sentiment de la nature. Parfois, comme chez Rousseau, il s'y résout. Un auteur méconnu, Karl Philip Moritz, mais qui aura sur la génération romantique allemande une influence décisive, considérait le Tout de la nature comme le modèle de ce qu'il appelait l'œuvre achevée en soi et éprouvait à son égard une extase quasi mystique : « J'ai eu parfois une sensation qui m'a effrayé jusqu'en mes profondeurs, écrit-il, il me semblait à contempler la grande nature qui m'environnait que je me sentais perdu, que j'aurais dû presser ciel et terre sur mon cœur, me marier à ce beau Tout. Je sentais mon existence ébranlée par cette sensation ; c'est comme si j'avais souhaité me perdre, soudain dissous dans ce Tout et ne plus exister, isolé et délaissé, comme une fleur qui se flétrit et se meurt. »

Naissance de la philosophie de l'histoire

Vico contre Descartes

Si l'expression de philosophie de l'histoire apparaît pour la première fois sous la plume de Voltaire et si la philosophie de l'histoire existe implicitement depuis l'Antiquité chez les Juifs surtout, parce que ce sont eux qui, les premiers, ont rompu avec la conception cyclique du temps, l'Italien Gianbattista Vico peut être considéré comme le premier philosophe l'histoire au sens où il fut le premier avoir fait de l'histoire l'objet principal, et même exclusif, de ses spéculations.

Descartes n'avait accordé à l'histoire aucune place dans son système des sciences. Une bonne partie de la philosophie de Vico se définit par opposition à Descartes. Inversion radicale de la perspective, les actions des hommes, dit Vico, sont plus aisées à connaître que les actions de Dieu. Or, la nature est le produit de l'action de Dieu, l'histoire, celui de l'action des hommes. Par ailleurs, Vico, qui était professeur de rhétorique, accorde au langage, à la façon de parler et d'écrire, une attention particulière. Par là, il s'inscrit dans la tradition aristotélicienne, contre la platonicienne qui assimilait la rhétorique au mensonge, à l'illusion, bref à l'antiphilosophie. Les langues sont les témoins des choses : chaque mot figure un monde historique, chaque expression abrite un récit. La philologie doit faire partie de la philosophie. On comprend que, contre Descartes, Vico réhabilite l'érudition. Rien ne doit être perdu du trésor de la vie humaine.

Une conception élargie de la pensée

Un autre point de rupture avec la tradition platonicienne, largement dominante dans l'histoire de la pensée, est la continuité que Vico repère entre la sagesse « vulgaire » des poètes et des législateurs avec la sagesse savante des érudits et des philosophes. Ces deux sagesses s'accordent sur les principes qui organisent la vie sociale à l'aube de l'humanité.

Vico peut être considéré comme l'inventeur de l'histoire sérielle : l'évolution des sociétés se déroule selon un schéma ternaire correspondant à l'actualisation successive, dans tous les champs de l'activité humaine, des trois facultés de la sensibilité, de l'imagination et de la raison. Ainsi y a-t-il trois âges, trois types de langues, trois types de régimes politiques, etc. Tel est l'objet de cette *Science nouvelle* (titre du grand œuvre de Vico), le monde de l'homme en sa totalité.

Une théorie de la culture

L'homme s'arrache à sa sauvagerie première grâce à la religion, apprivoise et modère ses passions grâce à la monogamie et devient, à la différence des animaux, un être de mémoire par l'institution de la sépulture. Reconnaissant les dieux, les femmes et les morts, l'être humain est autre chose qu'une brute. Cela a été senti par les poètes puis pensé par les philosophes. Entre l'image et le concept, il n'y a pas cet abîme qu'un rationalisme sec a creusé. Les hommes primitifs étaient des poètes au sens grec de « créateurs ». C'est eux qui firent le monde des nations en forgeant une série de représentations sublimes, de mythes et de croyances qui reflètent la nécessité de la vie politique.

Les trois âges de Vico

La philosophie de l'histoire développée dans *La Science nouvelle* est fondée sur la nature de l'esprit humain. La tripartition des facultés – d'origine baconienne – en sentiment, imagination et raison détermine la triade des âges par lesquels les nations, chacune pour son compte propre, doivent passer :

- L'âge des dieux, marqué par les mythes
- L'âge des héros, marqué par les poèmes épiques
- L'âge des hommes, marqué par le droit et la philosophie

Ce processus n'est ni unique ni définitif : les nations peuvent retomber dans la barbarie des origines et doivent alors refaire l'ensemble du parcours pour parvenir de nouveau à la civilisation.

Naissance de l'esprit encyclopédique

L'idéal encyclopédique contre le système

Le *Sapere aude* («Ose savoir»), dont Kant fera le mot d'ordre de l'*Aufklärung*, était la devise du Gassendi. Dès Francis Bacon, qui fut l'inspirateur de Diderot et de d'Alembert, l'empirisme a joué l'encyclopédie contre le système: une déduction, fût-elle rigoureuse, ne vaut pas un bon dénombrement. Récusant toute forme de totalité systématique, l'empirisme nourrit par contrecoup une conception encyclopédique de la totalité. Caractéristiques à cet égard sont les hésitations et les scrupules d'un d'Alembert: craignant les résurgences métaphysiques, il se méfie de toute systématisation et, après avoir abattu l'arbre cartésien avec la hache de sa critique, il entend se faire maçon – pas même le constructeur (ce qui serait encore concevoir un ensemble ordonné) – du labyrinthe, le débroussailleur, comme il dit, du chemin tortueux où l'esprit s'engage sans connaître la route qu'il doit tenir.

Depuis que l'homme est parti en reconnaissance autour du monde entier, les pays, les peuples, les animaux, les plantes ont été répertoriés. L'or d'Amérique a afflué en Europe, la révolution industrielle se prépare, le XVIIIe siècle est mûr pour une grande récapitulation. Plus de 150 dictionnaires sont publiés avant, pendant et après l'*Encyclopédie*. Dans le prospectus qui annonce le projet, Diderot laisse éclater sa fierté: jusqu'ici, personne n'avait conçu un ouvrage aussi grand, écrit-il, ou du moins personne ne l'avait exécuté (l'écrivain philosophe français, évidemment, ne savait pas que, chez les Arabes et en Chine, des entreprises de plus grande ampleur encore avaient été menées à bien).

Mais, comment assurer la cohérence du projet sans tomber dans le système récusé? Les encyclopédistes ont cru trouver la solution en parlant de dictionnaire raisonné et en différenciant, comme le fait d'Alembert, l'esprit systématique de l'esprit de système.

Un travail collectif

Les encyclopédistes sont porteurs d'une conscience nouvelle, toute moderne: ils se posent en héritiers de la civilisation universelle, en témoins de la mémoire de l'humanité. À ce souci de recollection visant une idéale exhaustivité fait pendant un égal souci d'unité. Le travail de coordination était d'autant plus indiqué que les progrès des connaissances avaient dispersé celles-ci aux quatre vents de l'esprit. En outre, la multiplicité et la diversité des collaborateurs (plus de 200) qui firent de l'*Encyclopédie* une œuvre sociale, risquaient, sans idéologie commune, de ruiner cette exigence d'unité. Pour Diderot, l'*Encyclopédie* doit remplacer le système philosophique, construction abstraite et arbitraire, éloignée de la nature des choses.

D'une part, les articles sont classés d'après la tripartition des facultés dégagées par Francis Bacon: la mémoire pour l'histoire, la raison pour la philosophie et les sciences, l'imagination pour la poésie au sens large. En outre, les renvois forment un véritable réseau, un maillage capable d'enserrer le plus de connaissances possibles. D'Alembert avait remplacé l'image cartésienne de l'arbre par celle de la chaîne pour traduire le lien entre les différentes connaissances. Mais, comme ces chaînes se croisent en tous sens, elles finissent par former une boule.

L'indépendance absolue d'un seul fait est incompatible avec l'idée de tout; et sans l'idée de tout, plus de philosophie.

Diderot

Le triomphe de l'idée de progrès

On a bien plus loué les hommes occupés à faire croire que nous étions heureux que les hommes occupés à faire que nous le fussions en réalité, écrit Diderot. Quelle bizarrerie dans nos jugements! ajoute-t-il. Nous exigeons qu'on s'occupe utilement et nous méprisons les hommes utiles.

Léonard de Vinci fut peut-être le premier « intellectuel » de l'Histoire à considérer avec curiosité et affection les machines, qu'il inventa et dessina en grand nombre dans ses carnets. Mais ce n'est qu'au XVIIIe siècle, celui de la révolution industrielle, des Lumières et de l'*Encyclopédie*, que la technique a enfin été placée au tout premier rang par les philosophes. Naquit alors ce qu'on pourrait appeler la légende rose de la technique. Jean-Jacques Rousseau, on le sait, n'y participa pas, c'est le moins que l'on puisse dire ; après lui, les romantiques ont le plus souvent chanté la nature et fui les villes et les machines.

Le XVIIIe siècle connut à la fois la considération toute nouvelle de la technique, jadis méprisée, comme phénomène culturel et la naissance de la théorie du progrès comme essence de l'histoire. Les deux sont liées. L'idée de progrès est inédite. Les sociétés anciennes et traditionnelles croyaient à la répétition et à la moindre nouveauté criaient à la décadence. Elles n'imaginaient évidemment pas le progrès comme « loi » de l'Histoire.

L'idée était née chez certains philosophes (Bacon, Descartes, Pascal) et hommes de science (Galilée) au XVIIe siècle : l'Antiquité n'était alors plus apparue comme un modèle indépassable (la chose sera plus longue à admettre dans le domaine littéraire). Le XVIIIe siècle, parce qu'il fut une période de progrès objectifs (le début de la révolution industrielle) élargit cette idée de progrès à l'ensemble de l'Histoire humaine, de la pensée aux mœurs, de la science à la morale. Il y a progrès lorsque, à partir d'une situation de référence, un processus conduit à un plus (point de vue de la quantité) ou à un mieux (point de vue de la qualité). Naît alors cette extraordinaire utopie, destinée à remplacer la notion religieuse de Providence divine : si l'homme est méchant, c'est parce qu'il est malheureux, et s'il est malheureux, c'est parce qu'il est misérable. Renversons la misère en abondance, alors le bonheur remplacera le malheur et le Bien régnera enfin sur terre.

Et qu'est-ce qui peut supprimer la misère, sinon les progrès scientifiques et techniques – qui donneront à chaque homme de quoi manger à sa faim et de quoi se loger et se vêtir ? Des esprits aussi différents que Victor Hugo et Karl Marx communieront au XIXe siècle dans cette même espérance. Quelle est l'origine du mal sur terre (haines, meurtres, guerres)? Le malheur dû à la misère. Un homme heureux n'a plus de raison d'en vouloir à son voisin. Dans une situation d'abondance apportée par la technique, le mal politique (le despotisme) disparaîtra, le mal moral (la méchanceté) disparaîtra aussi. L'homme heureux sera bien gouverné et se gouvernera bien lui-même. Le paradis s'établira sur Terre. La technique est le moteur de ce mécanisme vertueux. Heureux temps, que ceux qui crurent ainsi aux temps heureux!

Une nouvelle pensée de la loi

Deux philosophes ont renouvelé au XVIIIe siècle la philosophie de la loi: le Français Montesquieu et l'Italien Beccaria.

Montesquieu, un homme de loi qui ne manque pas d'esprit

La diversité et la variabilité des lois étaient des thèmes sceptiques traditionnels. Elles étaient vues soit comme la preuve de leur caractère conventionnel (tel était l'argument des sophistes), soit comme la marque de la relativité de toutes choses (c'est l'idée de Montaigne), soit comme le signe de la vanité des choses humaines (un leitmotiv chez Pascal). Contre cette tradition, Montesquieu redonne à la loi son caractère de nécessité et diminue ainsi la distance qui peut séparer le sens physique (*loi* de la gravitation universelle) et le sens humain (*loi* du Parlement) de la loi.

Le pouvoir doit arrêter le pouvoir

S'il est favorable au régime monarchique, Montesquieu est d'abord un libéral. Il pense que seule la loi peut assurer la liberté des citoyens. Mais il est aussi trop averti pour ne pas savoir que le pouvoir tend par nature à l'abus. Aussi faut-il que, par la disposition des choses, le pouvoir arrête le pouvoir. Telle est en substance la fameuse théorie de la séparation des pouvoirs dont Montesquieu admire le fonctionnement en Angleterre. Il y a tyrannie lorsque le roi juge ou que le juge légifère ou exécute. Le but de Montesquieu dans *De l'esprit des lois* est de dégager le principe qui préside à l'existence des lois gouvernant une société. Pour Montesquieu, la forme du gouvernement est le facteur déterminant des lois dans tous les domaines (politique intérieure et étrangère, éducation, droit civil et criminel, etc.).

Les trois régimes politiques et leurs principes

La tripartition des régimes politiques dégagés par Montesquieu est différente de celle que la tradition a reçue de Platon et d'Aristote. Il s'agit, en effet, non plus de classer les régimes en fonction du nombre des dirigeants (la monarchie, gouvernement d'un seul ; l'aristocratie, gouvernement de quelques-uns ; la démocratie, gouvernement de tous) mais en fonction du principe qui y préside :

- L'honneur est le principe du régime monarchique.
- La crainte est le principe du régime despotique.
- La vertu est le principe du régime républicain, lequel se divise en aristocratie et en démocratie selon que la souveraine puissance est entre les mains d'une partie du peuple ou du peuple tout entier.

Avec Montesquieu, la vertu prend un sens politique : elle signifie l'amour de la patrie ou l'amour des lois. Les révolutionnaires de 1793 (Robespierre, Saint-Just) seront sur ce point les meilleurs disciples de Montesquieu – lequel pourtant n'était pas un républicain.

> *La liberté est le droit de faire tout ce que les lois permettent.*
>
> Montesquieu

Préférer le monde à son pays

Un homme politique français contemporain, sinistre sire qui a mis sur la place publique les injures et les plaisanteries que l'on réservait autrefois aux murs des toilettes de gare, a un jour lancé qu'il préférait ses filles à ses cousines, ses cousines à ses voisines et ses voisines aux étrangères – et tous les braves électeurs d'applaudir une telle évidence. Montesquieu avait dit à peu près le contraire : si je savais quelque chose qui me fût utile et qui fût préjudiciable à ma famille, écrit-il, je le rejetterais de mon esprit. Si je savais quelque chose qui fût utile à ma famille et qui ne le fût pas à ma patrie, je chercherais à l'oublier. Et si je savais quelque chose utile à la patrie et qui fût préjudiciable à l'Europe et au genre humain, je le regarderais comme un crime.

Il est étrange et désolant, sans même accorder trop d'importance à l'imbécile évoqué plus haut, comme en ce temps déconstruction européenne et de mondialisation, pas un seul homme politique français, pas un seul intellectuel n'ose plus parler comme le faisait Montesquieu il y a presque trois siècles de cela !

Beccaria ou l'intelligence des lois

C'est dans un petit traité intitulé *Des délits et des peines* que l'on trouve la toute première argumentation philosophique contre la torture et la peine de mort. Par-delà ces questions particulières, qui ont leur importance (nous, philosophes d'aujourd'hui, ne pouvons pas lire sans douleur les passages où des esprits aussi éminemment justes, moraux et républicains que Kant et Rousseau ont justifié la peine de mort), Beccaria construit une théorie de la juste peine qui aujourd'hui encore et à jamais gouverne la philosophie pénale des États démocratiques. Six principes la définissent.

Le principe de publicité

Il garantit l'impartialité des jugements et leur valeur universelle. La publicité des lois – au sens premier de caractère public – s'oppose à la fois au privilège (littéralement « loi privée ») et au secret. Le secret et le privilège contredisent l'exigence d'égalité en interdisant la réciprocité. La publicité de la loi signifie qu'elle est portée à la connaissance du public – d'où la fiction, nécessaire dans un État de droit, selon laquelle « nul n'est censé ignorer la loi ». Inversement, si *Le Procès* de Kafka a pu être compris comme une préfiguration du totalitarisme, c'est parce que le propre de ce régime (Hannah Arendt a remarquablement analysé ce point) est de placer les individus dans un état de culpabilité inévitable vis-à-vis des lois qu'ils ignorent.

Le principe de promptitude

Il n'est pas juste de juger et de punir un coupable longtemps après les faits. Ainsi considérera-t-on de nos jours comme anormal un temps trop long de prison préventive. Il convient toutefois d'ajouter que, en matière judiciaire, la promptitude n'est pas la précipitation : une justice expéditive n'est pas moins inquiétante qu'une justice trop lente.

Le principe de nécessité

Le principe de nécessité avait déjà été implicitement dégagé par Montesquieu qui voyait la cause des relâchements non pas dans la modération des peines mais dans l'impunité des crimes. Ce n'est pas la rigueur du supplice qui prévient le plus sûrement les crimes, écrit Beccaria, mais la certitude du châtiment. La perspective d'un châtiment modéré mais inévitable fera toujours une impression plus forte que la vague crainte d'un supplice terrible annulé par l'espoir de l'impunité.

Le principe d'humanité

Il affirme à la fois la barbarie et l'inutilité de la cruauté en matière de châtiment. Contrairement à ce que croit volontiers l'opinion, la terreur n'est pas réellement dissuasive, elle n'impressionne que les innocents. L'assassin est presque toujours tellement hors de son bon sens que nulle disposition ne saurait à elle seule arrêter son bras. La justice n'est pas l'accomplissement de l'instinct de vengeance mais sa sublimation.

Le principe de légalité

C'est peut-être le plus important. Beccaria fut le premier à avoir voulu fonder le droit pénal sur la loi et rien que sur la loi. Le principe de la non-rétroactivité de la loi dont on admet aujourd'hui une seule exception (le procès qui a puni les responsables nazis pour crimes contre l'humanité à Nuremberg) est impliqué par ce principe de la légalité des peines dont l'idée est fort ancienne. *Nullum crimen sine lege* (il n'y a pas de crimes sans lois) disait l'adage latin. Cela signifie très exactement qu'au cours de l'histoire la loi criminalise des comportements d'abord admis, tolérés, voire approuvés (comme le viol, l'infanticide, la polygamie, etc.).

Le principe de la proportionnalité des peines

La distinction moderne entre les infractions (sanctionnées d'une simple amende), les délits (traités au tribunal correctionnel) et les crimes (jugés en cour d'assises) en dérive. Nous estimons scandaleux qu'un assassin soit moins puni qu'un voleur et que celui qui a tué son chat soit davantage pénalisé que celui qui a tué un homme (cela s'est vu à plus d'une reprise).

> *Dans toute affaire criminelle, le juge doit partir d'après un syllogisme parfait dont la majeure est la loi générale, la mineure l'action, conforme ou non à cette loi, et la conséquence l'élargissement ou la punition de l'accusé.*
>
> Beccaria

Une nouvelle pensée de la société

C'est à l'époque de la montée de l'individualisme que parallèlement et par réaction émerge une pensée forte de la société. Le problème central étant évidemment l'adéquation entre ces deux plans : la liberté de l'individu et la force de la collectivité. C'est parce que, selon eux, il existe une solidarité naturelle de fait entre les hommes que les philosophes anglais, de Shaftesbury à Adam Smith, pensent la coïncidence des intérêts privés et de l'intérêt public. La conception d'un tout social n'est pas incompatible avec l'individualisme. Mandeville le prouve.

Les vices privés profitent à tous

La Fable des abeilles, de l'Anglais Bernard de Mandeville, raconte comment tout allait bien au royaume des abeilles jusqu'au jour où Jupiter, irrité par leurs vertueuses protestations contre l'immoralité régnant dans les ruches, décida de les rendre réellement vertueuses. Aussitôt, le travail s'étiola et les abeilles finirent par devenir misérables. Par cette fable, sous-titrée *Vices privés, vertus publiques*, Mandeville illustre l'idée selon laquelle la prospérité collective est le résultat de ce que la morale stigmatise sous le nom de vice (l'appât du gain, la compétition, l'envie, etc.). La métamorphose des vices privés en vertus publiques préfigure la fable de la main invisible.

Utilité des péchés

À y regarder de près, les sept péchés capitaux sont éminemment favorables à l'économie : l'envie, la gourmandise et la luxure font acheter, la colère fait travailler, la paresse fait jouir, l'orgueil avive la compétition et l'avarice favorise l'épargne. C'est d'ailleurs le propre du système capitaliste que de transformer ainsi tout ce qu'il touche, même le pire, en or.

Parce qu'ils étaient les citoyens d'un pays qui allait prendre la tête de la révolution industrielle, les philosophes anglais ont été les plus déterminés dans cette entreprise d'explication/ justification de l'activité matérielle. Adam Smith invente l'économie politique en écrivant *La Richesse des nations*. Le commerce est une affaire humaine et rien qu'humaine. On n'a jamais vu de chien faire de propos délibéré l'échange d'un os avec un autre chien, remarque le philosophe anglais. La morale n'est pas en amont mais en aval : je ne dois pas attendre de bienveillance de la part de mon boulanger ; s'il me vend du bon pain, c'est qu'il y va de son intérêt. Le monde du travail et de l'argent est gouverné par des lois que les pionniers de la science économique pensent comme naturelles. Les collectifs n'obéissent pas nécessairement aux mêmes règles que les individus.

La main invisible : la providence du marché

Comment expliquer que, dans un contexte où chacun est en compétition contre tous, malgré tout, une harmonie sociale se dégage ? Adam Smith émet une hypothèse providentialiste pour expliquer le caractère spontané de cette harmonie lorsque aucune contrainte ne vient l'entraver. Tout se passe comme si une main invisible dirigeait l'ensemble dans l'intérêt de tous : chaque individu est comme conduit par une tendance irrésistible à remplir une fin qui n'entre nullement dans ses intentions. Tout en ne cherchant que son intérêt personnel, il œuvre souvent d'une manière plus efficace pour l'intérêt de la société que s'il avait réellement pour but d'y travailler.

La fiction de la main invisible est devenue le symbole de l'optimisme libéral en matière économique, qui croit aux règles spontanées du marché et à l'agrégation des intérêts individuels en intérêt collectif.

Le travail éloigne des nous trois grands maux : l'ennui, le vice et le besoin.

Voltaire

Changer l'ordre du monde

Mais tous les penseurs des Lumières ne se contentent pas d'approuver les choses comme elles vont, ou plutôt comme elles ne vont pas. Loin de là !

En 1764, soit vingt-cinq ans avant la prise de la Bastille, Voltaire écrit à un correspondant : « Tout ce que je vois jette les semences d'une révolution qui arrivera immanquablement et dont je n'aurai pas le plaisir d'être témoin. La lumière s'est tellement répandue de proche en proche qu'on éclatera à la première occasion et alors ce sera un beau tapage. Les jeunes gens sont bien heureux ; ils verront de bien belles choses. »

La révolution, en effet, a éclaté dans les têtes avant de rugir dans les rues. Elle est un mélange complexe d'indignation et d'utopie, d'intelligence et d'espérance. L'idée de droit naturel qui avec le temps écoulé nous apparaît si tranquille, est peut-être ce qui a mis le feu aux poudres.

D'où vient l'idée de droit de l'homme ?

Tout a commencé avec le théorème de Thalès lorsque les Grecs découvrirent l'universalité de la raison et de la vérité. La théorie des droits de l'homme est la transposition, sur les plans éthiques et juridiques, du caractère d'universalité du concept : de même qu'une proposition vraie est vraie pour tous les hommes, une action juste doit être juste pour tous les hommes.

L'idée de droit naturel vient explicitement de Grotius et de Pufendorf (on appelle jusnaturalisme cette école du droit naturel au XVIIe siècle) mais elle remonte beaucoup plus loin, au stoïcisme et au christianisme qui ont pensé l'humanité en termes universalistes. À partir du moment où l'on pense qu'au-delà et en deçà du droit particulier qui gouverne la société civile il existe des droits universels, inaliénables, nécessaires, on est dans le concept de droit naturel. « Naturel » doit s'entendre comme l'équivalent d'universel, d'inaliénable, de nécessaire. Au Siècle des lumières, l'adjectif joue presque toujours une fonction critique et polémique contre la société présente.

Une autre étape importante dans l'institution de ce concept, qui évidemment triomphera dans les diverses déclarations américaines et françaises des droits de l'homme, est à chercher du côté des réflexions engagées en Espagne au XVIe siècle à partir de la découverte du Nouveau Monde chez les représentants de ce que l'on appellera la seconde scolastique et chez le grand Bartolomé de Las Casas, le défenseur des Indiens. Le caractère humain de ces êtres découverts par l'Europe ne faisait en réalité de doute pour personne, même pas pour ceux qui les réduisirent en esclavage. Donc ils pouvaient être convertis et baptisés. S'ils n'étaient pas organisés en État, on pouvait passer avec eux des contrats : ils étaient sujets de droit.

La radicalité révolutionnaire

Le Siècle des lumières fut un grand siècle d'utopie. Les institutions séculaires, millénaires même, sont balayées d'un revers de plume dans une ribambelle d'écrits, souvent clandestins. La propriété privée et le mariage sont contestés. L'idéal communiste veut leur disparition. « Les fruits sont à tous et la terre n'est à personne. » La formule est de Rousseau et sera répétée par toutes les utopies communistes suivantes. Beaucoup de ces francs-tireurs se cachent. Diderot a été enfermé dans le donjon de Vincennes pour beaucoup moins que cela.

L'incroyable double pensée du curé Meslier

Curé de campagne et prêtre exemplaire d'un village de Champagne, Jean Meslier, dit le curé Meslier, laissa à sa mort un manuscrit dont Voltaire publia des passages sous le titre de *Mon testament*. Parti de Descartes et de Malebranche, Meslier y professe un matérialisme intégral, un athéisme radical et un communisme absolu. Pour Meslier, le seul fait que des vers de terre soient écrasés prouve que Dieu n'existe pas!

Qu'avez-vous à déclarer? Ma liberté!

L'acte même de la déclaration inhérente à la dynamique révolutionnaire implique l'idée d'une liberté absolue qui ne dérive de rien d'autre que d'elle-même et dont tout dérive: c'est la liberté les révolutionnaires qui leur fera penser, dire et écrire que la liberté est un droit naturel, donc inaliénable.

Mais le genre de la déclaration reste éminemment policé. Avant même les massacres de Septembre, avant la guillotine et les têtes trimballées au bout des piques dans les rues de Paris, les écrits et les paroles montent volontiers aux extrêmes. Toute une modernité de violence se prépare ainsi. Diderot écrit dans l'un de ses poèmes: «Et ses mains ourdiraient les entrailles du prêtre / À défaut d'un cordon pour étrangler les rois.» L'image sera reprise par les révolutionnaires les plus radicaux puis, à partir du XIXe siècle, par les anarchistes: le monde sera enfin libre lorsque le dernier roi se balancera au bout d'une corde formée par les boyaux du dernier prêtre. Le Siècle des lumières fut aussi celui de ces utopies dont on se dit que leur principale qualité fut de n'avoir pas toujours été réalisées.

Un nouveau matérialisme

Plus encore que le matérialisme antique (Épicure, rappelons-le, admet l'existence de dieux menant une vie de rentier dans les arrière-mondes), le matérialisme français du XVIIIe siècle est un radicalisme philosophique, une pensée de combat et même de guerre. Voyez-vous cet œuf? demande Diderot. C'est avec cela qu'on renverse toutes les écoles de théologie et tous les temples de la terre. Le mouvement de la nature produit la chaleur et la chaleur engendre des formes nouvelles. Point n'est besoin de supposer un esprit infini à l'origine.

Matérialiste est le point de vue qui comble les abîmes, bouche les fossés: même le marbre d'une statue, écrit Diderot, peut être ingéré par un animal et ainsi transformé en vie. (Il y a quelques années, un cinglé a mangé *en entier* sa bicyclette réduite en poudre pour figurer au livre Guinness des records!) Et comme il y a passage de la matière à la vie, il y a continuité entre la vie et la pensée. Qu'est-ce qui vous dit que le monde n'a pas aussi ses méninges comme l'homme? s'exclame Diderot. Si tout est corps et mouvement, le comportement moral de l'être humain ne fait pas exception. Les matérialistes rapportent les sentiments de sympathie et d'amitié, d'antipathie et de haine à la dualité de l'attraction et de la répulsion autour de laquelle la matière balance dans la physique de Newton. On trouve un écho de cette analogie dans le roman de Goethe, *Les Affinités électives*.

Une ironie dans l'histoire des idées

C'est parce qu'ils désiraient supprimer le gouffre séparant la matière inerte de l'activité vitale que les matérialistes ont soutenu l'idée de génération spontanée: d'un tas de feuilles pourrissantes, ils pensaient que des asticots pouvaient automatiquement surgir. Ce mythe sera définitivement détruit au XIXe siècle par un principe (pas de cellule qui ne naisse d'une cellule) et par des expériences (celles de Pasteur).

Mais très curieusement et significativement les créationnistes, qui étaient philosophiquement aux antipodes des matérialistes, soutenaient comme eux l'idée de la génération spontanée: ils y voyaient le signe de l'inépuisable fécondité d'une nature créée par Dieu. Ainsi peut-on défendre la même théorie à partir de principes complètement opposés.

La Mettrie, le philosophe de l'homme-machine

Le titre provocateur de l'ouvrage de La Mettrie, *L'Homme-machine*, est à lui seul un programme. Il dérive bien sûr de l'animal-machine de Descartes. La Mettrie entend en effet pousser le mécanisme cartésien jusqu'à son extension logique maximale : tout ce que la métaphysique de Descartes attribue à l'âme peut être expliqué, selon lui, comme une modification de la matière. Un rien, une petite fibre, quelque chose que la plus subtile anatomie ne peut découvrir (on peut voir dans la génétique d'aujourd'hui cette plus subtile anatomie imaginée par La Mettrie) eût fait deux sots d'Érasme et de Montaigne, écrit-il. S'il ne s'affirme pas explicitement athée, La Mettrie voit dans la religion une superstition à éradiquer.

Helvétius, la morale comme une physique

L'objectif de d'Helvétius dans *De l'esprit* est de traiter la morale comme une physique expérimentale. L'intérêt est présenté comme le seul ressort des actions humaines. En dernière analyse, les jugements moraux peuvent être réduits à la dynamique élémentaire du refus de la douleur et de la quête du plaisir. Les valeurs morales sont relatives à l'époque et au lieu, elles ne font qu'exprimer l'utilité ou l'inutilité de certaines actions. Ce matérialisme ne débouche pourtant pas sur un individualisme anarchique : Helvétius est le grand précurseur de Bentham ; l'expression « le plus grand bien pour le plus grand nombre », où l'on voit la devise de l'utilitarisme, figure dans *De l'esprit*.

Helvétius attache la plus grande importance à l'éducation et à la législation. Puisque les hommes dépendent de leur milieu, la transformation de celui-ci conduira à l'amélioration de ceux-là. Il s'intéresse aux conséquences pratiques du matérialisme : maître des mécanismes psychophysiologiques, le pouvoir politique, par la mise en œuvre d'une éducation toute-puissante, peut façonner un ordre social meilleur et fabriquer en série des génies. C'est selon : on admirera l'utopie ou l'on s'inquiétera du despotisme virtuel que ces idées contiennent.

D'Holbach, un baron bien carré

Le Système de la nature du baron d'Holbach établit que l'homme moral n'est que l'homme physique considéré sous un certain point de vue. La matière pense : point n'est besoin d'en référer à une hypothétique âme pour rendre compte des idées. Pour d'Holbach, l'homme est poussé à agir par l'amour-propre, qui est l'équivalent moral de la force agissant sur tous les êtres naturels animés et inanimés (la gravitation ou force d'inertie). Cela dit, si l'homme suit les lois de la nature, il ne les subit pas. Il y a dans *Le Système de la nature* un optimisme prométhéen dans lequel le marxisme ultérieur se reconnaîtra. C'est avec jubilation que d'Holbach prônait et prévoyait l'émergence d'une société d'athées.

L'aspiration à la religion naturelle

Déisme et théisme

Deux termes ont été forgés et utilisés au XVIIIe siècle pour désigner la religion purgée de ses dogmes et de ses rites et réduite à son noyau essentiel (l'existence de Dieu, le devoir moral, éventuellement l'immortalité de l'âme) : le *déisme* et le *théisme*.

Le sens de ces deux mots varie d'un auteur à l'autre. Le plus souvent, le déisme désigne la religion philosophique, c'est-à-dire une religion rationnelle débarrassée de ce que les rites et les croyances véhiculent en fait de superstitions. Pour le déisme, en fait, tout est superstition en dehors des trois principes cités plus haut (existence de Dieu, observation des devoirs moraux, immortalité de l'âme). Le théisme serait un déisme plus étroitement lié au monothéisme, une sorte de moyen terme entre le déisme et la religion traditionnelle. Mais, encore une fois, ces définitions n'ont rien de rigoureux.

Le déisme est violemment anticlérical. « Écrasons l'infâme ! » mandait Voltaire à ses correspondants et parfois, en signe crypté de reconnaissance, il signait ses lettres « écrelinfe ». Les textes sacrés sont écartés comme des sottisiers (la Bible est pour l'antisémitisme voltairien inépuisable matière à jubilation). Reste que Dieu existe – on lui appliquera comme l'a fait Leibniz l'image d'un calculateur ou d'un géomètre, ou celle d'un architecte ou encore celle d'un horloger : « L'univers m'embarrasse et je ne puis songer / Que cette horloge existe et n'ait pas d'horloger », écrit Voltaire.

La morale est censée faire partie de la religion naturelle, mais pas nécessairement. L'idée selon laquelle une société d'athées vertueux est possible, et qui a fait scandale lorsqu'elle a été énoncée par Pierre Bayle, fait peu à peu son chemin dans les esprits : l'Église, ni même la religion chrétienne n'apparaissent plus aussi évidemment comme des remparts nécessaires pour que les hommes continuent de respecter les règles morales élémentaires. Sur ce point comme sur tant d'autres, Voltaire sera plus timoré (« Si Dieu n'existait pas, il faudrait l'inventer »), témoin de cet effroi devant l'abîme possible : une société d'athées ne risquerait-elle pas de devenir une société d'assassins ?

Si les triangles faisaient un dieu, ils lui donneraient trois côtés.

Montesquieu

Si Dieu nous a faits à son image, nous le lui avons bien rendu.

Voltaire

Naissance d'une vertu : la tolérance

L'idée de religion naturelle ou rationnelle ou philosophique (les trois adjectifs s'équivalent dans ce contexte) est inséparable de la valeur de tolérance : c'est parce qu'ils restent obstinément attachés au détail des dogmes et des rites que les croyants s'étripent mutuellement – comme en Russie où le signe de croix avec deux ou trois doigts a été l'origine de véritables guerres civiles. D'ailleurs, a-t-on fait mieux en France lorsqu'on s'est battu à mort entre ceux qui croyaient aux saints ou à la virginité de Marie et ceux qui n'y croyaient pas ?

Voltaire diffusera en France cette idée typiquement libérale au sens anglais (et protestant) : tant qu'ils s'adonnent au travail et au commerce, les juifs, les chrétiens, les guèbres et les mahométans ne songent pas à s'entre-exterminer. L'activité économique a pour effet la relégation de la religion dans la sphère privée, et donc une plus grande tolérance.

Une autre façon de dépasser les conflits entre les religions instituées est de reconnaître leur profonde unité.

Dans sa pièce *Nathan le Sage*, Lessing imagine le Juif Nathan surnommé le Sage par le peuple, répondre par la fable des trois anneaux à la question que le sultan Saladin (la pièce se déroule durant les croisades) lui pose : des trois religions, la juive, la chrétienne et la musulmane, laquelle est la vraie ?

La parabole figure dans un texte juif du Moyen Âge et a été reprise par Boccace dans son *Décaméron*. Un homme riche décida un jour que son fils à qui il aurait remis un anneau précieux fût reconnu par les autres comme le chef de la famille et qu'avant de mourir l'héritier transmettrait à son tour l'anneau au fils qu'il voulait ainsi honorer. De cette manière, l'anneau passa de génération en génération.

Mais il advint un jour que celui à qui échut l'anneau avait trois fils qu'il aimait pareillement. Aussi, pour ne pas désavantager aucun des trois, se résolut-il à faire fabriquer deux anneaux si semblables à l'original en tout point que lui-même ne pouvait les distinguer. Juste avant sa mort, il donna en secret à chacun de ses trois fils un anneau, si bien que chacun se crut l'héritier légitime. Pour faire valoir leurs droits qu'il croyait exclusifs, les trois fils montrèrent leur anneau, seulement il était impossible de savoir lequel des trois était le véritable. Ainsi, dit Nathan à Saladin, en va-t-il des trois religions. Chacune peut être la véritable mais il n'y a pas moyen d'en décider.

Lamourette, l'abbé au baiser

Antoine Adrien Lamourette (ces choses-là ne s'inventent pas) est entré dans l'histoire à la faveur d'un baiser auquel il accola son nom pour toujours. Député à l'Assemblée législative en 1792, alors que les troupes ennemies avaient envahi le territoire français, il demanda aux représentants de se donner l'accolade en signe d'union nationale. L'expression de baiser Lamourette est restée célèbre pour désigner des réconciliations éphémères et peu sincères.

Homme d'Église, Lamourette avait été élu évêque constitutionnel. Il fut exécuté sous la Terreur après avoir rétracté son serment à la Constitution civile du clergé et fustigé les massacres de Septembre. Il a laissé plusieurs écrits estimables dans lesquels il tente de redonner vigueur à un christianisme en voie d'essoufflement sans verser dans la nostalgie réactionnaire mais, à l'inverse, à partir d'un humanisme résolu.

Les forces vives de la déraison

On appela illuminisme la doctrine de tous ceux qui s'entendirent pour rejeter les pouvoirs et les règles de la raison au profit d'une intuition transcendante qui était censée leur donner un accès direct à l'absolu. Un illuminé n'est pas un éclairé. Il en représente même le contraire : un allumé.

L'illuminisme prend les Lumières à rebours, au point de leur faire de l'ombre : là où celles-ci voient l'accomplissement de l'homme et de l'histoire dans un avenir plus ou moins lointain, celui-là se prend à rêver d'un passé idéal où l'être humain savait tout (le mythe égyptien prend place à cette époque) et baignait dans une félicité sans trouble parce que le divorce entre lui et le grand Tout n'était pas encore consommé. L'homme est un être déchu et les illuministes sont plus que déçus. L'esprit humain est une table rasée, écrit crânement Claude de Saint-Martin, dit le philosophe inconnu, aujourd'hui méconnu et qui ne gagne pas trop à être connu. Le salut est dans la replongée vers l'origine, la symbolique des nombres et autres joyeusetés dont on vous passera charitablement le détail.

Dans *Le Nouvel Homme*, Claude de Saint-Martin définit l'homme, le Mikrothéos, le petit Dieu, comme une pensée du Makrothéos, le grand Dieu, tandis que Lavater proclame que chaque nature constitue la copie de toutes les autres. Balzac (voir en particulier son roman fantastique *Séraphita*) trouvera chez Swedenborg l'idée selon laquelle des correspondances relient le monde matériel et le monde spirituel.

Swedenborg en correspondance suivie avec les anges

Le plus grand allumé du Siècle des lumières fut Swedenborg, venu de Suède. Kant, à juste titre, le dénonça comme le type même du rêveur (*Schwärmer*) déraisonnable. En jouant sur les mots, cet olibrius tirait sa théorie des correspondances (une constante de tous les ésotérismes et hermétismes depuis l'Antiquité) de la *correspondance* qu'il prétendait avoir entretenue des années durant avec les anges et les esprits – une télépathie transcendante en quelque sorte.

Le système est le suivant: de la pierre à Dieu, l'être entreprend une ascension dont l'homme représente le refuge de mi-parcours. C'est vers l'homme que converge l'ensemble de la création matérielle – minéral, végétal, animal. Ainsi l'homme peut-il s'exclamer : « J'ai été tout cela ! » Car tout est vivant dans la nature.

Entre l'initié et le citoyen, il faut choisir !

Pourtant, avec l'illuminisme, c'est moins le concept d'une humanité globale qui se trouva développée – bien que la conjonction ait eu lieu plus d'une fois, par exemple à la fin du XVIIIe siècle avec la franc-maçonnerie – que celui du groupe des initiés formant depuis l'Antiquité des mythes une chaîne invisible qu'une Égypte de rêve a forgée pour la première fois. La pensée du secret, donc de l'interdit, est essentielle à l'illuminisme et brouille l'utopie d'une humanité réconciliée. Elle est frontalement opposée à la *publicité*, ce caractère public des idées et des débats, dont Habermas a montré qu'il était constitutif de l'idéal démocratique moderne (dont la valeur commence précisément à être reconnue en cette fin du XVIIIe siècle).

Rousseau ou l'art de transformer ses rêveries en projets

Bien qu'il ait fait la guerre à pratiquement tous les philosophes de son temps, en riposte très souvent à celle que ceux-ci lui livraient, Rousseau est un authentique homme des Lumières et l'un des plus grands philosophes de l'Histoire, tout en étant l'un des plus grands écrivains français.

La représentation comme corruption

Une forte cohérence lie ses ouvrages apparemment si divers. Un thème se retrouve partout, dans ses textes littéraires aussi bien que philosophiques : l'idée que la représentation est non pas une autre présence, une présence redoublée (comme le suggère son étymologie) mais une *corruption* de la présence (laquelle se dit «nature» chez Rousseau).

Ainsi le théâtre – scène de représentations – est-il une corruption de la fête. Dans son *Paradoxe sur le comédien*, Diderot faisait en somme l'apologie du mensonge et de la manipulation, car le bon acteur est celui qui feint d'éprouver ce qu'il n'éprouve pas. Contre la tradition classique qui tient son origine d'Aristote, Rousseau ne pense pas que les passions tristes et mauvaises sont purgées par le spectacle ; elles en ressortent à l'inverse intensifiées et légitimées.

Dans le monde du sentiment, la représentation s'est aussi substituée à la présence : ainsi, en société, les hommes sont comme des acteurs qui *jouent* au lieu de ressentir et de penser : l'amour, ce lien profond, est devenu une vaste pantalonnade.

Dans le monde politique, il en va de même. La liberté consiste dans l'expression directe de la volonté générale. C'est pourquoi Rousseau pense que la démocratie est davantage faite pour un peuple de dieux. Dans les grands États, la représentation (on appelle justement représentants les députés) est inévitable, mais alors cela signifie que la souveraineté du peuple est perdue. La représentation est strictement une dénaturation de la nature (présence).

Nature et société

La nature a fait l'homme heureux et bon, mais la société le déprave et le rend misérable, écrit Rousseau. Le *Discours sur les origines et les fondements de l'inégalité parmi les hommes* dresse un tableau littéralement catastrophique de la société et de la culture nées d'une rupture avec un insouciant état de nature dans lequel nos ancêtres vivaient sauvages mais libres.

Rousseau affirmait préférer être homme à paradoxes qu'homme à préjugés. Mais il lui est arrivé, dans sa volonté de combattre les préjugés, d'aller un peu trop loin. C'est ainsi que, dans son *Discours* sur l'inégalité, il range les orangs-outangs parmi l'espèce humaine. Un peu plus tard, le cardinal de Polignac lancera à travers les barreaux d'une cage du Jardin des Plantes (alors appelé Jardin du Roi) où un premier spécimen avait été apporté: «Parle, et je te baptise!»

Après avoir lu ce *Discours*, Voltaire, qui s'est avec une belle constance toujours raidi devant les grandes pensées, se fendit d'une lettre à Rousseau: on n'a jamais employé tant d'esprit à vouloir nous rendre bêtes, écrit-il, il prend envie de marcher à quatre pattes quand on lit votre ouvrage. Toujours en position de non-dupe, Voltaire aura oublié de lire ces quelques lignes où Rousseau se demande ce qui différencie l'homme de la bête.

Est-ce la sensibilité? Les animaux en ont souvent davantage que nous. L'intelligence? Ils font preuve volontiers d'une ingéniosité qui vaut bien nos ruses. Ce n'est ni la sensibilité ni l'intelligence qui fait de l'homme un animal pas comme les autres. Mais une autre qualité spécifique les distingue et sur laquelle il ne peut y avoir de contestation: la faculté de se perfectionner, faculté qui, à l'aide des circonstances, développe successivement toutes les autres et qui est présente aussi bien dans l'espèce que chez l'individu. L'animal, de son côté, est déjà au bout de quelques mois ce qu'il sera toute sa vie et son espèce au bout de mille ans ce qu'elle était à l'origine.

> *Tout est bien sortant des mains de l'Auteur des choses, tout dégénère entre les mains de l'homme.*
>
> *J'ose presque dire que l'état de réflexion est un état contre nature et que l'homme qui médite est un animal dépravé.*

Rousseau

Rousseau n'était pas pour notre retour dans les bois!

On a écrit beaucoup de sottises, Voltaire le premier, sur la conception rousseauiste de la nature: il n'a jamais été dans l'intention de l'auteur du *Contrat social* de revenir à l'état de nature – on ne saurait revenir en effet à ce qui est passé – et l'on créditera Rousseau d'assez d'intelligence pour ne pas le soupçonner d'avoir méconnu le caractère irréversible du temps.

Certes, Rousseau se méprenait parfois sur la réalité de la vie des hommes de jadis, mais il n'était pas si dupe de son idéalisation qu'on a bien voulu le dire. Certes, la découverte de la préhistoire, au XIXe siècle, mettra à mal ses spéculations hasardeuses sur les origines de l'homme et l'on s'apercevra bientôt que ce n'était pas dans un paradis que vivait l'homme de Cro-Magnon. Mais ce n'est pas ainsi qu'il faut lire Rousseau: son état de nature n'est pas un moment de l'Histoire, c'est une construction théorique, un modèle au double sens épistémologique et moral – ce à l'aune de quoi on peut comprendre un phénomène et ce vers quoi nous devrons tendre.

Que faisons-nous d'autre aujourd'hui lorsque nous constatons, en nous indignant, que dans tel pays, il y a des miséreux qui ne mangent pas à leur faim? Nous jugeons un état social présent rapport à un état «naturel»: il est, en effet, pour nous «naturel», «normal», que tous les hommes mangent à leur faim (puisque le besoin de manger est lui-même naturel) et la société qui n'accorde pas à chacun de ses membres des ressources suffisantes pour subsister nous paraît, à bon droit, monstrueuse.

Il y a souvent bien de la différence entre la volonté de tous et la volonté générale; celle-ci ne regarde qu'à l'intérêt commun; l'autre regarde à l'intérêt privé, et n'est qu'une somme de volontés particulières: mais ôtez de ces mêmes volontés les plus et les moins qui s'entredétruisent, reste pour somme des différences la volonté générale.

Rousseau

> ### La grande richesse est inadmissible
>
> Ainsi faut-il entendre la condamnation portée par Rousseau contre le luxe. Alors que la plupart des auteurs de son époque justifient le luxe par des arguments philosophiques (le luxe, c'est la civilisation dans ce qu'elle a de plus raffiné) ou économiques (le luxe fait travailler des milliers d'hommes), Jean-Jacques Rousseau y voit le signe d'une société mal faite : de quel droit une poignée de très riches vit-elle dans le gaspillage et dans l'ostentation, alors que, à leurs portes, le peuple implore et souffre ? Ont-ils l'estomac plus large, la cervelle mieux faite, travaillent-ils davantage ? Poser de telles questions, c'est y répondre. Un siècle et demi plus tard, Gandhi dira que le monde est assez grand pour satisfaire les besoins de tous mais trop petit pour contenter les désirs de chacun. C'est exactement ce que Rousseau pensait.

Le Contrat social : tous les hommes doivent s'y retrouver

Quel est alors le sens du contrat social chez Rousseau ? Il ne légitime pas un pouvoir absolu, comme chez Hobbes, mais, à l'inverse, par le pouvoir démocratique. Pour l'auteur du *Contrat social*, le souverain, ce n'est ni Dieu, ni le pape, ni le roi, c'est le peuple. Dès lors, rien n'est perdu, en quelque sens qu'on l'entende : l'état social n'aliénera pas la liberté naturelle de l'homme, mais au contraire la garantira. Le contrat social (ou pacte social) selon Rousseau est l'ensemble des conventions fondamentales qui, bien qu'elles n'aient peut-être jamais été formellement énoncées, sont cependant impliquées par la vie en société en tant que celle-ci repose sur la reconnaissance de la volonté générale qui transcende les volontés particulières.

Grâce au contrat social, la loi civile se substitue à la régulation spontanée de l'état de nature. Ainsi Rousseau distingue-t-il soigneusement la possession naturelle (le gibier tué à la chasse, par exemple) et la propriété civile. Alors que la possession n'est que l'expression momentanée d'un rapport de force ou une relation naturelle (on possède un corps, on n'en a pas la propriété), la propriété est l'expression durable d'un rapport social, une relation légale d'un sujet à un objet. Alors que la possession n'a nul besoin de reconnaissance, c'est la reconnaissance sociale qui fonde la propriété.

> *À prendre le terme dans la rigueur de l'acception, il n'a jamais existé de véritable démocratie et il n'en existera jamais.*
>
> Rousseau

Si l'origine est la clé de tout, comment la trouver ?

Les problèmes d'origine butent sur une aporie, une difficulté logique apparemment insurmontable. Au XVIIe et XVIIIe siècles, nombre de philosophes, qui ne se satisfaisaient pas de l'idée d'une création divine ou naturelle de la société humaine, ont supposé, pour expliquer l'apparition de celle-ci, un contrat originaire. Par cet acte fondateur, les hommes, jusque-là isolés, auraient formé la société. Seulement, comment expliquer que des individus sans communication aient pu passer ensemble un contrat ? Une objection analogue attend la théorie conventionnaliste du langage, car si les hommes, à l'origine, se sont mis d'accord sur le sens des mots, cela suppose qu'ils communiquaient entre eux et donc possédaient déjà un langage commun. On n'imagine pas une convocation ainsi libellée : « Assemblée générale mardi prochain sous le grand arbre pour convenir d'un langage commun ». Le contrat et la convention, loin de fonder la société, sont présupposés par elle.

Un test : tueriez-vous le mandarin ?

Pour montrer la faiblesse de la conception selon laquelle la morale humaine est réductible aux intérêts personnels, Rousseau s'écrie : que me font à moi les crimes de Catilina (un conspirateur du temps de la République romaine) ? Si j'apprends qu'un pauvre enfant innocent est torturé par une brute à l'autre bout de la Terre, je n'en serais pas moins scandalisé que s'il s'agissait de mon propre voisin.

Rousseau croyait à l'existence d'une conscience morale universelle que la société, malgré toute sa force de dépravation, ne parvenait pas à anéantir totalement. Et pour tester l'existence de cette conscience morale, il conçoit l'expérience de pensée suivante. Imaginez que d'un simple signe de tête vous provoquiez la mort d'un Mandarin de Chine, que vous ne connaissez pas, et que, par ce forfait, vous héritiez de toute sa fortune sans que personne sût jamais par quels moyens vous l'avez obtenue. Provoqueriez-vous la mort du mandarin ?

Rousseau pensait qu'on pouvait répondre non à cette question.

Chapitre 6
Kant, le philosophe de la limite et de l'universel

Dans ce chapitre :
- Le premier philosophe moderne (en concurrence avec Descartes)
- Une vie rangée qui dynamite la vie de l'esprit
- Une des pensées les plus complexes traduite en termes simples (mais non simplistes)

S'il a, durant sa vie entière d'universitaire, donné des cours de géographie, Kant n'est pratiquement jamais sorti de sa ville natale de Königsberg, où il est mort, à l'âge de 80 ans. Dans l'histoire de la philosophie, il n'y a guère que Socrate pour être resté aussi obstinément attaché au lieu de sa naissance.

La vie de Kant est celle d'un homme studieux dont l'emploi du temps avait une rigueur de métronome. La légende veut qu'il n'a dérogé qu'une seule fois à ses habitudes de promenade, au moment de la Révolution française dont il attendait avec impatience les nouvelles par les gazettes. On notera également que Kant est le premier philosophe à n'avoir été qu'enseignant – en cela aussi il inaugure quelque chose qui est resté un trait dominant de la philosophie contemporaine. Mais si Kant a mené une vie discrète de célibataire sans enfant, il n'était pas de cette famille des ours si largement représentée chez les philosophes. Il aimait la compagnie et les repas raffinés.

Les fondations

Qu'est-ce que le criticisme ?

Kant est considéré par beaucoup comme le véritable fondateur de la philosophie moderne à cause de la critique décisive qu'il fit des prétentions de la métaphysique à s'ériger en savoir absolu. Sa philosophie est appelée criticisme pour cette raison et aussi parce qu'une bonne part de son œuvre écrite tient dans les trois *Critiques* qu'il a successivement rédigées :

- La *Critique de la raison pure*, qui traite de la théorie de la connaissance
- La *Critique de la raison pratique*, qui traite de l'action morale
- La *Critique du jugement*, qui traite du goût et de la finalité

Mais si Kant est un philosophe critique, il est aussi un philosophe du système. La *Critique de la raison pure* est un monument, l'ensemble de l'œuvre ressemble à une ville. Le souci architectonique (un mot qui revient constamment sous la plume du philosophe) est constant. D'où les symétries fondées sur des jeux d'opposition, d'où les analogies.

Le système est donné contre ce que Kant appelle la rhapsodie : la suite sans lien des données et des idées. Par exemple, la liste des dix catégories proposées par Aristote n'est qu'une rhapsodie. La table des douze catégories que propose Kant, elle, est systématique. Le criticisme est également éloigné du scepticisme et du dogmatisme et s'il regarde d'un œil sévère l'encyclopédisme sans ordre de l'érudit, il ne juge pas avec plus d'aménité le penseur d'une spécialité. Les spécialistes qui ne jettent qu'un œil sur le monde, dit Kant non sans humour, ne sont que des cyclopes. Il en existe dans toutes les disciplines – surtout aujourd'hui où nombre d'entre eux finissent par prendre leur parasitisme pour une marque de sérieux scientifique. Le spécialisme fait à l'esprit une injure analogue à celle que fait l'égoïsme à la vertu.

La raison humaine est, de par sa nature, architectonique, c'est-à-dire qu'elle envisage toutes les connaissances comme appartenant à un système possible.

Kant

Ce que Kant pensait avant sa naissance

Jusqu'à 46 ans, âge auquel il écrit sa *Dissertation de 1770* sur la dualité du monde sensible et du monde intelligible, Kant se cherche sans se trouver encore. Tous les heureux lecteurs non encore parvenus à cet âge peuvent voir là un motif considérable d'espérance personnelle… On a appelé précritique la période qui a précédé la pensée fondatrice du projet critique, qui débouchera sur la rédaction de la *Critique de la raison pure* (1784). Jusqu'à ce tournant décisif, Kant est un philosophe rationaliste qui inscrit sa conception du monde dans le sillage de Christian Wolff, lui-même disciple de Leibniz.

Le tremblement de terre de Lisbonne, qui traumatisa l'Europe et fut à l'origine d'une controverse philosophique (comment croire encore à la Providence divine lorsque des milliers d'innocents périssent d'un coup dans un cataclysme?) suscite chez Kant des articles qui se terminent par ce constat très leibnizien: nous sommes une partie de la nature et nous voulons être le Tout.

Kant s'intéresse alors à la nature, même dans sa dimension la plus empirique, la plus concrète. Il obtient sa promotion à l'université avec une… *Dissertation sur le feu*! À l'université de Königsberg où il enseignera jusqu'à un âge avancé, les cours les plus nombreux que Kant donnera seront consacrés à la géographie! N'allons donc pas croire qu'il s'adonnait à ces sciences en simple amateur.

> **Un nom laissé dans l'histoire des sciences**
>
> Dans son *Histoire naturelle et théorie du ciel*, qui fut l'un de ses tout premiers textes publiés, Kant, à partir de la théorie de la gravitation universelle de Newton, émet l'hypothèse selon laquelle le système solaire est né d'une nébuleuse primitive tournant sur elle-même. Le noyau resté dense et chaud est devenu le Soleil tandis que les matières éjectées par le mouvement tourbillonnaire se sont peu à peu refroidies et sont devenues les planètes. Repris par le savant Pierre-Simon de Laplace, une quarantaine d'années plus tard (d'où le nom d'hypothèses de Kant-Laplace donnée à cette théorie), ce schéma a été globalement confirmé par la science contemporaine.

Le programme critique : répondre à trois questions

Kant dit avoir été réveillé de son sommeil dogmatique par la lecture de Hume. Il s'est retrouvé vis-à-vis du philosophe écossais dans la même position que Descartes vis-à-vis de Montaigne : comment sauver la pensée du doute sans tomber dans l'illusion ?

Tout le travail de la raison, dit Kant, est compris dans les trois questions suivantes :

- Que puis-je savoir ?
- Que dois-je faire ?
- Que m'est-il permis d'espérer ?

Ces trois questions conduisent à cette quatrième qui les résume toutes : qu'est-ce que l'homme ?

Ainsi Kant passe-t-il de la nature au sujet humain.

La révolution copernicienne

Lorsque Einstein dit que la chose du monde la plus incompréhensible, c'est que le monde est compréhensible, il s'inscrit dans un cadre de pensée qui est celui du criticisme

Chapitre 6 : Kant, le philosophe de la limite et de l'universel 141

de Kant (Kant a eu une influence dominante sur la pensée allemande à la fin du XIXe siècle, date à laquelle Einstein fait ses études et où apparaît par réaction contre le matérialisme des sciences un courant appelé néokantisme).

Au début de la *Critique de la raison pure*, Kant compare sa méthode à celle de Copernic. Le savant polonais mit enfin l'astronomie sur la voie de la science moderne, au XVIe siècle, lorsqu'il plaça le Soleil au centre du système et en délogea la Terre (modèle héliocentrique). Toute l'Antiquité, à de très rares exceptions près, avait cru et vu la Terre au centre du monde et le modèle géocentrique avait reçu sa traduction mathématique grâce à Ptolémée. Kant compare le décentrement opéré par Copernic au sien propre : jusqu'alors, constate-t-il, on a cherché à résoudre le problème de la connaissance en faisant tourner le sujet autour de l'objet, d'où les impasses et les controverses. Décentrons l'objet, replaçons au centre le sujet qui connaît et mettons l'objet connu à la périphérie. Ainsi, affirme Kant, pourrons-nous savoir en quoi la connaissance consiste au juste et quelles en sont les limites.

Plus tard, Bertrand Russell, entre plusieurs autres, fera remarquer l'inconséquence de l'analogie kantienne car le sens du geste de Copernic fut précisément d'avoir délogé l'être humain de la position centrale qu'il s'était avec un bel orgueil attribuée. La science moderne, en effet, tient en bonne partie dans le rejet de l'anthropocentrisme millénaire (dont le géocentrisme est une expression). Kant part du principe que l'être humain dispose de facultés – une sensibilité, un entendement, une raison – et que celles-ci dans leur structure et leur fonctionnement sont des données définitives. Or, cela peut être remis en question par la science contemporaine.

Une théorie de la connaissance

La connaissance doit être à la fois rigoureuse et féconde

Le scepticisme n'est pas une position tenable. La connaissance existe, il n'y a pas à mettre cette réalité en doute. Mais qu'est-ce que connaître et comment peut-on connaître ?

Un jugement est une relation établie entre un sujet et ce que l'on affirme de lui, un prédicat : « le tableau est noir » est un jugement, « l'âme est mortelle » est un jugement. Kant distingue deux sortes de jugements : ceux dans lesquels le prédicat ne fait que répéter, quoique sous une forme différente, ce qui est déjà contenu dans le sujet (par exemple : la ligne la plus courte reliant un point à un autre est la ligne droite) et ceux dans lesquels le prédicat ajoute quelque chose de nouveau par rapport au sujet (par exemple : tous les corps sont pesants). Kant appelle *analytique* le jugement du premier type et *synthétique* le jugement du second type.

Le jugement analytique – dont la tautologie, qui ne fait que répéter la même chose : « un sou est un sou », est l'expression caricaturale la plus commune – est un jugement qui n'a pas besoin d'en référer à l'expérience. En d'autres termes, l'esprit n'a pas besoin de sortir de lui-même pour énoncer des jugements analytiques. Ces jugements indépendants de l'expérience sont donc *a priori*. Ils ont une qualité et un défaut. Leur qualité est la rigueur : si je répète la même idée, je suis sûr au moins de ne pas me tromper. Seulement, je bégaie au lieu de parler, je piétine au lieu d'avancer, je n'apprends rien.

Les jugements synthétiques, en revanche, nous offrent une information nouvelle : ils sont dérivés de l'expérience. Il faut, par exemple, avoir fait l'expérience de la glace pour savoir qu'elle est froide, comme il faut faire l'expérience des corps pour savoir qu'ils sont pesants : je ne l'aurais jamais su par la seule pensée. Les jugements synthétiques sont *a posteriori*. Comme les jugements analytiques, ils ont un avantage et un inconvénient. L'avantage des jugements synthétiques est leur fécondité : avec eux, j'apprends quelque chose. Seulement, leur inconvénient tient à leur absence de rigueur : l'expérience est aléatoire, je tire par induction des énoncés généraux dont rien ne me dit qu'ils ne seront pas plus tard invalidés.

Pour résumer, nous nous trouvons devant deux types de jugements : les jugements analytiques *a priori* qui sont rigoureux mais stériles, et les jugements synthétiques *a posteriori* qui sont féconds mais manquent de rigueur.

Kant se pose la question de savoir s'il n'y aurait pas une troisième catégorie de jugements qui seraient aussi féconds que les synthétiques et aussi rigoureux que les analytiques, donc des jugements synthétiques *a priori*. Kant pense que les mathématiques offrent l'exemple de tels jugements. Un énoncé aussi simple que 7 plus 5 égale 12 est à la fois synthétique (je ne peux tirer par analyse du 7 et du 5 le nombre 12) et *a priori* (je n'ai pas besoin de recourir à l'expérience pour l'affirmer). L'existence de jugements synthétiques *a priori* constitue aux yeux de Kant le point d'appui à partir duquel la *Critique de la raison pure* pourra être fondée.

Universel et nécessaire

La vérité, donc la connaissance, possède deux qualités qui la font reconnaître pour telle : elle est universelle et elle est nécessaire. Si je trouve que Rubens est le plus grand peintre, que Louis XIV est le plus grand roi et que Chirac est un grand manipulateur, ces jugements ont beau avoir un sens évident pour moi, ils restent de l'ordre de l'opinion, de la croyance et, fussent-ils aussi forts que des convictions, ils resteront infiniment éloignés de la vérité. De fait, ces jugements ne peuvent pas être dits universels.

Lorsque, en revanche, Thalès a énoncé le théorème qui porte son nom, non seulement il a dégagé une propriété constatable pour une série totale d'objets du même type (les triangles semblables) mais encore ce qu'il a ainsi affirmé pouvait être repris pour son propre compte par toute la communauté des êtres raisonnables, fussent-ils chinois ou grecs, femmes ou hommes, vieux ou jeunes, athées ou croyants. Le monde de la vérité est un monde commun, celui de l'opinion ne le sera jamais.

L'autre caractère et critère de la vérité est sa nécessité. Il est nécessaire que 7 plus 5 fasse 12, ce qui signifie qu'il est impossible qu'il en soit autrement. L'opinion, la croyance, la conviction sont en revanche contingentes : elles admettent toutes sans contradiction logique leur négation (il n'est pas contraire à la logique de ne pas croire aux fantômes).

Critique de la raison pure

Dans cet ouvrage, qui est le principal de son auteur, celui qui le symbolise aux yeux de ses successeurs, Kant analyse les conditions et les limites de la connaissance. La raison pure est la raison indépendante de l'expérience. Kant nie qu'elle ait la capacité de connaître au-delà du domaine de l'expérience. Si la *Critique de la raison pure* est volontiers considérée comme une rupture de l'histoire de la philosophie, c'est parce que pour la première fois les prétentions de la métaphysique à être une science de la totalité et de l'absolu se trouvent radicalement contestées.

Le livre, d'imposante taille, se divise en deux grandes parties d'inégale longueur : la théorie transcendantale des éléments et la théorie transcendantale de la méthode. « Transcendantal » signifie : qui concerne les conditions *a priori*. Ceux qui, parmi les lecteurs les plus paresseux, identifieraient « transcendantal » et « *a priori* » simplifieraient (à ce stade, les spécialistes de Kant, de toute façon, seraient tous morts de rage) mais ne seraient pas très loin de la vérité.

Kant dégage deux facultés de connaissance : la sensibilité et l'entendement (on dirait : l'intelligence – je peux simplifier sans crainte puisque les spécialistes sont déjà morts). Il n'y a pas, pour Kant, de faculté suprasensible et supra-intellectuelle (comme l'intuition) susceptible de nous mettre directement en contact avec l'absolu des choses. À ces deux facultés, sensibilité et entendement, correspondent les deux parties de la théorie transcendantale des éléments : l'esthétique transcendantale et la logique transcendantale.

L'esthétique transcendantale ne traite pas d'art ni de beauté mais de la sensibilité, conformément au sens étymologique du mot grec dont nous avons tiré « esthétique ». La sensibilité a deux formes, qui sont ses cadres : l'espace et le temps. Ces formes sont *a priori*, elles ne dépendent pas de l'expérience (d'où le titre de cette partie : « Esthétique transcendantale »). Pour Kant, en effet, si nous voyons les choses dans l'espace et dans le temps, c'est parce que nous les y mettons. Un être tout autre que l'homme percevrait le monde tout autrement. Cette idée a été globalement confirmée : on sait aujourd'hui que la mouche et le putois vivent dans d'autres mondes que le nôtre.

La logique transcendantale concerne la seconde faculté de connaître : l'entendement, ainsi que la raison. De même que la sensibilité est structurée par deux formes (*a priori*) l'espace et le temps, l'entendement est structuré par douze catégories (*a priori* elles aussi) que Kant classe en une table de quatre séries de trois. Les catégories sont les structures logiques de la pensée qui sont présentes en tout jugement. Par exemple, si je dis que le ministre des Transports n'est pas bien malin, j'énonce un jugement de forme négative, la négation est une catégorie de l'entendement. Les catégories servent à la connaissance des choses, dont les sensations constituent le matériau premier.

Seulement, la raison, qui chez Kant n'a rien d'une vierge sage, ne se contente pas du monde de l'expérience : elle veut connaître l'univers dans son entier et l'auteur de toutes choses et le caractère immortel de l'âme. La logique transcendantale est donc divisée en deux sections : l'analytique transcendantale étudie le pouvoir légitime de l'entendement qui, grâce aux catégories, atteint une connaissance effective dès phénomènes, tandis que la dialectique transcendantale fait la critique des illusions dans lesquelles la raison tombe lorsqu'elle prétend, grâce aux outils de l'entendement (les catégories) établir une connaissance de l'âme, de l'univers et de Dieu.

L'opposition entre l'« analytique » (la logique de la vérité) et la « dialectique » (la logique de l'apparence) vient d'Aristote. C'est dans cette partie de la *Critique de la raison pure* que Kant procède à la critique (Derrida eût dit : la déconstruction) des preuves de l'existence de Dieu.

Qu'est-ce, enfin, que le transcendantal ?

Le transcendantal n'est pas seulement la marque spécifique de Kant, son estampille. Il est le signe par excellence du philosophe, son blason, son logo. Lorsqu'un universitaire dans un colloque parle d'un air entendu, qui n'est compris que par ses pairs, de transcendantal, alors on sent un subtil frémissement parmi les rares présents, une espèce de parfum d'extase intellectuelle. Le transcendantal vous pose son homme. Il est à la philosophie instituée ce que la crécelle était au lépreux du Moyen Âge : un avertisseur d'existence. Le vulgaire qui n'y entend goutte en sera pour ses frais.

Mais à vous, lecteurs nuls qui avez fait le sacrifice d'un certain nombre d'euros qui vous auraient permis, au lieu de ce livre, de vous payer avec votre partenaire du moment un dîner aux chandelles dans une pizzeria calabraise, je vais tâcher de vous en donner une idée. Si vous ne comprenez pas, alors sans doute aucun dieu ne pourra jamais rien pour vous.

La fourmi entasse, l'araignée sécrète. La première accumule ce qu'elle trouve à l'extérieur, l'autre tisse sa toile à partir de sa propre substance. Francis Bacon, les moins amnésiques d'entre vous s'en souviennent encore, a fait de ces deux bestioles les deux modèles de la connaissance, celle expérimentale, qui part à la chasse aux faits, et celle, rationnelle, qui part à la pêche aux idées.

Pendant deux siècles (le XVIIe et le XVIIIe), la question de savoir ce qui, de la raison ou de l'expérience, est la source principale de la connaissance, était la principale en matière de théorie et de connaissance. À la fin du XVIIIe siècle, Kant donne au problème une solution particulièrement élégante.

Toute connaissance, dit-il en substance, a l'expérience pour origine première et pour fin dernière, mais cela ne signifie pas qu'elle dérive d'elle. Une discipline comme la métaphysique qui traite de l'existence de Dieu, de l'immortalité de l'âme, de la liberté, ou encore de l'univers dans sa totalité, cette discipline, selon Kant, ne peut prétendre constituer une connaissance véritable parce qu'elle traite d'objets qui n'appartiennent pas au champ des expériences possibles. Les contradictions qui traversent cette discipline (entre ceux, par exemple, qui pensent que l'univers est fini dans le temps et dans l'espace, et ceux qui pensent, au contraire, que l'univers est infini) montrent assez qu'elle est étrangère à la vérité, laquelle est universelle et nécessaire, nécessairement universelle, universellement nécessaire.

L'idée de génie de Kant fut d'établir que les conditions de l'expérience ne sont pas elles-mêmes conditionnées par l'expérience ; en d'autres termes, ce qui nous permet de connaître un objet dans l'expérience, à savoir la structure de notre sensibilité et de notre intelligence, ne dérive pas de l'expérience. Kant nomme transcendantal tout ce qui concerne les conditions *a priori* (indépendantes de l'expérience) de possibilité de l'expérience. Kant admet avec les empiristes que toute notre connaissance commence avec l'expérience, mais cela ne suffit pas à prouver à ses yeux que toute connaissance dérive de l'expérience.

Il n'est pas trop difficile de se faire une représentation de ce concept retors grâce au langage. Deux conditions sont requises en effet pour parler une langue : l'apprentissage de cette langue et un ensemble d'organes et de structures physiologiques (un cerveau, un appareil phonatoire, etc.). L'apprentissage est par définition *a posteriori*, il dérive de l'expérience mais il est conditionné par cet ensemble d'organes et de structures qui, lui, ne dérive pas de l'expérience. Bien au contraire, c'est lui qui rend l'expérience langagière possible, car sans certaines zones spécialisées du cerveau et sans organes tels que la langue, le larynx, les cordes vocales etc., la parole serait impossible. L'expérience de la langue repose sur une synthèse d'inné et d'acquis, d'*a priori* et d'*a posteriori*. Il en va de même avec la connaissance.

Maintenant vous savez ce que le transcendantal veut dire.

L'imprudence de la prudence

Que voulait dire Kant lorsqu'il disait que la connaissance est limitée *a priori* au domaine de l'expérience possible ? Il voulait dire qu'il y a un au-delà de l'expérience possible (la métaphysique) qui échappe à jamais à la connaissance. Soit. Mais comment peut-on fixer *a priori* les limites de l'expérience possible ? De plus, comment concevoir ce possible ? Car s'il est une chose que montre l'histoire des sciences, c'est bien l'extension progressive et imprévue du champ du possible. C'est une banalité de dire que ce qui paraît impossible à une époque est fort possible à une autre.

Les limites sont destinées à reculer

Du temps des Babyloniens, le champ de l'expérience possible dans la connaissance du ciel était déterminé par les capacités visuelles de l'œil humain – c'est ainsi que, jusqu'au XVIIIe siècle, on ne connaîtra que six planètes dans le système solaire, les cinq visibles à l'œil nu plus la Terre. Lorsque Galilée a inventé la première lunette astronomique, il a reculé le champ de l'expérience possible en découvrant les cratères de la Lune et les satellites de Jupiter; lorsque fut construit le premier télescope optique, ce fut un nouveau monde qui fut gagné à la science; puis les télescopes furent de plus en plus grands : plus ils étaient gros, plus ils permettaient de voir loin. Or, dans l'univers, l'espace, c'est du temps : plus on voit loin dans l'espace, plus on voit loin dans le passé.

Ce n'est pas seulement l'univers qui est en expansion, c'est aussi l'univers de notre connaissance. Kant pensait que l'univers comme totalité était inconnaissable. Deux siècles plus tard, il existe une cosmologie, une véritable science de l'univers, qui ne se contente plus de penser, comme le faisait la métaphysique ou la théologie, mais qui observe, mesure, déduit, induit, classe, compare, bref connaît.

> *Le pays de l'entendement pur est une île enfermée par la nature dans des limites immuables et environnée d'un vaste et tumultueux océan, siège propre de l'apparence.*

Kant

Ne pas manquer d'expérience

Les progrès de la technique ont tellement changé à nos yeux le sens du concept d'expérience que l'idée de Kant – idée selon laquelle les limites de notre connaissance correspondent à celles de notre expérience possible – pourrait tout aussi bien légitimer la thèse d'un accroissement illimité de la connaissance. Kant ne sépare pas l'expérience de la sensibilité (la vue, le toucher…). Il n'a pas envisagé le fait que la sensibilité (voir, entendre) pourrait un jour être indépendante du corps. Le robot sur Mars a *vu* pour nous le sol de la planète rouge. Les instruments de mesure et d'observation sont des yeux et des oreilles, des regards et des écoutes désormais transportables jusqu'aux confins de l'univers. Et l'objet de l'expérience n'a même plus l'apparence de la chose, avec la forme et la couleur que sa matérialité lui donne, mais celle d'un brouillard électronique ou celle d'une onde électromagnétique sur un écran d'ordinateur.

Phénomène et chose en soi

Étymologiquement, un phénomène est ce qui apparaît. Par dérivation, le terme a fini par désigner quelque chose d'exceptionnel (comme dans les expressions de «phénomène de foire», de mémoire «phénoménale»), mais il signifie d'abord pratiquement l'inverse: la chose telle qu'elle apparaît dans sa banalité. Plus précisément, chez les philosophes, le phénomène est l'objet comme il est présent dans l'acte de connaissance – par exemple le Soleil dans la lunette de l'astronome, le microbe sous l'œil du microscope. Il convient en effet de distinguer le phénomène, qui sera l'objet même de la connaissance vraie, des apparences qui peuvent être trompeuses ou illusoires.

Kant oppose le phénomène à la chose en soi. La chose en soi est la chose telle qu'elle n'a avec notre pensée aucune relation. Pour Kant, seuls les phénomènes sont connaissables, les choses en soi ne peuvent être que pensées. On remarquera à ce propos que ce sont précisément les choses inconnaissables qui sont le plus souvent pensées (sans la mort, par exemple, très peu de livres eussent été écrits). On peut penser des choses sur Dieu, on ne peut en revanche pas le connaître.

La conception selon laquelle ce sont les phénomènes seuls et non les choses en elles-mêmes qui sont objets de science est appelée phénoménisme. Elle barre l'accès de l'esprit humain à ce qui serait l'absolu des choses. Dans ses formes dérivées extrêmes, elle tend à faire de la science une espèce de construction, comme un langage. Ce point de vue a eu sur la moderne philosophie des sciences une influence considérable.

Le mariage réussi des cadres a priori et des contenus empiriques

Pour Kant, on l'a dit, il n'existe que deux facultés de la connaissance : la sensibilité et l'entendement. La sensibilité nous met en contact avec les choses de l'expérience : je vois cette boutique, j'entends ce bruit d'avion. Mais elle n'opère que si elle est structurée par des cadres qui eux-mêmes ne sont pas dérivés de l'expérience. Ces cadres *a priori* sont au nombre de deux : l'espace et le temps.

L'espace et le temps ne sont pas pour Kant des réalités objectives, extérieures, absolues comme ils le sont dans la physique de Newton. Si nous voyons les phénomènes *dans* l'espace (cette boutique dans la rue) et à travers le temps (ce bruit d'avion qui s'éloigne), c'est parce que nous les y mettons au préalable. L'espace et le temps sont des formes *a priori* de la sensibilité, c'est par leur truchement que nous percevons les phénomènes comme occupant de l'espace et se déroulant dans le temps.

Cette théorie pourra sembler un peu fort de café mais elle nous étonnera moins si nous prenons l'exemple de la couleur. Spontanément, nous croyons qu'une couleur (le vert des feuilles, le bleu du ciel) appartient aux objets au même titre que leur forme ou leur grandeur. Or nous savons que les animaux ne voient pas les mêmes couleurs que nous. Conclusion : nous pouvons dire que la couleur dépend davantage de l'appareil de vision de l'organisme que de la nature propre du phénomène. Pour Kant, l'être humain est ainsi fait qu'il ne peut percevoir les phénomènes en dehors de l'espace et du temps, mais s'il était Dieu ou bien un être infiniment plat comme le sphéricole imaginé par Henri Poincaré, il en irait tout autrement.

Si l'espace se rapporte au sens externe, le temps, dit Kant, se rapporte au sens interne. Il est, à cet égard, caractéristique que pour Kant le temps ne nous est pas donné dans l'intuition par la perception des mouvements extérieurs (une feuille qui tombe à terre, un oiseau qui traverse le ciel, le ruisseau qui coule entre les pierres) mais par la perception de mouvements intérieurs, comme la succession des représentations. On comprend dès lors pourquoi Kant accorde au temps une prééminence sur l'espace : toutes nos pensées, en effet, doivent se succéder dans le temps. Même lorsque nous faisons un calcul, il faut bien que nos pensées se succèdent dans un certain d'ordre.

Pour ce qui concerne l'entendement, qui est l'autre faculté de connaissance, l'alliance se noue entre les catégories, qui sont ses cadres *a priori*, et le matériau, qui constitue le contenu propre du jugement. Par exemple, si je dis « Paris est la capitale de la France », le jugement associe une catégorie générale d'affirmation et un contenu empirique déterminé ; si je dis « New York n'est pas la capitale des États-Unis », ce jugement associe une catégorie générale de négation et un contenu empirique déterminé.

La vérité n'est pas une chose mais une qualité

L'assimilation de la vérité à une chose fut et reste une grande tentation et une longue paresse: à la fois le trésor et la clé qui en ouvre la serrure! Toutes les cultures racontent ces histoires de quête du trésor semée d'embûches, mais finalement récompensée! Plus tard, à l'aube des temps scientifiques, les occultistes rêveront de pouvoir tenir en une seule formule le secret des mondes! En fait, la recherche de la vérité n'est pas une quête mais un travail, et ce travail est interminable.

Dans la *Critique de la raison pure*, Kant résout définitivement, et de manière négative, la question du critère universel de la vérité: un critère universel de la vérité devrait être valable pour toutes les connaissances, sans distinction de leurs objets. Mais puisqu'on y ferait abstraction de tout contenu de la connaissance et que la vérité porte justement sur ce contenu, il est clair qu'il est tout à fait impossible et absurde de demander une remarque distinctive de la vérité de ce contenu des connaissances. Toute vérité est en effet vérité de quelque chose; or, par définition, ce quelque chose est particulier; on ne peut donc trouver de critère universel de vérité.

Est-ce à dire qu'il existe autant de types de vérité qu'il y aurait d'énoncés vrais? Ce serait renoncer à la détermination de la vérité comme concept. Or, ce concept existe. Un énoncé vrai est un énoncé prouvé. Un énoncé ni prouvé ni prouvable ne peut être dit vrai. Une hypothèse, par exemple, est un énoncé en attente de preuve: en droit, elle ne peut jamais être ni vraie ni fausse en tant que telle car dès qu'elle est validée ou invalidée, donc acceptée comme vraie ou rejetée comme fausse, elle perd *de facto* son caractère hypothétique. Les propositions métaphysiques («l'âme est immortelle», «Dieu a créé l'univers», «l'homme est né libre»...) ne sont pas prouvables: elles ne sont donc pas vraies (ni fausses d'ailleurs).

Une sacrée énigme !

« Le paysan le voit souvent, le roi rarement, Dieu jamais ». Qu'est-ce ? Lorsque je posais cette énigme à mes classes de lycée, il y avait toujours un potache, peut-être fils de commerçant, pour répondre : le percepteur ! Comme si le percepteur échappait à l'œil de Dieu ! La difficulté de l'énigme tient au fait que l'esprit spontanément s'y oriente mal. Il cherche une réalité substantielle (une chose, un être) là où il faudrait chercher une relation. La réponse est : son semblable.

La table des catégories et la table des jugements

Les catégories, au nombre de douze, sont des formes *a priori* de l'entendement, qui rendent possible l'appréhension des objets dans l'expérience. Elles sont donc de nature transcendantale, elles prescrivent *a priori* des lois aux phénomènes. Alors que les catégories d'Aristote (le lieu, le temps, l'action, la passion, etc.) sont les genres suprêmes du réel, les catégories de Kant sont les concepts fondamentaux de la pensée. Par ailleurs, Kant reprochait aux catégories d'Aristote de se suivre sans ordre. Sa table des catégories les range en un ordre systématique, en quatre points de vue :

- Du point de vue de la quantité : l'unité, la pluralité, la totalité.
- Du point de vue de la qualité : la réalité, la négation, la limitation.
- Du point de vue de la relation : la substance et l'accident, la causalité et la dépendance, la communauté.
- Du point de vue de la modalité : la possibilité et l'impossibilité, l'existence et la non-existence, la nécessité et la contingence.

La table des jugements est parallèle à celle des catégories, puisqu'elle donne les qualificatifs des jugements selon les catégories mises en jeu. Cela donne :

- Du point de vue de la quantité : jugement universel, jugement particulier, jugement singulier.
- Du point de vue de la qualité : jugement affirmatif, jugement négatif, jugement indéfini.
- Du point de vue de la relation : jugement catégorique, jugement hypothétique, jugement disjonctif.
- Du point de vue de la modalité : jugement problématique, jugement assertorique, jugement apodictique.

La raison passe outre

La critique de la raison pure fixe les limites de la connaissance : en dehors des mathématiques, l'entendement ne peut connaître que les phénomènes saisis dans l'expérience. Mais, la raison, avide d'absolu, d'unité et de totalité ne se satisfait pas d'une telle discipline. Elle cherche à aller toujours plus loin, jusqu'aux bornes supposées de l'univers, ou à la cause première de toutes choses, pour découvrir ce qu'elle croit être la vérité foncière de tout. La discipline qui est le résultat de cette indiscipline porte un nom : elle s'appelle la métaphysique.

Kant n'est pas contre la métaphysique, à la manière dont on peut dire que Diderot et d'Holbach l'étaient. En revanche, il dénonce comme illusoire sa prétention à être une connaissance, suprême qui plus est. La partie de la *Critique de la raison pure* qui analyse ces illusions de la raison pure s'intitule « Dialectique transcendantale ». Kant, en effet, prend le terme de dialectique dans le sens que lui avait donné Aristote, par opposition à Platon : alors que Platon voyait dans la dialectique la philosophie par excellence, puisqu'elle donne accès aux Idées, pour Aristote, la dialectique n'est qu'une logique inférieure, une logique du vraisemblable (par opposition au vrai, dûment démontré).

Les trois illusions de la métaphysique

Christian Wolff, disciple de Leibniz, philosophe oublié aujourd'hui mais très influent au XVIIIe siècle, avait divisé la philosophie en trois disciplines : la logique, la physique et la métaphysique. La métaphysique était elle-même subdivisée en métaphysique générale (l'ontologie qui traite de l'être en tant qu'être) et en métaphysique spéciale qui traite d'un être particulier (la cosmologie concerne le monde, la théologie, Dieu, et la psychologie, l'âme). C'est cette dernière tripartition qui constitue le plan de la dialectique transcendantale.

Pour Kant, le monde, Dieu et l'âme sont inconnaissables, car ils échappent à l'expérience et, à la différence des nombres et des figures, ils ne sont pas des objets mathématiques connaissables *a priori* (sans le recours à l'expérience). Mais cela, la raison ne veut pas le savoir et elle croit (l'écervelée!) pouvoir établir une science du monde, une science de Dieu et une science de l'âme, réunies sous le nom de métaphysique spéciale. Pour ce faire, elle s'empare des catégories de l'entendement, car elle ne dispose d'aucun outil en propre. Imagine-t-on un quidam dérobant un marteau pour casser le crâne d'un fantôme? On le dirait insensé parce que le fantôme et le marteau n'appartiennent pas au même plan de réalité.

C'est pourtant ce que fait la raison lorsqu'elle s'empare des catégories de l'entendement (par exemple, celle de causalité) pour établir la connaissance d'objets qui par nature n'appartiennent pas au champ de la connaissance possible. Pour prendre un exemple: si la question de savoir quelle est la cause du tonnerre a bien un sens pour l'entendement, celle de savoir quelle est la cause du monde ou la cause de Dieu n'appartient pas au même plan, car elle dérive de l'usage indu d'un outil de connaissance pour un inconnaissable.

On ne connaîtra jamais tout le monde

D'ailleurs, si la métaphysique était une science, elle mettrait tout le monde d'accord, comme on le voit en mathématiques et en physique. Or, les métaphysiciens se chamaillent comme des chiffonniers. Une idée est-elle à peine lancée qu'une idée contraire lui est aussitôt opposée. En lice à ma gauche les chevaliers du caractère fini du monde, à ma droite ceux du caractère infini. Les lances sont les arguments, les armures sont la rhétorique, mais tous les chevaliers finissent à terre. C'est à cela d'ailleurs que l'on reconnaît un métaphysicien: à son air d'éclopé. La métaphysique est un tournoi sans vainqueur. Comment d'ailleurs pourrait-il en être autrement puisque l'expérience ne peut départager les uns les autres?

La raison est avide de totalité, car elle juge mesquine la limitation à un domaine déterminé. Mais le monde comme totalité, selon Kant, n'est pas connaissable ; il est juste pensable. On ne connaîtra jamais le monde entier.

Dieu n'est pas démontrable

Depuis saint Anselme au Moyen Âge, la raison s'est fait fort de vouloir établir par la démonstration l'existence de Dieu. C'est Kant qui a donné un nom aux trois principales preuves de l'existence de Dieu :

- La preuve ontologique prétend tirer l'existence de Dieu de sa nature parfaite (un être parfait n'existant pas serait une contradiction dans les termes).
- La preuve cosmologique repose sur l'idée d'une nécessaire création du monde (puisque rien ne vient de rien, il est nécessaire que Dieu ait créé le monde).
- La preuve physico-théologique part de l'harmonie du monde pour en déduire l'existence d'un organisateur suprême (comment imaginer que cette belle ordonnance qui nous entoure soit le fruit du hasard ?).

Kant montre la fragilité et même l'inconsistance de ces preuves. La preuve ontologique tourne en rond : elle pose en principe qu'il existe un être parfait. De plus, elle pose l'existence comme une perfection supplémentaire et l'inexistence comme un défaut, alors que l'existence en tant que telle n'ajoute rien au concept. La preuve cosmologique présuppose l'existence d'une réalité sans cause extérieure, qui serait Dieu, et la preuve physico-théologique part d'une idée, et non d'un fait.

D'ailleurs la meilleure preuve que ces preuves n'en sont pas (des preuves), c'est qu'elles n'ont jamais convaincu personne (on n'a jamais vu athée courir se convertir après avoir pris connaissance des preuves de l'existence de Dieu). Aussi sont-elles des prétendues preuves, des pseudo-preuves. Mieux vaut parler d'argument à leur propos.

Une théorie de la morale

La religion dans les limites de la simple raison

C'est le titre de l'un des ouvrages de Kant. Le philosophe a été élevé dans une famille piétiste et ce trait le marquera à jamais. Le piétisme est une forme intériorisée de protestantisme : il estime que l'essentiel, en matière religieuse, n'est pas dans les gestes et attitudes extérieurs mais dans le sentiment vécu. Kant est déiste : il croit en Dieu, mais il ne lui laisse aucune fonction dans les affaires humaines – pas même dans le domaine moral, surtout pas dans le domaine moral, serait-on tenté de préciser. Enfin, la religion dans les limites de la simple raison n'est tout bonnement plus une religion mais une conception philosophique que les agnostiques et les presque athées peuvent admettre pour leur. C'est d'ailleurs ainsi que l'ont entendu nombre de contemporains qui, à cause de cela, ont regardé Kant d'un sale œil.

> *Nous ne tiendrons jamais nos actions pour obligatoires par la seule raison qu'elles sont des ordres de Dieu; mais elles nous paraissent au contraire des ordres de Dieu parce que nous y sommes tenus intérieurement.*
>
> Kant

L'usage pratique des noumènes

Le noumène est une idée de la raison qui n'a pas d'usage pour la connaissance, puisqu'il porte sur un domaine qui échappe à l'expérience mais qui, en revanche, a un usage pratique, c'est-à-dire moral. C'est cela que dit Kant lorsqu'il écrit : je dus abolir le savoir pour obtenir une place pour la croyance. Il ne s'agissait pas avec la *Critique de la raison pure* de détruire l'idée de Dieu ni celle de l'âme mais de les déplacer du domaine de l'illusion métaphysique (une prétendue connaissance) vers celui de l'action morale.

La raison pratique dispose de trois postulats, qui sont les principes à partir desquels la vie morale peut être pensée : l'immortalité de l'âme, la liberté de l'homme et l'existence de Dieu. Le premier découle de la condition pratiquement nécessaire d'une durée appropriée à l'accomplissement complet de la loi morale (on ne voit que trop bien que les justes sur cette terre n'ont pas réellement le temps d'être récompensés) ; le second, de la supposition nécessaire de l'indépendance à l'égard du monde sensible et de la faculté de déterminer sa propre volonté d'après la loi d'un monde intelligible (le propre de l'homme est de pouvoir dire non à ses impulsions) ; le troisième, de la condition nécessaire de l'existence du souverain bien dans ce monde intelligible par la supposition du Bien suprême indépendant.

Kant est le penseur des dichotomies et des limites. Mais il est aussi le penseur soucieux des passages. La raison pure et la raison pratique sont une seule raison dans deux usages différents. Comme l'universel et le nécessaire sont les marques de la vérité (une opinion fausse n'est ni universelle ni nécessaire), ils sont aussi les marques de l'action morale : une action est bonne moralement si elle peut être, sans contradiction, voulue comme une loi universelle.

> *Deux choses remplissent le cœur d'une admiration et d'une vénération toujours nouvelles et toujours croissantes, à mesure que la réflexion s'y attache et s'y applique : le ciel étoilé au-dessus de moi et la loi morale en moi.*
>
> Kant

La liberté du sujet pratique

Kant distingue deux plans chez l'être humain : le plan empirique, sensible, du corps (en tant qu'élément de la nature, l'homme est soumis à ses lois) et le plan transcendantal de la raison (dans une certaine mesure, l'être humain peut aller au-delà de la nature). Kant ne nie pas l'existence du déterminisme, il dit que nous pouvons, grâce à notre connaissance, nous servir de celui-ci.

La conception kantienne du sujet humain est donc marquée par une fracture analogue à celle qui sépare le monde sensible et le monde intelligible : les pieds et la tête de l'homme n'appartiennent pas au même monde. D'un côté, le caractère empirique des actions qui, tout comme les phénomènes de la nature, peuvent être comprises selon une loi de causalité déterminée (ce criminel a été battu par son père quand il était petit, il traînait dans la rue plutôt que d'aller en classe, etc.), de l'autre, le caractère intelligible par lequel l'être humain est responsable de ses actes, parce qu'il est un agent libre (c'est comme agent libre, donc responsable, donc punissable que le criminel doit être jugé). L'autonomie de la volonté, dit Kant, est le principe unique de toutes les lois morales et des devoirs qui y sont conformes.

La bonne volonté est meilleure qu'on ne pense

Pourquoi Kant dit-il qu'il n'est pas possible de concevoir dans ce monde et même hors du monde une chose absolument bonne si ce n'est la bonne volonté ? La thèse peut sembler arbitraire et des objections nous viennent aussitôt à l'esprit. Pourtant, Kant, amateur de bons vins, avait toute sa tête le jour où il a écrit cela.

D'abord, la bonne volonté dont il est ici question n'est évidemment pas celle dont le professeur gratifie l'élève médiocre mais méritant. La bonne volonté dont parle Kant est la volonté bonne, c'est-à-dire celle qui veut le bien et qui, voulant le bien, est bonne dans sa nature.

À la différence des philosophes qui le précèdent, Kant ne définit pas le bien de la volonté par un objet extérieur (l'ordre divin du monde, l'amour du prochain, l'intérêt propre) mais de façon intrinsèque par l'accomplissement de la loi morale – qui s'appelle devoir.

Toute chose dans la nature agit d'après des lois. Il n'y a qu'un être raisonnable qui ait la faculté d'agir d'après la représentation des lois, c'est-à-dire d'après les principes, en d'autres termes, qui ait une volonté.

Kant

> **Il y a des biens qui ne sont pas bons**
>
> Pourquoi cette bonne volonté serait-elle la seule chose bonne absolument? Eh bien, considérons ce que nous appelons couramment des biens, c'est-à-dire des choses qu'il est bon de posséder, qu'il est meilleur d'avoir que de ne pas avoir: l'argent, le pouvoir, la force de séduction, la santé, l'intelligence, la culture. Toutes ces bonnes choses cesseront d'être des biens dès qu'elles seront mises au service d'une volonté mauvaise. Pour l'argent, le pouvoir, la force de séduction et la santé, c'est trop évident pour qu'il faille préciser, mais pour l'intelligence et la culture, il en va de même. Bien des malheurs de l'homme contemporain lui eussent été épargnés si des hommes intelligents et cultivés n'avaient pas eu, justement grâce à leur intelligence et leur culture, mais on serait tenté à présent de dire *à cause de* leur intelligence et de leur culture, autant d'influence et de puissance.

La nécessité de la loi

Une volonté libre et une volonté soumise à des lois morales sont une seule et même chose, dit Kant. La liberté ne consiste pas à faire ce qui nous plaît mais à agir selon la loi de la raison.

Dans son libre vol la colombe légère, écrit Kant dans l'une de ses rares pages poétiques, s'imagine qu'elle volerait bien plus vite dans le vide parce qu'elle sent la résistance de l'air. C'est ainsi, écrit Kant, que Platon quitta le monde sensible pour le monde intelligible parce que ce monde oppose beaucoup d'obstacles à la volonté de connaître.

On pourrait utiliser cette image de la colombe pour dire aussi notre rapport écervelé à la loi. La colombe, dans son vol, éprouve la résistance de l'air et elle se plaît à imaginer qu'elle volerait bien mieux sans cet obstacle: elle ignore que sans l'air, elle ne volerait pas du tout et que ce qu'elle ressent comme un empêchement est aussi une condition de possibilité. Nous aussi nous plaisons à imaginer une vie sans règles, au-delà des lois: suppression des impôts, des formalités, du code de la route, etc. Ce faisant, nous sommes aussi écervelés que la colombe, car nous oublions que sans ces contraintes subjectives, notre prétendue liberté ne pourrait plus s'exercer du tout. Nous ressentons comme un obstacle ce qui en réalité est une condition d'exercice de nos actions.

L'impératif catégorique

Tout comme Rousseau, Kant pense que la morale doit être compréhensible par le plus simple des hommes. D'abord parce que chacun a en lui-même une conscience qui ne dépend ni de son rang ni de son instruction, ensuite parce que la morale, à la différence de la connaissance, ne repose en fait que sur un seul principe évident pour tout le monde. Ce principe est un impératif. Il nous enjoint d'agir d'une certaine façon. Ce principe est qualifié de catégorique.

Chez Kant, «catégorique» veut dire absolu, indépendant des circonstances, par opposition à «hypothétique». Un impératif hypothétique soumet un certain bien à des conditions: si tu ne veux pas perdre l'estime de tes amis, alors rembourse tes dettes – voilà un cas particulier d'impératif hypothétique qui s'exprime sous cette forme: «si… alors». L'impératif catégorique, lui, ordonne d'agir de telle manière, quelles que soient les circonstances et, bien sûr, quels que soient les agents.

Il s'énonce sous la forme suivante: agis toujours de telle manière que la maxime de ton action puisse être érigée en loi universelle de la nature. C'est la forme un peu compliquée d'un principe très ancien que l'on retrouve implicitement dans nombre de morales traditionnelles (Confucius, Socrate, le stoïcisme) et qui apparaît dans l'Europe moderne comme l'expression philosophiquement élaborée de l'universalisme chrétien.

Elle donne un critère simple de la moralité de nos actions: si, en agissant de la même manière, les hommes voyaient leur sort amélioré, alors nous pourrions conclure à la moralité de notre action. Si, en revanche, en extrapolant à partir de notre acte, nous l'imaginons effectué par tous les hommes et si dans cette condition leur sort se trouvait empiré, alors nous pourrions conclure avec certitude que notre action n'était pas morale. Montesquieu disait que la loi de la lumière naturelle, c'est-à-dire de la raison (par opposition à la révélation) veut que nous fassions à autrui ce que nous voudrions qu'on nous fît. C'est le sens même de l'impératif catégorique.

Rien n'est plus simple que la morale

D'une certaine manière, l'impératif catégorique revient à cette très commune expérience de pensée : et si tout le monde en faisait autant ? Une action n'est morale qu'à partir du moment où elle peut subir avec succès cette épreuve de l'universalisation. C'est pourquoi il est moral d'aider une petite vieille à traverser la rue et immoral de lui arracher son sac. Ce test de la réversibilité possible est imparable. Si j'aide mon prochain, je peux évidemment vouloir qu'il m'aide en retour. En revanche, si je lui mens ou si je le vole (*a fortiori* si je le tue), je ne peux vouloir qu'il me fasse la même chose, je ne peux vouloir qu'aucun homme fasse la même chose. Aucun cambrioleur ne peut vouloir être cambriolé, aucun politicien corrompu ne peut vouloir être lui-même victime de la corruption. Le devoir est le principe de cette réversibilité qui s'étend à l'ensemble de la communauté des êtres raisonnables.

La valeur d'une action ou d'une personne est toujours déterminée par sa relation avec le tout.

Kant

D'abord le devoir ; pour le bonheur, on verra après !

Kant définit le devoir comme la nécessité d'accomplir une action par respect pour la loi. Il ne suffit pas qu'une action soit conforme au devoir pour être morale ; il lui faut être accomplie *par devoir*. Un commerçant qui fait payer le juste prix parce qu'il craint de perdre ses clients en se trompant dans ses calculs agit conformément au devoir, il est honnête selon toute apparence, et cela suffit d'ailleurs à la société et au droit ; en revanche, s'il fait payer le juste prix par devoir, alors son action peut véritablement être dite morale : il ne trompe pas ses clients par principe.

L'être humain est animé par les mobiles de sa sensibilité plus encore que par les motifs de sa raison mais la moralité serait toujours vaincue si les motifs ne l'emportaient pas sur les mobiles. Ce qui, évidemment, ne va pas sans difficulté. Si le bien plaisait, si le mal déplaisait, il n'y aurait pas de morale, ni bien ni mal, fera remarquer Paul Valéry. Il est beaucoup plus difficile d'être moral qu'immoral, car presque toujours cela va à l'encontre de notre intérêt personnel.

La loi morale est-elle plus forte que la crainte de la mort ?

Pour montrer la possibilité d'une victoire de la raison sur la sensibilité, Kant imagine la situation suivante : si, devant la maison où loge une belle avec qui un amoureux voudrait passer d'agréables moments, une potence était dressée pour lui faire connaître la grande mort aussitôt après la petite, ne surmonterait-il pas alors son envie ? Pour Kant, la réponse était évidente – car peut-être n'était-il pas lui-même taraudé par une libido si puissante qu'elle eût pu le mettre en danger de mort. Mais nous qui savons que chaque jour des millions d'individus jouent leur vie à la roulette russe pour un coït non protégé, nous ne serions pas sans doute aussi affirmatifs.

Kant imagine, aussitôt après la potence de l'amoureux, la situation suivante : si le gouvernement demandait à un homme, sous menace d'une mort immédiate, de porter un faux témoignage contre un honnête homme, celui que l'on soumettrait à une telle épreuve ne tiendrait-il pas comme possible de vaincre son amour pour la vie ? Certes, il n'osera peut-être pas assurer qu'il le ferait, mais il accordera sans hésiter que cela lui serait possible.

La morale de Kant est une morale du devoir, pas une morale du bonheur. Ce n'est pas le bonheur que nous devons viser, mais un état qui nous rend digne du bonheur. Le postulat de l'immortalité de l'âme a, entre autres, ce sens et cette fonction : il faut bien que nous croyions à la possible réconciliation du bonheur et de la moralité puisque dans cette vie et sur cette terre nous ne voyons que trop leur divorce (combien de méchants dans la joie et d'innocents dans la peine !).

Cela dit, Kant n'est pas, comme on l'a prétendu un peu vite, contre le bonheur. Il considère même qu'il est de notre devoir de tâcher d'être heureux, car le mécontent est toujours tenté de transgresser la loi morale.

Des mains pures mais pas de mains

La formule est de Charles Péguy : Kant a les mains pures, mais il n'a pas de mains. Le reproche de formalisme a été adressé très tôt à sa philosophie morale : on le trouve par exemple chez Hegel. Kant n'aurait proposé que des principes abstraits déconnectés de la vie réelle.

Rien ne le montre mieux que la façon dont il s'attaque à la thèse commune défendue par Benjamin Constant : certes, le mensonge est une faute mais il vaut mieux parfois mentir que dire la vérité. Kant n'accepte pas cette casuistique (littéralement : considération au cas par cas). Le mensonge est mauvais en soi, quel que soit le contexte. Rien ne saurait le justifier, pas même le cas d'un innocent qui viendrait se réfugier chez nous, rien ne nous autorise à mentir à la police.

L'argument de Kant est solide : tout l'ordre de la société, dit-il, repose sur la véracité. Le mensonge est destructeur. On ne peut, en effet, l'ériger en loi universelle. Certes, le mensonge est banal mais nous voulons tout de même croire à son caractère d'exception. À admettre cette entorse, toute la société boiterait.

Nous savons bien cela, mais nous pensons aussi qu'il existe des exceptions : du point de vue kantien, il serait à la limite plus moral de dénoncer un Juif réfugié chez soi à la Gestapo plutôt que de taire la vérité. Nul évidemment ne le suivrait en d'aussi inacceptables conséquences – même s'il est vrai aussi qu'une loi avec des exceptions n'est plus une loi (cela dit, nous ne sommes guère dérangés par cela, tant notre doute à l'égard de la loi est devenu envahissant).

Kant dit que si en mentant nous avons empêché d'agir un homme qui cherchait à commettre un meurtre, nous sommes juridiquement responsables de toutes les conséquences qui pourraient en résulter, tandis que si nous nous en sommes tenus à la stricte vérité, alors la justice ne pourra rien retenir contre nous, quelles que soient les conséquences imprévues qui pourraient suivre.

Un nazi peut-il sérieusement se réclamer de Kant ?

Lors de son procès à Jérusalem, Adolf Eichmann, l'intendant et maître d'œuvre de la Solution finale (l'euphémisme sinistre par lequel les nazis désignaient l'extermination de tous les Juifs d'Europe) a invoqué pour sa défense le nom de Kant pour dire qu'il n'avait fait que son devoir.

Pour certains, cet aveu était la preuve de la perversité de la notion de devoir, qui n'aboutirait qu'à faire des marionnettes sans conscience. Pour d'autres, heureusement beaucoup plus nombreux, Eichmann n'avait rien compris à l'idée de devoir chez Kant. Pour Kant, en effet, la loi morale à laquelle nous devons obéir inconditionnellement est une loi de la raison, en tant que telle intérieure en chaque être raisonnable. Kant ne cesse d'opposer l'autonomie de la moralité (le fait qu'elle ne trouve sa loi qu'en elle-même) à l'hétéronomie du droit (le fait qu'il trouve sa loi à l'extérieur de lui-même). Invoquer le devoir kantien pour justifier la soumission aveugle à la contrainte la plus criminelle est donc un contresens grotesque.

Un témoignage vient d'ailleurs contrebalancer l'alibi d'Eichmann. Après la guerre, Einstein reçoit la visite d'un ancien collègue, un physicien, qui est resté en Allemagne pendant tout le temps du nazisme et de la guerre et lui demande comment il a fait pour endurer de telles épreuves : « Tu sais, lui répondit ce dernier, sans Kant, je n'aurais jamais tenu ! »

La dignité et le respect

Kant est le philosophe qui a donné à la dignité son sens actuel. Dans les sociétés de l'Ancien Régime, les *dignités* (le pluriel est significatif) sont les fonctions privilégiées de ceux que le pouvoir politique et l'ordre social favorisent. Avec Kant, la dignité devient une valeur inaliénable : la dignité est le simple fait qu'un homme existe en tant qu'être raisonnable.

Kant oppose la dignité au *prix*. Ce qui a un prix peut être aussi bien remplacé par quelque chose d'autre, à titre d'équivalent, et tel est le cas, bien sûr, de la marchandise. Au contraire, ce qui n'admet pas d'équivalent, parce qu'il est supérieur à tout prix, c'est ce qui a une dignité. Kant eût été horrifié par les récentes distorsions que cette valeur a pu subir de la part des croisés de l'euthanasie. « Mourir dans la dignité » est leur mot d'ordre – comme si la dignité pouvait se confondre avec l'image de soi ! Comme si la dignité pouvait être anéantie par les circonstances !

La dignité induit un impératif dont l'universalité permet de penser à un idéal règne des fins : agis de telle sorte que tu traites l'humanité aussi bien dans ta personne que dans la personne de tout autre toujours en même temps comme une fin et jamais simplement comme un moyen. On appelle *respect* cette connaissance ou reconnaissance de la dignité de l'être raisonnable qu'est l'homme.

Les limites d'un homme de génie

Les plus grands philosophes, comme les plus grands artistes ou plus grands savants, ne sont pas des icônes – surtout les plus grands philosophes, serait-on tenté de dire. On remplirait un gros volume à consigner les bêtises qu'ils ont pu dire et faire, les inepties dont ils ont pu se rendre coupables, les absurdités qu'ils ont proférées avec la meilleure conscience du monde. Les plus nobles et fins esprits n'échappent pas à cette faiblesse. Sur les femmes, les esclaves, les enfants, les sauvages, en d'autres termes sur tous les êtres humains qui avaient ce point commun d'être très différents d'eux, les philosophes ont, à de très rares exceptions près, partagé les préjugés les plus grossiers de leur temps, donc de la masse des hommes qu'ils méprisaient souvent pour leur supposée sottise.

Ainsi voit-on Kant, républicain s'il en est, interdire aux femmes et aux domestiques le droit de vote sous le prétexte qu'ils ne sauraient avoir de jugement libre. Lui qui fut l'un des tout premiers penseurs de la dignité et du respect de la personne humaine, il en arrive à justifier le crime qu'une mère perpétrait sur son enfant illégitime car, dit-il en toutes lettres, un enfant qui est né en dehors des lois est comme une marchandise arrivée en contrebande et donc cela ne ferait rigoureusement rien si on le supprimait...

Une théorie du jugement

Jugement déterminant et jugement réfléchissant

La *Critique du jugement*, qui est la troisième et dernière *Critique* de Kant, part de la distinction entre le jugement déterminant, qui part de l'universel pour l'appliquer au particulier, et le jugement réfléchissant, qui pointe vers l'universel en prenant appui sur le particulier. Lorsque nous disons que les gorilles sont des singes, nous subsumons (plaçons sous) la catégorie gorille sous celle de singe – parce que nous possédons déjà cette généralité (nous savons ce qu'est un singe). Tandis que lorsque nous disons que *L'Agneau mystique* de Van Eyck est un chef-d'œuvre, nous n'usons pas de la notion de chef-d'œuvre comme d'un outil pour la connaissance. Le jugement de goût qui porte sur les œuvres et le jugement téléologique qui porte sur la place des phénomènes de la nature sont des jugements réfléchissants.

> *Là où il suffit pour pouvoir de savoir ce qu'il faut faire, pourvu seulement qu'on connaisse de façon satisfaisante les actions requises, on ne peut parler d'art.*

Kant

Le jugement de goût

Baumgarten, à qui l'on doit l'usage actuel du terme, pensait que l'être humain est doué d'une faculté *esthétique* autonome définie comme intermédiaire entre la sensation (obscure, confuse) et l'intellect (clair, distinct). Dans la *Critique du jugement*, Kant voit dans l'expérience de la beauté le moyen de concilier l'accord de l'homme avec le monde (accord exprimé par la valeur de vérité) et l'accord de l'homme avec son semblable (accord exprimé par la valeur du bien). Ainsi comprend-on la tâche que Kant se propose dans sa troisième *Critique* et qu'il explicite dans son «Introduction»: le rétablissement de l'unité de la philosophie après la sévère division que lui avaient fait subir les deux premières *Critiques*, la *Critique de la raison pure* qui traitait de la théorie de la connaissance et la *Critique de la raison pratique* qui traitait de l'action morale.

Le jugement, au sens que Kant lui donne dans la *Critique du jugement*, est pensé comme le moyen d'unir en un tout les deux parties, théorique et pratique, de la philosophie et cela grâce à l'œuvre d'art pensée comme la représentation même de l'idée de système. La faculté de juger est donnée comme ce qui constitue la liaison des législations de l'entendement et de la raison, et la finalité, qui est son champ propre, rend possible le passage du domaine du concept de la nature à celui du concept de liberté.

Les quatre définitions du beau

Le beau est l'objet d'une satisfaction désintéressée

Le jugement de goût n'est en effet soumis à aucune règle ou motif extérieur. C'est en cela qu'il diffère du sentiment de l'agréable : lorsque je bois un verre de bon vin, ma satisfaction n'est pas désintéressée puisqu'elle coïncide avec un plaisir sensible. Si, par exemple, je regarde l'*Olympia* de Manet d'un regard concupiscent, en me disant qu'il est dommage que je ne puisse connaître bibliquement cette femme (en d'autres termes, si je vois dans le tableau de Manet non pas un nu de la peinture mais une femme à poil), alors je ne suis certainement pas dans le jugement esthétique. Le mateur a remplacé l'amateur.

Bien sûr, une critique analogue à celle qui a pu être adressée à l'idée d'une action purement morale peut être faite à l'idée d'une satisfaction désintéressée : n'y a-t-il pas une contradiction dans ces termes ? Toujours est-il que la distinction entre le beau et l'agréable est précieuse : bien des choses belles ne sont pas agréables, inversement bien des choses agréables ne sont pas belles.

Le beau est ce qui plaît universellement sans concept

Cette formule contient deux éléments qui normalement devraient être séparés. Le concept est, par excellence, le moyen de l'universel : le cercle renvoie à tous les cercles, et cela pour tous les êtres pensants. Inversement, l'universel semble ne devoir être atteint que par le biais du concept : ni la sensation ni l'intuition n'ont ce pouvoir. Le jugement de goût, quant à lui, est subjectif. Le bon sens populaire en a tiré un adage : des goûts et des couleurs on ne dispute pas.

Chacun, en effet, aime ce qu'il veut et il est fondé à le faire. Dans le domaine du goût, pas de preuve ni de démonstration : comment pourrais-je démontrer à ma fille qu'elle a tort de préférer Mariah Carey à Mozart ? N'oublions pas néanmoins la distinction du beau et de l'agréable. La sensation de l'agréable est subjective et ne fait signe vers rien d'autre que le plaisir personnel.

Le jugement de goût, en revanche, même s'il est subjectif, fait signe vers les autres jugements, c'est-à-dire, concrètement, vers les autres amateurs. En d'autres termes, lorsque je suis en présence d'une œuvre belle, il y a dans mon jugement l'idée implicite qu'à ma place n'importe quel être sensible et raisonnable comme moi émettrait un jugement analogue. Le monde esthétique est un monde commun, d'où les publics de théâtre, des salles de concert et des expositions de peinture. Idéalement, ce public amateur d'art et de beau peut coïncider avec l'humanité entière : c'est bien pour tous les hommes que Beethoven a composé ses symphonies et non pour les archiduchesses d'Autriche. Cela dit, il est impossible en matière esthétique de démontrer quoi que ce soit : on ne prouve pas la beauté d'une œuvre comme on prouve la vérité d'un théorème.

Le jugement de goût est sans concept. Reprenant l'antique opposition entre la discussion (conflit d'opinions sans issue) et la dispute (conflit de pensée où la preuve est possible), Kant concluait qu'en matière de goût, on ne peut disputer (on ne peut prouver son bon droit ni le tort de l'autre) mais on peut, en revanche, discuter.

Le beau est la forme de la finalité d'un objet en tant qu'il est perçu dans cet objet sans représentation d'une fin

Lecteurs nuls, ne faites pas comme le Nathanaël des *Nourritures terrestres* de Gide, ne jetez pas ce livre! Kant est toujours clair dans sa pensée mais souvent obscur dans son expression. Il est comme ce ciel étoilé qui le plongeait dans une admiration égale à celle que lui donnait l'existence de la conscience morale: cela brille mais il fait nuit. Essayons donc d'y voir plus clair.

La finalité d'une chose est ce vers quoi elle tend, sa fonction, son sens (la vue est la finalité de l'œil). La beauté a une finalité, elle nous délivre un sens. Avant Kant, on voyait cette finalité à l'extérieur de la chose: de même que la finalité de l'œil n'est pas l'œil lui-même mais la vue, la finalité de la beauté était, par exemple, de chanter la plus grande gloire de Dieu, de flatter le roi ou de promettre le bonheur. Pour Kant, la finalité du beau n'est pas extrinsèque (extérieure) mais intrinsèque à la chose. Ici encore, le parallélisme avec l'action morale s'impose: agir par devoir signifie n'avoir pas d'autre but que l'accomplissement du devoir, ne viser ni son intérêt personnel, ni l'intérêt d'autrui, ni évidemment une petite place toute chaude au paradis. Dans le domaine esthétique, il en va de même: la beauté n'a pas d'autre fin qu'elle-même. C'est ce qu'exprime la formule elliptique de finalité sans fin.

Le beau est reconnu sans concept comme l'objet d'une satisfaction nécessaire

La nécessité impliquée dans le jugement de goût signifie qu'il nous est impossible de concevoir que notre satisfaction aurait pu ne pas exister (de la même façon que des amoureux ne peuvent plus imaginer qu'ils auraient pu ne pas s'aimer). Or, la nécessité est, comme l'universalité, normalement l'affaire du concept (une vérité est universelle et nécessaire). Kant rappelle, dans cette formule, que dans le jugement de goût, nous restons hors concept.

Voilà. Maintenant, vous savez tout sur la conception du beau chez Kant. Vous êtes prêt pour *Qui veut gagner des millions?* Mais pour les persévérants, nous allons en remettre une couche sur la finalité sans fin.

> ### La finalité sans fin
> ### (en guise d'éclaircissement supplémentaire)
>
> L'expression désigne la finalité intrinsèque (fin en soi) caractéristique de l'œuvre d'art. Un objet technique sert de moyen pour une fin extérieure qui est sa fonction, son utilité : un stylo sert à l'écriture, une clé sert à l'ouverture d'une porte, un préservatif sert à écarter l'enfant et la maladie.

Pour l'amour de l'art, cessez de penser un autre chose !

À quoi sert la poésie ? Malherbe disait du poète qu'il n'est pas plus utile au pays qu'un joueur de quilles et Platon raconte que Socrate, dans le cachot où il attendait la mort, jouait de la flûte. Un disciple s'en étonnait : « Pourquoi, Socrate, joues-tu de la flûte avant de mourir ? » Le vieux sage lui répondit : « Je joue de la flûte avant de mourir pour jouer de la flûte avant de mourir. »

Faire de la musique pour faire de la musique. Voilà une activité qui, comme le jeu, justement, possède sa finalité en elle-même. Alors qu'en voyant un homme creuser un trou dans la terre, on ne manquerait pas d'être étonné s'il nous disait qu'il creuse pour creuser : le sens d'une activité technique est son utilité (finalité extrinsèque). Le sens d'une activité artistique est sa finalité intrinsèque : les moyens et les fins ne sont plus extérieurs les uns aux autres, ils finissent par se confondre. Une œuvre d'art ne sert qu'à être ce qu'elle est.

Le sublime : au-delà du beau

Kant distingue deux sortes de jugement esthétique : le premier porte sur le beau, le second sur le sublime. Le XVIIIe siècle est celui qui voit s'éloigner l'idéal classique (qui avait fait du beau sa valeur cardinale) et se préparer la sensibilité romantique. Le sublime est une catégorie qui, à cette époque, est volontiers opposée à celle du beau. Outre Kant, l'anglais Burke lui a consacré un texte important.

Kant oppose le sublime au beau comme l'infini au fini. Est sublime ce en comparaison de quoi tout le reste nous apparaît comme petit. Tel est le cas de l'océan tourmenté par la tempête, de la montagne couronnée de neiges éternelles. Avec le sublime, nos facultés de connaissance (sensibilité et entendement) sont dépassées et comme écrasées. Mais c'est précisément ce déplaisir réel qui nous exalte.

Le génie : l'édifiante histoire d'un petit dieu romain

Chez les Romains, qui ont introduit le mot (*genius*), le génie, qui hérite de bien des traits du *démon* grec (dont il faut rappeler le caractère non diabolique), est une sorte de petit dieu protecteur de l'individu qui naît et meurt après avoir été durant toute sa vie le guide de ses actions, le gardien et l'animateur de son bien-être. De là, les expressions de bon (ou de mauvais) génie pour désigner celui qui vous protège ou au contraire vous détruit. La croyance aux anges gardiens vient de là.

Le génie a ensuite été placé à l'intérieur de l'individu, sa force extérieure est devenue interne. Au sens moderne, le génie est une aptitude naturelle (les Latins disaient *ingenium*, d'où vient notre «ingénieux»), un goût inné pour une chose quelconque – on peut avoir le génie du dessin comme le génie de l'intrigue. Par métonymie, on passera de l'avoir à l'être, le don sera donc perçu comme incarné par individu : Rembrandt a davantage que du génie, il *est* un génie.

Le XVIIIe siècle commence à s'intéresser au génie, lequel finira par devenir un véritable mythe à l'époque romantique. Figure de surhumanité, le génie montre que Dieu n'a pas l'exclusivité de la puissance créatrice. De manière plus ou moins explicite, plus ou moins consciente, la thématique du génie signifie fondamentalement le remplacement de Dieu par l'homme. C'est ce qui apparaît dans le *Faust* de Goethe qui fournira à Nietzsche le terme de «surhumain».

Kant conçoit le génie comme une disposition naturelle qui, à l'opposé de l'activité de connaissance, n'est pas l'application de règles mais l'invention de règles. Il n'y a pas de recettes de l'art comme il y a des recettes de cuisine. Aucun artiste n'est devenu génial pour l'avoir voulu (à l'âge de 12 ans, Picasso dessinait déjà mieux que son père professeur de dessin). Le génie est originaire, à la fois original (unique) et originel (sans modèle). Il est exemplaire : il devient lui-même un modèle. Il est mystérieux : une description et une explication rationnelle ne peuvent en rendre totalement compte. Il y a de l'infini dans le génie.

La finalité dans la nature

La *Critique du jugement* est divisée en deux parties, l'une consacrée au jugement esthétique, l'autre consacrée au jugement téléologique, c'est-à-dire de finalité, qui porte sur l'harmonie de la nature.

Comment expliquer cet étrange voisinage ? Certes, il existe bien de la beauté dans la nature mais ce n'est pas d'abord de cela qu'il est question dans la troisième *Critique* de Kant. Souvenons-nous de la distinction que fait le philosophe entre le jugement déterminant, qui est celui par lequel nous connaissons, et le jugement réfléchissant qui est celui par lequel nous apprécions. Il existe, selon Kant, deux domaines dans lesquels le jugement réfléchissant peut s'exercer : celui de la beauté (d'où l'esthétique) et celui de la finalité (d'où la philosophie de la nature). Ni la beauté ni la finalité ne peuvent être des objets de science. Certes, ce sont des concepts comme tout ce dont traite la philosophie, mais leur caractère spécifique est précisément d'échapper au concept.

Une idée nécessaire

De même que nous ne pouvons nous empêcher de trouver belles certaines œuvres, sans néanmoins pouvoir démontrer que nous sommes fondés à le faire, de même nous ne pouvons nous empêcher de penser le lien entre les phénomènes de la nature comme l'expression d'une finalité, bien que celle-ci excède de beaucoup notre capacité de connaissance. La finalité n'est pas un concept scientifique mais une espèce d'idéal de la raison dont nous ne pouvons pas faire l'économie dès lors que la nature n'est plus représentée en nous comme un agrégat mais comme un tout. De là vient, par exemple, l'image du ballet des planètes autour du Soleil.

Il existe deux finalités : une finalité interne qui s'inscrit dans un tout (comme l'arrangement des différents organes entre eux, de manière à constituer un organisme) et une finalité externe qui concerne la totalité (comme l'harmonie repérable entre les différents êtres et éléments de la nature et qui fait qu'aucun d'entre eux ne peut nous apparaître comme isolé).

Le jugement esthétique affirme une harmonie entre nos facultés (l'imagination et l'entendement), le jugement téléologique affirme une harmonie à l'intérieur de la nature elle-même. Kant oppose principe régulateur et principe explicatif. Un principe explicatif fait avancer nos connaissances (telle est la fonction des principes de la physique comme le principe d'inertie). Un principe régulateur est un idéal que la raison se donne et qui lui sert de repère et de fin pour saisir dans une unité ce qui autrement resterait incompréhensible. La finalité est un principe régulateur.

Pour marquer la différence entre le corps et la machine, il convient de distinguer entre deux sortes de tout : le tout organique et le tout mécanique. Kant prend l'exemple de la montre : dans un tout mécanique, une partie existe bien *pour* une autre (les aiguilles dépendent des roues dentées) mais elle n'existe pas *par* une autre (une montre ne peut produire ni un rouage ni une autre montre). La cause productrice d'un tout organique – comme l'est la nature en général – est interne à celui-ci. La cause productrice d'un tout mécanique comme la montre est externe : il n'y a pas de montre sans horloger.

L'insociable sociabilité

L'être humain n'est ni complètement sociable ni complètement insociable, c'est ce dont rend compte l'oxymore « insociable sociabilité » utilisé par Kant. Comme les Anglais qu'il avait lus avec attention, Kant sait que la vie en société n'obéit pas aux règles de bienveillance mutuelle que la raison morale voudrait voir propager. Et comme les Anglais, plutôt que de déplorer l'immoralité commune, il lui trouve une fonction pratique.

Dans la forêt, remarque Kant, les arbres poussent beaux et droits parce que tous cherchent l'air et la lumière. Leur rivalité leur est profitable. Les arbres qui, en revanche, poussent à l'écart des autres, lancent leurs branches à la va-comme-je-te-pousse, ils en sont tout tordus et rabougris. Kant est un réaliste.

Une philosophie idéaliste mais non utopique de l'histoire

Kant est un idéaliste réaliste. Rien ne lui est plus étranger que les rêveries où se complaisent les utopistes. Reprenant une image de Luther, il dit que le bois dont l'homme est fait est si noueux que l'on ne peut y tailler des poutres bien droites. L'idéal n'est pas défini comme un programme à remplir mais comme une finalité vers laquelle nous devons tendre. Alors que l'utopiste considère comme devant être réalisé l'idéal posé, au risque de tomber dans les moyens despotiques (ainsi qu'on ne l'a que trop vu avec le communisme), Kant conçoit l'idéal comme s'il était possible de s'en approcher. Cette politique du «comme si» nous préservera de toute tentation totalitaire.

Kant prend toutes les précautions pour éviter l'écueil de l'utopie: la fin de l'histoire universelle est un horizon. Car, de même que l'horizon est visible à partir du lieu où notre corps est présentement situé, de même, la fin (l'objectif) est pensable à partir du temps actuel qui est celui de notre esprit.

L'État cosmopolitique universel que Kant appelle de ses vœux n'est pas l'empire mondial. Kant est opposé à la constitution d'un État mondial qui, à ses yeux, ne pourrait être que despotique. Dans un passage trop peu cité (tant on préfère de nos jours souligner les turpitudes des grands hommes du passé plutôt que leurs traits prémonitoires), Kant va jusqu'à mettre en parallèle pour les désapprouver la violence coloniale et la terreur révolutionnaire. Pour lui, la fin ne saurait justifier les moyens: toutes ces prétendues bonnes intentions, dit-il, n'arrivent pas à effacer l'injustice qui entache les moyens employés.

Les formulations de Kant ne peuvent que résonner et raisonner dans le monde actuel; elles nous permettent de prendre la mesure des lenteurs et des retards: les liaisons plus ou moins étroites, écrit Kant, qui se sont établies entre les peuples, ayant été portées au point qu'une violation de droit commis en un lieu est ressentie partout, l'idée d'un droit cosmopolitique ne pourra plus passer pour une exagération fantastique du droit; elle est le dernier degré de perfection nécessaire au code tacite du droit civil et public.

Chapitre 6: Kant, le philosophe de la limite et de l'universel **175**

Attendre une paix universelle et durable de ce qu'on appelle l'équilibre des puissances européennes, c'est une pure chimère, semblable à cette maison de Swift qu'un architecte avait construite d'une façon si parfaitement conforme à toutes les lois de l'équilibre qu'un moineau étant venu s'y poser, elle s'écroula aussitôt.

Kant

Kant invente l'ONU !

C'est Kant qui invente l'expression « société des nations » (*Völkerbund* en allemand) pour désigner l'organisation internationale susceptible d'assurer la paix universelle. Après la Première Guerre mondiale, sous l'influence du président américain Wilson dont l'idéalisme devait beaucoup à la philosophie kantienne, une Société des nations (plus connue sous le sigle SDN) fut instituée avec ce même objectif : assurer la paix mondiale. Affaiblie dès le départ par la défection américaine (le Congrès vota non à la participation des États-Unis), la SDN se révéla totalement impuissante à prévenir la montée des fascismes et les agressions dont ils se rendirent aussitôt coupables. La Seconde Guerre mondiale signa son arrêt de mort. En 1945, l'Organisation des Nations unies fut instituée pour la remplacer mais souffrit des mêmes maux et des mêmes faiblesses. En 2005, nous en sommes donc toujours au même point : réaliser ce que Kant avait pensé il y a deux siècles.

Chapitre 7
La génération romantique ou l'absolu à portée d'esprit

Dans ce chapitre :
- La modernité et la réaction tout en un
- Fichte, aussi nazi que les nazis l'ont dit ?
- Schelling, l'ancien ami et grand rival de Hegel

*L*e romantisme n'est pas un courant philosophique et il constitue une nébuleuse, une constellation plutôt qu'un système de pensée. Mais des thèmes philosophiques récurrents le traversent et finissent par lui conférer une certaine unité.

Contre Kant, tous !

Toute la génération romantique, Hegel compris, s'est déterminée par opposition à l'esprit des Lumières, et plus particulièrement par opposition à Kant. Kant avait fondé sa philosophie critique sur deux procédés : la détermination des limites et la détermination des dualités. Le romantisme voudra ignorer aussi bien les limites que les divisions.

Goethe se fait l'interprète de toute une génération lorsqu'il dit non sans humour : Kant s'enferme délibérément dans un cercle et de façon ironique il ne cesse de montrer l'espace qui s'étend au-delà.

Anti-Kant

Un certain Benedikt Stattler (pas d'inquiétude, je ne le connais pas plus que vous) a écrit en 1788 un *Anti-Kant* dans lequel il appelle le philosophe de Königsberg «celui qui concasse tout». Contre Kant, donc, et sa pensée des limites, le romantisme voudra retrouver l'absolu; contre Kant et sa pensée des dualités, le romantisme voudra retrouver l'unité.

L'opposition à la science analytique, à ce qu'Auguste Comte appellera l'esprit de détail, n'est pas moindre. Depuis la révolution galiléenne, au début du XVIIe siècle, la science divise pour régner. Le romantisme développe par réaction un nouveau sentiment du monde. Contre le mécanisme de Descartes et de Newton qui dissocie, dévitalise et déspiritualise la nature, la philosophie de la nature constitue une protestation poétique – le cri vers la mère universelle aussi, que les débuts de l'âge industriel sont alors en train d'éloigner et de faire mourir.

Schelling dit de la séparation entre l'idée et la nature qu'elle est une maladie de l'esprit. Le romantisme ne cesse d'associer l'esprit et la nature avec la force du désespoir.

Tout ce qui est isolé est mauvais.

Goethe

La revanche du sentiment

L'entendement divise, isole, oppose, tel est le thème récurrent de cette période. À l'inverse, le sentiment, à commencer par le plus noble de tous, l'amour, unit, rapproche, conjoint. Lorsque les poètes et les musiciens romantiques chantent l'amour, ils font davantage que célébrer un affect entre un homme et une femme; ils exaltent une force d'union dont la mort apparaît souvent comme la seule rivale.

> **Le sens de la totalité**
>
> Pour Schleiermacher, que l'on considère comme l'initiateur de l'herméneutique moderne, c'est-à-dire de l'art d'interpréter les textes, il n'y a pas de Dieu sans le sentiment de la totalité. Or, justement, ce n'est pas la pensée (l'entendement spéculatif, la raison) qui est capable d'embrasser cette totalité, mais le sentiment. Pas de religion sans sentiment religieux et pas d'universalité humaine sans religion. La tradition millénaire (d'origine grecque) qui rivait le sentiment, c'est-à-dire ce qui en tenait lieu (l'affect, l'impression, l'émotion, l'intuition), à la singularité du réel sensible et de la subjectivité est renversée, la raison qui unifiait le monde et réunissait les hommes les divise à présent, tandis que le sentiment qui morcelait le monde et isolait les hommes les relie à présent. Aux yeux de Schleiermacher, l'univers est un objet spontané d'intuition. On ne saurait être plus anti-kantien.

L'amour, toujours l'amour !

C'est parce que le romantisme désespérait finalement de voir le sujet identifié au tout par l'acte de la pensée qu'il fera de l'amour le facteur le plus pénétrant de totalité : le jeune Hegel fut un temps séduit par cette solution, dont l'origine remonte au *Banquet* de Platon. L'assimilation de la pensée au désir amoureux fit de l'amour beaucoup plus qu'une théorie analogique. Déjà Dante, à la fin de sa *Divine comédie*, avait écrit que c'est l'amour qui fait mouvoir les mondes : entre mouvoir un monde et émouvoir un cœur, la différence n'est-elle pas du tout à la partie ? En reprenant ce noble héritage, les romantiques donnent à l'amour en tant qu'expression de l'unité des opposés un sens et une extension proprement cosmiques. Novalis appelle couple total celui qui réunit l'art et la nature. Hölderlin écrit que le nom de ce qui constitue l'un et le tout est *beauté*. Le Platon du *Banquet* est retrouvé : l'amour et le désir d'être tout coïncident.

Avec un zeste de Witz!

Schiller appelait naïve la poésie des Anciens, celle qui vivait encore en familiarité avec la nature, et sentimentale la poésie des Modernes, qui vit dans la douleur de la séparation. La désignation est profonde car si le sentiment est une force d'union, il est d'abord le signe d'une séparation: on ne désire en effet que ce que l'on n'a pas, et bien des mythes jusqu'à la psychanalyse disent: que ce que l'on a perdu.

Le *Witz*, tel qu'il est cultivé par les écrivains romantiques en Allemagne, est l'expression de cette sentimentalité, au sens de Schiller. Le mot en allemand signifie « esprit » au sens de « trait d'esprit », la pointe. Le *Witz* est le trait esprit, la flèche décochée par l'esprit en ce qu'il suggère l'irruption soudaine d'une subjectivité dans l'ordre des choses. Les romantiques allemands voient en lui un héroïsme de l'esprit. De tonalité volontiers ironique, le *Witz* s'exprime par l'aphorisme, le bon mot, l'anecdote.

La nuit après les Lumières : le désir et l'amour de l'unité

Si la nuit est célébrée par tous les romantiques, de Novalis à Wagner, c'est parce qu'elle est le temps de l'indifférenciation. C'est le jour qui sépare les êtres et les choses les uns des autres et en fait des individualités isolées dans leurs formes. La nuit est le fond, l'abîme d'où tout peut encore surgir parce que tout se fond dans le tout.

Le retour du serpent : un et tout

On a déjà fait état de la querelle du panthéisme qui avait éclaté à la fin du XVIIIe siècle en Allemagne à propos de l'interprétation de Spinoza. L'histoire avait ainsi commencé: en 1781, un an avant la mort de Lessing, Jacobi vint chercher auprès de lui un appui en faveur du sentiment religieux intime. Contrairement à son attente, Lessing dit professer le spinozisme: *hen kaï pan* (un et tout, en grec), je ne sais rien d'autre, dit-il, il n'y a pas d'autre philosophie que la philosophie de Spinoza.

Hen kaï pan, la génération romantique (Hölderlin, Schelling, Hegel, Schleiermacher) communie dans cette formule qui trouve son origine dans les fragments d'Héraclite et qui avait servi, au Moyen Âge, de devise aux alchimistes. On la représentait sous la forme d'un serpent qui avale sa queue dans sa gueule – symbole de la circulation des éléments les uns dans les autres.

Schelling et les romantiques louent en Spinoza l'anti-Kant, celui qui avait vécu en pleine conscience l'unité de l'esprit et de la matière, du savoir et de l'action, du réel et de l'idéal, et ils attribueront à Spinoza la pensée de l'identité du sujet et de l'objet – la meilleure définition, selon eux, de l'absolu. Ce Spinoza plus rêvé que lu, plus imaginé que compris, devenait ainsi un enthousiaste qui avait introduit le mysticisme dans la raison aussi bien que dans la nature…

Refaire ce que Kant a défait et retrouver la nature !

Kant avait laissé le champ philosophique dans un état de division apparemment insurmontable : scission entre le sujet et l'objet, dont l'accord est désormais regardé comme le problème central de la réflexion philosophique ; scission, au sein du sujet, entre l'individu empirique et le sujet transcendantal seul capable de construire la science ; scission, au sein de l'objet, entre le phénomène et la chose en soi inaccessible ; scission, du point de vue de l'action, entre le monde de la nécessité et celui de la liberté ; scission du point de vue de l'éthique, entre le principe du devoir et celui du bonheur. Chez Kant, le droit et le fait, l'idéal et le réel ne sont pas seulement contraires : ils n'appartiennent pas au même monde. Les romantiques, qui n'ont lu Kant que partiellement, en ont conclu au désespoir d'une perte de l'absolu.

> ### Retour de l'âme du monde
>
> C'est pour refonder l'unité de toutes choses au sein de la nature une que Novalis et Baader reprennent l'idée antique d'âme du monde qui avait disparu depuis la Renaissance sous l'impact de la science moderne. La réunion de la nature et de l'esprit est celle du physique et du métaphysique. La matière est de l'esprit en sommeil écrit Schelling en une formule qui aurait pu être signée Leibniz. Pour Schelling, la nature est l'esprit visible, l'esprit, la nature invisible ; la nature est l'esprit dévoilé, l'esprit est la nature voilée.

La mesure de la nature

L'expérience romantique de la nature s'inscrit entre les deux pôles extrêmes de la mort et du voyage, entre la concentration de l'âme et la dispersion de l'existence. Le suicide d'Empédocle, tel que Hölderlin le met en scène dans son poème dramatique, est à la fois un échec et un accomplissement : rejeté par la communauté des hommes qui ne veut pas reconnaître en lui la présence du divin sur terre, le philosophe poète s'engloutit dans la gueule ouverte du volcan. Empédocle souffrait de n'être pas un dieu.

Le sentiment du tout a son expression philosophique chez Schelling, poétique chez Hölderlin et poético-philosophique chez Novalis. L'encyclopédie dont rêve Novalis et qui, comme le *Livre* de Mallarmé, est restée à l'état de chantier est le témoignage de cette profonde unité de tous les éléments qui valent comme autant de signes les uns pour les autres, qui se font signe les uns les autres.

L'organisme de la nature

Fichte fait du monde, du non-moi comme il dit, le reflet du moi ; semblablement, chez Novalis, le macrocosme est l'icône et le symbole du microcosme. L'idée du microcosme est la plus haute pour l'homme, écrit Novalis, qui ne partageait pas la conception développée par Schlegel du fragment comme petite totalité et restait fidèle au projet d'une encyclopédie dont la correspondance constituait la structure. Cette analogie entre le macrocosme et le microcosme, qui fait du monde un corps colossal et du corps un monde en miniature, a trouvé en Novalis une expression accomplie lorsque celui-ci écrit qu'il n'y a pas lieu de distinguer le monde dont on rêve et le monde dans lequel on rêve – aboutissement absolu de l'idéalisme philosophique.

Le romantisme est panvitaliste : dans le tout, il n'y a pas de mort, écrit Schelling, l'individu est de la vie universelle capturée à la naissance et libérée au moment du trépas. Il n'y a pas de mort, car mourir c'est passer à une autre vie.

La métamorphose : tout est chenille et tout est papillon

À cette époque, l'idée de métamorphose quitte le domaine de la mythologie pour entrer dans celui de l'histoire naturelle. Puisque la nature est un organisme, et non une machine, elle est le théâtre d'un développement et d'une transformation continus. La métamorphose et l'évolution sont au niveau diachronique ce que les correspondances sont au niveau synchronique. Elles ont pour fonction commune de traduire la puissante unité qui lie entre eux tous les êtres et éléments de la nature. Goethe suivait les transformations de la feuille dans chacun des organes de la plante ; Schelling et les romantiques traquent la continuité de la forme à travers la multiplicité des phénomènes. L'évolution est conçue comme récapitulative et non comme éliminative : l'homme est la fine pointe et la couronne de l'histoire naturelle ; il doit comprendre en lui tout ce qui l'a précédé, comme le fruit comprend toutes les parties antérieures de la plante.

La spiritualisation de la matière

Comme l'esprit s'incarne, la matière se spiritualise. D'un même mouvement, la nature est divinité et Dieu se fait nature ; du coup, la science acquiert une signification religieuse. L'interprétation que le romantisme donnera des découvertes sur l'électricité, le magnétisme et les affinités chimiques sera spiritualiste. La vogue étonnante du magnétisme animal, l'intérêt pour la télépathie et le spiritisme témoignent du désir qu'ont eu les hommes de cette génération de voir la matière finie vaincue par l'esprit infini. Leur philosophie de la nature est en fait une philosophie de l'esprit.

L'idée de force cosmique – dont le magnétisme et l'électricité seront les phénomènes – tend à remplacer celle d'organisme : chez les philosophes de la nature, le tout est plutôt énergie que substance. Leibniz, ici, se substitue à Spinoza. Si, en effet, depuis Mesmer, le romantisme est fasciné par le magnétisme et l'électricité, c'est parce que ces phénomènes physiques représentent des forces d'unification invisibles. La théorie galvaniste considère la vie comme une sorte de circuit cosmique où les organismes individuels ne sont que des points d'arrêt qui interrompent le courant pour l'intensifier. La physique des romantiques est déjà une métaphysique – l'électricité arrache le *courant* au fleuve pour le donner au feu.

L'homme total à la mesure de la nature

La pensée de l'unité appliquée à l'être humain balance entre une vision de l'homme total (le génie, l'esprit universel) et une recherche de la fusion avec le tout. Toute l'*Encyclopédie* de Novalis, cet étonnant tas de pierres en attente de cathédrale, vise la «sophie», cette sagesse intégrale pour laquelle l'auteur invente une série de néologismes : «sympoésie», «pantomathie», «symphilosophie». Schiller opposait à l'homme un et total des premières républiques à l'homme moderne déchiré et dispersé par la division du travail. Jusqu'à Marx et à Wagner, la génération romantique dénonce cette division comme une fatalité moderne.

Le rêve de la communauté humaine

Le romantisme associe la sympathie (d'origine stoïcienne) et la communauté (dont la chrétienne communion des saints représente le modèle), la totalité naturelle et la totalité humaine. L'union affective et la communauté politique – on le voit avec Fourier - sont confondues. On ne peut, écrit Baader, jamais isoler une conscience individuelle, un savoir individuel de la masse diffuse d'un savoir collectif. D'où la définition de la conscience: avoir conscience, c'est savoir avec autrui. L'*Hymne à la Joie* de Schiller mis en musique par Beethoven (et devenu depuis l'hymne européen) le chante de manière grandiose. Peut-être, disait Novalis, la communauté constitue-t-elle notre être le plus intime; peut-être chaque homme participe-t-il à sa manière à mes pensées et à mes actions, et moi-même j'ai peut-être ma part des pensées des autres hommes.

Un ciel d'idées non sans nuages

Ce sens développé de la communauté est lourd d'équivoques. En tournant le dos à l'universalisme des Lumières, le communautarisme (on le voit à partir de Herder) récuse en fait la totalité humaine: un tout (le peuple, la nation, l'État) joue par conséquent contre le tout (le genre humain, la société les nations, les États unis du monde). Si chaque langue est une visée particulière du monde (l'expression est de Guillaume de Humboldt), elle devient largement incommunicable aux autres. Tous les penseurs et idéologues, dans les deux siècles à venir, n'auront pas la prudence de Herder, lequel croyait simplement que chaque peuple ne dispose que d'une vérité partielle et que le plan providentiel n'est jamais donné en totalité.

Cela dit, sur la question des relations entre le moi et le nous, les différences nationales sont assez nettement perceptibles: tandis que le romantisme français a tendance à dresser l'individu contre la société, le romantisme allemand intègre l'individu dans un ensemble qui le dépasse, il le fond dans la communauté nationale.

L'art en guise de religion

Novalis rêve à une poésie universelle qui soit l'origine (l'expression) et la fin (la manifestation) de tout: le vrai poète, dit-il, est omniscient. La poésie est la fleur de l'histoire, le pendant pour le présent de ce vaste répertoire d'images et d'idées que représentait aux yeux des romantiques la mythologie à l'origine. La poésie est la mythologie des temps nouveaux ; elle est bien davantage que le poème, qui n'en est que l'écriture momentanée. Elle joue, chez les romantiques, le rôle que jouait la notion d'harmonie chez les Grecs. Elle est partout dans la vie comme dans la nature, allégorie du monde puisque chaque chose, chaque être fait signe.

Alors que l'esthétique classique, qui jette avec Lessing ses derniers feux, sépare les arts et les genres à la manière d'Aristote (dont elle découle), la sensibilité romantique cultive le mélange non seulement entre les styles au sein d'une même œuvre (par opposition à la tragédie classique, le drame romantique se définit comme mélange de comique et de tragique, de sublime et de grotesque), mais aussi entre les différents langages artistiques (enfin la poésie, la peinture et la musique peuvent aller de concert).

L'œuvre d'art totale pour l'homme total

L'esthétique de l'union des arts, qu'on appellera plus tard œuvre d'art totale à partir des drames lyriques de Wagner, prend appui sur une anthropologie particulière. La conception de l'être humain à l'âge classique tendait à séparer non seulement l'esprit et le corps, l'intelligence et la force, mais également les différents sens et les différentes facultés : l'œil ici, l'oreille là, l'imagination de ce côté-ci, la conception de celui-là. Le romantisme, à rebours, prend l'être humain comme un foyer unifié de sensations et de représentations, que le prisme de l'intelligence analytique ne disperse pas encore.

Fichte recolle les morceaux du vase brisé par Kant

Le romantisme s'est réclamé de Fichte, croyant trouver dans la *Doctrine de la science* la théorie d'un moi qui, par son infinie liberté, s'élève jusqu'à l'absolu. Fichte eut pour projet de redonner à la philosophie l'unité spéculative que Kant lui avait fait perdre : la *Doctrine de la science* traite dans le cadre d'un seul ouvrage (même s'il subit plusieurs remaniements) la philosophie théorique et la philosophie pratique que Kant avait séparées en deux *Critiques*.

Reconstituer le savoir absolu

Fichte constate que si le criticisme de Kant sauve la liberté, c'est au prix du savoir absolu. Le seul moyen de maintenir la double exigence, pratique, de liberté et, théorique, du savoir absolu est de constituer le monde comme une production de l'esprit, de construire un idéalisme subjectif absolu. Si le criticisme échoue, selon Fichte, à constituer le savoir absolu, c'est qu'il cherche le fondement de la représentation du côté de l'objet et qu'il rencontre ainsi l'obstacle de la chose en soi.

En somme, Fichte reproche à Kant de n'avoir pas accompli cette révolution copernicienne que le philosophe de Königsberg se targuait d'avoir introduite. L'essentiel, aux yeux de Fichte, est de faire sauter le lien que Kant instituait entre l'absolu et la chose en soi : l'absolu ne doit pas être posé comme une substance, une réalité hors de la pensée, mais doit être cherché dans l'activité radicale de l'esprit. La conformité de la pensée et de l'être au sein d'une totalité reconquise sera garantie par l'exclusion de toute réalité étrangère à l'esprit. L'esprit est chez soi mais il reste seul.

Au commencement était l'action

C'est par l'action que nous savons que le monde existe, déclare Fichte. Sous-entendu : pas par la pensée. « Au commencement était l'action » est le remplacement hérétique que le *Faust* de Goethe propose pour le premier verset de l'évangile de saint Jean (« Au commencement était le Verbe »). La liberté n'a pas besoin d'autre chose que d'elle-même pour se déclarer et même si dans la liste des droits elle apparaît comme un élément parmi d'autres, fût-il le premier, elle n'en représente pas moins, comme pouvoir autoconstituant, le fondement métaphysique des droits de l'homme. C'est cela qui avait tellement impressionné Fichte (mais également Kant et Hegel) dans la Révolution française : l'homme est libre en se disant libre car en se disant libre, il se fait libre.

La souveraineté inconditionnée du moi constitue le fondement commun de la théorie de la connaissance et de la philosophie pratique (morale, juridique, politique) de Fichte, qui fut par ailleurs le premier à définir l'action de savoir comme une véritable pratique. Avec Fichte, la volonté reprend sur l'entendement un avantage et un pouvoir que la philosophie classique lui avait fait perdre.

C'est le volontarisme qui fait également le lien entre les réflexions sur la Révolution française et les *Discours à la nation allemande*, par-delà le passage de l'universalisme révolutionnaire au particularisme nationaliste, où nombre de spécialistes ont décelé un reniement. C'est parce que l'être humain fait partie d'une communauté que Fichte accorde au droit une place que lui avait refusée Kant.

Pas d'existence hors de l'État !

Entre l'homme isolé et le citoyen, pense Fichte, il y a le même rapport qu'entre la matière brute et la matière organisée. Dans un organisme, chaque partie entretient le tout et, en le conservant, elle se conserve elle-même. Ainsi fait le citoyen dans l'État. L'État réunit les hommes en un tout. Seulement, ce tout est limité puisqu'il n'englobe pas l'humanité entière. De là le dépassement de l'État (et du droit) par la moralité ; de là, l'achèvement de la doctrine du droit par le droit international.

Jusqu'à sa conversion nationaliste consécutive à l'invasion napoléonienne, Fichte a été favorable à une fédération mondiale des États qui préserverait la souveraineté de chacun d'eux mais aurait néanmoins à son service une armée et un tribunal. En fait, Fichte ne conçoit pas le patriotisme et le cosmopolitisme comme antinomiques. Il rencontre sur ce point les républicains français : le patriotisme réside dans le fait de vouloir que les fins de l'humanité soient réalisées dans l'État national dont on est membre. Seulement, le tournant nationaliste de l'auteur des *Discours à la nation allemande* bouleverse l'économie de cette politique avec une idée d'un exclusivisme national : seul l'Allemand, proclame alors un Fichte entraîné dans son action de résistance, peut, à travers les fins de sa nation particulière, atteindre l'humanité en sa totalité.

Fichte dans les griffes nazies

Alors que Hegel a été, sauf exception, honni et rejeté par les nazis (le juriste Carl Schmitt s'écrie avec enthousiasme le 30 janvier 1933, le jour de l'accession de Hitler au pouvoir: «Aujourd'hui, on peut dire que Hegel est mort»), Fichte a été largement instrumentalisé par le nouveau pouvoir totalitaire. Plusieurs traits de sa pensée politique, juridique et économique, sont ceux-là mêmes du régime nazi.

D'abord la conception organique de l'État. Fichte avait pointé le fait que, jusque-là, la réflexion moderne sur le droit politique avait essayé de construire le concept de la totalité politique par le rassemblement idéal des individus, autrement dit selon le modèle de l'agrégat qui conduit à laisser échapper l'essence de la communauté comme totalité. Il pensait, on l'a vu, que, entre l'homme isolé et le citoyen, il y a le même rapport qu'entre la matière brute et la matière organisée. La haine du totalitarisme nazi à l'encontre de l'individualisme bourgeois pouvait reconnaître en Fichte l'un de ses chantres.

Deuxième rencontre possible: le messianisme nationaliste. Ce n'est pas le peuple juif (par la religion) ni le peuple français (par la révolution) qui est le peuple élu, à vocation universelle, mais le peuple allemand, par le seul fait de sa nature, annonce Fichte. Comme Kant, et à l'opposé de Herder, Fichte est universaliste, mais il estime que l'universalisme singularise l'esprit allemand. Ainsi avec lui le pangermanisme et l'universalisme opèrent-ils leur jonction pour un pire à venir. Dans le deuxième *Discours à la nation allemande*, Fichte va jusqu'à prétendre que seul l'Allemand peut à travers les fins de sa nation embrasser l'humanité entière... Un peu plus tard, le philosophe associera nationalisme et messianisme en un sens nettement impérial: la race germanique a été désignée par la Providence pour diriger le monde.

Troisième lieu de rendez-vous: sur le plan économique, Fichte a été le théoricien de la plus complète autarcie. *L'État commercial fermé* aura d'ailleurs sur le totalitarisme, via l'économiste List, plus d'impact encore que le nationalisme de ses *Discours à la nation allemande*. Fichte était logiquement aussi un ardent partisan de la planification totale, qui ne laisserait aucun espace de jeu au marché.

Mais nul n'est contraint de penser que les nazis ont compris Fichte. Tous les traits qui viennent d'être mentionnés sont évidemment prétotalitaires, mais il y a aussi de solides contrepoids. Certes, dans un ouvrage intitulé *Le Caractère de l'époque actuelle*, Fichte définit l'essence de l'État absolu comme la forme de pouvoir que mettent au service de l'espèce toutes les forces individuelles. Mais qu'est-ce que l'espèce selon l'État, interroge Fichte. Réponse: *tous* ses citoyens, sans la moindre exception.

Autre objection à ceux qui ont préféré l'interprétation nazie à la lecture du philosophe: Fichte a défendu l'idée d'un transfert des pouvoirs exécutif et législatif ainsi que judiciaire à des fonctionnaires contrôlés par les citoyens. Ainsi était posé le thème d'une articulation institutionnelle du pouvoir, qui exorcisait dans une importante mesure le danger de totalitarisme présent dans l'idée de volonté générale. Rappelons enfin que dans son treizième *Discours à la nation allemande*, Fichte condamne expressément toute politique annexionniste ou coloniale.

Schelling: la nuit où toutes les vaches sont noires

La philosophie de la nature de Schelling est une réaction contre la science newtonienne: les phénomènes de la nature ne sont pas des objets mathématiques mais des forces, des puissances reliées entre elles et dont l'ensemble organique est comme l'esprit manifesté.

Dans sa *Phénoménologie de l'Esprit*, Hegel exécute son ancien ami avec quelques métaphores assassines: la philosophie de l'identité est la nuit où toutes les vaches sont noires (équivalent allemand des chats gris dans la nuit française), on dirait un squelette de musée sur les os desquels sont collés des petits bouts de papier avec des mots écrits dessus...

Polarité et compensation

Schelling considérait la nature sous les idées de polarité et de compensation. Il établissait une analogie entre l'alternance de l'expansion et de l'attraction qui, selon lui, avait formé à la fois le système planétaire et la respiration d'un être vivant. Dans *L'Âme du monde*, qui expose l'idée d'un principe organisateur de tous les phénomènes de la nature, Schelling fait de la vie le produit de l'union de la pesanteur, l'un répandu dans le tout, et de la lumière, la substance qui représente la totalité dans le particulier.

Le *Système de l'idéalisme transcendantal* établit une correspondance entre la série des facultés représentatives, sensation, intuition productive, réflexion, jugement, et celle des forces constitutives de la matière, magnétisme, électricité, chimisme, organisme ; aux actes de l'intelligence répondent les moments de la construction de la matière, les forces qui sommeillent en elle sont de même nature que les forces représentatives. Aussi ce naturalisme s'ouvre-t-il au surnaturalisme sans qu'aucune contradiction soit repérable.

Peut-on être philosophe et croire aux revenants ?

Si Schelling admet toutes les croyances irrationnelles, de la baguette divinatoire à la prémonition en passant par la clairvoyance et l'influence des astres, c'est parce que, comme chez les néoplatoniciens (également accueillants à la rêverie), sa pensée était soumise à la loi de l'un. Le titre complet de *Clara*, l'ouvrage le plus étrange mais aussi le plus poétique de Schelling, est *Clara ou Du lien de la nature au monde des esprits* : Schelling s'y pose la question de savoir s'il existe *deux* mondes dont l'autre serait celui des esprits et il répond par la conception du lien comme passage.

L'art et la religion

Alors que pour Hegel l'art et la religion ne sont que des moments préparatoires au véritable accomplissement de l'absolu réalisé par la philosophie, pour Schelling ils en sont des signes pléniers.

 Schelling fut le premier philosophe, après Vico, à considérer la mythologie avec tout le sérieux philosophique qu'elle mérite, c'est-à-dire ni comme un ensemble de légendes pour enfants et demeurés, ni comme un écran symbolique de la réalité. À toute une tradition allégorique remontant à l'Antiquité, qui ne veut voir dans les mythes qu'un langage chiffré, Schelling oppose une conception qu'il appelle «tautégorique»: la signification de la mythologie ne peut être, selon lui, que celle du processus à la suite duquel elle naît. Lorsque l'anthropologue Lévi-Strauss affirmera que les mythes se pensent entre eux, il s'inscrira dans le droit fil de cette méthode de Schelling.

La philosophie comme la mer, toujours recommencée

Aux yeux de Hegel, Schelling est tombé dans le mauvais infini de celui qui, à chaque étape de son travail, reprend tout depuis le début. Au reste, Schelling a toujours revendiqué cet inachèvement qu'il associait, comme Kant, au sublime. À la différence de Hegel, le philosophe de l'âme du monde, de la révélation et de la mythologie n'a pas arrêté le scepticisme à un moment dépassé de la pensée: la dignité du scepticisme est de rappeler que c'est par leur inachèvement même que le savoir et l'action rendent hommage à l'absolu, le premier parce qu'il refuse de s'objectiver dans un système, la seconde parce qu'elle refuse de se cristalliser dans un résultat.

Deuxième partie
La philosophie moderne : XIXe siècle

Dans cette partie...

Vous allez faire la découverte de six philosophes qui ont occupé le devant de la scène de la pensée, au XIXe siècle. Hegel, le premier dont nous parlerons, peut être considéré comme le dernier ami du tout. Auguste Comte, lui, a voulu rien de moins que fonder une nouvelle religion à partir de la science ! Kierkegaard, un Danois très tourmenté, inventa tout simplement le sens moderne de l'existence. Vous vous apercevrez que Marx, qu'on ne présente plus, était conscient de laisser après lui une bombe à retardement. Schopenhauer, quant à lui, fut le plus radical des pessimistes. Et nous finirons par Nietzsche, le prophète du surhomme, qui a annoncé de la mort de Dieu.

Chapitre 8
Hegel : la totalité en système

Dans ce chapitre :
- Des cordes pour capturer un monstre philosophique
- Un homme qui a tout pensé à défaut d'avoir pensé à tout
- Un romantique très antiromantique
- Un philosophe passionné par la réalité sous toutes ses formes
- Un auteur pas toujours aussi difficile qu'on l'a dit

L'empereur de la philosophie moderne

Si Descartes ou Kant sont les pères de la philosophie moderne, Hegel en est l'empereur. Toutes les philosophies postérieures à lui, jusqu'à la philosophie analytique comprise, se définissent en grande partie par rapport à lui et la plupart du temps contre lui. Certains, comme Kierkegaard et Max Stirner, dresseront contre le système froid et écrasant le caractère irréductible de la subjectivité du moi. D'autres, comme Marx, lui objecteront son caractère idéaliste. D'autres, comme Schopenhauer et Nietzsche, feront droit à la foncière irrationalité du réel. D'autres enfin, comme Bertrand Russell, y dénonceront une métaphysique dépourvue de sens.

C'est aussi à cela que l'on reconnaît un très grand philosophe : pas seulement par le nombre des disciples, mais aussi et surtout par le nombre de ceux qui ont pensé à partir de lui et contre lui. Or, dans les temps modernes, il n'y a pas de philosophe à partir duquel et contre lequel on ait autant pensé que Hegel.

Un cercle de cercles

Kant jugeait la totalité impossible ; Hegel la pense comme seule réelle. Pour Hegel, la philosophie est la réalité elle-même dans son ensemble et devenue consciente d'elle-même. Parménide, le vieux présocratique, disait que c'est la même chose qu'être et que penser : l'être pensé, dit Hegel, est la réalité effective. La philosophie est le système complet du réel. Chacune de ses parties est un cercle dans lequel l'idée est dans un élément particulier (par exemple la logique ou la morale). Mais chaque cercle est englobé dans un cercle plus vaste, qui représente le système tout entier. D'où l'image de cercle de cercles utilisée par Hegel pour figurer la philosophie comme système total de la réalité.

La philosophie est un cercle parce que, comme le cercle, elle a son commencement partout et que tout commencement est aussi et d'abord un résultat. Hegel ne croit pas au commencement absolu parce que pour lui l'absolu est à la fin et pas au commencement. Le philosophe ne peut pas faire comme s'il créait lui-même sa matière à penser. Il n'y a pas de table rase. De plus, le cercle enserre l'infini dans le fini : sur la circonférence, en effet, le parcours peut très bien ne jamais s'arrêter. Il n'en reste pas moins que l'aire délimitée par elle est limitée.

Il y a deux infinis

Hegel oppose deux infinis : le mauvais infini est celui, numérique, des mathématiques. On ajoute une unité à un nombre puis une autre, puis encore une autre, sans fin. Cela amuse les enfants lorsqu'ils découvrent cela. Mais cela n'amuse pas Hegel. Et puis, il y a le véritable infini, qui est celui, qualitatif, du travail de l'esprit. C'est celui que nous pouvons voir réalisé dans une œuvre d'art, une représentation religieuse ou une pensée philosophique.

La raison reprend l'avantage sur l'entendement

Kant, on s'en souvient, avait opposé l'entendement (*Verstand* en allemand) qui, grâce aux catégories, est la faculté de la connaissance à la raison (*Vernunft*) qui, avide d'unité absolue, s'empare comme une flibustière des outils de l'entendement pour monter à l'assaut de vaisseaux fantômes qui ont pour noms Dieu, le monde, l'âme. Pour Kant, la seule fonction positive réelle de la raison est morale; lorsqu'elle s'occupe de connaissance, la raison tombe dans l'illusion.

Aux yeux de Hegel, il ne saurait y avoir de monde inconnaissable en soi. D'ailleurs, dès que nous disons d'une chose qu'elle est inconnaissable, ne prétendons-nous pas savoir quelque chose d'elle? Il faut en effet déjà avoir l'idée d'une chose, donc la connaître en quelque manière pour prétendre qu'elle est inconnaissable. Et puis, délimiter à l'avance la sphère de l'inconnaissable, c'est par le fait même délimiter à l'avance celle du connaissable. Or, celui-ci est de l'ordre du résultat et non de la condition préalable.

Hegel conserve l'opposition entre raison et entendement mais il en inverse le sens. Chez lui, l'entendement signifie la pensée particulière, isolée, abstraite, unilatérale. Inversement, la raison connote la pensée totale, unifiée, concrète, effective. Par exemple, c'est une pensée de l'entendement que de juger un individu sur sa bonne mine. Il y a des jeunes des banlieues qui ont adopté comme signe de reconnaissance la façon de mettre leur casquette de travers. Hegel dirait d'eux qu'ils ont une pensée d'entendement. La raison est la faculté qui saisit le tout; aussi est-elle dans le vrai car le vrai, dit Hegel, c'est le tout.

Une lettre seulement sépare la vérité de la mort

Une légende juive qui remonte au XVIe siècle pourrait servir d'illustration à la thèse hégélienne que le vrai est le tout. Sur le front du Golem, les trois lettres hébraïques EMeT («vérité») condensent la force qui fait de cet automate vivant créé par le rabbi Loeb, le Maharal de Prague, un être aux réactions humaines. Il suffit au maître d'arracher la première lettre pour réduire son serviteur en poussière. En effet, les deux lettres restantes, MeT, signifient en hébreu «la mort». Cette légende juive nous donne à comprendre la mort comme vérité tronquée ou bien, à l'inverse, la vérité mutilée comme proprement non viable!

Planisphère du système hégélien

En 1817, Hegel publie *L'Encyclopédie des sciences philosophiques* dans laquelle la totalité de son système est condensée. Le texte est divisé en paragraphes parfois composés de deux parties différentes. Les lignes introductives, denses, difficiles, exposent la thèse. Elles sont suivies parfois de remarques qui en développent le sens de manière très claire.

L'*Encyclopédie*, donc le système, est divisée en trois grandes parties : «La Science de la Logique», «La Philosophie de la Nature» et «La Philosophie de l'Esprit», correspondant à la triade Idée/Nature/Esprit qui gouverne l'ensemble de la philosophie hégélienne. Chacun des éléments de cette triade dialectique est lui-même divisé en triade de triades, elle-même organisée dialectiquement, si bien que le système hégélien n'est pas sans faire songer aux figures fractales, comme la célèbre courbe de Von Koch dite en flocon de neige, qui ont la propriété remarquable d'avoir des structures locales qui répètent à leur petite échelle la structure globale de l'ensemble :

Figure 8-1:
Le plan du système hégélien.

Ce que Hegel appelle l'Idée est la réalité même, tantôt considérée du point de vue de ses déterminations abstraites (elle est alors l'objet de la Science de la Logique), tantôt considérée comme la totalité : en ce second sens, l'Idée est comme le Dieu ou la Nature de Spinoza, la substance unique. L'ensemble du système (lequel est, rappelons-le, l'expression de la totalité du réel, ou mieux – car « expression » suppose un écart, une distance – la totalité du réel lui-même) est conçu comme le déploiement de l'Idée d'abord en tant qu'Idée, objet de la Science de la Logique, puis en tant que Nature, objet de la Philosophie de la Nature, et enfin en tant qu'Esprit, objet de la Philosophie de l'Esprit. La Nature est conçue par Hegel comme l'extériorisation, l'aliénation, l'expression manifeste de l'Idée.

Ainsi les trois moments abstraits de la Science de la Logique, être/essence/concept, reçoivent-ils un contenu sensible avec la mécanique, la physique et la physique organique (on dirait aujourd'hui la biologie) qui sont les trois moments de la Philosophie de la Nature. L'Esprit est pensé par Hegel comme l'Idée devenue consciente de soi, l'Idée rentrée en soi après son déploiement dans la Nature. En fait, l'Esprit constitue l'achèvement du système, tout ce qui précède y aboutit, y reçoit son véritable contenu. La Philosophie de l'Esprit, de fait, représente le couronnement du système hégélien. Elle comprend elle-même trois moments appelés esprit subjectif (l'Esprit tel qu'il se particularise dans la conscience humaine), esprit objectif (le droit, l'histoire, qui sont conçus comme des réalisations) et enfin esprit absolu, avec ses trois moments, l'art, la religion, la philosophie.

La patience du négatif

Kant croyait que l'antithèse rend le système impossible. L'antinomie de la raison pure qui voit s'opposer les arguments en faveur du caractère fini du monde aux arguments en faveur de son caractère infini ne forme pas système aux yeux de Kant ; pour lui, seule la thèse entre dans le système.

Tout autre est le point de vue de Hegel, selon qui c'est la négation qui constitue à la fois la pensée et le réel. Il convient tout d'abord de noter que Hegel donne à la négation un sens très élargi et inédit. Sous ce terme, en effet, il n'englobe pas seulement l'acte de contredire une affirmation (la négation de l'existence des chambres à gaz par ceux que l'on appelle justement négationnistes) mais aussi la contrariété objective (l'injustice est la négation de la justice), le contraste (la nuit est la négation du jour), l'altérité (la femme est la négation de l'homme) et la différence (la tumescence du pénis érigé est la négation du pénis flaccide). Bref, il y a négation toutes les fois que la simple identité est écartée ou dépassée. Une chose, quelle qu'elle soit, réelle ou idéelle, empirique ou abstraite, est aussi ce qu'elle n'est pas et n'est pas ce qu'elle est.

Une analogie comique

Dans un film intitulé *C'est donc ton frère*, Stan Laurel retrouve son frère jumeau après de nombreuses années de séparation. Il lui dit : « Tu as énormément changé mais tu resteras toujours le même ! » Cette phrase est, si l'on ose dire, tout à fait hégélienne : qu'est-ce en effet qu'être soi, sinon être ce que l'on n'est plus, ou pas ?

Une identité se construit et se saisit à travers ses différences multiples, qui sont autant de négations. Si une chose restait éternellement identique à elle-même, comme dans le fameux principe d'identité A = A, si une chose ne sortait pas elle-même pour devenir autre qu'elle-même, le contraire d'elle-même, alors, dit Hegel, rien n'adviendrait. On peut donner à l'appui de cette thèse un exemple physique.

Selon le modèle standard actuellement en vigueur en cosmologie, notre univers serait né d'une brisure de symétrie qui, aussitôt après le big-bang, a séparé la matière de l'antimatière. De même, au sein de la «soupe primitive» dans laquelle dans un milieu physique ultrachaud et ultradense les atomes n'existent pas encore, il a bien fallu des forces de séparation, de négation au sens hégélien, pour que les premiers matériaux différenciés puissent surgir. Exister, c'est sortir de l'identité.

Les exemples du germe et du gland

La réalité, pour Hegel, n'est pas un tableau qu'un artiste divin aurait peint une fois pour toutes dans un grand moment d'inspiration. C'est une composition musicale dont il faut entendre la dernière note pour savoir au juste en quoi elle consiste.

Parmi les (rares, trop rares, hélas!) métaphores qu'il utilise pour rendre plus accessible sa pensée, Hegel a souvent pris celles du germe et du gland. Une graine, lorsqu'elle germe, meurt en tant que graine pour donner naissance à la future plante. La vie de la plante est la mort de la graine, mais aussi sa survie car il faut bien que la graine contienne d'une certaine manière, à titre virtuel, la plante pour que le germe issu d'elle donne naissance à la plante (la science contemporaine donnera un nom précis à cette virtualité: c'est le génome de l'organisme, l'ensemble de ses gènes).

À travers cet exemple, nous voyons comment, d'une certaine manière, la vie et la mort sont réversibles (de fait, vivre, c'est mourir un peu à chaque instant). La fleur sera l'épanouissement de la plante mais aussi sa *fin*, dans les deux sens du mot. Déjà, chez Aristote, le terme «fin» (*télos* en grec) était utilisé conjointement en ces deux sens, de terme et de but. Dire que la fleur est la fin de la plante, c'est dire d'une part qu'elle est ce à quoi elle aboutit, c'est dire aussi qu'elle est la mort de la plante.

Mais ce n'est pas tout, car si la fleur est la négation de la plante, le fruit sera la négation de la fleur, donc la négation de la négation. Comment cela ? C'est que le fruit ne se forme que si la fleur est détruite : les pétales tombent, le pistil fécondé prend la place de la fleur disparue, laquelle survit dans sa mort. Or, ce fruit représente pour la plante la promesse de sa survie, laquelle coïncidera d'ailleurs avec sa propre mort. C'est en effet parce que les plantes ne sont pas immortelles qu'elles fleurissent et se reproduisent par leur fruit, la sexualité est la ruse que la nature a imaginée pour déjouer la mort de l'individu. Bien des plantes meurent aussitôt après leur floraison.

La mort de Dieu, autre exemple de dialectique

Hegel n'utilise pas souvent le terme de dialectique. En revanche, à partir de Marx, la plupart des lecteurs et commentateurs de son œuvre appellent dialectique le processus par négation et dépassement grâce auquel la réalité dans son ensemble et dans chacune de ses parties se constitue. Qu'est-ce qu'un fruit par rapport à une fleur et une fleur par rapport à un germe ? Nous l'avons vu : à la fois une négation (la fleur supprime le germe, le fruit supprime la fleur), une conservation (le germe continue dans la plante, la fleur continue dans le fruit) et un dépassement (la fleur est un germe dépassé, le fruit une fleur dépassée). La triade négation/conservation/dépassement et qu'exprime assez bien le terme allemand d'*Aufhebung* souvent employé par Hegel est la signature propre de sa dialectique.

Hegel a été frappé par le mystère chrétien de l'Incarnation et il en a tiré les implications philosophiques. Jésus est Dieu fait homme ; il en est, en quelque sorte, la négation, bien qu'il en soit d'abord l'expression (d'après le dogme de la Trinité, il y a identité entre le Père et le Fils). Mais l'homme Jésus est mort sur la croix : c'est à ce prix qu'il devient le Christ. La Résurrection, c'est-à-dire la victoire sur la mort, n'aurait évidemment jamais existé s'il n'y avait pas eu de mort préalable.

Dans un passage assez ébouriffant de la *Somme théologique*, Thomas d'Aquin explique pourquoi une mort aussi ignominieuse que la crucifixion (une torture que les Romains appliquaient aux esclaves et aux brigands) était nécessaire : si Jésus était mort de maladie, bêtement dans son lit ou d'accident, écrasé par une caravane, on n'aurait jamais cru à sa résurrection car, comme pour ces malheureux enterrés avant terme, on se serait demandé s'il était réellement mort. Tandis que la mort sur la croix est la plus manifeste de toutes. La Résurrection n'aurait donc pas existé sans la mort. Or pour que la mort soit absolue, il n'y a qu'un dieu qui puisse la vivre.

Comment, à la fin de la Philosophie de la Nature, dont le dernier moment est la physique organique, c'est-à-dire la biologie, passe-t-on à la Philosophie de l'Esprit ? Par la mort ! C'est la mort de la Nature qui fait la vie de l'Esprit.

Encore plus fort : l'être identique au néant !

La dialectique, avec Hegel, perd le sens qu'elle avait depuis Aristote et qui avait été repris par Kant d'être une logique de la vraisemblance, voire de l'illusion, par opposition à la véritable logique (dont la vérité est l'affaire propre), pour devenir une logique de la contradiction positive.

Selon la logique classique, sur ce point tout à fait en phase avec le sens commun, le principe d'identité (A égale A) et le principe de non-contradiction (A différent de non-A) sont les deux principes fondamentaux de la pensée. Impossible de dire quoi que ce soit de cohérent sans le respect de ces principes. Imaginons un monde dans lequel le bien est le mal, la paix est la guerre, la jouissance est la frigidité : nous aurions à juste titre l'impression d'être dans un monde de fous.

Or, pour Hegel, une chose n'est identique à elle-même que selon la logique unilatérale, partielle, de l'entendement (souvenez-vous : c'est la casquette de travers). D'après la raison spéculative, dialectique, qui saisit ensemble les déterminations opposées, une chose est aussi ce qu'elle n'est pas et elle n'est pas aussi ce qu'elle est. Si, en effet, une chose était identique à elle-même, elle resterait à jamais ce qu'elle est, isolée du reste comme une tache. L'univers physique dans son ensemble, nous l'avons vu, doit son existence au fait que, à l'origine, il était déchiré par la différence.

L'histoire est dialectique

Lorsque les Romains disaient : « Si tu veux la paix, prépare la guerre », ils étaient, sans le savoir, dans une logique dialectique. L'époque contemporaine a illustré cet adage de manière plus profonde encore lorsque pendant quarante ans les deux superpuissances, américaine et soviétique, se faisaient face et s'affrontaient en une guerre qui n'en était pas une (c'est ce que l'on appelle la guerre froide) dans un état de paix qui n'en était pas seulement un (c'est ce que l'on appelle politique de dissuasion).

La vérité passe par la case « erreur »

Prenons l'exemple de l'histoire des idées scientifiques. La vérité n'est pas une oasis que les voyageurs assoiffés que nous sommes trouveraient enfin après une interminable marche dans le désert. Car c'est dans la marche elle-même que la vérité se constitue. De fait, l'histoire des sciences nous donne de nombreux cas où des vérités prises comme des dogmes définitifs ont arrêté le mouvement de la pensée alors qu'inversement des erreurs se sont révélées être d'une fécondité sans pareille.

La théorie de la relativité est en partie issue d'une expérience qui a échoué (celle de Michelson-Morlay). La plus importante découverte du XXe siècle en matière pharmaceutique (les antibiotiques) est issue d'une erreur de manipulation de la part d'un laborantin. Les Grandes Découvertes des XVe et XVIe siècles ont commencé avec une méprise : Christophe Colomb croyait avoir abordé aux rivages du Cipangu (le Japon) alors qu'il avait accosté aux Bermudes (vous parlez d'une petite erreur !). Deux autres voyages n'ont même pas suffi à le détromper. Il est mort avec son illusion (il en a d'ailleurs été puni puisque l'Amérique ne s'appelle pas Colombie) mais cela n'empêche pas qu'il reste l'un des plus grands découvreurs de l'Histoire.

L'être est le néant : il ne le hait point

L'être est identique au néant : voilà, semble-t-il, une proposition absurde. C'est l'une de celles qui ont fait passer le pauvre Hegel pour complètement fou aux yeux de ces intraitables logiciens pragmatiques que sont les Anglais. En fait, ce que disait Hegel, c'était que de l'être, la plus générale, la plus abstraite, la plus pauvre des notions, on ne peut rien dire, sinon qu'il *est*. L'être n'est pas une pierre, ni une lune (même vieille) ni un raton laveur. Il n'*est* rien de tout cela, il n'est à proprement parler (car lorsqu'une pensée se lave avec le savon des mots, elle devient propre) *rien du tout*. Mais, s'il n'est *rien du tout*, il équivaut au *néant*.

L'anchois et le pourceau

Telle est la version lamentable que nous donnerait celui qui nous parlerait de l'en-soi et du pour-soi la bouche pleine. Citons-la pour mémoire et n'en parlons plus : Hegel appelle *en-soi* le moment premier, immédiat – qui n'a pas encore connu la différence, la négation – un grain de sable, le germe avant de s'ouvrir, l'idée abstraite. Par exemple, dans le système de l'encyclopédie dont le plan figure quelques pages plus haut, l'Idée, qui est l'objet de la Science de la Logique, constitue l'en-soi. Quand on dit « en soi » dans la langue courante, cela signifie : pas pour nous, indépendamment de nous, objectivement.

Le *pour-soi* représente l'étape de la sortie hors de soi de l'ensoi : on dira, pour les philosophes en herbe, que le germe qui ouvre le gland représente le passage de l'en-soi au pour-soi, parce qu'il y a extériorisation, mais aussi négation. Ainsi, dans le système de l'*Encyclopédie* de Hegel, la Nature est le moment du pour-soi de l'Idée : une montagne, un arbre, un animal sont le pour-soi de l'être, de l'Idée.

Maintenant, il y a plus, et pire (pas de pensée sans un brin de sadisme). J'enlève l'échelle, tâchez de prendre votre pinceau pour point d'appui. Au moment du pour-soi succède celui de *l'en-soi-et-pour-soi*, c'est-à-dire le moment de retour sur soi de l'en-soi aliéné mais développé, extériorisé mais enrichi après sa phase de pour-soi. Sans ce moment de retour sur soi, qui est celui de la conscience, il n'y aurait en fait ni sens ni vérité. Dans l'*Encyclopédie*, Hegel l'appelle l'Esprit - c'est lui qui couronne le tout.

Voici l'exemple de la lecture. Lorsque vous n'aviez pas encore acheté ni *a fortiori* lu cette *Philosophie pour les Nuls*, vous étiez dans la période de l'en-soi, recroquevillés sur vous-mêmes avec vos petits soucis et vos minuscules projets. Certes, formant un tout comme un hérisson, mais dans une solitude pauvre, abstraite, sans piquant. Deuxième étape : vous achetez et vous lisez ce livre. Vous vous déprenez de vous-mêmes, au point d'oublier qui vous êtes. Vous ne pensez plus à ce que vous avez mangé la veille ni à ce que vous allez manger ce soir. Vous êtes littéralement hors de vous et pas seulement lorsque le passage sur le transcendantal vous plonge dans une irrémédiable consternation. Vous êtes pris par les idées, de tous côtés.

Si vous restiez dans cet état éternellement de pour-soi enrichissant mais aliénant, vous deviendriez comme fou, vous ne penseriez plus à rien d'autre. Seulement, vous allez vous arracher à cet état d'hypnose, lequel représentait déjà un état d'arrachement par rapport à l'en-soi englué de départ. Vous allez ne plus penser à ce que vous avez lu et c'est justement comme cela que vous allez y penser le plus et le mieux ! Car les idées et les informations suivent un cheminement souterrain qu'il est le leur beaucoup plus que le nôtre. Désormais, vous allez reprendre ce qui vous avait pris, faisant de cette manière vôtre ce qui était jusqu'à présent perçu comme quelque chose d'extérieur. Ce travail d'assimilation est celui-là même de la conscience dans sa fonction la plus haute, qui est la *conscience de soi*. C'est ce moment ultime que Hegel appelle en-soi-et-pour-soi. Dans son *Encyclopédie*, il s'appelle Esprit. Avec l'Esprit, c'est la totalité du réel (de l'Idée) qui est devenue consciente.

Le concret devient abstrait et l'abstrait, concret !

D'après la façon courante de penser, le concret est ce que l'on voit, touche, mange, achète; l'abstrait, ce que l'on pense. Ainsi le jambon beurre est concret tandis que l'idéal du Bien est abstrait. Hegel inverse le sens de ces termes mais, ce faisant, les prend au mot de leur étymologie latine : l'abstrait est ce qui a été *arraché* à son contexte (l'abstrait est *extrait*) tandis que le concret est le développé (une concrétion est un agglomérat).

Or, que fait la sensibilité? Elle ne considère qu'un seul côté des choses, une forme (le galbe d'une poitrine de femme), une couleur (la couleur jaune d'une voiture de parvenu), une impression (l'air fourbe de l'agent immobilier). Que fait, à l'inverse, l'esprit? Grâce au concept, il peut penser la chose en sa totalité (la tête de cette femme est moins remplie que son soutien-gorge, ce parvenu a emprunté pour la journée cette voiture à une agence de location, cet agent immobilier a reçu la veille une plume dans l'œil). Le vrai est le tout, dit Hegel, or, la sensibilité ne peut jamais nous donner le tout. L'esprit, en revanche, le peut. Le concret n'est pas immédiat, originaire. Il ne peut exister qu'à la fin, seulement comme résultat.

Dans un texte amusant et peu connu de Hegel, il nous est relaté la dispute entre une cliente et une marchande à propos d'œufs pas frais. À partir d'un simple doute sur la fraîcheur des œufs, la cliente énervée passe au soupçon sur la façon de s'habiller et de parler de la fermière puis sur sa moralité matrimoniale. On ne peut imaginer à quel point le gros bon sens concret peut tirer des plans sur la comète !

Hegel était-il un romantique ?

Hegel est né la même année que Beethoven et que Hölderlin : 1770. Il fait partie de la génération romantique et à bien des égards il participe de la sensibilité et de l'esprit romantiques. D'ailleurs, ne qualifie-t-il pas lui-même de romantique l'ultime période de l'art, celle qui, au-delà de ce que ce terme désigne historiquement, renvoie l'art à l'infini comme à son domaine propre?

Pourtant Hegel s'éloigne du romantisme sur deux points importants : d'une part, il désapprouve obstinément ses présupposés irrationalistes, d'autre part, il considère la nature non comme l'expression de l'esprit mais comme son aliénation.

La bêtise du paradis

L'infinie supériorité de l'homme sur l'animal est un thème récurrent chez Hegel. Le paradis terrestre lui paraît un lieu et un temps de grande bêtise dont heureusement Adam et Ève sont sortis par la grâce de leur péché : ils ont, en désobéissant à leur Créateur, montré qu'ils pouvaient affirmer leur volonté, donc leur liberté (dans cette histoire, c'est la femme qui eut le beau rôle : de fait les allégories de la liberté ont toujours été féminines).

Pas la nature mais la culture !

À la différence de la plupart de ses prédécesseurs, Hegel ne croit pas à l'existence d'un droit naturel : le droit est selon lui l'expression d'une liberté qui s'affirme *contre* et non dans la nature. La grandeur de l'Esprit réside dans son caractère antinaturel. Si la société et l'État sont des principes supérieurs à la famille, c'est que celle-ci, malgré son caractère de contrat, garde une attache naturaliste.

En esthétique, Hegel s'oppose à toute théorie mimétique : la fonction de l'art n'est pas d'imiter la nature mais de créer son propre monde (Oscar Wilde ira plus loin encore en disant de manière paradoxale mais compréhensible que la nature imite l'art). Pris dans son enthousiasme pour la culture, Hegel ira jusqu'à écrire qu'un crime vaut mieux que le spectacle des hautes montagnes car ce qui erre ainsi, c'est encore l'esprit…

L'absolu, en fin de compte

On a utilisé (Hegel le premier) l'expression d'idéalisme subjectif pour désigner la philosophie de Fichte, celle d'idéalisme objectif pour désigner la philosophie de Schelling et celle d'idéalisme absolu pour désigner la philosophie de Hegel. Pour la tradition reprise par Kant et par Schelling, l'absolu est l'absence de relation. Pour Hegel, à l'inverse, il est l'ensemble des relations possibles. Autrement dit, l'absolu hégélien est à la fin, comme résultat, et jamais à l'origine, comme condition. Il est la synthèse des termes opposés. Ainsi l'Idée absolue couronne-t-elle la Science de la Logique, le savoir absolu marque l'étape terminale de la *Phénoménologie de l'Esprit*, tandis que l'esprit absolu, réalisé par la philosophie, fait la synthèse de l'esprit subjectif et de l'esprit objectif en même temps qu'il marque l'achèvement du système tout entier.

La philosophie de Hegel n'est d'ailleurs pas seulement un idéalisme absolu. Elle est un réalisme absolu. Tout le réel, et rien que le réel : voilà le contenu du système, voilà le système même. Hegel ne croit pas aux vérités cachées ni aux mystères éternels. Tout ce qui existe finit par être exprimé, c'est-à-dire extériorisé. L'être humain, par exemple, peut bien cacher telle ou telle pensée, tel ou tel désir, mais ce qu'il a en lui finira bien par exister hors de lui sous forme de signe. L'homme n'est rien d'autre que la série de ses actes.

C'est pourquoi Hegel critique avec sévérité le caractère abstrait, formel, de la philosophie morale de Kant : la véritable morale n'est pas celle qui reste liée à l'intériorité de la loi, mais celle qui s'exprime dans l'activité sociale et politique. Alors que chez Kant la morale a une prééminence sur le droit parce qu'elle reste autonome, chez Hegel (qui sur ce point retrouve Fichte), le droit est la véritable effectuation de la morale – une morale concrète en quelque sorte.

L'odyssée de la conscience, sirènes et cyclopes compris

Lorsqu'il écrit la *Phénoménologie de l'Esprit*, Hegel n'est pas encore en possession de son système achevé, mais cet ouvrage peut être lu comme l'état du système en 1807. C'est en effet la totalité du réel que la *Phénoménologie de l'Esprit* retrace à travers le prisme d'une conscience qui peut être interprétée aussi bien du point de vue singulier comme la pensée d'un individu que du point de vue collectif comme la pensée de l'humanité dans l'ensemble de son histoire.

La Phénoménologie de l'Esprit

Cette encyclopédie spéculative dresse le tableau du chemin parcouru par la conscience lorsqu'elle s'élève de la certitude sensible, qui est son premier contact avec l'objet, jusqu'à ce que Hegel appelle le savoir absolu, où plus aucune opposition ne subsiste. Les différentes étapes de cette odyssée sont la conscience (elle-même comprenant la certitude sensible, la perception et l'entendement), la conscience de soi, la raison, l'esprit (subdivisé en ordre éthique, culture, moralité), la religion et le savoir absolu.

«Phénoménologie» signifie littéralement: la science de ce qui apparaît. La conscience apparaît dans des moments et figures divers, à travers une progression qui peut être lue ou bien au niveau individuel comme celle d'une quête philosophique de l'absolu, ou bien au niveau collectif comme celle d'une histoire universelle qui réalise l'absolu. Écrite dans une langue abstraite et souvent opaque, la *Phénoménologie de l'Esprit* renvoie pourtant à des figures concrètes, psychologiquement et historiquement déterminées. Avec Hegel, la philosophie comme expression de la vérité et l'histoire universelle comme manifestation de la réalité coïncident. Le vrai, c'est le tout.

La conscience malheureuse

L'un des moments de la conscience dans cette odyssée qui doit la mener vers le savoir absolu s'appelle la conscience malheureuse. Le malheur de cette conscience va bien au-delà du malaise de ce que l'on appelle mauvaise conscience. Il provient de ce que le sujet s'éprouve comme vide en face du Dieu transcendant, tout en étant incapable de se fondre en lui. La conscience malheureuse caractérise la conscience du croyant qui se sent séparé de Dieu et échoue dans toutes ses tentatives pour échapper à cette contradiction (la dévotion sentimentale, l'action mondaine conçues comme devoirs envers Dieu, la mortification de soi dans l'ascétisme). Cette figure de la conscience malheureuse sera surmontée lorsque la conscience reconnaîtra l'absolu dans le monde et en elle-même, c'est-à-dire comme Raison.

La belle âme

Jusqu'à Hegel, l'expression de belle âme, d'origine piétiste (le courant protestant appelé piétisme désignait ainsi la pureté intérieure du moi par opposition à la méchanceté du monde) et reprise par Goethe, avait un sens éminemment positif. Hegel lui donne un sens négatif, par inversion ironique : la belle âme est l'expression d'une conscience qui se sent trop bonne par rapport au monde extérieur et se contente de jouir de sa propre bonté. Ce faisant, elle se voue à l'impuissance, car son idéal abstrait est vide. La morale de Kant, qui ne se soucie guère de ses conditions concrètes de réalisation, qui y voit même une menace de souillure, est bien sûr une philosophie tout indiquée pour la belle âme.

La dialectique du maître et de l'esclave

La conscience dans son cheminement ne reste évidemment pas seule. Elle rencontre l'autre conscience, avec qui elle s'affronte et qui dans la tragédie de cet affrontement va lui permettre de prendre conscience d'elle-même.

On a traduit par l'expression de dialectique du maître et de l'esclave l'un des épisodes centraux de la *Phénoménologie de l'Esprit*. Ici encore, le chapitre peut être rapporté à des faits sociaux et historiques déterminés ou bien être considéré comme l'exposition d'un modèle transhistorique. Car, sans être soi-même ni maître ni esclave, chacun a dans son existence à subir le feu de cette dialectique.

On ne se pose qu'en s'opposant, dit Hegel. Une chose se détermine par négation, la conscience ne fait pas exception. La coexistence des consciences s'opère d'abord sur le modèle d'un affrontement radical qui est une lutte à mort, chacune voulant la mort de l'autre. Mais, chaque conscience veut aussi contradictoirement être reconnue par l'autre conscience, elle a besoin d'elle pour être ce qu'elle est. Ce conflit qui la déchire la constitue aussi.

> **Pourquoi la révolution est-elle inévitable ?**
>
> L'esclave est une chose sous le regard du maître mais il satisfait les besoins de celui-ci. Aussi le maître dépend-il de l'esclave dans cette mesure. Lorsque l'esclave prend conscience de cette dépendance – par le biais du travail qui le met en contact avec le monde des choses – alors il peut s'engager dans la voie de sa libération qui fera de lui le maître du maître, le maître devenant ainsi l'esclave de son esclave. Cette inversion dialectique appliquée au domaine historique s'appelle une révolution. La dialectique du maître et de l'esclave, bien que de nature purement spéculative (même si Hegel, comme toujours, pense à des situations historiques objectives) a été pour Marx et ses successeurs une source forte d'inspiration.

La philosophie, nous avertit Hegel, ne nous dit rien sur la façon dont le monde doit être conduit. La philosophie vient toujours trop tard. En tant que pensée du monde, elle apparaît seulement lorsque la réalité a accompli son processus de formation. Ainsi les grands systèmes de Platon et d'Aristote sont-ils apparus lorsque la cité grecque était sur le point de disparaître et Hegel lui-même place sa philosophie comme la réflexion d'un moment historique (la Révolution française, l'État napoléonien) achevé. La chouette de Minerve, écrit-il, ne prend son vol qu'à la tombée de la nuit. Minerve est le nom latin d'Athéna, la déesse de la sagesse. Peut-être à cause de ses deux yeux qui regardent de face et de ses habitudes nocturnes, cet oiseau était depuis les Grecs le symbole de la philosophie.

La raison est une taupe

Ce qui est rationnel est réel et ce qui est réel est rationnel

Lorsque Hegel dit que ce qui est rationnel est réel et que ce qui est réel est rationnel, il ne veut pas dire que n'importe quel acte, n'importe quel événement est rationnel. Comment le croirait-il, lui qui sait à quel point l'Histoire est faite de la folie des hommes ? Il sait qu'une bonne partie de la philosophie de l'histoire est consacrée au jeu des passions humaines. Il sait que le réel échappe à la raison. Mais, qu'est-ce qui est réel dans la conquête d'Alexandre ? L'ambition personnelle du fils du roi de Macédoine ou la fondation des villes ? Sa colère qui, un jour d'ivresse, le conduit à tuer de ses mains son meilleur ami, ou bien l'apport de la culture grecque en Orient ?

Le réel dont Hegel parle dans sa formule n'est pas la réalité empirique, anecdotique, des événements du jour difficilement repérables, mais la réalité effective qui fait sens dans et pour l'Histoire.

La ruse de la Raison

On connaît le mot du Jésus sur la croix à propos de ses bourreaux : « Mon Dieu, pardonnez-leur, car ils ne savent ce qu'ils font ! » Si l'on conçoit que Jésus comme Dieu incarné savait ce qui allait survenir, alors il savait qu'en le crucifiant ses bourreaux jetaient les bases de la religion nouvelle.

Les grands empires de l'Histoire ont été incarnés par les grands hommes. Ceux-ci, comme tous les hommes, étaient mus par des passions et comme ils étaient des grands hommes, ils étaient animés par de grandes passions. Seulement, le sens de leur action outrepassait infiniment les mobiles et les motifs dont ils pouvaient avoir eux-mêmes conscience. Hegel appelle ruse de la Raison cette action indirecte de la Raison qui mène le monde par des voies détournées.

Horace Walpole, l'écrivain anglais, avait soutenu que le monde est une comédie pour celui qui pense et une tragédie pour celui qui sent. Aux yeux de Hegel, le monde est une tragédie aussi pour celui qui pense. Mais pour lui la tragédie de l'Histoire finit toujours par être résorbée dans un sens rationnel universel – une thèse qui, comme celle leibnizienne du meilleur des mondes, a été radicalement contestée au vu des inexpiables tragédies du XXe siècle. Lorsque Feuerbach dira que les temples érigés en l'honneur de la religion le sont en vérité en l'honneur de l'architecture, on peut y reconnaître l'écho de la ruse hégélienne de la Raison.

L'histoire n'est pas le lieu de la félicité. Les périodes de bonheur y sont ses pages blanches.

Hegel

Hegel cite ce passage dans lequel Hamlet, dans la pièce de Shakespeare, s'adresse à l'esprit de son père dont il ne peut oublier l'injonction de vengeance. Comme le fantôme de son père dans l'esprit de Hamlet, l'Esprit chemine souterrainement dans l'Histoire à la manière d'une taupe : on ne sait pas à l'avance où il surgira.

L'art et l'histoire

L'art ou l'Esprit absolu à la portée de nos sens

Alors que Kant ne traite de l'art qu'à travers le jugement de goût, donc par rapport au sujet qui apprécie, Hegel le considère comme la manifestation objective de l'Esprit absolu – sa toute première manifestation pour l'œil, l'oreille et l'esprit avant la religion et la philosophie.

La dialectique de l'art est exemplaire de la méthode hégélienne dans son ensemble et sans doute pour ceux qui voudraient faire connaissance de ce géant de la philosophie qu'est Hegel l'*Esthétique* représente-t-elle la porte d'entrée la plus facile d'accès à l'ensemble de son système.

Tout type d'art doit résoudre le problème de l'union de la forme et du contenu. Lorsqu'il y a une disparité très grande entre les deux parce que la forme est limitée par les données objectives de son matériau et que le contenu est l'infini inaccessible, il n'y a que des symboles qui puissent faire le lien. Cet art, qui est déchiré entre la forme finie et le contenu infini, Hegel l'appelle *symbolique*. L'architecture est le type de l'art symbolique.

Lorsque le contenu n'est plus la substance infinie abstraite (comme le brahmane des Indiens ou le dieu Osiris des Égyptiens) mais la belle individualité, alors l'art connaît un moment d'exceptionnelle harmonie. Hegel l'appelle *classique* ; la sculpture en est le type.

Enfin, avec le christianisme, l'infini de nouveau déchire l'art, mais il le déchire de manière renouvelée : l'infini moderne est porté par une subjectivité (qu'incarne le Dieu chrétien) et non plus par une substance impersonnelle. Hegel nomme *romantique* ce dernier art – qui se réalise à travers la peinture, la musique et la poésie. Si la poésie est placée au sommet d'un processus qui est aussi une hiérarchie, c'est parce que, en son élément propre qui est le langage, la sensibilité fait littéralement signe vers l'esprit. Ainsi l'Esprit absolu peut-il passer à la représentation (la religion) puis au concept (la philosophie).

La mort de l'art

On a traduit en français brutalement par « mort de l'art » l'expression hégélienne qui contient plutôt l'idée de dissolution (*Auflösung*). Peu importe. Que veut dire le philosophe lorsqu'il annonce à la fin de son *Esthétique* la mort de l'art ? Non pas qu'il n'y aura plus personne pour dessiner ou composer, mais l'art a fait son temps en ce sens qu'il n'est plus au centre de notre culture, que ce n'est plus lui qui fournit nos valeurs d'existence.

La prose du monde

Il n'est pas trop difficile de constater que le diagnostic de Hegel était un bon pronostic. Avec les droits d'auteur que lui ont rapportés *Les Contemplations*, un gros recueil de poésie, Victor Hugo a pu s'acheter une belle maison. Aujourd'hui, avec son recueil, un poète pourrait à peine se payer un demi. On rapporte que François Ier embrassa Léonard de Vinci sur son lit de mort. S'il arrivait que le président de la République aujourd'hui embrassât un ami moribond, ce ne pourrait être qu'un homme politique comme lui ou un chef d'entreprise, mais certainement pas un peintre.

Avec la prose du monde – Hegel appelle ainsi ce que plus tard le sociologue Max Weber appellera le désenchantement du monde, le fait que notre monde n'est plus gouverné par des valeurs religieuses mais par des valeurs pratiques (l'économie, le travail, les loisirs) – l'art a perdu son support substantiel. Aussi se réfugie-t-il dans la voie du formalisme et du subjectivisme de plus en plus poussés. Là encore, nous pouvons constater, près de deux siècles plus tard, à quel point Hegel a été un bon diagnosticien.

Les quatre moments de l'Histoire universelle

Hegel voit dans l'Histoire universelle la manifestation de l'Esprit objectif. C'est pour moi une occupation très intéressante et très agréable de passer en revue les peuples de la Terre, écrit-il à l'un de ses correspondants. Le monde réel est comme il doit être, dit-il (sur ce point il rejoint Spinoza). L'histoire du monde est le jugement dernier du monde.

Hegel distingue quatre mondes successifs :

- Le monde oriental
- Le monde grec
- Le monde romain
- Le monde germanique

Évidemment, on peut sourire (ou frissonner…) à la désignation de germanique donnée au monde moderne. Le terme d'occidental n'était pas encore utilisé en 1830.

Le sens global de cette Histoire, qui, rappelons-le, est proprement le champ de réalisation de la Raison, est la liberté universelle. Dans l'Antiquité orientale, dit Hegel, un seul était libre (l'empereur) ; en Grèce et à Rome, quelques-uns étaient libres (les citoyens) ; aujourd'hui, tous sont libres.

> ### « Je vis l'empereur, cette âme du monde, traverser à cheval les rues de la ville »
>
> Au lendemain de la bataille d'Iéna, Hegel, qui habitait alors cette ville, écrit dans une lettre qu'il a vu Napoléon : c'est un spectacle prodigieux, observe-t-il, que de voir ainsi le monde concentré sur un seul individu. Ce que Hegel admire en Napoléon, c'est le fondateur de l'État moderne. Or l'État pour Hegel est la raison effective, qui fait d'une masse indifférenciée d'hommes des citoyens libres. Politiquement, Hegel n'est ni républicain ni démocrate – ses préférences vont à la monarchie constitutionnelle. Mais ce qu'il admire dans l'État, où il reconnaît une fin indépassable d'organisation humaine, c'est qu'il puisse grâce à la classe des fonctionnaires, être l'expression et la satisfaction conscientes de l'intérêt général.

La fin de l'Histoire

On a beaucoup daubé sur l'idée hégélienne de fin de l'Histoire. Inconscience d'un philosophe qui désirerait que plus rien après lui n'advînt ? En fait, de même que la mort de l'art n'interdit pas la possibilité d'œuvres à venir, la fin de l'Histoire ne signifie pas que plus rien ne se passera, au sens empirique où il n'y aurait plus d'événements. Plus profondément, cela signifie qu'à partir du moment où le sens de l'Histoire a déjà été délivré (et Hegel dit simplement quel est ce sens : la liberté universelle), plus rien ne peut aller au-delà – car aucun principe en effet ne saurait dépasser la liberté, qui n'est autre que la vie de l'Esprit.

Hegel totalitaire ?

Dans *La Trahison des clercs*, un remarquable essai des années 1930 dans lequel Julien Benda dénonce la collusion des intellectuels avec les despotismes fascistes et communistes, Hegel est présenté comme l'apôtre type de l'État totalitaire. Hegel, en effet, pense l'État avec une telle force que rétrospectivement il a pu apparaître comme l'un des inspirateurs du totalitarisme.

Cependant, rien n'est plus faux. D'abord Hegel n'entend pas que l'État contrôle la totalité de l'existence humaine. Il ne doit pas par exemple (ce point est capital, comme on l'a déjà vu avec Hobbes) se mêler des opinions et croyances personnelles. Ensuite, et le point est sur le plan philosophique plus décisif encore, l'État ne constitue dans l'économie d'ensemble du système hégélien que la réalisation de l'Esprit objectif. Ce n'est pas lui mais la philosophie qui incarne l'Esprit absolu dans son achèvement.

Chapitre 9
Auguste Comte : de la rigueur scientifique à la rêverie religieuse

Dans ce chapitre :

- Le fondateur du positivisme
- Une des philosophies les plus influentes de notre modernité
- Une très grande culture et très grande intelligence sans la sûreté du jugement

L'inventeur du positivisme

L'origine du positivisme

Dans sa jeunesse, Auguste Comte a été le secrétaire du comte Claude-Henri de Saint-Simon, fondateur d'un important courant de pensée, le saint-simonisme, qui a fait sentir son influence sur tout le XIXe siècle et au-delà. Le saint-simonisme prône le pouvoir scientifique (les savants doivent remplacer la noblesse d'État), le développement technique et la réforme sociale (le saint-simonisme est une forme de socialisme modéré). C'est le saint-simonisme qui a forgé le terme de positivisme qu'Auguste Comte reprend à son auguste compte.

« Positif » signifie « réel » par opposition à « imaginaire », et « utile » par opposition à « oiseux ». Le positivisme rejette les prétentions de la métaphysique et de la religion à dire la vérité des choses : c'est un point commun fort qu'il a avec le criticisme kantien. Le positivisme assigne à la philosophie une tâche nouvelle :

celle d'établir le système du savoir et de faire triompher l'esprit d'ensemble sur l'esprit de détail. Auguste Comte pense que la science se perd dans la spécialité extrême (que ne dirait-il pas s'il revenait parmi nous!).

Plus de pourquoi! Que du comment!

La recherche des causes est, pour Auguste Comte, vouée à l'échec. Avec elle on n'en a jamais fini (puisqu'il y a toujours une cause de la cause, puis une cause de la cause de la cause, etc.) et avec elle l'esprit tombe dans les fictions religieuses. Mieux vaut par conséquent s'en tenir à l'établissement des lois qui traduisent les relations constantes entre les phénomènes. La démarche de Newton qui a établi sa loi de la gravitation tout en s'interdisant de se prononcer sur la nature de ce phénomène ou sur son origine («je ne forge pas d'hypothèses») est présentée comme exemplaire par Auguste Comte.

L'infini et l'universel sont, aux yeux du fondateur du positivisme, des notions dont l'esprit positif doit se débarrasser. Aucune loi n'est universelle: celle de Newton ne concerne que le système solaire, et rien ne dit qu'elle est valide au-delà.

Les classifications du positivisme

La loi des trois états

L'intelligence humaine, dit Auguste Comte, passe successivement par trois états:

- L'état théologique ou fictif
- L'état métaphysique ou abstrait
- L'état scientifique ou positif

Dans l'état théologique, l'esprit explique les phénomènes par le pouvoir d'êtres divins: ainsi les Chinois pensaient-ils qu'en avalant le Soleil le dragon céleste provoquait une éclipse; pour les Grecs, c'est Zeus qui fait rouler le tonnerre; chez les Juifs, Yahvé a d'abord été un dieu de l'orage, etc.

Dans l'état métaphysique, l'esprit remplace les êtres surnaturels par des entités abstraites comme l'Être, la Nature. Ces idées ne fournissent aucune connaissance, elles ne font pas progresser le savoir, elles ont malgré tout, aux yeux d'Auguste Comte, une utilité dans la mesure où elles préparent l'esprit à l'accès à l'âge positif, en le débarrassant des croyances religieuses.

Dans l'état positif, enfin, les phénomènes sont dûment observés et décrits. La loi d'abord hypothétique puis vérifiée par l'observation et l'expérience remplace l'illusoire recherche des causes.

Cette succession des trois états concerne aussi bien l'intelligence individuelle que l'intelligence collective. L'imaginaire de l'enfant comme celui des peuples anciens ou restés sauvages assigne par exemple des causes magiques, surnaturelles aux phénomènes de la nature. Auguste Comte a été pour beaucoup dans cette analogie – qui a fini par révéler sa nature de préjugé européocentrique – entre l'esprit de l'enfant et celui du primitif.

Si les trois états se suivent dans un ordre chronologique, ils peuvent aussi coexister, aussi bien chez l'individu que dans l'Histoire.

Les trois états de la religion

Dans son *Discours sur l'esprit positif*, Auguste Comte distingue trois moments dans l'état théologique, correspondant successivement à trois types de religion :

- Le fétichisme, qui attribue aux objets un pouvoir supérieur
- Le polythéisme, qui peuple la nature d'une pluralité de dieux
- Le monothéisme, qui fusionne les dieux en un seul Être suprême

Cette tripartition est considérée aussi comme un ordre progressif, le fétichisme apparaissant comme la forme la plus primitive de la religion et le monothéisme comme sa forme la plus élaborée. Ce schéma aura une influence très importante non seulement sur la philosophie du XIXᵉ siècle mais également sur la nouvelle science qui, à partir des années 1870, s'occupera des sociétés primitives : l'ethnologie.

L'ordre des sciences

Le *Cours de philosophie positive*, qui est le grand œuvre d'Auguste Comte et où est exposée la loi des trois états, établit une classification des sciences qui est restée, jusqu'à nos jours, la plus solide de toutes. À l'époque classique, la classification des sciences repose presque toujours sur une psychologie des facultés : ainsi Francis Bacon, suivi plus tard par Diderot pour son *Dictionnaire*, distingue-t-il les sciences de la raison, les sciences de la mémoire et les sciences de l'imagination. Auguste Comte, lui, classe les sciences d'après leurs objets – et c'est bien ainsi qu'aujourd'hui nous continuons de faire (voir par exemple les noms des différents centres de recherche ou les intitulés des prix Nobel).

La force de la hiérarchie d'Auguste Comte vient de sa simplicité (six sciences fondamentales sont retenues) et de la solidité des principes qu'elle met en œuvre. L'ordre de succession est pensé comme inséparablement chronologique et logique. Les six sciences de la classification d'Auguste Comte sont :

- Les mathématiques
- L'astronomie
- La physique
- La chimie
- La biologie (dite aussi physiologie)
- La sociologie (dite aussi physique sociale)

Cet ordre historique va du plus simple au plus complexe : les mathématiques étudient la quantité, la réalité la plus simple et la plus indéterminée ; l'astronomie ajoute la force à la quantité ; la physique apporte la qualité à la force (la chaleur, la lumière sont des forces qualitativement distinctes) ; la chimie porte sur des matières qualitativement distinctes (les éléments) ; la biologie concerne la vie qui ajoute l'organisation à la matière brute ; enfin, la sociologie étudie la société qui relie ensemble des êtres vivants par un lien indépendant de leur organisme.

Comment user de la science

Contre la réduction et contre le mélange

Auguste Comte est absolument opposé au réductionnisme : on n'explique pas, dit-il, le supérieur par l'inférieur. En d'autres termes, chaque science ajoute aux précédentes un plan de complexité qui lui appartient en propre. Pour donner des exemples actuels, Auguste Comte serait hostile à la réduction physico-chimique des phénomènes biologique (ce qu'effectue la biochimie) et à la réduction biologique des phénomènes sociaux (ce qu'effectue la sociobiologie).

Conséquence logique de ce refus : l'interdit jeté sur tous les mariages entre disciplines différentes. De même que l'esthétique classique refusait le mélange des arts, la théorie comtienne de la connaissance refuse le mélange des sciences. En sciences naturelles, les hybrides s'appellent des monstres. Mais de l'astrophysique à la psychologie sociale en passant par la biochimie déjà évoquée, on notera tout de même que ces unions transdisciplinaires ont proliféré dans les temps modernes, pour le plus grand bien de la connaissance d'ailleurs.

On remarquera enfin que dans la classification aucune place n'est prévue pour la psychologie. Auguste Comte pense que la vie intérieure est l'affaire du vécu et de la littérature, mais qu'elle ne pourra jamais devenir l'objet d'une science positive. Cet interdit pèsera d'un poids assez lourd par la suite.

La science de la société

La sociologie, qu'Auguste Comte appelle aussi physique sociale, est la plus complexe de toutes les disciplines scientifiques. Il n'y a pas d'objet plus complexe dans la nature que la population et l'histoire humaines.

C'est Auguste Comte qui a inventé le terme de sociologie, mais il lui donne un sens plus large que celui qui lui est resté : chez lui, la sociologie est la philosophie d'ensemble du système positiviste (la loi des trois états et la classification des sciences sont des résultats de la sociologie). Il la divise en deux points de vue : la statique sociale, qui a pour objet l'ordre, et la dynamique sociale, qui a pour objet le progrès. Cette dualité correspond à celle que Ferdinand de Saussure en linguistique appellera point de vue synchronique et point de vue diachronique.

Science, d'où prévoyance ; prévoyance, d'où action

Cet adage d'Auguste Comte (on dirait aujourd'hui prévision à la place de prévoyance) reprend le sens de celui de Francis Bacon : on ne commande à la nature qu'en lui obéissant. Auguste Comte est hostile à toute recherche gratuite et désintéressée (pour reprendre des mots actuels). Il pense que la connaissance scientifique doit être au service de la société et que les recherches qui n'ont d'autre motivation et objectif qu'elles-mêmes doivent être bannies comme un luxe inutile. Le positivisme développe une conception pratique et même pragmatique, avant la lettre, de la connaissance scientifique.

Au-delà de cette limite, le ticket n'est plus valable

Comme Kant, Auguste Comte dans son *Cours de philosophie positive* fixe des limites à la connaissance et il avait cru se donner toutes les précautions en donnant comme exemple de connaissance à jamais inaccessible la composition chimique des étoiles. Le raisonnement du fondateur du positivisme était simple : on n'arrivera jamais à faire des prélèvements dans ces astres éloignés car jamais on n'y abordera ; ils échappent donc à notre expérience, donc leur composition chimique nous sera à jamais inconnue.

Quelques années plus tard, un physicien anglais invente une nouvelle branche de la physique – la spectrographie de masse – qui permet de déduire la composition chimique d'un corps rayonnant à partir de son émission lumineuse. La lumière d'une étoile devenait ainsi un message ; il n'y avait plus qu'à le traduire. On n'a pas besoin d'aller sur les étoiles pour savoir de quoi elles sont faites puisque ce sont elles qui viennent jusqu'à nous. Mais cela, Auguste Comte ne l'avait pas envisagé.

Cet exemple montre à quel point il faut être prudent lorsque l'on aborde la question des limites de la connaissance. Qu'il y ait des limites de fait, c'est une évidence : il y a de l'inconnu déterminé par le champ de la connaissance même. Qu'il y ait des limites de droit, des limites assignables *a priori*, c'est possible, mais nul ne serait en état de dire lesquelles. Pour le savoir, il conviendrait en effet de concevoir l'état d'une connaissance totalement achevée : il suffirait alors de constater ce qui figure dans cet ensemble et ce qui en est exclu. Mais la connaissance totalement achevée est un état inconcevable.

Le positivisme est-il dépassé ?

On a pu dire que la science moderne est faite de tous les interdits posés par Auguste Comte dans son *Cours de philosophie positive* : hostilité au calcul des probabilités en mathématiques, hostilité à une astronomie qui irait au-delà du système solaire, hostilité à une biologie qui tomberait dans l'abîme du microscopique, hostilité à toute recherche sur l'origine historique des sociétés – car le hasard, l'espace de l'univers, l'origine échappent, selon Auguste Comte, à jamais à nos pouvoirs d'observation et de calcul, ou bien ne présentent aucune utilité pratique. Décidément, il y a des prudences de philosophe qui s'avèrent être de grandes imprudences.

Rives et dérives

Ordre et progrès

Très jeune, Auguste Comte a eu le sentiment de vivre dans les décombres. Il fait partie de cette génération qui a vécu le traumatisme révolutionnaire en imagination (il est né en 1798, quatre ans après Thermidor, qui a vu la chute de Robespierre). Or, nous le savons depuis Freud, les plus insistants des traumatismes ne sont pas toujours ceux qui sont vécus dans la réalité.

Comment un tel chaos a-t-il été possible ? Et comment en empêcher le retour ? Telles sont les questions qui ont animé la vie intellectuelle du philosophe et abouti à ses grandes idées. Toute sa philosophie, aussi bien dans sa théorie de la connaissance (*Cours de philosophie positive*) que dans sa pensée politique (*Système de politique positive*) et religieuse (*Catéchisme positiviste*), balance autour de ces deux pôles : pas d'ordre sans progrès, pas de progrès sans ordre.

Le positivisme est écrit sur le drapeau brésilien !

À la fin du XIXᵉ siècle, le positivisme est devenu une sorte de philosophie officielle au Brésil, grâce à l'empereur Pedro II, monarque éclairé qui abolit l'esclavage et fit inscrire sur le globe figurant sur le drapeau national la devise d'Auguste Comte en portugais *Ordre et progrès* (*Ordem e progresso*).

L'amour pour principe, l'ordre pour base, et le progrès pour but; tel est le caractère fondamental du régime définitif que le positivisme vient inaugurer.

Auguste Comte

La religion de l'humanité

À la fin de sa vie, Auguste Comte se rendit coupable d'un grand détournement de religion ; il ne s'agissait pas moins que de « réincurver » sur l'humanité la croyance que l'homme dispersait (en pure perte) vers Dieu. Il reprend à son compte la phrase de Pascal : toute la suite des hommes pendant le cours de tant de siècles doit être considérée comme un même homme qui subsiste toujours et qui apprend continuellement. Il condamne l'esprit individualiste dans la société comme il condamne l'esprit de détail dans la science : les deux tendances lui semblent aller dans le même sens, celui d'une désorganisation croissante.

Pour lui, l'humanité non seulement forme un ensemble organique (il l'appelle le Grand-Être), un être collectif dont les hommes seraient les cellules, mais elle déborde le moment présent, elle englobe l'ensemble immense des disparus : son passé et son futur constituent sa réalité même. Il se déclare lui-même Grand-Prêtre de la religion positiviste dont il prévoit avec une minutie passablement ridicule le culte et le rituel. Appeler l'humanité le Grand-Être, passe encore, mais que penser du Grand-Fétiche pour la Terre ?

L'inventeur de la charrue laboure invisible à côté du laboureur.

Auguste Comte

Le style d'écriture d'Auguste Comte est lourd, sans aucune fantaisie. Le portrait photographique que l'on a du philosophe renforce cette impression de sévérité présente. Pourtant, à l'âge de 46 ans (les philosophes sont tardifs en tout), le fondateur du positivisme rencontre une jeune femme fragile et malade, Clotilde de Vaux, dont il tombe passionnément amoureux, mais qui meurt deux ans plus tard. Il n'est pas excessif de dire que le philosophe lui voue dorénavant un véritable culte. L'inflexion de la pensée d'Auguste Comte vers la morale et l'affectivité à la fin de sa vie doit sa force essentielle à cette rencontre décisive. Clotilde de Vaux ne fut pas seulement la femme adorée d'un homme qui fut un philosophe, elle fut intronisée grande protectrice de la religion de l'humanité sous le nom de sainte Clotilde…

La religion de l'humanité sélective

Auguste Comte sape lui-même les bases de l'humanisme qu'aurait pu induire sa notion de Grand-Être. Dans le *Catéchisme positiviste*, il rejette résolument l'idée selon laquelle l'Humanité serait définie comme l'ensemble de tous les hommes. En fait, l'Humanité n'est composée que de ceux qui ont réellement mis quelque chose au pot commun : les génies, les savants, les artistes, les inventeurs, les autres n'étant que des parasites…

Ce n'est pas sans inquiétude que nous lisons par ailleurs qu'Auguste Comte, par juste compensation de l'exclusion hors du Grand-Être de la quasi-totalité de l'humanité réelle, prescrit de joindre au nouvel être suprême tous ses dignes auxiliaires animaux : il y a, en effet, aux dires du philosophe, des chevaux, des chiens et des bœufs plus estimables que certains hommes ! Des passages comme ceux-ci sont importants : ils nous prouvent que ni la très grande culture (même poussée jusqu'à l'érudition), ni la très grande intelligence (même poussée jusqu'au génie) ne sauraient suffire à nous faire acquérir la sûreté du jugement.

Le destin du positivisme

La philosophie d'Auguste Comte, malgré ses faiblesses et ses restrictions, a eu une postérité intellectuelle et politique considérable. La plupart du temps, on ne garda que la partie scientifique du programme, laissant de côté la religion de l'Humanité. Parfois, le positivisme s'est durci, au point de devenir une idéologie exclusivement centrée sur la science : tel est proprement le scientisme, qui fait de la science non seulement la seule source de vérité (ce qu'après tout on peut raisonnablement admettre) mais aussi la seule source de sens et de valeur (une conception inacceptable mais dont on voit bien qu'elle est l'une des lignes de force de notre modernité).

Si le scientisme est une idéologie plutôt qu'une philosophie, il en va tout autrement avec le positivisme logique auquel un chapitre est consacré plus loin et qui représente l'un des principaux courants de pensée de la philosophie du XXe siècle.

Chapitre 10
Kierkegaard, le maître des existentialistes

Dans ce chapitre :
- L'inventeur du sens moderne de l'existence
- Une des figures les plus pathétiques de l'histoire de la pensée
- Un écrivain dont le génie perce à travers les traductions

Le subjectif contre Hegel

Ce sont les existentialistes qui ont découvert en Kierkegaard un philosophe de toute première grandeur. L'*Histoire de la philosophie* en trois volumes d'Émile Bréhier, ouvrage remarquable par ailleurs, lui consacre à peine une page dans un chapitre intitulé « La philosophie religieuse après 1815 ».

Les miettes philosophiques contre le pain complet

Au gros pain hégélien, nourriture totale (une tradition fait dériver le mot « pain », *panis* en latin, de *pan*, « tout » en grec), Kierkegaard oppose ses « miettes philosophiques ». Lorsque le pain est déjà mangé, restent les miettes à picorer.

Kierkegaard aimait citer ce mot que Shakespeare fait dire à Hamlet, prince danois : « Il y a infiniment plus de choses dans le ciel et sur la terre que dans toute ta philosophie ! » D'un revers de plume, Kierkegaard, danois lui aussi, envoyait promener Hegel et son savoir absolu : « Le Herr Professor sait tout sur l'univers, mais il a simplement oublié qui il est ! »

CITATION À RETENIR

> *Le philosophe construit un palais d'idées et il habite une chaumière.*
>
> *L'existence est le récif sur lequel la pensée pure fait naufrage.*
>
> Kierkegaard

Le choix de la petite partie contre le grand tout

Kierkegaard appelle paradoxe la vérité même qui ne peut que transcender la raison commune à cause de son lien avec l'existence singulière. La pensée de Kierkegaard se veut antiphilosophie, car la philosophie ne peut s'empêcher de se présenter comme système. Même le *cogito* de Descartes est oubli du *je* au profit du système de la pensée (d'ailleurs dans le verbe latin personnel *cogito*, le pronom personnel est absent). Je n'existe pas parce que je pense, je pense parce que j'existe. Le vrai est le tout, disait Hegel. La subjectivité est la vérité, lui répond Kierkegaard.

Kierkegaard revendique la position du penseur subjectif: la prétention de la philosophie à l'objectivité est une illusion puisqu'elle ne peut pas se situer à l'extérieur du monde et que le sujet qui la soutient ne peut se mettre à l'écart de lui-même. La pensée de l'existence ne se communique pas comme un savoir qui aurait un contenu invariant en passant d'un esprit à l'autre, mais comme un pouvoir qui modifie en un sens différent de celui qui le donne celui qui le reçoit.

Kierkegaard voit dans la reprise l'impossibilité de la répétition. Le Christ est mort une seule fois sur la croix et aucun épisode de la vie ne peut être réellement revécu. Le christianisme n'est pas une doctrine – ce qui serait le réduire au système – mais, dit Kierkegaard, le fait que Dieu a existé.

> ### Un style nouveau en philosophie
>
> Les œuvres de Kierkegaard ne sont pas des traités – même le *Traité du désespoir* n'est pas réellement un traité. Les descriptions, les anecdotes y prennent davantage de place que l'argumentation. Alors que Hegel fait disparaître l'existence singulière dans l'universel du concept, Kierkegaard fait apparaître le concept à travers l'existence singulière. La philosophie de Kierkegaard est une philosophie de l'incarnation – c'est le nœud le plus fort qui la relie évidemment au christianisme.

Napoléon a-t-il existé ?

Dans la première moitié du XIXe siècle, à l'époque donc où vit Kierkegaard, un logicien anglais a écrit un ouvrage dans lequel il montre que Napoléon n'a pas existé, qu'il n'est qu'un mythe inventé par les Français pour dominer et faire trembler l'Europe – plus précisément, qu'il n'est qu'une réactualisation du mythe d'Héraklès, lequel peut être rapporté au culte antique du Soleil. L'argumentaire du logicien est fouillé : n'attribue-t-on pas à Napoléon le même nombre de maréchaux (douze) qu'à Jésus les disciples et qu'à l'année les mois ?

Bien entendu, l'ouvrage était une galéjade. Ce que voulait montrer le logicien, c'est qu'une donnée aberrante au départ (Napoléon n'a pas existé) pouvait être « prouvée » tout aussi bien qu'un fait réel.

On a appelé négationnisme le point de vue de celui qui nie la réalité d'un fait historique, spécialement à propos de la politique d'extermination des Juifs par les nazis. Au début des années 1970, un plaisantin a publié aux États-Unis un ouvrage intitulé *Nous ne sommes jamais allés sur la Lune* et dans lequel il entendait « démontrer » qu'en réalité la prétendue mission Apollo était un coup de publicité de la part de la NASA toujours en manque de fonds (on en veut à votre argent !, le thème est porteur auprès d'une opinion méfiante), que les images diffusées de scaphandriers sur la Lune ont été en réalité tournées dans le désert du Nevada et tout à l'avenant.

Le pire dans l'affaire est que le livre a été acheté et lu, et qu'il s'est trouvé un nombre appréciable de gens pour gober de telles inepties.

Plus récemment, des livres ont été écrits qui entendent «démontrer» que les attentats du 11 septembre n'ont pas eu lieu – cette thèse a fait un tabac dans les pays qui ont interdit la cigarette dans les lieux publics…

Quel sens philosophique peut-on donner à de telles incongruités? Que l'existence est un fait injustifiable, indémontrable, qu'elle est une donnée qui échappe à la raison logique, qu'elle lui est irréductible. Kierkegaard dit que si quelqu'un voulait, par les actes de Napoléon, prouver son existence, ce serait au plus haut point étrange. Car sans doute l'existence de Napoléon explique-t-elle ses actes mais ses actes ne prouvent pas son existence, à moins que l'on n'ait déjà compris le possessif «son» existence de telle façon que l'on ait par là admis qu'il existe. L'existence échappe à la logique: essayez donc de démontrer que vous existez – non pas montrer, mais *démontrer*!

Kierkegaard, le pathétique

Pas chez lui dans ce monde

Montaigne disait que tout homme porte en lui l'ensemble de la condition humaine. Kierkegaard est aux antipodes de ce sentiment, car avant d'être une idée, l'idée que l'on a de soi est un sentiment. Le philosophe danois a le sentiment d'être une exception – non pas au sens où il serait au-dessus des autres par la pensée, mais au sens que pèse sur lui avec une acuité particulière la malédiction du malheur. Il disait que la meilleure preuve de la misère de la vie est celle que l'on tire du spectacle de sa magnificence. Mais la vie de Kierkegaard n'eut pas sa part de magnificence. Deux énigmes lui ont donné son caractère pathétique.

Quelle faute a donc bien pu commettre son père (un riche négociant) pour que Kierkegaard en ait toute sa vie porté le poids? Un blasphème? Un enfant naturel? Les biographes ne le sauront probablement jamais. Les pères ont mangé les raisins verts et les dents des fils en ont été agacées, dit la Bible. L'autre épisode obscur est celui de la rupture des fiançailles. Très amoureux de Régine Olsen, Kierkegaard rompt avec elle deux mois après s'être fiancé. Crainte d'entraîner une jeune fille dans son propre malheur? Arrachement héroïque à la tentation mondaine pour se consacrer à l'absolu religieux? Impuissance sexuelle? Tout est possible et les différentes hypothèses ne sont pas forcément contradictoires.

Certes la Scandinavie n'a pas donné au monde que des joyeux drilles. Le cinéma de Dreyer (danois comme Hamlet et Kierkegaard) et de Bergman, le théâtre d'Ibsen ne sont pas d'une folle drôlerie. Il n'en reste pas moins vrai que la vie de Kierkegaard a été marquée par un pathétique particulier. Très laid – un trait qu'il partageait avec Socrate, le seul philosophe qu'il mettait en balance avec le Christ –, malingre, bossu, Kierkegaard était la risée des garnements de Copenhague, qui lui lançaient des pierres en riant quand il passait dans les rues. Les journaux, qu'il attaquait avec une violence polémique, publiaient des caricatures de lui. Bref, Kierkegaard avait toutes les raisons subjectives de ne pas se sentir très bien chez lui dans ce monde.

Mon âme est la mer Morte qu'aucun oiseau ne peut survoler.

Kierkegaard

Un visage et des masques ou bien plusieurs visages?

À l'exception de ses textes d'exhortation morale et religieuse, qui sont de véritables prêches, Kierkegaard publie ses livres sous des pseudonymes drolatiques, Frater Taciturnus, Johannes Climacus, Victor Eremita, Johannes de Silentio, dont le sens est apparent. Cette multiplication des noms d'emprunt est unique en philosophie – et elle n'a eu en littérature qu'un seul autre exemple avec l'écrivain portugais Fernando Pessoa. C'est d'ailleurs à propos de Pessoa qu'on a pris soin de distinguer l'hétéronyme du pseudonyme. Un pseudonyme est un nom de substitution unique et définitif : François-Marie Arouet s'est appelé Voltaire et Voltaire est le nom par lequel il signe tous ses ouvrages, celui par lequel on le désigne en société. L'hétéronyme est davantage que cela : une autre identité partielle.

Tout se passe comme si Kierkegaard, le philosophe de la subjectivité, avait par cette pratique des noms multiples voulu déjouer la menace du système toujours possible – une stratégie qui n'est pas sans rappeler celle à laquelle s'adonnera Derrida lorsqu'il refusera de définir les termes employés, même les néologismes comme « différance » ou « déconstruction ».

Le pathétique de l'existence

Kierkegaard, comme Schopenhauer et Nietzsche après lui, n'est pas très éloigné des grandes idées de la psychanalyse, parce qu'il extrait le sens paradoxal des tréfonds de l'âme humaine. L'individu, disait-il, devient coupable dans son angoisse non pas d'être coupable mais de passer pour l'être : on peut être coupable par sentiment de culpabilité (au lieu que ce sentiment, dans la logique de la conscience commune, suive et non pas précède la culpabilité réelle).

L'instant est un atome d'éternité. Il est le temps pathétique par excellence, celui du péché. L'innocence d'Adam n'est pas cet état sans trouble que retenait la lecture traditionnelle de la Genèse. Kierkegaard montre que, avant même de commettre le péché, Adam au jardin d'Éden éprouvait l'angoisse de n'avoir rien contre quoi lutter, car tel est le sens de l'état d'innocence : n'avoir rien contre quoi lutter. Or positivement, l'angoisse est déjà le signe de la liberté réelle, car elle en marque la possibilité (un thème largement développé plus tard par Sartre). Il y a même de l'angoisse chez l'enfant, observe Kierkegaard, repérable à sa quête d'aventure, de monstrueux, de mystère.

L'angoisse est ce qui ouvre l'existence et la décale à jamais du caractère massif de l'être : il est certain que la montagne ne l'éprouve pas et il est douteux que l'animal la connaisse. Cette ouverture au possible que l'angoisse signifie sera chez Adam renforcée par l'interdiction divine : car comment Adam aurait-il pu comprendre le sens de l'interdit de manger du fruit de l'arbre de la connaissance du bien et du mal puisqu'il ne savait pas encore ce que pouvaient être le bien et le mal ? Ce n'est qu'en mangeant le fruit qu'Adam pourra connaître le sens de l'interdit d'en manger.

L'angoisse est le vertige de la liberté.

Kierkegaard

L'amour est comique

On trouve chez Kierkegaard de nombreuses phrases paradoxales comme celle-ci : « L'amour est comique. » On dit l'amour sérieux ou léger, grave ou pathétique, tragique, oui, mais comique ?

Kierkegaard n'est pas seulement un écrivain attaché, comme Proust, aux miettes de l'existence. Il est aussi un rigoureux constructeur de concepts. Le comique, dit-il, est toujours l'expression d'une contradiction. Or l'amour n'existerait pas sans contradiction – entre deux subjectivités, entre le désir du corps et l'aspiration de l'âme, etc. Voilà pourquoi l'amour peut être dit comique.

Le christianisme trahi

Kierkegaard est, avec Pascal (avec qui il partage tant de points communs), un philosophe chrétien : non pas un philosophe du christianisme, qui prendrait la religion chrétienne comme un objet de pensée spécifique, mais un philosophe qui pense en fonction des catégories fondamentales qui sont celles du christianisme : le péché, le désespoir, l'angoisse, le mal et l'innocence, la rédemption, le salut...

Mais c'est parce qu'il est un penseur religieux, et qui se prétend tel, que Kierkegaard est violemment anticlérical. La religion instituée des Églises luthériennes, si puissantes alors au Danemark, le scandalise : elle a passé avec le monde, la réalité du monde social, des compromis qui ont ruiné son âme. Elle contrôle les cœurs, en oubliant la croix. Elle a renoncé à son sens en échange du pouvoir.

Mais le christianisme a aussi été trahi lorsque ses prétendus défenseurs ont entrepris de le rendre présentable au monde. C'est ainsi que le caractère littéralement scandaleux de la religion chrétienne (un Dieu qui s'incarne et meurt sur la croix pour les pécheurs que sont les hommes) a été évacué au profit d'un moralisme tiède qui se satisfait de tous les accommodements avec l'incroyance.

Le christianisme n'est ni rationnel ni raisonnable, il est de l'ordre du paradoxe (l'existence historique du Dieu éternel) et du scandale (la mort historique de ce Dieu). La Réforme, en somme, aura été un coup pour rien. Les Églises luthériennes se sont tout autant détournées du scandale chrétien que l'avait fait l'Église catholique contre laquelle elles se sont insurgées.

L'absurde du christianisme, et qui aux yeux de Kierkegaard est la vérité profonde de cette religion, est l'insertion de l'éternité dans le temps que manifeste l'Incarnation. Certes, l'instant a ce caractère de lier ensemble ce qui normalement devrait rester séparé (l'instant est ce qui, dans le temps, peut nous donner l'image de l'éternité, à cause de sa perfection, de son immobilité, à cause même de sa brièveté extrême qui justement empêche le temps de couler) mais l'Incarnation est beaucoup plus qu'une image.

Les trois stades de l'existence et leurs couloirs

Si le monde de la logique est dominé par la catégorie de nécessité, celui de l'existence l'est par celle de possibilité. Contrairement à Hegel, qui en faisait un processus rationnel et continu dans lequel même les opposés peuvent se concilier («et... et»), Kierkegaard voit la réalité comme un complexe de possibilités qui, inconciliables («ou bien... ou bien»), impliquent hésitation, négation, destruction, dans la mesure où les choix de l'homme sont toujours le résultat de drames et de déchirures, de «sauts» qualitatifs et non de calcul rationnel. Il existe une tragédie du choix qui ne peut s'effectuer que dans l'angoisse. Comme pur sentiment du possible, l'angoisse est le rapport même de l'homme au monde, comme le désespoir est le rapport de l'homme à lui-même.

Kierkegaard distingue trois stades de l'existence :

- Le stade esthétique
- Le stade éthique
- Le stade religieux

Kierkegaard pensait être lui-même dans sa vie passé par chacun de ces stades (le jeune dandy insouciant qui dissipe la fortune paternelle, le fiancé engagé dans une promesse de vie installée, le penseur religieux qui a découvert son véritable interlocuteur).

Chacun des trois stades de l'existence est caractérisé par une dimension prévalente du temps :

- L'instant pour le stade esthétique
- La durée pour le stade éthique
- L'éternité pour le stade religieux

Le stade esthétique

Le terme d'esthétique doit être pris en son sens général de : ce qui a rapport à la sensibilité. L'homme du stade esthétique vit dans l'instant. Il ne s'arrête en aucun plaisir durable, à aucune promesse, à aucun engagement. Trois figures incarnent ce stade : Don Juan, qui virevolte de femme en femme, le Juif errant qui va de pays en pays et Faust qui passe de savoir en savoir. Aucun des trois ne sait s'arrêter à un terme ultime qui lui donnerait la satisfaction du repos. Certes, une malédiction pèse sur le Juif errant (selon la légende médiévale, il aurait été condamné à errer éternellement par Jésus car il aurait ri de lui lors de la montée au Calvaire). Mais qui dit qu'aucune malédiction ne pèse aussi sur Don Juan ou sur Faust ?

L'esthétique est le mode d'être de l'homme moderne, homme sans engagement ni foi, être des surfaces, de l'incessante métamorphose. Le désespoir est le mode d'être (Heidegger dirait : l'existential) de l'homme esthétique lorsqu'il s'aperçoit qu'il n'a pas de moi.

Le sens sérieux de l'ironie

L'ironie est le mode d'être qui fait signe vers le stade suivant, le stade éthique. Chez Socrate, l'ironie était beaucoup plus qu'un style de discours, elle représentait sa méthode d'interrogation (tel est le sens de l'étymologie grecque). Chez les romantiques allemands, qui forment la génération immédiatement antérieure à celle de Kierkegaard, l'ironie est l'expression de la libre subjectivité face aux contraintes du réel et de la société.

Kierkegaard voit dans l'ironie une sorte de désespoir intellectuel caractéristique de l'homme de la sphère esthétique qui compense ainsi l'inanité de son moi en dissolvant le monde. Mais s'il découvre les failles du moi esthétique éparpillé dans la sensualité, l'ironiste n'a pas le courage de changer de vie. Il se réfugie alors dans la plaisanterie qui naît de la contradiction entre sa prise de conscience intellectuelle et son attitude existentielle. La dérision, qui est l'attitude dominante de l'homme actuel et qui est constamment donnée à voir et à entendre dans les médias, est tout à fait symptomatique de cette impuissance : on glousse et on ricane quand on ne sait rien et qu'on n'en peut guère plus.

> *C'est l'exclusion de l'esprit qui explique qu'il y ait une insouciance dans la Beauté grecque mais aussi en elle un profond deuil inexpliqué.*
>
> Kierkegaard

Le stade éthique

Le stade éthique, qui vient après le stade esthétique et avant le stade religieux, se caractérise par le sérieux de la vie organisée selon le temps de la loi et du devoir. Le métier et le mariage signalent la vie éthique (Don Juan se marie par ruse, brièvement, pour achever de séduire une récalcitrante et on ne l'imagine pas exerçant une profession). Alors que l'homme esthétique disperse sa vie dans la multitude des instants de plaisir, l'homme éthique donne à sa vie un centre.

Le sens sérieux de l'humour

L'humour marque le passage de l'éthique au religieux. Kierkegaard considère qu'il est essentiellement chrétien et il lui oppose justement l'ironie socratique. Ce faisant, il donne à ces deux catégories un sens plus profond que celui qui leur est communément attribué (l'ironie, dit-on, consiste à parler légèrement de choses graves, l'humour à parler gravement de choses légères). L'humour apparaît dès que l'individu comprend que quelque chose existe au-delà de son existence. Il est le mode d'être de l'homme conscient de la distance qui le sépare de l'infini mais reste tout de même attaché à l'immanence du jeu. À l'opposé de l'ironie qui est orgueilleuse (l'ironiste fait toujours le malin, que l'on pense à Socrate ou à Voltaire), l'humour est humble.

Le stade religieux

Aux yeux de Kierkegaard, ce n'est pas la vertu qui est le contraire du péché mais la foi. La foi, disait-il, est la plus haute passion de tout homme. Il y a peut-être beaucoup d'hommes de chaque génération qui n'arrivent pas jusqu'à elle, mais aucun ne va au-delà d'elle.

Transcendant le stade éthique précédent, le stade religieux s'inscrit dans l'éternité d'une foi vécue non sur le mode de la réconciliation (ce à quoi tendent toutes les Églises modernes) mais à l'inverse sur celui de l'angoisse et du désespoir.

Abraham est l'incarnation du stade religieux, comme Don Juan était celui du stade esthétique. Abraham n'est pas un héros tragique, il n'est d'ailleurs pas du tout un héros, son geste n'a rien d'héroïque. Le héros tragique, tel que le conçoit Kierkegaard, est celui qui vit à l'intérieur de lui-même le conflit entre l'individu et la collectivité. En tant que tel, il appartient à la sphère éthique.

Agamemnon qui sacrifice sa fille pour le succès de son expédition, Jephté qui tue la sienne pour honorer une promesse en cas de victoire, Brutus qui assassine son père adoptif César pour la sauvegarde de la république sont des héros tragiques : leur action, aussi douloureuse soit-elle sur le plan sentimental, possède une rationalité politique. Le geste que Yahvé demande à Abraham – lui sacrifier son fils unique si longtemps désiré et attendu, est absurde ; il est profondément immoral et n'a aucune utilité politique. Par ce commandement injustifiable, Abraham est exclu de la communauté des hommes. Le geste d'Abraham est une affaire qui ne concerne que lui dans son rapport absolu à Dieu.

Une autre interprétation

Martin Buber, philosophe juif allemand contemporain, a intelligemment contesté la lecture de Kierkegaard. Pour lui, le sens du sacrifice d'Abraham est précisément qu'il n'a pas eu lieu. Pour Kierkegaard, l'épisode du sacrifice d'Isaac montre la transcendance du religieux par rapport à l'éthique, tandis que pour Buber il montre à l'inverse qu'en aucun cas le religieux ne saurait prévaloir contre l'éthique.

Chapitre 11
Marx, un moment capital

Dans ce chapitre :
- Une pensée qui a eu sur le XXe siècle la plus grande des influences
- Le matérialisme dialectique
- La lutte des classes
- Le communisme

Retrouver la réalité

Un philosophe, entre autres

Voltaire se voulait rageusement philosophe et il l'était à peine. Marx ne se le voulait pas, et il l'était, pleinement. Un philosophe est un homme qui produit des pensées qui ne sont ni scientifiques ni religieuses. Tel est le cas de Marx, même si Émile Bréhier ne lui consacre même pas un chapitre dans son *Histoire de la philosophie* (Kierkegaard, finalement, est gâté avec sa petite page). Mais Marx n'était pas seulement philosophe. *Le Capital*, son grand œuvre, est un livre d'économie politique que l'on peut mettre sur le même plan que les textes fondateurs de cette discipline, ceux d'Adam Smith, de Ricardo et de Jean-Baptiste Say.

Marx était aussi un homme d'action, un homme politique, un révolutionnaire. Les philosophes, dit-il dans l'une de ses formules les plus célèbres, n'ont fait qu'interpréter diversement le monde, il s'agit maintenant de le transformer. Le *Manifeste du Parti communiste* écrit avec son compagnon Friedrich Engels, l'année même où éclate la révolution de 1848, est un acte politique plutôt que philosophique. Marx a consacré beaucoup d'énergie à l'action politique. Il a fondé la Première Internationale. C'est lui qui a fait sortir le communisme de son domaine d'utopie pour en faire une force alternative.

À cause de l'établissement à partir de 1917 d'un certain nombre de régimes dits communistes, Marx fut sans conteste le philosophe qui eut sa figure reproduite le plus souvent dans l'espace public (des centaines de millions d'exemplaires, depuis les effigies géantes promenées lors des grandes parades officielles jusqu'aux vignettes ornant les manuels de classe pour écoliers). Destin inouï pour un philosophe, quand on y songe. On n'imagine pas le portrait de Spinoza porté par des foules enthousiastes à Broadway ou place de la Concorde. Le portrait de Marx est une icône qui va très au-delà du domaine propre de la philosophie.

L'engagement révolutionnaire de Marx lui valut de son vivant exil et misère. Ne gagnant pratiquement pas d'argent, il ne dut sa survie pratique que grâce aux articles qu'il écrivait pour les journaux et à l'aide d'Engels, fidèle compagnon avec lequel il écrivit plusieurs ouvrages et qui était fils d'un industriel.

L'idéalisme, voilà l'ennemi !

Lorsqu'il était étudiant, Marx rédigea une thèse de philosophie sur les systèmes de Démocrite et d'Épicure. Son matérialisme est donc de toujours. Très marqué par la lecture de Hegel, comme tous les jeunes intellectuels de sa génération, Marx s'en détache rapidement : ce n'est pas l'Idée qui mène le monde mais l'intérêt, le besoin, le travail, la technique, bref la matière. Marx exprimera son refus de l'idéalisme en disant que la dialectique de Hegel marchait sur la tête et qu'il l'a remise sur ses pieds.

Mais en fait, derrière ce terme d'idéalisme, c'est l'ensemble de la philosophie (si l'on fait exception de l'exception matérialiste) qui est dénoncé pour le jeu d'ombres auquel elle se prend elle-même. La philosophie, en effet, tend à croire que les abstractions dont elle se sert sont la réalité même : la nature, l'Homme, Dieu, etc. Elle oublie que les mots ou bien ne recouvrent que des fictions (comme le dahu à la chasse duquel on conviait jadis les jobards) ou bien ne sont que des moyens commodes pour désigner ce que peuvent avoir de commun un certain nombre de réalités. Sur ce plan précis, Marx s'inscrit dans l'héritage et le sillage du nominalisme philosophique.

Les abstractions auxquelles on croit finissent par constituer un écran entre la pensée et la réalité ; elles prennent la place de la réalité au lieu d'en paraître des expressions. Aux yeux de Marx, la pensée toute seule s'enivre elle-même. C'est la pratique, c'est-à-dire l'action, le travail, qui constitue le critère de la vérité, et non le jeu d'une logique enroulée sur elle-même. Marx nomme *praxis* la pratique historique collective visant à transformer l'ordre social. Sa philosophie est une philosophie pour la *praxis*.

> *La philosophie est à l'étude du monde réel ce que l'onanisme est à l'amour sexuel.*
>
> Marx

Les beaux rêves de la chambre obscure de l'idéologie

L'idéologie est un ensemble de discours de justification et d'oubli complices de l'inhumanité de ce monde. En expliquant la réalité par des entités abstraites (ce que fait la philosophie) ou par des lois prétendument naturelles (ce que fait l'économie politique), l'idéologie renforce l'existence du monde comme il va, c'est-à-dire comme il ne va pas.

Mais l'idéologie peut également mentir et dissimuler. Elle peut inverser la réalité au lieu de la légitimer directement. Marx compare cette fonction d'inversion au mécanisme de la *camera obscura* (le dispositif de la chambre obscure qui fut le lointain ancêtre des appareils photographiques et à l'intérieur duquel l'image de la scène appliquée par le rayon lumineux traversant un orifice apparaît à l'envers).

L'idéologie a donc trois manières d'agir :

- En légitimant la réalité : il y aura toujours des riches et des pauvres.
- En inversant la réalité : la véritable richesse est intérieure.

✔ En faisant oublier la réalité au profit d'un monde imaginaire : heureux les misérables car ils seront récompensés dans le royaume des cieux.

Sur un terrain plat, de simples buttes font l'effet de collines ; aussi peut-on mesurer l'aplatissement de la bourgeoisie contemporaine d'après le calibre de ses esprits forts.

Marx

L'opium du peuple

D'Holbach avait dit que les hommes tiennent à leur religion comme les sauvages à l'eau-de-vie. Marx dit que la religion est l'opium du peuple. Au milieu du XIXe siècle, l'opium était utilisé comme sédatif et antalgique (la morphine, qui en est dérivée, fut inventée plus tard). Lorsque Marx dit de la religion qu'elle est l'opium du peuple, il ne veut pas dire qu'elle plonge les croyants dans un monde d'hallucinations mais qu'elle les soulage de leurs souffrances.

Ce qui désole Marx, ce n'est pas évidemment que l'homme soit soulagé de ses souffrances, c'est qu'il le soit de manière à la fois éphémère et artificielle, donc illusoire. Or l'illusion ne peut que prolonger la souffrance réelle, puisqu'elle ne fait rien pour s'attaquer à ses causes.

Marx intègre une bonne partie de la critique de la religion qu'avait effectuée le philosophe Ludwig Feuerbach dans son livre *L'Essence du christianisme*. L'homme pauvre invente un dieu riche, diagnostique Feuerbach. Il est faible, il imagine un dieu tout-puissant. Il sait peu de choses, il forge un dieu omniscient, etc. Bref, l'être humain se dépouille de ses qualités génériques pour les attribuer à un dieu imaginaire, mais ce faisant il se rend encore plus misérable – un peu comme si un fidèle pétri de dévotion mettait sur la figure sculptée de son dieu la seule guenille qu'il a pour se couvrir.

La religion est le soupir de la créature accablée par le malheur, elle est le cœur d'un monde sans cœur, comme elle est l'esprit d'une époque sans esprit ; elle est l'opium du peuple.

Marx

Un matérialisme social

Rapports sociaux et matérialisme

Contre l'idéalisme, Marx affirme que ce n'est pas la conscience des hommes qui détermine leur existence, mais que c'est leur existence sociale qui détermine leur conscience. Les rapports sociaux sont intimement liés aux forces productives. En acquérant de nouvelles forces productives, les hommes changent de mode de production et en changeant la manière de gagner leur vie, ils changent tous leurs rapports sociaux. Le moulin à bras donnera la société avec le suzerain ; le moulin à vapeur, la société avec le capitalisme industriel.

Le matérialisme historique de Marx tient dans cet énoncé : les forces productives (état des techniques à un moment donné de l'histoire) sont liées aux forces de production (les différentes classes sociales, définies par leur place respective dans le procès de production) qu'elles déterminent aussi. Si ces forces productives changent (invention de la machine à vapeur, de l'ordinateur), les rapports de production changent en conséquence. On peut donner autant d'exemples qu'on voudra de cette détermination de la société (donc de l'histoire) par la technique. Déjà, Aristote avait écrit que si les navettes à tisser pouvaient marcher toutes seules, il n'y aurait plus besoin d'esclaves. Aristote ne croyait pas du tout la chose possible (il disait cela au contraire pour justifier l'esclavage comme phénomène nécessaire), l'histoire s'est chargée de lui donner finalement raison, car si l'esclavage a été aboli, ce n'est peut-être pas d'abord grâce aux protestations morales de quelques (trop rares) écrivains mais grâce au fait que l'industrialisation l'a rendu économiquement inutile.

Les idées dominantes d'une époque n'ont jamais été que les idées de la classe dominante.

Marx

Le moteur de l'Histoire

La technique a des effets souvent imprévus. C'est ainsi que le développement des monastères au Moyen Âge est lié à l'invention du collier d'attelage : en effet, comme on disposait de davantage d'énergie grâce à cette invention, le travail pouvait être accompli par un moins grand nombre de serfs – résultat : les monastères se remplirent de confits et de contrits. Une culture forme un tout, et l'on ne peut y introduire un élément aussi puissant qu'une technique nouvelle sans déranger l'organisation de l'ensemble. Les actuels transferts de technologie de pays développés à pays en voie de sous-développement ne vont pas sans détruire de fragiles équilibres socioculturels ainsi qu'on l'a vu à travers les effets sociaux induits par les révolutions vertes. Dans un ouvrage devenu classique, *La Révolution de la hache*, Alfred Métraux a montré comment un peuple du nord de l'Australie avait tout perdu en adoptant la hache de métal : trop faibles pour manier un instrument aussi lourd, les vieux qui détenaient prestige et pouvoir s'en virent dépossédés par les jeunes.

Matérialisme, oui, mais dialectique !

L'expression de matérialisme dialectique n'est pas de Marx lui-même mais elle a été popularisée par Engels et servit ensuite à désigner, dans le marxisme, la philosophie de Marx. L'adjectif « dialectique » renvoie à Hegel : la réalité n'est pas une donnée éternelle fermée, elle est un processus, une constitution progressive par jeu d'oppositions surmontées. Par exemple, lorsque deux États se font la guerre, la paix qui met un terme au conflit ne peut pas être un simple retour au point de départ : les deux forces en présence ont été nécessairement modifiées. Elles se sont opposées l'une à l'autre et, par ce moyen, déterminées l'une contre l'autre.

Le matérialisme de Marx ne va pas jusqu'à la négation de la pensée et de son pouvoir. La différence qui existe entre l'architecte le plus maladroit et l'abeille la plus habile, écrit Marx lui-même, c'est que l'architecte porte d'abord sa maison dans sa tête.

Chapitre 11 : Marx, un moment capital 247

À l'opposé du matérialisme dit mécanique, qui ne considère la relation de causalité que de manière unilatérale (tel facteur produit tel effet, et c'est terminé), le matérialisme dialectique laisse ouverte la possibilité d'une action en retour de l'effet sur sa cause. Soit le schéma global d'explication exposé plus haut : l'infrastructure (forces productives et rapports de production) détermine la superstructure (le niveau des idées dont la science, le droit, la philosophie, l'art, etc., bref la culture, font partie). Telle est l'explication matérialiste. C'est la technique, l'économie, les rapports sociaux qui entraînent le mouvement global de l'Histoire, dont les idées sont l'expression.

Mais si les idées expriment des forces matérielles, elles peuvent aussi agir rétroactivement sur elles. Et c'est bien ainsi que les choses se passent avec la technique. En tant qu'outil, machine, usine, etc. la technique est matérielle mais elle repose en grande partie sur des idées (la plupart des inventions techniques ont été précédées par des découvertes scientifiques) si bien qu'on peut dire que l'infrastructure détermine la structure qui la détermine.

La naissance du capitalisme ne fut pas une mince affaire

Engels appelait matérialisme historique l'application du matérialisme dialectique à l'histoire. Un exemple particulièrement éclairant d'explication matérialiste est la façon dont Marx rend compte de l'apparition du capitalisme. Ce nouveau système, qui se substitue peu à peu au féodalisme à partir de la fin du Moyen Âge, repose sur ce que Marx appelle l'accumulation primitive du capital et la constitution d'une nouvelle classe sociale, celle des ouvriers.

Au XVe siècle, la bourgeoisie italienne enrichie a des besoins croissants de tissus, qu'elle commande chez les drapiers des Flandres. Ceux-ci fabriquent leurs marchandises avec la laine des moutons anglais. En Angleterre, pour répondre à cette demande croissante de matière première, les propriétaires terriens expulsent un grand nombre de paysans afin de libérer les terres pour la pâture des troupeaux, désormais plus rentable. Ainsi, à l'enrichissement des classes supérieures (bourgeoisie italienne et flamande, aristocratie anglaise) s'ajoute la formation d'une classe de paysans expulsés qui vont rejoindre les villes pour trouver du travail et constituer ainsi la main-d'œuvre des manufactures, ancêtres des usines modernes.

On voit que dans ce schéma seuls les facteurs matériels jouent (besoin, intérêt, travail, force physique) mais qu'au sein d'une complexe réaction en chaîne la conscience des hommes n'est évidemment pas absente (ne serait-ce que sous forme de projet, d'intention).

Plus tard, Max Weber donnera de la naissance du capitalisme une interprétation frontalement antimarxiste et mettra au tout premier plan le facteur idéologique (la Réforme protestante et sa nouvelle conception du travail et de l'argent qui brise les tabous de l'Église catholique).

L'essence du capitalisme, les sens du capitalisme

Marx ne croit pas à l'éternité dans l'histoire. Il n'y a pas de capitalisme éternel, le chasseur de bisons de la préhistoire n'était pas un capitaliste du seul fait qu'il gardait ses outils. Le capitalisme, aux yeux de Marx, est une formation *historique* qui a eu une naissance et qui aura une fin. Comme son nom l'indique, il est le système du capital. Or, si le capital est une richesse, toute richesse n'est pas un capital. Des bijoux ou des terres, par exemple, ne sont pas nécessairement un capital. Le capital, tel que le définit Marx, est l'élément central du système qui fait de la production et de l'échange des marchandises non plus seulement des moyens mais des fins en soi.

Marx a été frappé par ce passage des *Politiques* où Aristote oppose l'économie à ce qu'il appelle la chrématistique. Avec l'économie, l'argent est un moyen d'échange. Avec la chrématistique, il est devenu une fin en soi. Aux yeux de Marx, le capitalisme est un système chrématistique : au lieu que l'argent soit le médiateur entre deux marchandises (on vend une marchandise pour en acheter une autre qui sera consommée), c'est la marchandise qui est la médiatrice du circuit monétaire ; en termes économiques, la valeur d'échange a pris le pas sur la valeur d'usage. La spéculation est le moteur même du système qui tend à tout transformer en capital (condition de la production des marchandises et source de profits) et en marchandises.

Mais le capitalisme est également une structure sociale et pas seulement économique – car il n'y a de capital que *social*, quand bien même il serait la propriété personnelle d'un petit nombre d'individus (et tel est le cas). Le capitalisme repose sur l'appropriation privée des moyens de production (matières premières, ressources naturelles) et de la force de travail de tous ceux qui justement ne détiennent pas de capitaux.

Un fétichisme bien actuel

La force du capitalisme est telle qu'elle semble devoir être entièrement détachée de ses conditions d'existence. Ainsi la machine s'impose de plus en plus comme une puissance séparée qui ne doit plus rien à ses propriétaires et utilisateurs. Charlie Chaplin a illustré cela de façon définitive dans son film *Les Temps modernes*. En fait, et paradoxalement si l'on songe à la lourdeur matérielle qui est en jeu, le capitalisme développe une puissance d'illusion idéaliste tout à fait particulière. Marx l'a analysée sous le nom de fétichisme de la marchandise. Dans certaines sociétés, le fétiche est un objet dont on suppose qu'il concentre en lui toutes les puissances du sacré : l'adorateur ne sait pas qu'en réalité la force qu'on lui attribue vient de lui. Pareillement, en système capitaliste, la marchandise prend une individualité si convaincante qu'elle nous fait oublier qu'elle est le produit d'un système social déterminé. Ainsi le langage publicitaire moderne nous montre-t-il des objets littéralement tombés du ciel, complètement déconnectés de leurs conditions de production (qui verrait le petit enfant des Philippines réduit en esclavage derrière le jean sur les fesses du mannequin ?).

Le capital est semblable au vampire, il ne s'anime qu'en suçant le travail vivant et sa vie est d'autant plus allègre qu'il en pompe davantage.

Marx

Le premier philosophe de la mondialisation

Marx est le premier à avoir vu que, pour exister, les hommes sont désormais contraints de s'approprier la totalité des forces productives et d'universaliser leurs rapports sociaux à une époque où la production et la technique prennent une dimension mondiale. La mission historique du capitalisme (dont Marx a toujours pensé qu'il était supérieur à tous les systèmes antérieurs) est d'unifier le monde et l'humanité. Par rapport au présent capitaliste, toute l'humanité antérieure apparaît comme radicalement bornée. Marx, au-delà des dangers, voit dans la mondialisation un facteur de liberté : à la dépendance universelle succède la maîtrise universelle ; sur ce plan, comme sur d'autres (la socialisation de la production), le capitalisme actuel prépare le terrain du communisme futur.

Des idées fondatrices

Un philosophe de la liberté

S'il fut l'inspirateur de régimes qui, résolument, ont anéanti toute liberté, Marx fut un grand philosophe de la liberté. Tragique destin d'une pensée. On songe à ce mot que fait dire Dostoïevski à l'un de ses nihilistes révolutionnaires : parti de la liberté illimitée, je suis parvenu au despotisme illimité ! L'idéal révolutionnaire de Marx est un idéal de liberté totale pour tous les hommes sans exclusive. Cette exaltation d'une liberté totale, concrète, passe par la critique des conceptions partielles de la liberté.

La liberté peut être aussi l'alibi de l'injustice. Le renard libre dans le poulailler libre, s'exclamera ironiquement Jean Jaurès au sujet du capitalisme. Il n'y a pas de liberté pour celui qui n'a que la possibilité d'être écrasé par le fort. Entre le fort et le faible, c'est la liberté qui opprime et la loi qui affranchit, disait Lamennais (qui n'était pas socialiste, seulement républicain).

Une pensée de la liberté concrète

La philosophie a défini la liberté de manière si abstraite qu'elle n'a plus aucun contenu. Proche en cela de Spinoza, Marx identifie liberté et puissance : être libre ne signifie pas faire ce que l'on veut. Faire ce que l'on peut lorsque ce que l'on peut n'est pas la simple possibilité logique mais le moyen effectif de l'action. Ainsi ne dit-on pas d'un analphabète qu'il a la liberté de lire sous le prétexte qu'il ne subit pas de censure, ni d'un chômeur sans domicile fixe qu'il a la liberté de passer ses vacances où il veut sous le prétexte que l'État ne l'empêche pas d'avoir un passeport. Pour lire, il faut savoir lire, pour voyager, il faut avoir les moyens matériels de le faire. La liberté qui n'est pas appuyée sur des moyens intellectuels et matériels effectifs n'est qu'un mot vide de sens, un slogan, un mensonge. La liberté sans condition effective n'est que formelle.

L'homme ne fut pas émancipé de la religion ; il reçut la liberté religieuse. Il ne fut pas émancipé de la propriété, il reçut la liberté de la propriété. Il ne fut pas émancipé de l'égoïsme de l'industrie, il reçut la liberté de l'industrie.

Marx

La liberté est davantage que l'émancipation

L'émancipation est la sortie hors d'une servitude : un esclave émancipé n'est plus esclave, un mineur émancipé n'est plus mineur. Mais il ne suffit pas qu'un prisonnier sorte de sa cellule pour qu'il soit libre. Encore faut-il qu'il ait quelque chose à faire, qui puisse faire de lui un homme libre.

Les sociétés démocratiques modernes confondent volontiers, pour des raisons économiquement et idéologiquement compréhensibles, émancipation et liberté. Par exemple, sur Internet, une absence de censure sera immédiatement appelée liberté. Corollairement, il suffira qu'une règle soit transgressée ou abolie pour que l'on parle de liberté. Inversement, la moindre régulation sera interprétée comme un signe de despotisme.

L'homme total : rien n'est trop grand pour lui

Dans l'usine, dit Marx, il n'y a plus d'hommes entiers mais des têtes, des bras, des jambes qui semblent détachés du reste du corps. La division du travail qui est constitutive du capitalisme et qui a des dimensions inséparablement sociales et techniques est aussi une division de l'homme lui-même. L'aliénation est le fait de ne plus s'appartenir à soi-même, de n'être plus avec ni pour soi-même. On dit justement d'un fou qu'il est *aliéné*, parce qu'il est littéralement hors de lui-même comme si une force étrangère avait pris possession de son esprit (on disait jadis des fous qu'ils étaient *possédés*).

L'ouvrier est ainsi triplement aliéné :

- Par rapport à lui-même (il a vendu sa force de travail au capitaliste)
- Par rapport à la marchandise (le produit de son travail appartient à un autre, le capitaliste)
- Par rapport au capitaliste lui-même (le salariat est une forme substitutive de l'esclavage dans laquelle les individus ne sont pas juridiquement la propriété des maîtres)

Marx disait : dans la société communiste, il n'y aura plus ni Raphaël ni Mozart mais des gens qui, entre autres choses, feront de la peinture ou de la musique. Manière de dire que, par opposition à un système qui mutile l'être humain, il faut continuer à penser à une société qui puisse être constituée d'hommes complets et non pas seulement de membres ou d'organes.

La lutte des classes

Toute l'histoire jusqu'à nos jours, dit le *Manifeste du Parti communiste*, est l'histoire de la lutte des classes. Lorsque la propriété privée des moyens de production apparaît, mettant fin à la période du communisme primitif, la société des hommes n'est plus unie mais conflictuelle, puisque aux détenteurs des moyens de production font face ceux qui n'ont que leur force de travail pour vivre et survivre. Ainsi dans l'Antiquité y eut-il la division entre maîtres et esclaves et au Moyen Âge la division entre seigneurs et serfs, auxquelles succède à l'époque moderne la division entre capitalistes et prolétaires. La division de la société en classes (les rapports de production) est donc l'expression d'un état déterminé des forces productives (la révolution industrielle, avec la machine à vapeur, a balayé la féodalité et signé le triomphe du capitalisme).

À la différence des castes, rangs et ordres des sociétés traditionnelles et d'ancien régime, les classes se définissent par leur fonction dans l'appareil productif. Avec le capitalisme, le pouvoir symbolique et la puissance matérielle ne font plus qu'un (le brahmane, membre de la caste supérieure en Inde, peut être moins riche qu'un commerçant, membre d'une caste inférieure ; on ne verra jamais en Europe un patron avec moins d'argent que son ouvrier).

Lorsque les rapports de production (la structure sociale) entrent en contradiction avec les forces productives (la structure économique), il y a une révolution dont le résultat est généralement de mettre les deux niveaux en phase. Ainsi au XVIIIe siècle l'aristocratie française gardait-elle les privilèges qui étaient les siens lorsque la richesse principale était la propriété des terres. Avec la révolution industrielle, les nobles ont petit à petit perdu leur puissance matérielle face à la bourgeoisie montante, laquelle se trouvait toujours dépossédée du pouvoir politique. La Révolution française fut la secousse historique qui permit à la bourgeoisie d'acquérir les droits et les pouvoirs qui étaient conformes à sa nouvelle puissance économique.

Pareillement, Marx perçoit le capitalisme comme sourdement travaillé par la contradiction entre une structure de plus en plus inégalitaire des rapports de production (une poignée de capitalistes face à l'armée des prolétaires) et des forces productives de plus en plus unifiées.

Les forces qui travaillent la société font comme la taupe qui creuse ses galeries sans qu'on la voie. Marx reprend à Hegel, lequel l'avait prise à Shakespeare, l'image de la taupe. Hamlet dit de l'esprit de son père, qui cherche vengeance pour son assassinat : « Bien travaillé, vieille taupe ! » Chez Hegel, l'esprit du père est devenu celui du monde qui mène l'Histoire. Chez Marx, la taupe revient sur terre (et même dessous) et symbolise les forces révolutionnaires.

L'internationalisme prolétarien contre l'universalisme bourgeois

Le *Manifeste du Parti communiste* que Marx écrit avec Engels fait connaître le slogan «Prolétaires de tous les pays, unissez-vous!» La bourgeoisie est une classe mondiale parce que le capitalisme est un système mondial. Les ouvriers n'ont pas de patrie. Aussi doivent-ils prendre conscience d'une solidarité internationale. Marx a des mots durs contre l'universalisme «bourgeois» des droits de l'homme et le cosmopolitisme abstrait. Il n'y voit qu'une ruse et une hypocrisie destinées à masquer des intérêts très particuliers.

En 1864, il crée l'Association internationale des travailleurs connue sous le nom de Première Internationale lorsqu'il y aura une Deuxième puis une Troisième Internationale. L'ironie de l'histoire aura voulu que si l'universalisme n'était que le masque du particularisme, l'internationalisme, après 1917, ne sera que le paravent du nationalisme russe. Non seulement, à l'exception d'une maigre élite communiste, les ouvriers ne se seront jamais sentis plus internationalistes que nationalistes (il n'est que de voir leur réaction en 1914 de part et d'autre du Rhin), mais la solidarité internationale n'a jamais réellement joué entre les États ou les forces pourtant communistes (il n'est que de voir la méfiance que les soviétiques ont tout de suite conçue à l'endroit de leurs «camarades» chinois). L'internationalisme prolétarien fait à présent partie de l'histoire des mythes révolus.

Qu'est-ce que le communisme ?

Le *Manifeste du Parti communiste* s'ouvre par une phrase fameuse: un spectre hante l'Europe, le spectre de communisme. Le terme est récent alors. Il a fini par s'imposer au XXe siècle au point de faire de Marx le père du communisme.

Pourtant, parmi les milliers et milliers de pages noircies par cet infatigable travailleur, on serait bien en peine, en réunissant toutes les mentions et allusions, d'en réunir plus d'une dizaine qui traitent du communisme. Il y a à cela une raison de fond – que les disciples zélés se sont empressés d'oublier : Marx a toujours manifesté une hostilité particulière à l'endroit de l'utopie. Il se veut un réaliste. *Le Capital* est l'analyse structurale et historique du capitalisme, il n'est pas un programme politique.

Des quelques rares indications laissées çà et là par Marx, il apparaît que le communisme est le nom donné au régime social et économique de la fin de l'Histoire lorsque la propriété privée des moyens de production et donc la lutte des classes qui en est la résultante auront disparu. Selon Marx (le marxisme d'ailleurs plus que Marx), l'histoire se découperait en cinq périodes :

- Le communisme primitif (la propriété privée n'existe pas encore)
- L'esclavagisme
- Le féodalisme
- Le capitalisme
- Le communisme (la propriété privée des moyens de production n'existe plus)

Vous avez dit dictature ?

Le passage du capitalisme au communisme se fait par une révolution : comme le prolétariat constitue l'immense majorité de la population, il ne devrait guère rencontrer de difficultés pour renverser la bourgeoisie, mais comme celle-ci détient tous les pouvoirs (financier, militaire, etc.), il devra établir, pour supprimer les structures de l'État bourgeois, une dictature durant une courte période de transition : c'est la fameuse dictature du prolétariat.

Pour Marx, l'État n'est pas l'expression de l'intérêt général, comme le croyait Hegel, il est un moyen par lequel une classe établit sa domination sur une autre. C'est pourquoi, lorsque la révolution prolétarienne aura définitivement triomphé, l'État disparaîtra pour laisser place à une libre association des travailleurs. Au sens très rigoureux du mot, on peut donc dire que Marx était anarchiste : pour lui, l'État ne peut être que de nature despotique, il doit donc être détruit.

On sait ce que l'histoire a fait de ce schéma. Les prétendues dictatures « du prolétariat » et qui n'étaient en fait que celles d'un parti ont duré jusqu'à l'écroulement des régimes communistes et l'État qui devait disparaître s'est gonflé jusqu'à la monstruosité totalitaire.

Sur le plan social, le communisme se définit comme un socialisme radical. Alors que la devise du socialisme est « À chacun selon son travail » (formule reprise de celle de Saint-Simon « À chacun selon ses capacités, à chaque capacité selon ses œuvres »), celle du communisme sera « De chacun selon ses capacités à chacun selon ses besoins », le dernier membre de phrase étant repris de Fourier.

La postérité de Marx

De Marx au marxisme

C'est Engels, qui a survécu douze ans à son ami, qui peut être considéré comme le véritable fondateur du marxisme, pour le meilleur et pour le pire. C'est Engels qui a érigé les grandes idées de Marx en dogmes et dit du matérialisme historique qu'il est la science de toutes les sciences. Il est arrivé à Marx ce qui est arrivé à Jésus : une formidable force d'impulsion a presque aussitôt pris la forme fossile d'une institution, avec ses rigidités et ses tyrannies.

La pensée de Marx n'est pas inachevée par accident ; elle l'est par nature – ce que le marxisme, précisément, n'a pas su ou voulu voir. Ce que Marx reproche à Hegel, c'est de s'être substitué à l'histoire, d'avoir remplacé comme un escamoteur l'histoire réelle par un système d'idées.

Chapitre 11 : Marx, un moment capital

Une certaine compulsion à l'inachèvement

En 1857, Marx livre le plan de son *Économie* qu'il a en tête depuis une bonne dizaine d'années : six parties sont prévues. Il n'écrira que la moitié de la première, ce sera *Le Capital* ! En 1881, Kautsky demande à Marx s'il n'envisage pas une édition de ses œuvres complètes : « Encore faut-il que ces œuvres soient écrites », réplique Marx. Kautsky lui assure que les jeunes disciples attendent impatiemment l'achèvement du deuxième volume du *Capital* : « Moi aussi ! » répond Marx.

Il y avait chez celui-ci une véritable compulsion à l'inachèvement qui se traduisait par un comportement de fuite. Ses cahiers de 1878 sont remplis de notes précises sur la chimie, la température de l'atmosphère, les coquillages – questions qui, on l'avouera, n'ont qu'un rapport assez lâche avec la révolution prolétarienne. La même année (Marx n'a plus que cinq ans à vivre), il se lance dans de nouvelles études sur le calcul différentiel, le danois, le russe...

Marx est-il responsable du goulag ?

Du vivant de Marx, et dès l'apparition de cette nouvelle doctrine, bien avant donc les révolutions et les États qui se rangeront sous sa bannière, le communisme avait été dénoncé pour son despotisme. Ainsi Auguste Comte, pourtant hostile à l'individualisme, fustige-t-il l'ignorance des lois réelles de la société qui se manifeste dans la dangereuse tendance du communisme à comprimer toute individualité – ce sont ses propres termes. Dans une lettre qu'il lui écrivit en 1846, Proudhon, théoricien d'un socialisme autogestionnaire, avait prévenu Marx de cette manière : ne taillons pas au genre humain une nouvelle besogne par de nouveaux gâchis ; ne nous posons pas en apôtres d'une nouvelle religion. C'est également sur la question précise de la liberté que Bakounine, le théoricien de l'anarchisme, s'opposa, plus violemment encore, à Marx.

Marxisme et totalitarisme

La question du lien entre la pensée de Marx et le régime totalitaire est d'autant plus impossible à écarter que l'auteur du *Capital* fut le seul philosophe dont un totalitarisme (le communiste) se réclama expressément. Karl Jaspers, philosophe existentialiste libéral, dit de Marx qu'il pensait en dictateur. Parce qu'il prétendait détenir une connaissance totale du processus historique, il put tenir pour une chose sensée la planification totale.

À l'origine du despotisme totalitaire, on trouve l'idée propre aux révolutionnaires de toute obédience que l'oppression ne peut être que totale et qu'à l'oppression totale doit répondre pour la détruire un pouvoir total. Les prolétaires, disait Marx, n'ont que leurs chaînes à perdre et ils ont tout un monde à gagner. L'histoire du XXe siècle a montré, jusqu'à l'écœurement, que l'on pouvait perdre beaucoup plus que ses chaînes : sa vie même.

À cela s'ajoute le fait aggravant que Marx avait une conception unitaire de l'État et de la société : à ses yeux, les propriétaires des moyens de production, les détenteurs de la violence étatique légale et les idéologues forment une seule et même classe – l'exploitation, l'oppression et la mystification sont donc les expressions économiques, politiques, et idéologiques d'une même aliénation globale. À cela s'ajoute le mépris de la liberté personnelle ou bourgeoise. La dénonciation puis la suppression des libertés dites formelles par les régimes communistes ont incontestablement trouvé une source de légitimité chez Marx.

Autre argument accablant : la justification de la violence révolutionnaire. À partir du moment où le verrou du «Tu ne tueras point» saute, le pire est possible. On peut également noter que l'abandon de l'universalisme (dénoncé lui aussi comme bourgeois) au profit de l'internationalisme (prolétarien) fut lourd de conséquences. Lorsque la Ligue des justes fut remplacée par la Ligue des communistes en 1847, la nouvelle devise «Prolétaires de tous les pays unissez-vous» remplaça l'ancienne «Tous les hommes sont frères».

Nous ne sommes pas responsables des imbéciles qui nous admirent

Marx a toujours été hostile à la censure et à la peine de mort. Une politique antireligieuse, pour ne prendre que cet exemple, lui semblait aberrante car on n'interdit pas aux hommes de croire, on organise bien plutôt les choses de telle manière qu'ils n'en éprouvent plus le besoin (du point de vue matérialiste, il s'agit là de quelque chose de réellement élémentaire). Rappelons que Marx n'a jamais fait la théorie de la dictature du prolétariat, qu'il se contente d'évoquer en quelques mots dans sa *Critique du programme de Gotha*. On songe aux deux ou trois petites phrases de Jésus (« Force-les à entrer », « Si ton œil est occasion de péché, arrache-le ») qui ont eu dans la suite des siècles un impact colossal et terrible en servant de justification aux Inquisiteurs.

Malgré ses emportements, Marx reste un homme des Lumières. Symptomatiques à cet égard sont les statuts de l'Association internationale des travailleurs (1864), la Première Internationale : toutes les sociétés et individus y adhérant, est-il précisé en toutes lettres, reconnaîtront comme base de leur conduite envers tous les hommes sans distinction de couleur, de croyance et de nationalité la Vérité, la Justice et la Morale. Pas de devoirs sans droits, pas de droits sans devoirs. Difficile d'y reconnaître la marque du langage totalitaire !

Marx est-il mort ?

Dans les années 1970, le marxisme détenait dans certains pays occidentaux, dont la France, des positions de pouvoir importantes dans les domaines de l'éducation et de la culture. Une bonne partie du monde se disait communiste et après la catastrophique guerre américaine au Vietnam, la dynamique de l'histoire semblait jouer en faveur de cet idéal.

Aujourd'hui, la situation est tout autre. L'URSS s'est effondrée. En Chine, le communisme n'est plus qu'une étiquette pour une camarilla de dirigeants dont le premier objectif est de se maintenir au pouvoir. Et Marx a disparu dans la tourmente. Personne ne parle plus de socialisation des moyens de production, les mots mêmes de bourgeois et de prolétaire ont disparu. Et pourtant, dans ce monde de la mondialisation qui est le nôtre, nous ne disposons toujours pas d'une théorie de la justice qui soit réellement universelle, ni d'une théorie de l'égalité, sans parler d'une théorie de l'exploitation. Bref, Marx manque au monde et sans doute est-ce l'une des raisons qui font qu'il ne va pas si bien, le monde.

Chapitre 12
Schopenhauer : la réalité est toujours pire qu'on ne pense

Dans ce chapitre :
- Le plus radical des pessimismes
- Un des grands inspirateurs de la pensée contemporaine.

Un pessimisme radical

Un maître de l'absurde

Schopenhauer n'est pas seulement le penseur du pessimisme. Il est d'abord un philosophe existentialiste avant la lettre, qui refuse une quelconque *raison* à l'existence – le terme étant à prendre en ses deux sens de rationalité et de cause. L'existence est, comme la pire des accusations, dénuée de tout fondement. Les choses existent, c'est tout. L'être humain existe, c'est tout. Il n'y a à cela ni cause ni but et lorsque la raison en trouve, elle ne fait que tomber sur ce qu'elle a inventé elle-même.

La vérité, disait Schopenhauer, n'est pas une fille qui saute au cou de celui qui ne la désire pas, c'est plutôt une fière beauté à qui l'on peut tout sacrifier sans être assuré pour cela de la moindre faveur.

Si Schopenhauer a été très tôt, avant l'âge de 30 ans, en possession de l'intuition fondamentale de son système de pensée, il est resté à peu près inconnu jusqu'à la fin de sa vie.

Son existence fut celle d'un célibataire grincheux. Comme il avait la hantise de perdre ses écrits dans un incendie, il habitait au rez-de-chaussée de manière à pouvoir les emporter facilement en cas de catastrophe. Son cabinet de travail était orné d'illustrations alternées de chiens et de philosophes : pour celui qui voit dans la pensée un facteur d'illusion, il n'y a plus de raison majeure, en effet, à placer les hommes bien au-dessus des animaux...

Le Monde comme Volonté et comme représentation

Le Monde comme Volonté et comme représentation : c'est le titre du seul livre de Schopenhauer. Toute sa philosophie est, en effet, contenue dans ce gros ouvrage en quatre parties, écrit très jeune et régulièrement grossi de suppléments.

La philosophie de Schopenhauer part de la distinction faite par Kant entre le phénomène et la chose en soi. La chose en soi, réalité fondamentale, absolument indépendante de nous, prend chez lui le nom de volonté. La représentation, qui n'en est que l'image illusoire, prend la place du phénomène. La volonté n'est pas cette faculté intérieure de décision que ce terme désigne habituellement. Elle est une force naturelle, objective, qui se manifeste partout depuis la pomme qui tombe de l'arbre jusqu'au déplacement des planètes en passant par ce que nous appelons, chez l'être humain, volonté. C'est pourquoi on écrit volontiers avec majuscule cette Volonté dont la volonté psychologique n'est qu'une manifestation superficielle.

La Volonté ne veut rien. Ou plutôt, elle ne veut rien d'autre que sa propre perpétuation, cela se manifeste sous l'aspect d'inertie dans la matière non vivante et comme sexualité chez les êtres vivants. Il n'y a dans la nature, ni plan ni but. Tout est soumis au cycle perpétuel du retour : succession des saisons et des générations. Quant à la représentation, elle est l'image que l'être humain se fait à travers le prisme de sa pensée. À la différence du phénomène chez Kant, la représentation n'a aucune valeur de vérité.

Le monde est une vallée de larmes et pourtant Schopenhauer condamne le suicide dans lequel il dénonce (avec beaucoup de perspicacité) une affirmation inconsciente du vouloir-vivre.

Il existe deux moyens de s'arracher à l'absurdité des choses : la morale qui nous fait reconnaître la foncière identité de tous les êtres (Schopenhauer met la pitié au tout premier plan de son éthique) et l'art qui nous permet une évasion bienfaisante.

Le pire des mondes possibles

La vie oscille, dit Schopenhauer, comme un pendule de la douleur à l'ennui. Le raisonnement de Leibniz est inversé : un monde pire que le monde réel eût été impossible car il n'aurait pas tenu.

Écoutons Schopenhauer : « Vraiment on a peine à croire à quel point est insignifiante, vide de sens aux yeux du spectateur étranger, à quel point stupide et irréfléchie de la part de l'acteur lui-même, l'existence que coulent la plupart des hommes ; une attente sotte, des souffrances ineptes, une marche titubante à travers les quatre âges de la vie, jusqu'à ce terme, la mort, en compagnie d'une procession d'idées triviales. Voilà les hommes : des horloges ; une fois monté, cela marche sans savoir pourquoi ; à chaque engendrement, à chaque naissance, c'est l'horloge de la vie humaine qui se remonte – pour reprendre sa petite ritournelle, déjà répétée une infinité de fois, phrase par phrase, mesure par mesure, avec des variations insignifiantes. »

Entre le malheur et le bonheur, pas de symétrie possible. Le bonheur est inconscient : on ne s'en rend compte qu'après, lorsqu'il a disparu. Le malheur, quant à lui, fait aussitôt sentir sa main de fer. Il en va de même avec la douleur et le plaisir, lequel engendre bien vite l'ennui, sitôt qu'il s'avise de durer.

Un faible salut moral et esthétique

La voix de l'Inde

Schopenhauer fut le premier philosophe occidental à reconnaître dans certains textes de l'Inde des points de rencontre avec sa propre doctrine. Il utilise souvent le terme sanskrit de *maya* pour désigner le caractère illusoire du monde de la représentation et son pessimisme n'est pas sans évoquer celui du bouddhisme.

Le philosophe a été frappé par la formule des Upanishad : *tat tvam asi* (toi aussi tu es cela), qui exprime le dépassement du principe d'individuation (le moi se croyant isolé) dans la reconnaissance d'une identité foncière de tous les êtres. Si la pitié représente chez Schopenhauer le cœur de la pensée morale, c'est parce qu'elle est le signe d'une reconnaissance au sein d'une communauté de souffrances – dont les animaux, bien entendu, ne sauraient être exclus.

Par une froide journée d'hiver, une troupe de porcs-épics s'était rassemblée pour se garantir mutuellement contre la gelée grâce à leur propre chaleur. Mais ils ressentirent aussitôt l'atteinte de leurs piquants, ce qui les fit s'éloigner les uns des autres. Lorsque le besoin de se réchauffer les eut rapprochés de nouveau, le même inconvénient apparut, de sorte que les malheureuses bêtes ne cessèrent d'être ballottées entre deux douleurs, jusqu'à ce qu'elles eurent fini par trouver la distance convenable.

Par cette fable, Schopenhauer explique que le besoin de société pousse les hommes les uns vers les autres mais que leur caractère repoussant et leurs insupportables défauts les dispersent de nouveau, jusqu'à ce qu'ils trouvent enfin la bonne distance moyenne.

Le baume de l'art

L'esthétique ne représente pas dans le système de Schopenhauer une simple partie. Elle en constitue à bien des égards le couronnement. Par l'art, l'homme se libère du vouloir-vivre qui l'attache au monde comme à un banc de galérien. L'art a cette merveilleuse capacité de métamorphoser la douleur en idéal.

La grande originalité de la pensée esthétique de Schopenhauer tient à la place qu'il assigne à la musique considérée comme le plus grand des arts. Kant et Hegel avaient reconnu à la poésie le privilège d'être l'art par excellence, parce que son élément est le langage. Pour Schopenhauer, à l'inverse, si la musique transcende la poésie, c'est justement parce qu'elle n'a pas besoin de mots pour s'exprimer. La musique est l'art suprême car elle ne s'inscrit plus dans la logique de la représentation, qui reste celle des arts plastiques. La musique est une présence directement manifestée, et c'est pourquoi elle ne traduit plus (comme le font encore la peinture et la poésie) la Volonté, elle se substitue, littéralement, à elle. D'où son pouvoir unique de libération.

La fortune de Schopenhauer

C'est du côté des écrivains et des artistes que l'influence du philosophe se fera tout d'abord sentir avec le plus de force. Richard Wagner a cru trouver dans ses écrits l'expression de ses propres intuitions et son drame lyrique *Tristan et Isolde* en porte la trace certaine. C'est d'ailleurs Schopenhauer, mort depuis quelques années seulement, qui fut l'occasion de la rencontre de Wagner et de Nietzsche. Schopenhauer fut la grande impulsion de la pensée de Nietzsche – dont le concept de volonté de puissance doit évidemment beaucoup à celui de Volonté.

Nombre d'écrivains, de Maupassant à Proust, furent durablement marqués par cette pensée du désabusement. Le fait que Schopenhauer, chose assez rare chez les philosophes allemands, fut aussi un écrivain remarquable (dont le style lumineux traverse même les traductions) y aida certainement.

Un précurseur de la psychanalyse

De tous les impacts que le philosophe de la Volonté put avoir, surtout sur la génération de 1880-1910, le plus important fut sans doute celui qu'il exerça sur Freud et la psychanalyse. Freud, qui a toujours eu des grosses préventions à l'encontre de la philosophie, a plus d'une fois reconnu sa dette envers l'auteur du *Monde comme Volonté et comme représentation*. Il a même avoué s'être intentionnellement abstenu de pousser sa lecture trop loin de crainte d'être influencé de manière excessive, à l'époque où lui-même était en train de constituer la psychanalyse. Les pages que Schopenhauer consacre à la sexualité comme force aveugle, qui ne cherche que la perpétuation de soi à travers l'individu et l'espèce et qui se manifeste à travers les représentations les plus éthérées de l'amour, sont d'une lucidité de précurseur où l'on peut reconnaître plus d'un trait de la théorie de l'inconscient, du refoulement et de la sublimation.

Chapitre 13
Nietzsche, notre premier contemporain

Dans ce chapitre :
- L'extraordinaire lucidité d'un philosophe mort fou
- Une mise au point sur certains préjugés
- Une compréhension du monde

Ainsi parlait Nietzsche

Grandes moustaches et petites oreilles

La photographie la plus connue de Nietzsche le montre le regard fixe et surtout le visage presque entièrement pris par une extravagante moustache. Le fait qu'on ait argotiquement appelé bacchantes les moustaches dans les années 1870 à cause du caractère échevelé des prêtresses de Dionysos (dont Nietzsche s'est considéré comme un disciple) a pu jouer (il faudrait vérifier si l'analogie a joué en Allemagne, encore que Nietzsche connaissait très bien le français…).

L'existence de Nietzsche fut l'une des plus pathétiques de toute l'histoire de la philosophie. Quelques années de vie sociale marquées par la fréquentation et l'amitié exaltées de Wagner puis, très tôt, la démission du poste de professeur à l'université de Bâle, suivies d'une douzaine d'années d'une prodigieuse fécondité intellectuelle mais aussi caractérisées par une solitude atroce et des maux physiques continuels.

Au début de 1889, dans une rue de Turin, Nietzsche s'effondre en pleurant au cou d'un cheval que son cocher venait de battre. Désormais, il n'écrira plus une ligne et passera les dix dernières années de sa courte vie (il avait alors 45 ans) à faire des improvisations au piano et à chanter.

> *Il faut quitter la vie comme Ulysse quitte Nausicaa : avec reconnaissance mais non amoureux d'elle.*
>
> Nietzsche

Pourquoi l'aphorisme ?

Nietzsche est le premier philosophe de l'histoire à avoir exposé sa pensée sous la forme de textes brefs ou poétiques. Il n'a écrit, à la différence des philosophes classiques, aucun traité. Même ses ouvrages les plus construits (*La Naissance de la tragédie*, *Ainsi parlait Zarathoustra*, *La Généalogie de la morale*) sont divisés en chapitres et paragraphes assez courts.

Certes, l'écriture fragmentaire n'est pas une absolue nouveauté en philosophie. Il y a l'exemple immémorial des présocratiques et, plus près de nous, les *Pensées* de Pascal. Mais le caractère éclaté de ces textes est davantage dû à des circonstances extérieures qu'à un projet intentionnellement conduit : les fragments des présocratiques sont des restes sauvés d'un naufrage, tandis que les *Pensées* de Pascal doivent leur dispersion à la mort précoce de leur auteur. Rien de tel avec Nietzsche qui a lui-même regroupé la plupart de ses aphorismes en recueils publiés.

Certains spécialistes ont évoqué des causes physiques à ce mode d'écriture et, après tout, cela correspond bien à l'une des idées centrales émises par Nietzsche lui-même – que la pensée est l'expression du corps. Or le corps disloqué de Nietzsche fut celui d'un véritable martyr : migraines, nausées, vomissements l'accompagnent jour après jour. Chaque heure libre de souffrance paraît gagnée sur le destin. Ce contexte physiologique n'aurait pas favorisé un travail continu. Nietzsche écrivait beaucoup sur des carnets, en marchant.

Mais même si ce facteur a dû jouer un certain rôle (et, de fait, il n'y a pas de raison de refuser d'appliquer à Nietzsche une explication de type nietzschéen), quelque chose de plus fondamental doit ici être pris en compte : comme Kierkegaard, Nietzsche est un philosophe qui pense contre le système. Si bien que, même si l'écriture éclatée a un fondement physiologique, elle correspond particulièrement bien à cette conception éclatée du réel que Nietzsche a introduite et promue en philosophie.

Je me suis demandé assez souvent si, tout compte fait, la philosophie jusqu'alors n'aurait pas absolument consisté en une exégèse du corps et un malentendu du corps.

Nietzsche

Apollon et Dionysos, frères ennemis de l'art

Le premier grand texte publié par Nietzsche (il n'a alors que 28 ans), *La Naissance de la tragédie*, est né au confluent de la connaissance admirative des Grecs, de la lecture de Schopenhauer et de la fréquentation de Wagner. La dualité schopenhauérienne de la Volonté et de la représentation y est transposée sous les figures mythologiques de Dionysos et d'Apollon. Dionysos est le dieu du vin et de l'ivresse, Apollon celui de la beauté et de l'équilibre. La musique est dionysiaque, l'image apollinienne. La tragédie grecque – dont le drame lyrique de Wagner serait la renaissance – représente l'association de ces deux forces et aide le spectateur à supporter héroïquement la douleur de l'existence. Léonard de Vinci disait que l'art console de la vie. Nietzsche va plus loin encore en affirmant que nous avons l'art pour ne pas périr de la vérité.

Bientôt Nietzsche récusera le pessimisme de Schopenhauer et sa morale de la pitié, et rompra avec un Wagner compromis par la réussite même de Bayreuth, mais il conservera Dionysos jusqu'à la fin de ses jours de lucidité. L'un des tout derniers mots écrits de sa main est adressé à Cosima, la femme de Wagner : « Ariane, je t'aime, signé Dionysos » (Ariane était le surnom que ses amis donnaient à Cosima).

Dionysos contre le Christ

Comme Kierkegaard, Nietzsche est un philosophe qui pense par figures plutôt que par concepts. Dionysos est la figure de l'anti-Christ: le dieu grec est joué contre le Dieu judéo-chrétien. Il symbolise la force vitale, parfois douloureuse, mais toujours joyeuse, suprêmement innocente car entièrement étrangère au sentiment de péché et à la mauvaise conscience. C'est que Nietzsche n'a pas seulement pour projet de comprendre le monde: il mène une guerre contre deux mille ans d'histoire.

La démolition des temples de la culture

«Philosopher à coups de marteau»: voilà une expression qui nous met aux antipodes de la finesse et de la scrupuleuse analyse. Nietzsche la fait sienne. Il s'est toujours moqué des chers professeurs spécialistes et érudits qui prennent les asticots qui leur chatouillent l'esprit pour des idées géniales. Nietzsche fait une critique radicale des valeurs et des idées qui ont constitué le socle de la culture occidentale depuis vingt siècles: la croyance en un idéal séparé du monde, l'idée de salut de l'âme, le bien et le mal... L'un de ses tout derniers livres s'intitule *Le Crépuscule des idoles* – le titre renvoie ironiquement au *Crépuscule des dieux* de son ancien ami Wagner. Les idoles, ce sont des noms mais aussi des idéaux, des valeurs, des mots encore jamais interrogés et dont Nietzsche prévoit la fin.

C'est à propos de Nietzsche, de Marx et de Freud que Paul Ricœur a lancé l'expression qui est restée: les maîtres du soupçon. Le soupçon en un sens va plus loin que la critique: il sape les bases mêmes sur lesquelles l'existence des hommes repose.

Dieu est mort

Tel est le diagnostic que fait Zarathoustra, le prophète du surhomme, le porte-parole de Nietzsche. Ceux qui vont au temple et à l'église et font des prières ne savent pas que Dieu est mort. C'est la *bonne nouvelle* qu'il convient d'annoncer et qui est destinée à faire pièce à l'autre («évangile» vient du grec et signifie «bonne nouvelle»).

Pourquoi Zarathoustra ?

Pour son poème philosophique *Ainsi parlait Zarathoustra*, Nietzsche prend pour porte-parole le prophète de la religion mazdéenne qui a vécu en Perse au VIIe siècle av. J.-C. à l'époque des premiers présocratiques. Nietzsche, qui aime les inversions, a opéré ici un choix ironique: Zarathoustra (connu aussi sous le nom de Zoroastre) est celui qui, le premier dans l'histoire des idées, a dramatisé la confrontation du Bien et du Mal, incarnée et personnifiée par les deux principaux dieux de la religion mazdéenne. Il convenait que le prophète de la dualité du Bien et du Mal annonçât lui-même la venue d'une pensée et d'une existence qui iraient *par-delà le bien et le mal* (titre d'un recueil d'aphorismes publié par Nietzsche, quelque temps après *Zarathoustra*).

«Dieu est mort» ne signifie pas que personne ne croit plus en Dieu. Cela ne signifie même pas qu'il n'y a plus (ou qu'il n'y aura plus) de religion. Cela signifie: les valeurs sur lesquelles désormais repose notre culture ne sont plus des valeurs religieuses. Qui, aujourd'hui, par exemple, parle encore de péché ou de rédemption ou de salut de l'âme? Même les prétendus «croyants» n'y croient plus. Si Nietzsche n'a pas été le premier à diagnostiquer ce que Max Weber appellera bientôt le «désenchantement du monde», il a été le premier à en tirer toutes les radicales conséquences.

L'athéisme n'est pas forcément bon signe

Si Dieu n'existait pas, il faudrait l'inventer, avait dit Voltaire. Même si Dieu existe, il faut le supprimer, répliquait Bakounine. Spinoza, lui, avait écrit, peut-être imprudemment, que personne ne peut avoir Dieu en haine. En fait, il y eut, à partir du XVIIIe siècle, des ennemis déclarés de Dieu: Sade, qui n'a eu que foutre en tête, en fut l'un des plus résolus. Si Dieu est mort, il n'est pas mort dans son lit de nuages ni même sur la croix : il a été bel et bien assassiné. Tel est le constat de Nietzsche : l'homme n'a plus supporté ce gênant témoin de sa propre médiocrité.

Nietzsche reste circonspect sur la question de l'incroyance. Lui qui signe Dionysos et fait de Jésus un ennemi personnel dit aussi par ailleurs que le sang de Pascal (le plus chrétien des philosophes) coule dans ses veines. Certes, l'homme ne peut se surmonter lui-même s'il continue à croire aux dérisoires fables de l'arrière-monde. Mais l'incroyance peut aussi n'être pas un si bon signe : on peut ne pas croire parce qu'on n'a même plus la force de croire, tel est le cas du nihilisme diagnostiqué et pronostiqué par Nietzsche.

Le diagnostic et le pronostic du nihilisme

Nietzsche prend à la Russie ce terme nouveau de nihilisme et lui donne un autre contenu de pensée. En Russie, les nihilistes étaient les anarchistes qui organisaient des attentats sanglants contre le tsar (Albert Camus les a mis en scène dans sa pièce *Les Justes* et Dostoïevski leur a consacré son roman *Les Possédés*, que Nietzsche avait lu avec fascination). En fait, contrairement à ce que leur nom suggère (*nihil* en latin signifie « rien »), les nihilistes croyaient bien en quelque chose : leur violence, aussi absurde fût-elle, était tout de même fondée sur un idéal de liberté et de justice.

Nietzsche appelle nihilisme l'état de la civilisation dans lequel la vitalité est tombée à un niveau si bas que les hommes n'ont même plus la force de forger des valeurs nouvelles d'existence à la place délaissée des valeurs anciennes. Le nihilisme est un symptôme (d'où le diagnostic établi par Nietzsche) et une menace (d'où le pronostic) : il désigne l'état actuel ou possible d'une humanité qui n'aurait plus la force de croire en quelque chose, à l'exception de son propre bonheur (car c'est, aux yeux de Nietzsche, être dans un état d'absolue impuissance que de faire du bonheur le seul ressort de sa vie).

Comment voulez-vous ?

La volonté de puissance est partout

Le point commun le plus fort entre la Volonté schopenhauérienne et la volonté de puissance nietzschéenne tient à leur caractère d'universalité qui outrepasse largement la seule sphère humaine. La volonté de puissance est, aux yeux de Nietzsche, la nature même des choses depuis la plus misérable forme de vie jusqu'à la plus haute. À cet égard, la volonté de puissance humaine n'est qu'un cas particulier dans ce qui constitue une véritable loi cosmique. Mais surtout la volonté de puissance est là où on l'attend le moins, dans les idéaux les plus purs, les croyances les plus éthérées. Nietzsche, qui a beaucoup lu et apprécié les moralistes français comme La Rochefoucauld, sait que le désir de n'être pas loué équivaut à celui d'être loué deux fois et qu'une action désintéressée trouve son intérêt le plus puissant dans le fait même de se nier comme intéressée.

La volonté de puissance est si impérieuse qu'elle se manifeste même chez ceux qui, comme les ascètes, entendent la briser. Nietzsche a été impressionné par ces mythes de l'Inde qui racontent comment des saints hommes, au prix d'inouïes privations volontairement subies des siècles durant, ont fini par obtenir sur le monde un pouvoir tel qu'il en arrivait à troubler l'ordre des dieux. On veut en fait toujours la puissance – le renoncement n'étant que l'une de ses ruses.

La science et la philosophie n'échappent évidemment pas à ce soupçon fatal. La raison aime le pouvoir, aussi se cache-t-elle volontiers derrière la bannière de la vérité. Dans les discussions, le raisonnement est un moyen d'écraser l'autre, de le réduire au silence, et Nietzsche y voit un masque de la volonté de puissance, masque idéal puisque personne ne soupçonne qu'il puisse y avoir un visage derrière. Il arrive que le langage vende la mèche : « arraisonner », c'est raisonner à coups de fusil, et « rendre raison » rend un son qui n'est pas sans évoquer le « rendre l'âme ». « Avoir raison » de quelqu'un ou d'un animal, c'est vaincre sa résistance, au besoin en le tuant, et dans la langue classique, on disait « rendre raison à quelqu'un » pour signifier se battre en duel avec lui. Et que dire lorsqu'il faut « se faire une raison » – on sent bien que le cœur n'y est pas, comme dans les mariages de raison, justement, et qu'il faut, comment on dit vulgairement, se la faire, la raison !

Le christianisme a fait de l'immense désir de suicide qui régnait au temps de sa naissance le levier même de sa puissance : tandis qu'il interdisait de façon terrible toutes autres formes de suicide, il n'en laissa subsister que deux qu'il revêtit de la suprême dignité et qu'il enveloppa de suprêmes espoirs : le martyre et la lente mise à mort par soi-même de l'ascète.

Nietzsche

La volonté de puissance n'est pas une armée en marche

Le nazisme, qui a pu voir en Nietzsche l'un de ses prophètes (voir la suite de ce chapitre), a jeté rétroactivement sur le maître du soupçon le plus grave des soupçons, si bien que, derrière la volonté de puissance, nombre de braves citoyens non prévenus ne sont pas loin d'entendre le roulement terrible des chenilles des chars de la Wehrmacht. La volonté de puissance débouche-t-elle sur les Panzer ?

Spinoza avait défini le désir (où il voyait l'essence de l'homme) comme l'effort par lequel l'homme tend à persévérer dans son être. S'il existe une parenté évidente entre les deux philosophes (Deleuze, par exemple, qui a écrit sur l'un et sur l'autre nietzschéise Spinoza et spinozise Nietzsche), on constate aussi sur ce point précis une différence décisive : pour Nietzsche, la volonté de puissance est la tendance à *augmenter* indéfiniment la puissance et non à la conserver.

Les physiologistes devraient réfléchir avant de poser « l'instinct » de conservation comme l'instinct cardinal de tout être organique. Le vivant veut avant tout dépenser sa force ; la conservation n'en est qu'une conséquence, entre autres.

Nietzsche

Il y a puissance et puissance

Qu'est-ce que la puissance ? Le terme évoque le pouvoir, la force physique, voire la violence. Il est vrai que Nietzsche, dans ses moments d'ivresse intellectuelle, a eu, à plus d'une reprise, des formulations imprudentes ou provocantes – à l'époque moderne, la solitude d'un penseur le pousse à crier de plus en plus fort pour être simplement entendu dans le désert. Il est vrai que Nietzsche a parlé avec admiration (après Machiavel, il faut dire) de l'inquiétant César Borgia, l'un des grands fauves de la Renaissance italienne, assassin et incestueux. Mais la volonté de puissance pour lui n'est pas d'abord la force du grand homme, car ce qu'il appelle grand conquérant ne se mesure ni en termes de richesse ni en termes de territoires. Car s'il est vrai que Nietzsche ne se contente pas de la vague et molle « force d'âme » des idéalistes de tout poil, la puissance, ressort et objet de la volonté, est tout de même d'abord celle de l'esprit.

Les deux volontés de puissance

Si la volonté de puissance est partout, elle ne provient pas de la même origine et ne vise pas toujours le même objectif. Outre le caractère, intrinsèque, du surcroît de puissance, il y a d'un côté la volonté de puissance affirmative, qui est libre et joyeuse, confiante et créatrice, et dont l'art représente les meilleures réalisations. En face d'elle et contre elle, il y a la volonté de puissance négative, triste, renfrognée et destructrice, qui n'aime rien tant que sa haine propre. Les deux sont aussi contraires que peuvent l'être la force et la violence : ne faut-il pas, en effet, être bien faible pour exercer la violence, pour être seulement tenté par la violence ? L'homme qui bat sa femme ou son enfant est violent. Il est faible, car il n'a pu ni parler ni penser et a utilisé son bras comme une arme. Nietzsche appelle *ressentiment* l'expression de cette volonté de puissance négative qui ne peut exister que contre ce qui la dépasse.

Le surhomme n'est pas Superman

Nietzsche appelle surhomme celui dont la volonté de puissance souverainement affirmative lui permettra, à partir des décombres du nihilisme, d'exister sans aucune charge, dans la libre affirmation de soi. L'homme, diagnostique Nietzsche, est un être qui est parvenu à un état d'épuisement total. L'idéal démocratique, point d'achèvement de la morale chrétienne, n'aboutit qu'à la constitution d'un immense troupeau sans berger. L'homme démocratique est à un point d'avachissement extrême : il ne veut plus qu'une seule chose qu'il appelle le bonheur et qui en réalité est une espèce de paix, donc de mort. Nietzsche l'appelle dans son *Zarathoustra* le dernier des hommes. Il représente l'exact opposé du surhomme. Le dernier des hommes n'aime pas la guerre, parce qu'il n'aime pas ce qui vient troubler son existence pas même animale, végétative.

Mais, de même que la volonté de puissance n'est pas la violence de la brute, le surhomme n'est pas le Superman des bandes dessinées qui pulvériserait le record du monde du lancer du poids. Il n'est pas non plus le posthumain que sont en train de concocter dans leurs laboratoires les docteurs Folamour de la biotechnologie. Le surhomme est un homme qui dans ses pensées et son comportement a su éradiquer les mesquineries où sont tombés les représentants de l'humanité commune, une manière de saint, de héros et de génie conjugués, mais un saint laïque, un héros solitaire et un génie de l'existence.

Le secret pour récolter la plus grande fécondité, la plus grande jouissance de l'existence consiste à vivre dangereusement.

Nietzsche

L'éternel retour n'est pas le mouvement perpétuel

Zarathoustra est l'annonciateur du surhomme et de l'éternel retour. L'un ne va pas sans l'autre : le temps du surhomme est l'éternel retour et le surhomme est l'homme de ce temps qui dépasse le temps en s'inventant une éternité qui ne doit plus rien à sa dimension religieuse.

Chapitre 13: Nietzsche, notre premier contemporain

Les commentateurs ont été bien embarrassés avec cette idée d'éternel retour. Héraclite, les stoïciens, passe encore, c'est ancien, on est dans le mythe, mais Nietzsche? Comment un philosophe de 1880 peut-il encore croire à cette légende, alors qu'à la même époque la science physique démontre l'impossibilité du mouvement perpétuel, dont l'éternel retour serait l'application cosmique? Le progrès? Peut-être. La décadence (l'entropie en physique)? Très certainement. Mais le retour de toutes choses?

Donc, puisqu'il n'était plus raisonnable de croire à cette fiction en 1880, les commentateurs de Nietzsche se sont ingéniés à montrer qu'en réalité Nietzsche n'y a jamais cru autrement qu'à une sorte de fiction de l'esprit, une expérience de la pensée. Même si effectivement c'est bien ainsi que l'on doit comprendre l'éternel retour chez Nietzsche, ne serait-ce que pour le sauver, il n'en reste pas moins vrai que pendant des années le philosophe a lu de nombreux ouvrages de physique pour donner un poids scientifique à son idée.

Pris au pied de la lettre, l'éternel retour apparaît en effet particulièrement dur à digérer. Vous m'imaginez écrire une infinité de fois dans l'avenir cette *Philosophie pour les Nuls* et vous, l'ingurgiter une infinité de fois? Vous vous représentez ce que peut être la répétition infinie de vos échecs, de vos erreurs, de vos déceptions, de vos souffrances, de vos maladies, dans une infinité d'existences futures, toutes identiques? Ce serait un insupportable cauchemar. Il y a déjà, au cœur de cette vie unique qui est la nôtre, tellement de répétitions rébarbatives ou éprouvantes! Les Grecs anciens ont été bien inspirés lorsqu'ils ont fait de leur enfer un lieu de répétition absurde à l'infini.

C'est à ce niveau qu'il convient de repérer le sens de la fiction nietzschéenne (prenons-la comme une fiction puisque nous savons que jamais l'univers ne reviendra à son point de départ): qu'est-ce qu'une volonté de puissance sans négativité (donc celle du surhomme) doit se représenter sur la vie? Qu'elle constitue une bénédiction – même dans ses moments les plus douloureux ou les plus problématiques. «Chienne de vie!», se lamentent ceux qui profitent de leur propre faiblesse pour en vouloir à la vie en général. L'éternel retour est un test, une épreuve: il est ce que doit vouloir le surhomme, de la même façon, peut-on dire, que l'éternité était ce que devait vouloir le croyant au Moyen Âge.

Ainsi parlait Zarathoustra n'est pas seulement un long poème philosophique dont Richard Strauss fera un poème symphonique (ses premières mesures frappent les oreilles des spectateurs de *2001 l'odyssée de l'espace* – quel voyage pour le mage perse!). L'œuvre est également une ménagerie assez fournie. On y rencontre d'abord le chameau et le lion, les deux premières des trois «métamorphoses de l'esprit». Le chameau porte les charges les plus lourdes en plein désert: il symbolise ceux qui sont embarrassés par les anciennes valeurs (ce sont les croyants). Le lion renvoie à la révolte violente de ceux qui, comme les adolescents ou les révolutionnaires, disent non.

Il y a ensuite les deux animaux familiers de Zarathoustra, l'aigle et le serpent, qui jouent respectivement contre les deux animaux emblématiques du christianisme, la colombe et l'agneau. L'aigle est fier, le serpent rusé: ils sont aux antipodes des vertus de pureté et d'innocence vantées par la morale chrétienne. Enroulé comme un collier vivant autour du cou de l'aigle, le serpent figure le cercle de l'existence individuelle, le vol circulaire de l'aigle renvoie à la grande année cosmique.

On croise également l'âne: parce qu'il est l'animal des humbles et qu'il a la réputation du crétinisme, il est l'animal chrétien par excellence. Son hi-han (*hi-ha* en allemand) est un faux oui (*ja* en allemand). Quant à la tarentule, elle symbolise le ressentiment, l'instinct de vengeance des prêcheurs d'égalité.

La Généalogie de la morale

La Généalogie de la morale fait exception dans l'œuvre de Nietzsche: il est le seul ouvrage dont la structure en trois parties logiquement articulées fait penser aux traités des philosophes classiques.

Nietzsche dénonce ce que le philosophe anglais Moore appellera le sophisme naturaliste: il n'y a pas, dit-il, de phénomène moral, mais seulement une interprétation morale de certains phénomènes. Un jugement de valeur (comme «cette action est bonne parce qu'elle est inspirée par la pitié») n'est pas à mettre sur le même plan qu'un jugement de fait (comme «tes pieds sentent mauvais, il y a trop longtemps que tu ne les as pas lavés»). Une évaluation est, aux yeux de

Nietzsche, l'expression d'une certaine force qui varie selon son origine, sa destination et son intensité. *La Généalogie de la morale* est la détermination de l'origine des forces qui sont à l'œuvre dans les jugements moraux. Il s'agit donc de définir la valeur de la valeur, la valeur des jugements de valeur du bien et du mal.

La première dissertation fait l'analyse historique et critique du renversement subi par les valeurs aristocratiques (celles de l'antiquité gréco-romaine) sous l'impact du christianisme : avec celui-ci, le faible qui était mauvais est devenu bon tandis que le fort qui était bon est devenu mauvais. Ce qui est désigné sous le nom de morale résulte de cette inversion de valeurs.

La seconde dissertation décrit l'intériorisation de la faute : ainsi naît la mauvaise conscience. Chez les Grecs, le malheur était rapporté à un facteur extérieur (le Destin, les dieux). Avec le christianisme, il est introduit en l'âme même de l'homme qui s'en trouve ainsi littéralement empoisonné.

La troisième dissertation analyse les effets de la mauvaise conscience. Je souffre, donc je suis puni, donc je suis coupable, donc je dois payer. Telle est l'horrible chaîne invisible dont la morale s'est servie pour tenir les hommes captifs. L'ascétisme est l'expression de la mauvaise conscience dirigée contre soi-même : avec lui, la douleur de l'existence est exacerbée (je me fais souffrir pour expier la faute qui a déterminé ma souffrance). Mais l'accusation (car s'il y a douleur, il faut bien qu'il ait un coupable – ainsi raisonne la morale) peut aussi se diriger vers l'extérieur, contre l'autre : et tel est le ressentiment (c'est ta faute si je suis laid, triste, mesquin, inutile, malheureux). Le ressentiment est la force du faible ; il est la seule force dont le faible soit capable. Car le faible ne supporte ni sa propre faiblesse ni la force de celui qui par, sa seule existence, la dénonce.

Nietzsche était-il nazi ?

Nietzsche disait que sa pensée était de la dynamite. Il ne vécut pas assez longtemps lucide pour se rendre compte à quel point ses bravades de philosophe solitaire et méconnu allaient s'avérer vraies.

Les années 1880-1900 en Allemagne sont celles où se développèrent à la suite de la formation du second empire allemand (1871) à la fois l'idéologie pangermanique et le racisme antisémite. La sœur de Nietzsche, Élisabeth, épousa un agitateur antisémite qui fonda au Paraguay une espèce de colonie utopique dont les principes raciaux constituaient le programme. Élisabeth vécut assez longtemps pour connaître dans les années 1920 la montée du nazisme puis, dans les années 1930, son arrivée au pouvoir. Hitler, qui voyait en Nietzsche l'un de ses précurseurs, vint lui rendre personnellement visite et il reçut en cadeau la canne du philosophe. Colossal contresens : l'homme du ressentiment (Hitler) confondu avec le surhomme !

Durant les années où les nazis eurent le pouvoir en Allemagne, les œuvres de Nietzsche ont été largement diffusées. Certes, l'auteur du *Zarathoustra* n'a jamais été une référence idéologique officielle comme Marx en Union soviétique mais il était une autorité dans laquelle les brutes qui avaient pris le pouvoir trouvaient une certaine responsabilité intellectuelle.

Les nazis étaient-ils stupides au point de ne rien comprendre à Nietzsche ? C'est ce que laissent entendre nombre de spécialistes et commentateurs passionnément attachés à lui et qui ne peuvent supporter la plus petite ombre sur la statue de leur idole (en quoi d'ailleurs ils se montrent eux-mêmes peu nietzschéens). Il est évident que si Nietzsche était apprécié par Hitler, ce n'était pas une simple coïncidence.

Il y a dans son œuvre des pages assez ignobles contre la démocratie, contre l'humanisme chrétien, contre l'idéal d'égalité dont les nazis ont fait leurs choux gras. Mais il y a pire aussi : Nietzsche a plaidé en faveur de l'extermination des malades mentaux. Les nietzschéens ont invoqué les censures et les déformations que les autorités ont fait subir aux textes du philosophe. N'allons pas croire néanmoins qu'on faisait dire à ces textes ce qu'ils n'avaient jamais contenu. Les nazis n'ont pas eu besoin d'inventer des thèses apocryphes ; ils se contentaient de ne pas tout publier.

Mais si Nietzsche a été instrumentalisé par les nazis, s'il y a des idées littéralement prénazies chez lui, cela ne suffit évidemment pas à en faire un penseur nazi. Il n'est d'ailleurs pas trop difficile d'imaginer ce qu'eût été la réaction du philosophe face à ses prétendus admirateurs, s'il avait eu l'heur de vivre autant que sa sœur : comment imaginer une seconde que celui qui se moquait à ce point de Bismarck (un homme d'État pourvu d'une réelle grandeur, à la différence de Hitler) eût regardé d'un œil favorable cette bande d'abrutis dont le principal ressort, et peut-être même le seul, était la haine fantasmatique qu'ils vouaient aux Juifs ? Comment croire qu'il n'aurait pas diagnostiqué dans le nazisme le triomphe du nihilisme, dans toutes les dimensions de sens que ce terme peut avoir ?

Décidément, non seulement Nietzsche n'est pas nazi mais il est l'un des rares philosophes modernes qui nous convainc de l'impossibilité à l'être sur un mode qui serait philosophique.

Troisième partie
La philosophie contemporaine : XXᵉ-XXIᵉ siècles

Dans cette partie...

Vous allez faire connaissance avec des contemporains, que vous avez peut-être croisés dans la rue, ou dont vous avez entendu parler dans les journaux. Vous verrez comment la philosophie a pu continuer de penser et de se renouveler en ces temps historiques passablement chaotiques. Et puisque tant qu'il y aura des hommes, il y aura des philosophes, l'histoire de la philosophie est loin d'être terminée.

Chapitre 14
Les aventures de la vérité

Dans ce chapitre :
- La belle jeune femme nue qui symbolisait la vérité n'était qu'un rêve ?
- N'est-elle qu'une horrible petite vieille ?
- Seulement pas si belle que ça ?
- Ça dépend des jours ?
- Existe-t-elle tout bonnement ?

Le doute sur l'absolu de la vérité

La fin du XIXe siècle et le tout début du XXe furent l'âge d'or de la croyance en un progrès inéluctable et suprêmement bon des connaissances. Il y eut alors une génération insouciante de savants intimement convaincus que la vérité était l'estampille définitive des théories démontrées et prouvées. Majoritairement matérialistes ou positivistes (parfois les deux), certains de ces savants devenus ivres allèrent même jusqu'à prétendre que la science était en voie d'achèvement : juste deux ou trois petits points à régler et tout serait terminé, les physiciens n'auraient qu'à profiter de leurs rentes. Quelques années après ce bel espoir, tout allait s'effondrer.

Les difficultés de la conception classique de la vérité

C'est dans le *Livre des définitions* d'un philosophe juif d'Égypte (IXe-Xe siècles), Isaac Israeli, que l'on trouve la célèbre formulation qu'ont répercutée, des siècles durant, nombre de philosophes : la vérité est l'adéquation de la chose et de l'esprit. À l'aube de l'âge classique, Hobbes est l'un des premiers à détacher la vérité de l'ontologie, de la théorie de l'être, pour l'englober dans une théorie de la connaissance. Vrai et faux, écrit Hobbes, sont des attributs de la parole et non des choses. Là où il n'y a pas de parole, il n'y a ni vérité ni fausseté. La vérité, donc, n'est pas de Dieu mais de l'homme : elle n'appartient pas à l'esprit des choses mais aux choses de l'esprit.

Mais à partir de ce même présupposé, les philosophes divergent sur la question de savoir quel critère il convient de retenir pour reconnaître la vérité. Certains, comme Descartes, accordent la première place à l'évidence rationnelle, telle qu'elle se manifeste dans le domaine mathématique : il est des idées si claires (en elles-mêmes) et si distinctes (des autres) que l'esprit ne peut faire autre chose que de les considérer comme vraies. À cette thèse, Leibniz réplique ironiquement que si Descartes a logé la vérité à l'hôtellerie de l'évidence, il a négligé de nous en donner l'adresse. Si l'évidence est critère de vérité, à quoi reconnaît-on une évidence vraie ? Car il est entendu que nombreuses sont les évidences, même rationnelles, qui nous trompent.

Le concept d'adéquation ne pose pas moins de problème. Car, que voulons-nous dire lorsque nous disons que le jugement vrai est « adéquat » à la réalité ? Il ne peut s'agir d'une égalité mathématique ou d'une congruence géométrique : on ne superpose pas un énoncé fait de mots à une réalité faite de choses. La thèse qui veut que le langage soit le reflet de la réalité est évidemment la plus commode pour rendre compte d'une conception de la vérité comme traduction de l'être. Mais il est impossible, dès lors, de faire l'économie d'une réflexion sur les rapports que le langage même peut entretenir avec la réalité. Aussi, plutôt que de faire du langage une espèce de copie symbolique du monde, certains philosophes préfèrent-ils y voir un moyen conventionnel, commode, pour attraper la réalité.

Une philosophie typiquement américaine : le pragmatisme

Le pragmatisme est la philosophie qui voit non dans la cohérence logique mais dans l'efficacité pratique le critère de la vérité. La preuve que la physique traduit correctement les phénomènes qu'elle étudie, c'est que, grâce à ses lois, on a pu construire des appareils de mesure et d'observation qui marchent – ainsi raisonne un pragmatique. Nul besoin d'une métaphysique de la vérité et du langage, la fécondité d'une théorie et son applicabilité sont les critères de sa validité. Le pragmatisme est dérivé de l'empirisme et de l'utilitarisme. En fin de compte, ce sont les choses elles-mêmes qui font le tri entre ce qui *tient* (le vrai, l'efficace) et ce qui ne *tient pas* (le faux, l'inefficace). La vérité n'est pas un idéal perdu dans un ciel supérieur mais simplement la marque d'une idée qui a pu victorieusement affronter les épreuves du réel. Et ce sont ces épreuves qui jouent finalement le rôle de preuve.

La force de la philosophie pragmatique réside en bonne partie dans la jonction qu'elle parvient à opérer entre la théorie et la pratique, c'est-à-dire entre la théorie de la théorie et la théorie de la pratique. Car, de même qu'une idée vraie est celle qui finit par réussir (la preuve que les calculs sont exacts, c'est que le module lunaire s'est posé à l'endroit prévu), une idée juste est celle qui finit par triompher. Les pragmatistes considèrent par exemple que la meilleure réfutation du communisme est apportée par son échec économique : puisque Marx avait prévu que la collectivisation des moyens de production donnerait au système socialiste un avantage concurrentiel sur le capitaliste, alors que l'on a pu constater dans les faits que c'est l'inverse qui s'est passé, cela signifie que le marxisme est une théorie illusoire.

En réhabilitant l'opinion et la croyance, le pragmatisme se présente comme une philosophie particulièrement bien adaptée au cadre de la démocratie à l'anglo-saxonne. De même que la vérité se mesure à l'aune de son efficacité, les opinions et les croyances valent ce que valent les effets qu'elles produisent.

Outre William James, l'autre grand représentant du pragmatisme (qu'il appelait *pragmaticisme* pour s'en distinguer) est Charles Sanders Peirce. Alors que James s'intéressait surtout à la conscience et à ses représentations, Peirce conçut une science générale des signes appelée *sémiotique*.

À l'opposé d'une tradition remontant à Platon – la recherche de la définition d'une chose est celle d'une essence – Peirce définissait un objet par l'ensemble des effets pratiques que nous pensons pouvoir être produits par lui. Il n'y a pas lieu, par exemple, de se mettre en quête d'une improbable essence de la religion ou de la nation. Le sens de ces termes est plutôt à chercher du côté des effets induits par leur usage réel : que fait-on lorsque l'on parle de religion ou de nation, qu'est-ce que ces termes permettent de faire ou de ne pas faire ?

Sérieux doutes sur la fabrique de la vérité

Richard Rorty, principal représentant de ce courant dit *néopragmatisme*, nie la possibilité d'une conception universaliste de la réalité et de la vérité. Le néopragmatisme est une forme de contextualisme social et pratique, selon lequel la valeur de ce que l'on appelle vérité dépend entièrement de ceux qui l'utilisent et ont intérêt à le faire. Ainsi la psychologie et la sociologie peuvent-elles représenter pour la science, c'est-à-dire l'image qu'elle entend diffuser d'elle, de sérieuses remises en cause et en question.

La crise des fondements

Au début du XXe siècle, à la suite d'une part de l'extraordinaire gonflement des connaissances dans le domaine mathématique et de la dispersion qui s'en est suivie, d'autre part de l'introduction de la théorie des ensembles par Cantor, un certain nombre de mathématiciens et de logiciens éprouvèrent le besoin de mettre de l'ordre dans le château, de peur que celui-ci ne soit de cartes. David Hilbert avait donc fixé pour programme la fondation de l'ensemble des mathématiques sur la base des règles de l'axiomatique.

> ### Qu'est-ce qu'une axiomatique ?
>
> Une axiomatique est un ensemble d'axiomes – les axiomes étant des propositions considérées comme vraies bien qu'indémontrables, et formant la base à partir de laquelle d'autres propositions, démontrables celles-là, pourront être déduites. Le terme d'axiome a fini par remplacer celui de postulat et celui de « notion commune » utilisés à l'âge classique. Une axiomatique repose sur les règles de :
>
> - Non-contradiction (il est exclu que deux axiomes se contredisent au sein d'une même axiomatique)
> - Suffisance (il convient d'introduire tous les axiomes nécessaires)
> - Non-redondance (aucun axiome ne peut être dérivé d'un autre car il perdrait ainsi son caractère principiel)

Les mathématiciens se battent comme des chiffonniers

Un résultat démontré en mathématiques met évidemment tout le monde d'accord. Cette universalité est une marque spécifique de scientificité : les philosophes se disputent entre eux parce que, finalement, nul d'entre eux n'a totalement raison. On n'a jamais vu de mathématiciens se battre à propos d'un théorème et ce n'est pas pour défendre sa théorie des groupes que le génial et malheureux Évariste Galois est mort bêtement à l'âge de 21 ans dans un duel au pistolet.

Cela dit, dès qu'il est question de déterminer la nature des mathématiques, ses méthodes, ses finalités, bref, dès qu'il est question de philosophie ou d'épistémologie des mathématiques, les mathématiciens se chamaillent comme de vulgaires philosophes ! Bertrand Russell – qui fut aux premières loges durant cette crise des fondements – est allé jusqu'à dire que les mathématiques sont un domaine où l'on ne sait pas ce que l'on fait ni si ce que l'on dit est vrai !

Il y eut donc des courants divergents comme en philosophie. Trois camps séparaient les mathématiciens :

- Les réalistes (on dit aussi les platoniciens parce que leur conception remonte à Platon) pensent que les êtres mathématiques ont une existence objective au même titre que le Soleil ou que l'atome de phosphore.
- Les intuitionnistes pensent que les objets mathématiques, quelque abstraits qu'ils soient, reposent toujours sur une saisie intuitive de l'esprit.
- Les formalistes et les constructivistes pensent, quant à eux, que les objets mathématiques sont de nature conventionnelle et que les mathématiciens construisent un langage artificiel.

Gödel déçoit Hilbert

Dans les années 1930 du siècle dernier, un logicien du nom de Kurt Gödel ruine définitivement l'espoir que Hilbert avait placé dans une refondation totale des mathématiques sur une base axiomatique. Il démontre par des moyens logiques qu'un système formel (comme l'arithmétique) ne peut pas être totalement fondé (déterminé comme non contradictoire) avec ses propres moyens mais que des moyens plus puissants (exemple : l'algèbre par rapport à l'arithmétique) sont nécessaires. En d'autres termes, aucun système ne peut trouver en lui-même de quoi démontrer sa propre cohérence. Les théorèmes de Gödel ont eu un impact considérable : si les mathématiques elles-mêmes ne peuvent pas être fondées dans l'absolu, comment croire encore à la vérité absolue ?

Deuxième tremblement de terre : la révolution quantique

Un autre séisme de grande magnitude (la pensée aussi est une riche terre) a secoué le deuxième grand continent scientifique : celui de la physique. Depuis Newton, les sciences physiques reposaient sur des principes aussi indiscutables que les postulats de la géométrie. Les concepts de masse et d'énergie, d'espace et de temps avaient une solidité de granit.

La théorie de la relativité d'Einstein constitue une première secousse. Mais si les concepts tremblent, l'édifice tient bon.

Einstein était un révolutionnaire conservateur, un moderne doublé d'un classique. Il croyait avec assurance à l'ordre objectif des phénomènes de la nature. Spinoza était son philosophe de référence et il pensait que le principe de Lavoisier ne souffrait pas d'exception. Mais la mécanique quantique qu'il a lui-même contribué à établir met à mal ses convictions. D'après les principes d'incertitude de Heisenberg, il y aurait une indétermination objective dans les choses à l'échelle microscopique. Einstein refusait cette dimension de hasard : Dieu est malin mais il est honnête, disait-il (les lois de la nature sont parfois un peu compliquées à débusquer, mais elles existent).

« Dieu ne joue pas aux dés, il joue aux échecs », disait Einstein. Certes, les lois de la nature ne sont pas immédiatement repérables, mais les phénomènes ne surgissent pas au hasard ; lorsque le déterminisme semble mis à mal, comme avec certains résultats de la mécanique quantique, c'est qu'il existe des « paramètres cachés » que la science n'a pas encore su découvrir.

La physique ultérieure n'a pas donné raison à Einstein : Dieu joue aux dés, non aux échecs, et on peut aller jusqu'à soupçonner que parfois il triche !

La bataille de l'holisme et de l'individualisme

L'holisme est la conception selon laquelle le tout précède et domine les parties dont il est constitué ; il s'oppose à l'individualisme qui considère les éléments comme premiers et réduit le tout à une simple addition (agrégat) de parties.

On distingue un holisme (ou un individualisme) ontologique et un holisme (ou un individualisme) méthodologique. Selon l'holisme ontologique, le tout précède réellement les parties ou bien en détermine la nature et les fonctions. Selon l'holisme méthodologique, il convient de connaître le tout pour connaître les parties : c'est le tout qui donne la clé des éléments. L'individualisme ontologique et l'individualisme méthodologique constituent les options contraires.

L'opposition entre holisme et individualisme peut jouer dans pratiquement tous les domaines de réalité et de connaissance. Elle est polyvalente et interdisciplinaire. Un tout, en effet, ce peut être un corps ou une société, une période historique ou un texte. Doit-on partir de lui ou bien de ses éléments? Par exemple, une société, une culture doivent-elles être étudiées d'abord dans leur globalité, ou bien convient-il de commencer par des études précises sur tel ou tel de leur aspect?

Héritier du nominalisme (voir chapitre 4), l'individualisme méthodologique considère que les noms des grands touts (comme «culture», «société») ne sont que des signes commodes, ou bien encore des abstractions vides de sens: seules existent les réalités singulières.

La philosophie analytique a, sous le nom d'atomisme logique, développé une conception antiholistique du sens et de la vérité: la vérité et le sens d'un énoncé, d'après elle, sont constitués par la vérité et le sens de chacun de ses éléments constituants: s'il est vrai que Mathieu, Marc, Luc, André, etc. étaient des gens modestes, alors les apôtres de Jésus (terme générique), dont Mathieu, Marc, Luc André, etc. faisaient partie, étaient des gens modestes.

La systémique de Ludwig von Bertalanffy se définissait comme une théorie générale des systèmes. Elle partait d'un présupposé holiste: c'est la structure du tout qui détermine la place et le sens de ses éléments.

Entre holisme et individualisme, des positions intermédiaires sont évidemment possibles. Mario Bunge, philosophe des sciences argentin, est l'un des principaux représentants de cette position moyenne: selon lui, l'analyse des parties séparées est justifiée au même titre que la prise en compte du tout dans sa globalité. Il n'y a lieu ni de sacrifier les parties au tout, ni de sacrifier le tout aux parties.

La thèse de Duhem-Quine

Pour Carnap et les membres du cercle de Berlin, il existe une distinction tranchée entre les vérités logiques, de type analytique, et les vérités expérimentales, de type synthétique. La distinction remonte à Leibniz et à Kant : une proposition est vraie si elle reformule ce qu'elle contient implicitement (la tautologie est un cas extrême de jugement analytique) ou bien si elle traduit la réalité empirique – ce qui suppose que l'on dépasse la tautologie.

À cette idée, le philosophe américain Willard van Orman Quine objecte qu'il est impossible de décider parmi les phrases d'une langue naturelle celles qui peuvent être considérées comme engendrées par des règles ou des conventions et celles qui font appel à l'expérience pour être validées.

Quine remet en question le principe de base de la philosophie analytique : on ne peut, selon lui, analyser une proposition isolément ; lorsque l'on cherche à vérifier la validité d'une proposition, c'est en fait tout un ensemble de propositions que l'on teste.

Pierre Duhem est un philosophe des sciences français qui avait contesté la pertinence de l'idée d'expérience cruciale : ce n'est, à ses yeux, jamais une idée isolée qui peut être testée, mais toute une théorie, dont on ne peut par ailleurs jamais démontrer la fausseté.

Les restaurateurs sauvent les meubles

Comment les philosophes ont-ils réagi à la remise en question de la conception classique de la vérité ? Après un bombardement, trois stratégies sont possibles :

- Celle des fatalistes conservateurs qui s'efforcent de rendre les ruines habitables
- Celle des restaurateurs qui tentent de retrouver l'aspect de l'ancien à partir de ce qui peut être sauvé
- Celle des démolisseurs qui achèvent de mettre à bas ce qui est encore resté debout

Ce sont les restaurateurs et les démolisseurs qui sont les plus intéressants pour la philosophie, car ils sont sortis de la plainte ou du déni.

Repenser la connaissance et la vérité en tenant compte des progrès et des bouleversements de la science, suivre une voie moyenne entre une vision étroite (et, pour tout dire, despotique) de la raison et le scepticisme désabusé – telle est l'œuvre des restaurateurs reconstructeurs.

Alfred North Whitehead : une nouvelle philosophie de la nature

L'œuvre, difficile et exigeante, de ce philosophe anglais comprend deux versants. En collaboration avec Bertrand Russell, il rédigea les *Principia mathematica* de 1910 à 1913. Il y reprend le vieux projet logiciste de Leibniz de réduction des mathématiques à la logique.

Après la Première Guerre mondiale, Whitehead s'intéresse à un autre champ de recherche. Tirant les conséquences des bouleversements philosophiques produits par la théorie de la relativité d'Einstein, il s'efforça alors de penser la nature à travers d'autres concepts que ceux déployés par la physique et la philosophie classiques.

Procès et Réalité, l'un des livres les plus difficiles de toute l'histoire de la philosophie, est l'expression de cette étonnante démarche qui entend reconstruire par la pensée l'ensemble de la nature à partir de la double exclusion de l'identité et de la simultanéité, que la théorie de la relativité avait semblé récuser de manière définitive. Alors que la nature apparaissait, dans la pensée classique, comme un tableau dont il fallait décrire l'ensemble, élément par élément, elle s'offre désormais comme une musique dont il convient de rendre compte du déploiement. Avec Whitehead, la philosophie de la nature passe de la peinture à la musique.

Karl Popper : une épistémologie moyenne

Karl Popper a fréquenté le cercle de Vienne. Il en partage les thèses principales : rejet de la métaphysique et des pseudosciences (le marxisme et la psychanalyse en particulier), conception modeste de la vérité.

La Logique de la connaissance scientifique, qui est l'ouvrage majeur de Popper, part du constat que, entre une confirmation (une hypothèse est validée par une observation) et une infirmation (une hypothèse est invalidée par une expérience), il n'y a pas de symétrie. Car si une infirmation est définitive (le phlogistique que Stahl avait supposé pour expliquer le feu n'existe pas et on ne reviendra jamais là-dessus) une confirmation est provisoire. On peut présenter des millions de merles noirs à l'appui de la thèse que les merles sont noirs, mais rien ne nous dit à l'avance qu'il ne se cache pas quelque part un merle blanc qui suffirait à flanquer par terre l'hypothèse.

Une proposition vraie ne l'est donc que provisoirement (la nature a plus d'un tour dans son sac). En outre, une proposition ne peut être dite vraie que si elle a surmonté victorieusement l'épreuve de l'expérience. Conséquence directe : une théorie qui ne peut soutenir cette épreuve (au risque d'être démentie) ne peut être dite ni vraie ni fausse. Elle n'est tout simplement pas de nature scientifique.

Le communisme et la psychanalyse ne passent pas l'épreuve du feu

Aux yeux de Popper, le marxisme et la psychanalyse entrent dans la catégorie des pseudosciences : ce sont des théories fermées sur elles-mêmes, de structure totalitaire car, non seulement elles rendent leur réfutation impossible (quelle expérience peut être opposée à l'idée d'inconscient ou à celle de lutte des classes ?), mais elles sont ainsi faites que le contradicteur est immédiatement englué dans ce même système d'explication sans espoir de sortie critique (ainsi l'opposant au marxisme est-il renvoyé à son origine petite-bourgeoise tandis que le sceptique de l'inconscient était déclaré tout de go inhibé sexuellement).

Popper distingue trois mondes qui impliquent un mode différent d'approche :

- Le Monde 1 est celui de la physique et de la biologie : les pierres, les arbres et les animaux en font partie.

- Le Monde 2 est celui des tendances, des émotions et des sentiments : la volonté et la peur en font partie.
- Le Monde 3 est celui de la culture : les idées, des œuvres d'art, les valeurs morales et les institutions sociales en font partie.

Le Monde 1 est le plus ancien, le Monde 3 le plus récent. Karl Popper pose l'indépendance de chacun de ces trois mondes par rapport aux deux autres et en particulier l'indépendance du Monde 3 par rapport au Monde 2 : si les idées sont issues des états psychologiques, elles mènent ensuite une vie propre.

L'Univers irrésolu est un « plaidoyer pour l'indéterminisme ». Dans cet ouvrage, Popper tire les conséquences des bouleversements apportés par la physique moderne, la mécanique quantique en particulier, qui a définitivement congédié le démon de Laplace.

Un démon pas méchant mais très savant

L'astronome et mathématicien Pierre Simon de Laplace (1749-1827) avait proposé cette fiction philosophique : une intelligence supérieure qui connaîtrait à un instant donné l'ensemble des corps de l'univers, ainsi que leurs positions et leurs mouvements, pourrait déduire grâce à l'analyse mathématique l'état de l'univers à n'importe quel instant futur. Le démon de Laplace illustre la forme la plus rigoureuse du principe du déterminisme que la physique classique admettait comme indiscutable.

« Clocks and clouds », horloges et nuages, telles sont les deux images dont Karl Popper se sert pour figurer les deux états extrêmes d'un système physique : entièrement déterminé (l'horloge) ou entièrement chaotique (le nuage). La physique classique croyait que tous les nuages étaient des horloges un peu compliquées : avec l'avancement des connaissances, n'importe quel système physique pourra être entièrement décrit et ses états futurs seront prévisibles. Popper constate, à l'inverse, que ce sont en réalité les horloges qui deviennent nuageuses : aucun système physique n'est assez stable dans la durée pour ne pas voir modifiés ses paramètres : même le système solaire que Voltaire et bien d'autres comparaient à une horloge finira par se détraquer…

Gaston Bachelard, le philosophe du non

L'œuvre de Bachelard comprend deux versants :

- Une série d'ouvrages traitant principalement des révolutions épistémologiques modernes
- Une série d'ouvrages analysant le travail de l'imaginaire à partir des quatre éléments (l'eau, l'air, la terre et le feu)

La question de l'unité ou de la dualité de ce travail divise encore les spécialistes (même si la plupart penchent pour l'unité).

Bachelard est le philosophe de la discontinuité : une science n'existe qu'à partir du moment où elle tourne le dos à tout ce qui était censé être connu et compris auparavant. Ainsi l'astronomie n'est-elle pas une astrologie perfectionnée mais la négation de la rêverie proprement antiscientifique de l'astrologie (il en va de même avec la chimie dans son rapport à l'alchimie). Il n'y a de connaissance scientifique que lorsque les mythes et les rumeurs, les opinions et les croyances sont détruits ou écartés. C'est ce que Bachelard appelle la rupture épistémologique.

Pareillement, dans son histoire, le cours d'une science n'est pas celui d'un progrès sans heurt : chaque discipline secrète sa propre inertie, ses propres dogmes, ses obstacles épistémologiques spécifiques : ainsi a-t-il fallu se faire à l'idée que la géométrie euclidienne n'était pas *la* mais une géométrie, de même que la physique newtonienne n'est pas *la* mais une physique.

François Dagognet : le meilleur congé à la métaphysique

Il s'est trouvé au XXe siècle bien des philosophes qui n'ont pas cessé de congédier la métaphysique à la manière de ces amoureux incapables de rompre ou de ces anciens croyants qui dépensent leur temps à insulter ce qu'ils vénéraient. La métaphysique a été la tête de Turc de la plupart des philosophes du XXe siècle : les philosophes analytiques, Heidegger, Derrida, pour des raisons divergentes, ont pris la métaphysique pour leur ennemie personnelle et ils ont fini par la voir partout.

Or, le véritable athée n'est pas celui qui passe son temps à contredire Dieu : il n'en parle, il n'y pense tout simplement pas. Tel fut le point de vue de François Dagognet, philosophe des choses mêmes. Il n'y a pas d'ordre caché des choses, pas d'intériorité secrète et définitive car tout ce qui existe, même le plus enfoui, aussi bien dans la nature que dans le psychisme humain, finit par transparaître au dehors. La science et la technique sont des mises au jour en même temps que des mises au point.

Thomas Kuhn : la théorie des paradigmes

Thomas Kuhn appelle paradigme une théorie scientifique qui forme système et qui gagne à elle, pendant un temps déterminé, la quasi-totalité de la communauté scientifique. Ainsi le modèle héliocentrique de Copernic et la physique de Newton ont-ils constitué des paradigmes, respectivement en astronomie et en physique. Aux yeux de Kuhn, les paradigmes sont incommensurables entre eux – comme des langues dont on dirait qu'elles ne peuvent pas être traduites.

Cette théorie participe de cet effort de reconstruction modeste qui a suivi les cataclysmes de la science moderne : la vérité existe, mais elle est relative au système dont elle fait partie.

Le côté des démolisseurs

Il y a d'abord ceux qui se promènent joyeusement dans les décombres. Ils jouent à cache-cache derrière les pans de murs écoulés. Le palais de la connaissance est démoli – qu'on n'attende pas d'eux un quelconque travail de restauration.

Une épistémologie dadaïste : Paul Feyerabend

Nietzsche faisait remarquer que le mythe de la science désintéressée venait de ce que l'on n'interrogeait jamais le *travail* des hommes de science. On nous fait admirer le produit achevé (le bel édifice) mais les traces de plâtre ont été essuyées et les échafaudages ont disparu.

La sociologie de la connaissance observe les ouvriers et les outils dans le processus même de leur travail et non plus seulement lorsque le travail est terminé. Les philosophes de l'âge classique faisaient comme si la connaissance était une affaire exclusive qui se traitait entre un esprit et ses idées. L'argent, les manœuvres, les relations d'influence et de pouvoir (avec chantage, intimidation), tout cela passait à la trappe. La science était pure, car la vérité idéale.

Feyerabend est l'un de ceux qui ont vendu la mèche. Beaucoup de philosophes l'ont pour cette raison traité de voyou – un titre qu'il revendiquait pour son épistémologie dadaïste qui s'efforçait de faire droit au hasard échevelé et à la fantaisie culottée (et même déculottée). « Tout est bon » est son mot d'ordre. On entend cela aussi dans les *think tanks* de certains conseils d'entreprise. On avait fait de la connaissance le résultat d'un *programme* de techniciens et d'ingénieurs. La bonne blague ! La « vérité » se découvre au petit bonheur la science. L'ouvrage le plus célèbre de Feyerabend s'intitule *Contre la méthode*. La méthode est une castration neurophysiologique qui, en voulant éviter les accidents (les grossesses non désirées) aboutit à l'impuissance.

Michel Foucault : la vérité est un effet de pouvoir

Les disciplines auxquelles Michel Foucault s'est intéressé sont des *disciplines* justement : le terme en français a le sens de connaissance particulière (une discipline scientifique) et celui de contrôle de soi et d'autrui (le maintien de la discipline dans une classe, s'imposer une discipline).

À cet égard, la psychiatrie réalise jusqu'à la caricature cette confusion des genres : son projet depuis sa naissance fut de traiter les maladies mentales comme des phénomènes physiques, naturels, objectifs. En fait, elle a toujours participé d'une *police* des corps et des esprits, dont il convient d'analyser les dispositifs. Foucault pousse jusqu'à son aboutissement le soupçon terrible qu'avait fait peser Nietzsche sur la vérité et qui, en un sens, va beaucoup plus loin que le doute sceptique qui se contente de détourner la tête : la vérité est le plus gros des mensonges.

La force des analyses de Foucault vient de l'idée que la vérité n'est ni une valeur logique ni une action psychologique mais un effet politique (est politique tout ce qui a rapport au pouvoir dans une société donnée). Or, la politique n'est pas la chose du gouvernement seul. Le pouvoir non plus n'est pas une chose – ce que tendent à nous faire croire et penser les expressions communes de conquête et de détention du pouvoir. Le pouvoir est diffus comme le langage. Le dirigeant ne « détient » pas davantage le pouvoir que le locuteur ne détient la langue.

Le sexe n'est pas la vérité de l'être humain

À travers ses derniers travaux interrompus par une mort prématurée et consacrés à l'histoire de la sexualité en Occident, Foucault n'a pas cessé d'affirmer que, contrairement à ce que cherchait avec obstination, à travers ses pratiques de la confession, la religion chrétienne et qui fut confirmé avec d'autres mots par la psychanalyse, le sexe ne constitue pas la « vérité » de l'être humain, mais une dimension de celui-ci repérable seulement à travers les discours que l'on peut tenir de lui et les aveux que l'on peut tirer de lui. En d'autres termes, le sexe est moins affaire d'organes que de discours. Cette dénaturalisation de la sexualité eut sur nombre de chercheurs actuels, spécialement aux États-Unis, un impact considérable.

À la différence des herméneuticiens, Foucault ne congédie pas la valeur logique de vérité pour lui substituer celle, compréhensive, de sens. En fait, pour lui, il n'y a pas davantage de sens que de vérité dans les dispositifs qui distribuent les récompenses et les châtiments, les incitations et les inhibitions dans la société.

Doutes sur l'induction

L'induction a toujours représenté un défi particulier pour l'empirisme, dominant dans la tradition anglo-saxonne. L'empirisme, en effet, postule que nos connaissances proviennent de l'expérience. Or, l'induction est une extrapolation : elle conduit à l'universalité des cas à partir de quelques données particulières. Une loi expérimentale (physique, chimique, biologique) procède par induction : il est par définition impossible de faire un nombre infini d'expériences avant de conclure. Donc la loi représente toujours une manière de risque, de pari : elle table sur la stabilité de l'ordre des choses. Qu'arriverait-il si cet ordre devait changer ?

Et si les émeraudes n'étaient plus vertes ?

Le philosophe américain Nelson Goodman a donné son nom à un paradoxe (on dit l'énigme de Goodman) au sujet de l'induction. Il prend pour exemple la couleur des émeraudes. Si l'on considère comme légitime la conclusion que toutes les émeraudes sont vertes du fait que celles qui ont été observées jusqu'à présent le sont, il serait tout aussi légitime de conclure que toutes les émeraudes sont «vleues», vleues signifiant vertes si observées jusqu'à l'instant t et bleues dans une autre circonstance.

L'herméneutique : de la jouissance de la vérité au plaisir du sens

L'herméneutique comme art ou «science» de l'interprétation a une origine religieuse. Les trois monothéismes ont distingué pour un même texte sacré plusieurs couches de sens, donc plusieurs lectures. Quand il effectue une lecture métaphorique de plusieurs passages de la Bible dans son *Traité théologico-politique*, Spinoza fait déjà un travail d'herméneutique. On considère néanmoins que l'herméneutique au sens moderne du terme commence avec le théologien et philosophe allemand Schleiermacher parce qu'il fut le premier à considérer que le sens vient du regard du lecteur et non du texte lui-même.

À la fin du XIXe siècle, Wilhelm Dilthey enclencha les travaux et réflexions de l'herméneutique contemporaine à partir de sa distinction centrale entre « expliquer » (*erklären* en allemand) et « comprendre » (*verstehen* en allemand). Cette dualité entre deux modes de travail de l'esprit aboutit à la séparation rigoureuse entre les sciences de la nature d'un côté et ce que Dilthey appelle les sciences de l'esprit de l'autre et qui correspond globalement à ce que l'on comprendra plus tard sous le nom de sciences humaines.

Les termes en français ont une étymologie plus parlante que leurs homologues allemands : l'*ex-plication* est un point de vue en extériorité : on explique la marée haute et basse par le mouvement de la Lune autour de la Terre ; la *compréhension* est un point de vue en intériorité : on comprend les raisons ou les motivations d'un révolté ou d'un assassin en s'efforçant de saisir les valeurs et les finalités qui ont abouti à son comportement ou à son action. Alors qu'un phénomène physique naturel s'explique, un phénomène humain se comprend.

Une action, un discours, une œuvre ne pourraient donc pas être traités comme des choses. Cette thèse déclencha en Allemagne à la fin du XIXe siècle une « querelle des méthodes » qui vit s'opposer ceux qui, comme Dilthey, pensaient qu'il y avait irréductibilité entre les deux types de science et ceux qui, à la suite des positivistes, pensaient qu'il ne saurait y avoir plusieurs régimes de vérité.

Une interprétation, à la différence d'une explication, n'est en effet jamais unique : lorsque deux explications se contredisent, l'une des deux au moins est fausse tandis que le conflit des interprétations, loin de condamner la faiblesse de l'esprit humain, témoigne pour la richesse du sens, qui n'est pas aussitôt épuisable.

Hans Georg Gadamer utilise le terme d'herméneutique comme adjectif pour qualifier un mode de pensée défini comme science des formes, des conditions et des limites de l'entente entre les hommes. La philosophie herméneutique vise à fonder un universel qui ne soit pas celui de la science positive accusée de séparer l'homme et la nature, et les hommes les uns des autres. C'est le langage qui retrouve la puissance du lien et du sens, un lien que la science a perdu. La vérité n'est pas seulement à assimiler ou à transmettre, elle est aussi à partager.

Vous voulez vivre longtemps, en bonne santé, lucide jusqu'aux derniers jours ? Inutile de revenir à la religion de vos grands-pères et de supposer la médecine capable de miracles qui n'arriveront jamais ! Faites de la philosophie herméneutique ! Né en 1900, H.G. Gadamer est mort en 2002, à l'âge de 102 ans. Son livre, *Vérité et Méthode*, est l'un des plus importants du siècle.

Jacques Derrida, le déconstructeur édifiant

La philosophie de Derrida a été identifiée à une méthode dont le nom passablement énigmatique de *déconstruction* lui a servi à la fois de devise et d'écran, de drapeau et de linceul. Le terme est une traduction littérale de l'allemand *Abbau* dont Heidegger se sert dans son maître livre *Être et Temps*.

À la différence de l'*analyse*, qui se contente de décomposer un ensemble en ses éléments constituants et de la *critique* qui ne fait que juger, la déconstruction est un démontage consistant à mettre à nu ce qui dans une pensée, un texte, en constitue le point aveugle, impensé - encore un terme issu de Heidegger.

La théorie de la déconstruction a fait sentir son influence bien au-delà des cercles restreints des disciplines littéraires et philosophiques. Aux États-Unis, une école dite *déconstructionniste* entend promouvoir une architecture résolument contemporaine (sans la nostalgie des postmodernes) qui prend acte de la fin d'un certain art de bâtir, comme Derrida a pris acte de la fin de la métaphysique.

Une pensée d'après la métaphysique

Le cœur de la métaphysique comme expression de l'opposition entre une apparence trompeuse et une essence véridique a été mis au jour par Nietzsche. Récuser la métaphysique, c'est esquiver toutes les dualités qu'elle détermine (essence/apparence, esprit/corps, vérité/erreur, etc.). Derrida montre comment la métaphysique continue de travailler à l'insu de ceux qui prétendent la dépasser (les structuralistes, par exemple). En fait, comme le mot le dit bien dans son usage automobile, le dépassement implique que l'on est sur la même voie et que l'on prend la même direction. Une critique entend dépasser son objet, la déconstruction vise à le subvertir.

À l'origine, le non-sens

Tous les textes, toutes les traditions visent à colmater le vide du non-sens de l'origine : aussi prétendent-ils se rapporter à la parole d'un dieu, au secret révélé par un génie. À l'origine, il n'y a pas de sens et c'est cette absence qui est refoulée. Mais c'est parce qu'aucun fondement ne vient assurer le discours de son éternelle certitude que le sens ne cesse de s'éparpiller… en tous sens. C'est ce processus que Derrida appelle dissémination. Le sème est l'unité de signification et dans la dissémination, il y a la semence qui fait le séminaire.

Avec Derrida, l'herméneutique elle-même est frappée d'impossibilité. Le sens s'évanouit dans une dispersion qui n'a pas de fin. Mais il s'y épanouit aussi : l'impossibilité de l'herméneutique fait la nécessité de la lecture. Reste le reste – que Derrida appelle trace et dont l'écriture marque la présence.

L'écriture précède la parole

La tradition, que Derrida après Heidegger appelle du nom uniforme de métaphysique, a toujours présenté l'écriture comme dérivée de la parole : comme celle-ci dépend de la pensée, l'écriture n'est plus que la représentation d'une représentation.

Derrida subvertit cette théorie pour redonner à l'écriture sa nature de présence. Présence paradoxale au demeurant car elle existe sur fond d'absence : personne n'écrit, tout a déjà été écrit, celui qui écrit n'est jamais là. Et pourtant, c'est par ce qu'il a écrit (parce qu'il a écrit) qu'il est là (vous suivez ?). On comprend qu'avec Derrida le modèle directeur de la philosophie soit, contre la science (dominante de Platon à Hegel en passant par Descartes et Kant), la littérature.

Des mots-valises pour voyager loin et longtemps

Derrida use et abuse des mots emboîtés les uns dans les autres comme avec cette « circonfession » où se télescopent la confession et la circoncision. Cette pratique, totalement dépourvue d'humour au demeurant (remarquons-le en passant) est assez éloignée des jeux de mots par lesquels Lacan s'efforçait de mimer le travail de l'inconscient. Il existe néanmoins un point commun entre ces deux usages : dans les deux cas, ce dont il s'agit, c'est bien de ruiner l'idée qu'il puisse exister un sens attaché aux mots, aux choses ou à la pensée et qu'il n'y aurait qu'à extraire ou à exprimer comme un trésor caché dans la terre ou bien encore comme la moelle de l'os. Avec Derrida, quand on tombe sur un os, il n'y a pas de moelle.

Chapitre 15
La mise au jour de l'inconscient

Dans ce chapitre :
- Freud, seul non-philosophe à pouvoir être traité à l'égal d'un philosophe
- Le rôle spécial de la sexualité
- La psychanalyse, plus qu'une histoire de fesses

L'idée d'inconscient n'a pas attendu Freud. Depuis longtemps, l'homme se doutait qu'il y avait en lui des mécanismes et des phénomènes qui échappent à son contrôle. Sans parler des processus physiques qui concernent exclusivement le corps comme les réflexes, ni même des songes qu'on rapportait à une source extérieure (les dieux, les esprits), mentionnons seulement la banale et néanmoins étrange mémoire qui se souvient tout en paraissant ne pas se souvenir : il y a dans la théorie platonicienne de la réminiscence l'idée qu'on en sait toujours plus qu'on ne pense.

Autres exemples : lorsque Leibniz dit qu'une aperception (consciente) est constituée d'une multitude de petites perceptions dont nous ne nous rendons pas compte (voir chapitre 2), il dégage comme Platon un phénomène mental qui se déroule à l'insu même du sujet. Quand Hegel dans sa théorie de la ruse de la Raison (voir chapitre 8) dit que les grands hommes ne savent pas ce qu'ils font, il veut nous faire comprendre que le sens d'une action historique est tout d'abord inconscient. Enfin, la Volonté schopenhauérienne et la volonté de puissance nietzschéenne sont très largement inconscientes.

Freud n'a donc pas découvert l'existence des phénomènes inconscients. Mais il lui appartient d'avoir mis au jour l'existence de l'*inconscient* comme structure constitutive et primordiale du psychisme humain.

Les découvertes de Freud

Les trois blessures narcissiques infligées à l'homme

Freud a rencontré l'hostilité avant le succès. Histoire banale. Le rejet de la psychanalyse, qui n'a d'ailleurs à aucun moment cessé, s'appuie sur plusieurs raisons et arguments: l'idée du caractère central de la fonction sexuelle choquait, et pour une biologie qui ne veut croire qu'aux zones cérébrales et aux substances chimiques, l'idée d'un inconscient est bien mystérieuse. On récusait aussi l'idée d'un déterminisme qui aboutissait paradoxalement à faire de l'enfance la période la plus importante de l'existence humaine.

Freud a dit lui-même que la psychanalyse représentait la troisième blessure narcissique (celle qui atteint l'estime de soi) infligée à l'orgueil de l'homme. La première blessure est la conséquence des découvertes en astronomie à la Renaissance (Copernic): la Terre a perdu sa place centrale dans le système du monde, elle était ravalée au rang de planète. Ainsi la maison de l'homme n'avait-elle plus aucune place centrale dans l'univers. La seconde blessure a été la théorie de l'évolution (Darwin): depuis la Bible, l'homme s'imaginait être le roi de la création, situé à un rang infiniment supérieur à celui des animaux. L'histoire naturelle montrait à présent l'étroite parenté qui unissait l'homme aux animaux, au point d'en faire un animal lui-même, dont le seul privilège était d'être arrivé un peu plus tard que les autres.

Délogé de sa position centrale dans l'univers et de son rang supérieur dans la création vivante, l'homme se consolait en pensant qu'il avait une conscience grâce à laquelle il connaissait et agissait à volonté. Patatras! La psychanalyse décentre l'homme en révélant la force primordiale de l'inconscient sur la conscience.

Qu'est-ce que la psychanalyse ?

Étymologiquement, « psychanalyse » signifie « analyse du psychisme ». La psychanalyse, comme toute médecine, comprend une dimension théorique et une dimension pratique. En tant que théorie, elle est la discipline (que Freud revendiquait comme scientifique) qui a pour objet le psychisme et le comportement inconscient de l'homme. En tant que pratique, la psychanalyse (dite aussi, plus simplement, analyse) est la thérapie qui s'efforce de soulager et de guérir les névroses.

Névrose et psychose

Freud distingue deux grandes catégories de dysfonctionnements psychiques, les névroses et les psychoses. Les névroses sont le produit du refoulement. Elles placent l'individu dans une situation pénible qui peut s'accompagner de grandes souffrances. Les psychoses sont infiniment plus graves, elles correspondent à ce que la langue commune appelle « folie » (la schizophrénie, la paranoïa sont des psychoses). La psychanalyse interprète les psychoses selon la logique de l'inconscient qu'elle a mise au jour. En revanche, elle n'est d'aucune aide pour les soigner. La thérapie psychanalytique repose, en effet, sur la libre parole du patient, chose que la psychose rend impossible.

De l'hypnose à la méthode d'association libre

Au début de sa carrière de médecin spécialisé dans ce que l'on appelait alors (fin du XIXe siècle) les « maladies nerveuses », Freud, à la suite du docteur Charcot dont il avait suivi les leçons à l'hôpital de La Salpêtrière, pratiquait l'hypnose : le patient (le plus souvent une patiente) cessait de manifester ses troubles durant le temps de son sommeil artificiel.

L'inconvénient d'une telle méthode venait de ce que les symptômes (tremblements, paralysie, etc.) reprenaient aussitôt après que l'hypnose fut achevée. Contre l'opinion de nombre de médecins de l'époque, Freud ne pensait pas qu'il avait affaire à des simulatrices. Même un malade imaginaire doit être pris au sérieux. Et d'abord, il convient d'entendre ce que le patient a à *dire*. D'où l'introduction du procédé dit des associations libres, matérialisé par le fameux divan: étendu sur un divan sans voir l'analyste lui-même, le patient, guidé par celui-ci, raconte tout ce qui lui passe par la tête.

L'impact philosophique de la psychanalyse tient pour une bonne part à ce geste décisif: l'attention accordée au langage. Il n'y a pas de trouble psychique ou comportemental auquel le langage soit étranger.

L'énigme de l'hystérie

Tout est parti de l'observation des cas d'hystérie que la médecine matérialiste du XIXe siècle résolvait ou bien par l'hypothèse de facteurs organiques (des causes physiques cachées) ou bien par le soupçon d'une stratégie de dissimulation. Freud va peu à peu découvrir que les patientes expriment par leur corps, sous forme de paralysie, de cécité, etc., ce qu'elles ne veulent pas ou ne peuvent pas exprimer par des mots. L'inconscient a ce pouvoir de prendre les mots au mot. Lorsque nous disons «je ne veux pas voir cela!», ces termes sont pour nous une façon de parler imagée, qui ne prête pas à conséquence, comme on dit. L'hystérique prend au sérieux le refus de voir et devient ainsi aveugle sans qu'aucune cause physique le détermine.

L'inconscient, autre monde intérieur

Le doute en soi inoculé par le rêve

Freud avait fait un rêve qui l'avait perturbé: il s'était senti presque joyeux, soulagé à la mort de son père, alors même qu'il en était profondément et sincèrement affecté. Comment peut-on ainsi éprouver des affects contraires? Normalement, ils devraient s'exclure (la joie exclut la tristesse). Découverte primordiale : l'inconscient ignore la contradiction. La contradiction n'est exclusive qu'au regard de la raison consciente.

Pour illustrer la logique irrationnelle de l'inconscient qui entasse les contraires au lieu de les exclure, Freud rapporte l'histoire suivante.

Un paysan traîne son voisin au tribunal parce que celui-ci lui a rendu troué le chaudron qu'il lui avait emprunté. L'accusé se défend devant le juge de cette manière : primo il n'a jamais emprunté le chaudron ; secundo il l'a rendu intact ; tertio il était déjà troué lorsqu'on le lui a prêté.

Je suis deux

L'inconscient correspond à la découverte du caractère partagé de l'être humain. Ce que nous voulons, remarquait déjà saint Augustin, nous ne le voulons jamais d'une volonté totale. Même nos projets les plus chers, ceux dont nous croyons que leur réalisation nous rendra heureux, traînent après eux une suite d'objections et de restrictions. Le philosophe chrétien y reconnaissait le signe du mal, du péché originel. Nous ne sommes pas assez forts pour penser sans arrière-pensée : cette aventure amoureuse dans laquelle nous nous engageons, cette offre d'emploi que nous apprêtons à accepter, cette maison que nous nous proposons d'acheter ont toutes leur part d'ombre. N'importe quelle grande décision s'accompagne d'oubli. Or, pour l'inconscient, l'oubli n'a pas de sens, et le temps lui est comme rien.

Exemple du champion

Soit un athlète. Dans les mois qui ont précédé l'épreuve olympique, il a suivi un entraînement intensif. Tout dans sa volonté consciente est tendu vers la victoire. Mais, dans les replis de son psychisme, un secret désir de perdre ne l'a jamais quitté. Les raisons de cette déraison apparente ne manquent pas : admiration trop grande pour l'adversaire principal (comment faire perdre celui que l'on aime ?), agressivité pas assez développée (vaincre, c'est tuer), sentiment d'infériorité, désir d'humiliation même. Ainsi s'élucidera la psychologie des éternels seconds en sport, ceux chez qui la volonté (consciente) de vaincre est moins forte que le désir (inconscient) de perdre.

Exemple du candidat

Autre exemple : le candidat à l'examen. Lui aussi s'est longuement préparé pour le succès final. Il *veut* réussir et tout le monde autour de lui l'accompagne dans cette pensée. Mais il *désire* également échouer, et là aussi ce ne sont pas les raisons qui font défaut : rester dans l'enfance, retarder l'échéance de l'entrée dans la vie active, ne pas dépasser un frère ou une sœur admiré(e), continuer à être pris en charge par les parents, etc. Nombre d'échecs à l'examen correspondent en réalité à un désir satisfait mais inavouable.

Exemple du malade

La guérison est la fin logique de la maladie et tout est mis en œuvre, semble-t-il, pour l'obtenir. C'est compter sans le désir inconscient de rester malade. Là encore, les bonnes raisons ne manquent pas, depuis la fuite devant le travail et les responsabilités, jusqu'au plaisir d'être choyé et plaint, en passant par le désir de punition. L'enfant s'aperçoit tôt qu'il est plus et mieux aimé lorsqu'il est malade : dès lors, quelques douleurs et incommodités pourront être le prix à payer pour des caresses et des baisers supplémentaires. Si la maladie ne comportait que des dommages, on ne verrait pas tant de gens s'y installer comme à demeure.

L'inconscient a ses raisons que la raison ne connaît pas

Pour la raison, c'est l'évidence même que la victoire est préférable à la défaite, le succès préférable à l'échec, la guérison préférable à la maladie. Or la victoire, le succès et la guérison n'ont pas que des avantages. Et leurs contraires n'offrent pas que des inconvénients. Dans cette lutte que la volonté et le désir, la conscience et l'inconscient se livrent en nous comme en un champ clos, il arrive que ceux-ci l'emportent sur celles-là. Pascal avait dit : le cœur a ses raisons que la raison ne connaît pas. Remplaçons le cœur par l'inconscient et nous avons la psychanalyse.

> *Parce qu'elle nous prive de multiples possibilités de plaisir, la raison devient une ennemie au joug de laquelle nous nous arrachons avec joie.*
>
> Freud

La fonction centrale du complexe d'Œdipe

Pourquoi un adulte endeuillé peut-il sentir en même temps en lui un soulagement joyeux ? Parce que les affects de notre existence se sont accumulés en nous sans s'éliminer. Imaginons une ville qui n'aurait jamais connu de destruction mais aurait simplement ajouté à côté des anciennes ou au-dessus ou autour d'elle des constructions nouvelles, tel est notre psychisme. Notre enfance n'est pas seulement du passé révolu et presque entièrement oublié. Elle est aussi une dimension de notre moi actuel.

L'histoire d'Œdipe est la plus célèbre qui mette en scène le destin et son inéluctable pouvoir sur l'existence humaine.

Le mythe de l'oracle fatal

D'origine grecque, cette histoire a été très souvent adaptée au théâtre. Les versions varient d'un auteur à l'autre, mais la trame générale est la suivante. Laïos, roi de Thèbes, se désole de n'avoir pas de fils. Il va consulter à Delphes la pythie. L'oracle avertit le roi que s'il avait un fils, de lui viendraient de grands malheurs : il tuerait son père et épouserait sa mère. Ce sont là les deux crimes les plus horribles qu'un homme puisse commettre : le parricide et l'inceste. Toute culture, toute civilisation repose sur ces deux interdits, ces deux tabous.

Malgré ces fatales prédictions, Jocaste, la reine, donne naissance à un fils. Mais effrayée par la sentence de l'oracle, elle décide de se débarrasser du nouveau-né et de le faire exposer sur le mont Cithéron après lui avoir percé les chevilles avec une aiguille et les lui avoir liées avec une cordelette. Seulement, au lieu de mourir de faim et de soif ou d'être dévoré par les bêtes de la forêt, le bébé est recueilli et sauvé par un berger. Celui-ci l'appela Œdipe, ce qui signifie « pieds enflés » en grec.

Or, dans le royaume voisin de Corinthe, le roi Polybos se désolait lui aussi de n'avoir pas de fils. Le berger, trop pauvre pour élever lui-même le nouveau-né, le présente au palais de Corinthe où il est accueilli avec joie. Œdipe est adopté. Il grandit ainsi au palais, ignorant sa véritable naissance, croyant être le fils de Polybos et de Périboéa, roi et reine de Corinthe.

Les années passent. Œdipe est à présent un jeune homme. Un jour, quelqu'un dit à Œdipe qu'il n'est qu'un enfant trouvé. Intrigué par cette révélation, Œdipe va consulter l'oracle de Delphes, lequel répète l'horrible prédiction faite jadis à Laïos : « Tu tueras ton père et tu épouseras ta mère. » Le piège du Destin est en place : bouleversé par ce qui lui a été annoncé, Œdipe décide de quitter à jamais Corinthe, de ne plus revoir ses « parents ». Ainsi, pense-t-il, les deux crimes prédits ne pourront avoir lieu. Mais en croyant fuir son destin, en quittant ceux qu'il croit être ses parents, il retrouve ses parents réels. On songe à l'histoire du rendez-vous de Samarkand.

Dans un défilé, non loin de Delphes, Œdipe, qui est de tempérament fougueux, se prend de querelle avec un inconnu et le tue en coupant le timon de son char. Ainsi s'accomplit la première partie de la prédiction : l'inconnu, on l'aura deviné, n'est autre que le roi Laïos, le véritable père d'Œdipe. Poursuivant sa route, Œdipe parvient aux portes de Thèbes et rencontre un monstre terrifiant avec un corps de lion, une tête et un buste de femme : le Sphinx dévore les voyageurs incapables de donner la bonne réponse à son énigme.

Il est intéressant de noter que le Sphinx de la légende d'Œdipe avait été envoyé dans la campagne de Thèbes pour punir cette cité du crime commis par le roi Laïos, lequel avait enlevé un jeune homme pour en faire son amant. Ainsi Œdipe paie-t-il pour les deux fautes de son père : celle-là et la désobéissance à l'oracle qui lui avait enjoint de ne pas avoir de fils.

L'énigme que propose le Sphinx est si obscure que personne n'a pu la résoudre jusqu'à ce qu'Œdipe, à la question de savoir quel animal marche le matin à quatre pattes, sur deux le midi et le soir sur trois, donne la réponse juste : l'homme. Un oracle – un autre ! – avait prédit au Sphinx qu'il mourrait le jour où il rencontrerait quelqu'un qui pourrait percer son énigme : l'oracle, ainsi, ne dit pas seulement ce qui arrivera ; il fait arriver les choses. Désespéré par la bonne réponse d'Œdipe, le Sphinx se jette du haut d'un rocher et se tue.

Ainsi le pays de Thèbes se trouve-t-il délivré de la terreur. Voici Œdipe promu au rang de héros. Le trône de Thèbes est vacant, ainsi que le lit de la reine puisque Laïos a été tué par un inconnu dans la campagne et Jocaste se trouvait veuve. Œdipe, accueilli en bienfaiteur, monte sans le savoir sur le trône de son père et dans le lit de sa mère, accomplissant ainsi la deuxième partie de l'oracle.

Les années passent. Œdipe est un roi juste. Il conçoit avec sa femme, c'est-à-dire sa mère, quatre enfants, qui sont ainsi à la fois ses fils et ses demi-frères, ses filles et ses demi-sœurs. Le propre de l'inceste est de brouiller l'ordre naturel des générations. Ces enfants auront tous une destinée tragique (Antigone est la plus célèbre) : le destin se transmet aussi sûrement que le patrimoine génétique.

Quelques années plus tard, la peste s'abat sur Thèbes. Dans l'Antiquité, on pensait que la peste était déclenchée par le dieu Apollon pour châtier les hommes d'un crime particulièrement grave. À Thèbes, on va, par conséquent, consulter l'oracle. Le verdict tombe : «Il faut expulser de la ville le meurtrier de Laïos.» La ville de Thèbes protège dans ses murailles le meurtrier de l'ancien roi et ce crime impuni a provoqué la colère du dieu. Œdipe, dont on a dit le caractère juste, fait le serment que le criminel sera retrouvé et puni et dirige lui-même l'enquête qui va le perdre. Bientôt, les révélations embarrassées du devin Tirésias permettent au héros de deviner l'affreuse vérité.

De honte, Jocaste se pend. Œdipe songe d'abord à s'ôter la vie, mais pensant que c'est là un châtiment encore trop bref eu égard à l'énormité de ses crimes, il se crève les yeux avec la broche de sa mère et, chassé de Thèbes, il erre en mendiant dans la contrée, accompagné de sa fille Antigone, la seule à lui être restée fidèle. Au soir de sa vie, l'infortuné Œdipe trouve asile en Attique, puis à Colone, un petit bourg situé près d'Athènes et là, les Érynnies (puissances divines, ces trois femmes sont l'instrument de la vengeance des dieux) l'entraînent dans la mort. Toutefois, Thésée, le roi d'Athènes, accorde une sépulture au corps de cette victime de la plus inexpiable des fatalités, car il était dit que le tombeau d'Œdipe serait plus tard un gage de victoire pour le peuple athénien.

Le sens du mythe : ne pas savoir qui on est

L'histoire d'Œdipe est une succession d'événements qui s'enchaînent les uns aux autres dans un ordre inéluctable. Tous les personnages sont des jouets ou des instruments aveugles du Destin : le père, sans lequel rien de tout cela ne serait arrivé ; le berger, car si le bébé avait trouvé la mort sur les pentes du Cithéron, rien ne se serait passé ; les parents adoptifs, qui ont commis l'erreur de ne pas dire la vérité à leur fils trouvé dans la montagne, etc. Il n'y a pas de liberté, il n'y a plus que des rouages. Les hommes accomplissent une action en croyant poursuivre et atteindre tel ou tel objectif ; en fait, à leur insu, c'est une tout autre partie qui se joue.

L'épisode du Sphinx possède une singulière profondeur, qui en fait peut-être le centre, le nœud de toute l'histoire. Car Œdipe ne connaît rien de lui-même, ni son origine, ni même son nom (Œdipe est un sobriquet). Tous les hommes savent répondre aux plus faciles des questions : qui suis-je ? Comment est-ce que je m'appelle ? Qui sont mes parents ? Œdipe, lui, ne le sait pas. Mais aucun homme avant lui n'avait su résoudre l'énigme du Sphinx, dont la réponse est, justement, l'homme. Donc, là où chacun connaît sa singularité (qui je suis, moi), mais non le concept (l'homme), pour Œdipe, c'est l'inverse : aveuglement absolu sur la singularité de son moi, mais clairvoyance unique sur le concept générique. Manière aussi de signifier que cette connaissance par concept ne donne rien si le savoir immédiat de soi n'est pas présent.

Tout le monde s'appelle Œdipe

On comprend dès lors pourquoi Freud a choisi Œdipe pour nom et symbole du célèbre complexe : non seulement parce que le héros tragique viole les deux tabous du parricide et de l'inceste, mais aussi parce qu'il est proprement le héros de l'inconscient, l'inconscient personnifié. Lorsque Œdipe tue l'inconnu au carrefour, il ne sait pas que c'est son père, et lorsqu'il couche pour la première fois avec la reine veuve, il ne sait pas que c'est sa mère. Lorsqu'il fait rechercher le criminel qui suscite la colère du dieu, il ne sait pas que c'est lui-même qu'il recherche et qu'il finira par trouver.

Freud a appelé complexe d'Œdipe (c'est le seul complexe qu'il reconnaîtra, le fameux complexe d'infériorité n'est pas de lui mais de son disciple dissident, Alfred Adler) l'ensemble corrélé des deux désirs contradictoires (libido pour la mère et pulsion de mort pour le père chez le petit garçon, libido pour le père, pulsion de mort pour la mère chez la petite-fille), qui se met en place vers l'âge de 5 ans chez l'enfant.

Ainsi l'histoire d'Œdipe, qui paraît exceptionnelle jusqu'à la monstruosité, devient-elle la plus banale de toutes : l'apparente exception est la règle. Œdipe, c'est n'importe lequel d'entre nous, lorsque nous étions petits enfants. Œdipe est par conséquent le héros (héraut, aussi, en tant que porte-parole) de l'inconscient, au sens rigoureux du terme, car il accomplit dans la réalité, sa vie, ce que chacun de nous a imaginé en secret il y a longtemps. On songe à la phrase de Platon, qui trouve ici son éclatante confirmation : la différence qui existe entre un honnête homme et un criminel, c'est que le premier se contente de rêver ce que le second fait en réalité.

Le cadavre d'Œdipe bouge encore

Normalement, le complexe d'Œdipe est « détruit » : en grandissant, l'enfant doit renoncer à ses premiers désirs. Pourtant, le complexe d'Œdipe continue, plus ou moins intensément, à marquer notre psychisme : ainsi Freud explique-t-il l'homosexualité (l'attachement au père ou à la mère est si intense que tout affect vers une personne de même sexe que lui ou elle s'en trouve interdit) ou le choix amoureux (nous sommes inconsciemment attirés par des hommes ou des femmes qui présentent des traits analogues à ceux de notre père ou de notre mère). Pas plus qu'Œdipe, nous ne serions libres de décider de nos choix : nous croyons être libres car nous sommes conscients de ces choix, mais nous n'en connaissons pas la raison.

La religion serait la névrose obsessionnelle universelle de l'humanité; comme celle de l'enfant, elle dérive du complexe d'Œdipe, des rapports de l'enfant au père.

Freud

Les manifestations de l'inconscient

Comment peut-on savoir qu'un trou noir existe puisqu'à cause de sa colossale densité il retient la lumière captive et l'empêche de rayonner? Par l'effet observable autour de lui, à commencer par le vide. L'inconscient est un trou noir psychique. Il possède une fantastique gravité et ne peut s'observer directement. Pourtant, sa présence se signale par un certain nombre d'effets. L'inconscient est l'hypothèse que rendent nécessaire certains comportements humains, lesquels resteraient inexplicables sans elle.

L'inconscient est exprimé (objectivé) par quatre types de phénomènes:

- Les rêves
- Les symptômes des troubles et dysfonctionnements psychonévrotiques
- Les actes manqués
- Les mots d'esprit

Le rêve: la voie royale pour accéder à l'inconscient

Avant Freud, les rêves avaient été interprétés de deux manières:

- Comme des songes prémonitoires envoyés par l'au-delà pour avertir les hommes
- Comme des symptômes de troubles physiques

Freud ne rapporte le rêve ni aux dieux ni au corps mais au psychisme. La clé du rêve n'est ni dans le futur ni dans le présent mais dans le passé. Sa thèse est que le rêve est l'expression d'un désir réalisé, à commencer par le désir de dormir (c'est ainsi qu'en transformant le bruit de mon réveil en grelot de cheval de traîneau, je gagne quelques secondes supplémentaires de repos ou de paresse).

Les enfants font des rêves réalistes : ils rêvent d'une glace que leurs parents leur ont refusée durant la journée. Le réalisme du rêve ne disparaît pas complètement chez l'adulte : ainsi puis-je « voir » ma voisine aux gros seins toute nue alors que je n'ai jamais osé lui adresser la moindre parole. Mais la plupart du temps, le rêve est obscur, camouflé derrière un ensemble de déformations qui en rendent l'interprétation difficile. En effet, la censure que l'individu subit durant la vie éveillée ne cesse pas toujours totalement : Freud découvre un lexique (un ensemble des signes qui sont volontiers symboliques) et une syntaxe (un ensemble de règles d'association entre ces signes), bref un langage. Le rêve est le langage de l'inconscient qui, comme n'importe quel langage, a ses mots et sa grammaire.

Et vous, rêvez-vous ?

Les expériences ont formellement démontré que Freud avait raison sur ce point : tout le monde rêve (même les chats, même les oiseaux) et tout le monde fait plusieurs rêves durant son sommeil. La question de savoir si l'on rêve n'a de sens que parce qu'il est difficile de se souvenir de ses rêves (ceux qu'on prétend se rappeler ne laissent en nous que des bribes).

Le poète anglais Coleridge se demandait : si un homme traversait le paradis en songe, qu'il reçût une fleur comme preuve de son passage et qu'à son réveil il trouvât cette fleur dans sa main, que pourrions-nous croire ? Le poète se dirait que cet homme a vu le paradis. Le psychanalyste pensera que c'est inversement la fleur cueillie avant le rêve ou pendant le sommeil qui a suscité les images du paradis.

Le passé le plus proche est celui de la journée qui a précédé le rêve : il se retrouve à l'état de traces (un mot, un sourire, une impression fugitive). Mais il y a également le passé le plus lointain, qui peut aller jusqu'à la prime enfance. L'inconscient ignore le temps, comme il ignore la mort et la négation. Pour lui, cinquante ans sont comme une heure.

Le sommeil de la raison engendre des monstres

Un dessin de Goya montre une belle jeune fille endormie dans son lit et, surgissant de sa tête, un monstre grimaçant, avec cette légende: le sommeil de la raison engendre des monstres. Les images du rêve sont parfois tellement fantastiques et terrifiantes que l'on comprend bien que les hommes autrefois ne pouvaient pas croire spontanément qu'elles venaient d'eux-mêmes. Ce que le rêve manifeste, en effet, est la part obscure de notre être. Dans certains de nos rêves, nous ne sommes plus si éloignés de la monstruosité d'un tueur en série que nous avons pourtant du mal à considérer encore comme notre frère.

Le langage des symptômes

L'hystérique, nous l'avons vu, parle avec son corps. Elle devient aveugle au lieu de dire « je ne veux plus voir cela », elle vomit au lieu de dire « je désire un enfant ». Comme les rêves, les symptômes psychiques révèlent la nature spontanément symbolique de l'inconscient: derrière le phénomène physique constatable (la manie de se gratter l'oreille ou de s'entortiller les cheveux autour du doigt), il y a un sens attaché à nos désirs, souvent (mais pas toujours) sexuel.

Les actes manqués ne le sont que pour la conscience

Les journaux ont déjà fait état d'automobilistes qui avaient, sur un parking d'autoroutes de vacances, « oublié » une grand-mère ou un enfant et ne s'étaient aperçu de la chose que bien des kilomètres plus tard... Le ridicule et le grotesque de la situation ne doivent pas nous masquer son caractère dramatique. La société ne peut pas admettre la reconnaissance de désirs aussi crus que celui d'abandonner un parent, un enfant, donc de les faire mourir – aussi dispose-t-elle d'alibis en béton précontraint : la fatigue, la distraction, le hasard. On bouscule telle personne ? C'est la fatigue. On oublie tel rendez-vous ? Qu'est-ce qu'on peut être distrait ! On renverse tel vase ? C'est la faute à pas de chance ! Trois manières d'écarter le sens psychologique de ces actes manqués, dont Freud disait qu'ils ne sont manqués que pour la conscience, mais que pour l'inconscient, ils ne sont que trop bien réussis.

Nous sommes ce que nous avons

Les objets sont les otages de nos désirs. Outre leur fonction pratique, utilitaire (une montre sert à connaître l'heure, un manteau sert à se protéger du froid, etc.), ils sont revêtus d'une nappe de sens symbolique qui témoigne de la relation affective que nous pouvons entretenir avec eux. Si ma montre m'a été donnée par une relation chère ou si je l'ai héritée d'un parent, elle sera pour moi beaucoup plus qu'un moyen pratique pour connaître l'heure : le symbole d'une affection, celui d'une personne absente ou disparue. C'est pourquoi un cambrioleur ne connaîtra jamais tout le mal qu'il peut faire : il croit ne prendre que des valeurs marchandes, alors qu'avec elles, ce sont d'abord des signes irremplaçables qu'il dérobe. Le vol est toujours un viol, mais il n'y a pas de compagnies d'assurances pour les dommages psychologiques.

Autrui joue toujours dans la vie de l'individu le rôle d'un modèle, d'un objet, d'un associé ou d'un adversaire.

Freud

Les mots d'esprit

Qui aurait cru que l'innocente histoire drôle pouvait avoir un sens analogue à celui du rêve, du symptôme ou de l'acte manqué ? Un désir a été refoulé, il s'exprime malgré tout par une voix détournée. On comprendra ainsi pourquoi les histoires drôles tournent inlassablement autour de ces deux pôles : le sexe et la mort (des hantises mais aussi en même temps des objets de refoulement). Alors l'inconscient suggère ses ruses. Il est toujours plus facile de raconter une histoire salace que de parler de manière salace.

La seconde topique : la triade du moi, du ça et du surmoi

Freud avait d'abord divisé le psychisme en trois « parties » :

- La conscience
- L'inconscient
- Le préconscient (la part de l'inconscient qui peut devenir consciente)

C'est ce que l'on appelle la première topique (du grec *topos*, qui signifie « le lieu »). Une topique est une détermination des lieux, ici il s'agit des lieux symboliques du psychisme. À la fin de sa vie, Freud s'est arrêté sur une autre topique (la seconde topique) :

- Le moi
- Le ça
- Le surmoi

Le moi est la couche la plus superficielle du psychisme. Il comprend la conscience mais aussi des dimensions inconscientes (comme l'idéal du moi qui peut animer le sujet à son insu). Le ça est le siège des pulsions. Il est entièrement inconscient. Le surmoi correspond à ce que l'on appelait conscience morale – à cette différence capitale qu'il est inconscient lui aussi. Il représente en nous la force de censure.

Ce serait, en effet, une erreur grave que de croire que les forces d'empêchement qui interdisent à l'être humain de satisfaire ses désirs, donc d'être heureux, viennent nécessairement de l'extérieur (la société, les parents, la religion, la loi, etc.). La plupart du temps, du moins dans les sociétés démocratiques modernes, la police la plus sévère est intérieure à l'individu lui-même.

Quelle place pour la conscience ?

La conscience règne mais ne gouverne pas, dira Paul Valéry. Est-ce à dire que le pauvre moi, ballotté par des forces obscures et contradictoires, n'a plus son mot à dire ? La psychanalyse est un discours sur l'inconscient, mais c'est évidemment la conscience qui le tient. L'âme pense toujours, disait Descartes, et même quand elle pense qu'elle ne pense pas toujours, c'est encore elle qui le pense.

De quoi l'inconscient est-il constitué ?

Il y a la part primitive innée, constituée par les pulsions, et la part acquise, formée par les désirs refoulés.

Instincts et pulsions

Les pulsions sont ce qui, en l'être humain, marque peut-être le mieux l'inséparabilité de son corps et de son psychisme. Freud en a distingué deux : la libido (ou pulsion sexuelle) et la pulsion de mort. Les pulsions humaines peuvent évoquer les instincts des animaux – leurs origines sont sans doute communes – mais elles se définissent d'abord par ce qui fait justement qu'elles ne sont pas des instincts.

L'homme, en effet, a des pulsions, mais pas d'instincts. Qu'est-ce qu'un instinct ? Un programme de comportement destiné à assurer la vie ou la survie d'un individu ou d'une espèce. On peut prendre ici programme au sens informatique : un ensemble d'opérations ayant une finalité bien déterminée. Il est facile de voir que rien, dans le comportement tant social qu'individuel de l'être humain, ne correspond à l'instinct. Ce n'est pas l'instinct qui dicte à l'homme le choix de son partenaire sexuel, de son métier ou de ses goûts. On a parlé de l'instinct de survie, mais comment expliquer la fréquence du comportement suicidaire chez tous les êtres humains, même chez ceux qui n'auront jamais l'occasion, et c'est heureux, de passer à l'acte ?

La pulsion a une souplesse que l'instinct n'a pas et la variété des modes de satisfaction de celle-là diverge de la simplicité des voies de celui-ci : l'instinct sexuel de l'animal n'est satisfait que par le coït, tandis que la pulsion sexuelle chez l'être humain peut se satisfaire d'une infinité de manières, depuis la relation sexuelle jusqu'au rêve en passant par la rêverie, la lecture des livres ou le film pornographique.

Ceci nous conduit à une autre distinction essentielle : alors que l'instinct, génétiquement inscrit dans une espèce donnée, est de nature exclusivement biologique, la pulsion n'existe totalement qu'à travers une variété indéfinie de représentants psychiques. Il n'y a pas, chez l'être humain, de purs besoins, c'est-à-dire des forces biologiques qui ne seraient que physiques et qui court-circuiteraient le travail de la pensée : même la pulsion brutalement ressentie (faim, besoin sexuel) est passée au crible de tout un ensemble de représentations. Le violeur est en fait davantage victime de ses pensées que de son corps.

Le déni de la pulsion de mort

Pour son éthique, Aristote partait du principe que tous les hommes veulent être heureux. C'était oublier la pulsion de mort. L'être humain, selon Freud, est un champ de bataille partagé entre deux pulsions, la libido (pulsion sexuelle) et la pulsion de mort. Tantôt ces deux pulsions s'opposent (comme la vie s'oppose à la mort, l'amour à la haine), tantôt elles se composent et deviennent copines comme cochonnes.

Pourquoi les campagnes de prévention contre le sida échouent-elles globalement ? Parce que ni les pouvoirs publics ni les associations privées n'osent mettre en garde les individus contre leur propre pulsion de mort : le postulat implicite sur lequel nos sociétés démocratiques de masse reposent est que tous les hommes veulent vivre, être heureux et trouver en toute occasion l'avantage maximal. Erreur fatale.

Les désirs refoulés

L'inconscient n'est pas seulement constitué par les pulsions et par les désirs qui sont leurs représentants psychiques (et qui peuvent être conscients). Il y a également les désirs refoulés.

Un désir non satisfait – la plupart des désirs le sont – n'est pas détruit comme par enchantement. Englouti dans la part obscure, immergée du moi, il n'en continue pas moins de mener une existence de taupe, resurgissant à l'occasion sous forme de rêve, d'acte manqué ou de symptôme. Que fait un enfant à qui on a opposé un refus à son désir lorsqu'il a fini de pleurer? Il rêve, et son rêve est une revanche inconsciente sur la vie. De ce point de vue, il n'est pas d'adultes qui ne soient restés des enfants.

Le destin des pulsions

Si la pulsion est inconsciente, le désir manifesté qui en dérive est, par définition, conscient (pas besoin d'insister là-dessus). Qu'arrive-t-il au désir?

Une première bifurcation s'offre à lui: ou il est satisfait ou il ne l'est pas. Le désir sexuel par exemple est satisfait par l'acte sexuel. Seulement, la satisfaction est toujours partielle et éphémère. Beaumarchais déjà avait noté que ce qui distingue les hommes des bêtes est de boire sans soif et de faire l'amour en tout temps.

L'homme est une création du désir et non pas une création du besoin, dira Gaston Bachelard. Alors que le besoin dit «Assez!» (normalement, on ne boit plus quand on n'a plus soif), le désir crie «Encore!». Ainsi comprend-on que l'insatisfaction soit la règle et la satisfaction l'exception.

Maintenant, qu'arrive-t-il lorsqu'un désir n'est pas satisfait? Il y a deux possibilités: ou bien le désir est refoulé (n'y pensons plus, cette femme n'est pas pour moi) ou bien il est sublimé. Le refoulement est un pis-aller car, comme nous l'avons vu, le désir ainsi entravé peut resurgir sous forme de symptôme. Le refoulement met à mal la machine humaine. La sublimation est une solution idéale dans les deux sens du mot, car elle déplace vers le haut le désir en le satisfaisant sur un plan supérieur.

Le travail, par la simple dépense d'énergie qu'il représente, constitue le moyen le plus habituel de la sublimation. Mais il y a aussi l'art, la religion... Toulouse-Lautrec, infirme depuis qu'il s'est cassé les deux jambes dans l'escalier du château de son enfance, peint des acrobates et des écuyères: le monde virevoltant du cirque et du music-hall exalte tout ce que lui ne peut pas faire. Stendhal, complexé par son physique et malheureux en amour, se projette dans les figures juvéniles et séduisantes de ses héros : Julien et Fabrice sont ses autres moi qui prennent par substitution une revanche imaginaire sur la vie réelle.

Le cœur est une sublimation du sexe

Que l'amour soit une expression idéalisée de la sexualité, cela tout le monde le sait désormais. En revanche, tout le monde continue en toute innocence à faire des dessins « sentimentaux » sans avoir conscience de leur obscénité. Savez-vous ce qu'est en réalité un cœur transpercé d'une flèche (il y en a gravés sur des milliers d'arbres et tatoués sur des milliers de bras)? Cherchez bien ! Avez-vous déjà vu un cœur ? A-t-il la forme d'un as de pique inversé ? Chercher plus bas, encore plus bas et vous trouverez. Quant à la flèche, suivez-la…

Regards sur Freud et la psychanalyse

Freud était-il un obsédé ?

Le grand public a surtout retenu l'importance que la psychanalyse accorde à la sexualité et il est vrai que cette « science » n'a pas été pour rien dans le changement de regard que le XXe siècle a porté sur cette dimension de l'existence. Ce serait pourtant commettre une grossière erreur (mais je suis sûr que, tout nuls que vous puissiez être, vous n'êtes pas dans ce cas) que de s'imaginer que Freud n'a établi qu'une théorie du cul (les paragraphes précédents vous ont convaincus, j'espère, qu'il n'en est rien).

Un malentendu pèse sur ces questions. En montrant la nature essentiellement psychique de la sexualité, Freud a fait de celle-ci une réalité proprement humaine. Une bonne part du scandale suscité par la psychanalyse vient de là. Avoir sorti la sexualité des ténèbres physiologiques fut un geste que beaucoup n'admettent toujours pas.

La sexualité humaine – à la différence de l'animal – est inextricablement corps et psychisme. Point de passage pour les marchandises importées (les aliments, les paroles) et les marchandises exportées (les paroles encore, les excrétions et les déchets), le corps a son poste de douane : la censure. La peur de l'impuissance sexuelle induit l'impuissance réelle, laquelle renforce la peur, en un cercle sans fin.

Qu'est-ce qu'être normal ?

On avait demandé à Freud ce que c'est qu'être normal. Sans se défiler, Freud avait répondu par deux mots simples : aimer et travailler. Aimer, parce que c'est le rapport entre les individus ; travailler, parce que c'est le rapport entre l'individu et la réalité. Le névrosé est celui qui ne peut aimer et travailler qu'avec difficulté ; le psychotique, celui qui ne peut plus avoir de relation ni avec autrui ni avec la réalité commune.

L'expansion de la psychanalyse : les successeurs de Freud

Dès sa naissance, la psychanalyse s'est répandue dans les directions les plus diverses, s'étendant en tous les domaines, au point d'apparaître parfois comme une conception générale de l'homme. Mais ce mouvement d'expansion (vers l'enfant, les sociétés primitives, la culture) est allé de pair avec une certaine marginalisation : bien des psychologies et bien des thérapies, surtout d'origine américaine, ne veulent rien savoir de la psychanalyse et de l'inconscient.

Les deux plus importants dissidents furent Jung et Adler. Le point de rupture tenait à l'importance accordée à la sexualité et au complexe d'Œdipe.

Pour Jung, il existe, en deçà de l'inconscient individuel, un *inconscient collectif* constitué d'*archétypes* que les mythes traduisent. Reprenant une conception romantique de l'inconscient, Jung fait la part belle aux phénomènes paranormaux. Ainsi rompt-il avec le positivisme de Freud qui, malgré l'indulgence manifestée pour la télépathie, rejetait résolument «les boues noires de l'occultisme».

École, mouvement, secte ou parti?

Les travaux de Freud prennent naissance dans la médecine expérimentale du XIXe siècle. Le père de la psychanalyse a toujours voulu fonder une science nouvelle: la psychanalyse est la science de l'inconscient. Or, la manière dont la psychanalyse fonctionne depuis plus d'un siècle à présent ressemble davantage à ce que l'on observe dans le monde politique ou dans les religions qu'à ce qu'on a l'habitude de voir dans les sciences. Exclusions, dissidences, scissions émaillent l'histoire de la psychanalyse. Aucune autre «science» ne nous présente un tel tableau.

Alfred Adler est l'autre grand schismatique. Parti du concept nietzschéen de volonté de puissance (voir chapitre 13), il considère le *complexe d'infériorité* (dont il est l'introducteur) comme plus fondamental que le complexe d'Œdipe dans son travail de détermination de la psyché. Recherchant toujours plus de puissance, l'être humain peut être arrêté par un handicap physique (une petite taille, par exemple). Chez certains, ce handicap sera surcompensé par un volontarisme et une agressivité sans limites: ainsi nombre de personnalités autoritaires ont-elles souffert dans leur enfance d'un complexe d'infériorité.

Parmi ceux qui ont illustré la psychanalyse après Freud, celui qui développera le plus profondément ses implications et qui intéressera le plus la philosophie (au point que son travail peut apparaître beaucoup plus philosophique que scientifique) fut Jacques Lacan.

Lacan était-il un imposteur? À cette question, bien des psychologues et philosophes répondent oui sans hésiter. L'homme a été dans sa jeunesse marqué par le surréalisme (il connaissait bien Dali): son attitude de psychanalyste est celle d'un gourou qui n'hésite pas à utiliser les moyens les plus frivoles pour fasciner son auditoire et ses disciples (cigare en tire-bouchon au bec, voix de fausset pendant les séminaires, discours hermétique – mais après tout, pour celui qui jugeait le rapport sexuel impossible, l'imbitable est le mode normal d'énoncé).

Cela étant, par-delà les jeux et les provocations – qui avaient, ne l'oublions pas, une fonction mimétique, dramaturgique : mettre l'inconscient et ses formations en scène – Lacan fut l'un des penseurs les plus prodigieux du siècle. Il suffit d'ouvrir au hasard l'un quelconque de ses *Séminaires* (d'accès plus facile que les *Écrits*) pour s'en rendre immédiatement compte.

L'inconscient structuré comme un langage

Lacan s'est toujours présenté comme un continuateur fidèle de Freud. Sa théorie constitue en effet une vigoureuse réaction contre l'affadissement subi par la psychanalyse outre-Atlantique où elle était devenue une espèce de gestion du moi (cette manie qu'ont les Américains de tout vouloir gérer). En fait, ce qui était oublié dans certains courants de la psychanalyse, c'était ni plus ni moins l'inconscient.

Être et penser

« Je pense, donc je suis » (Descartes). « Je est un autre » (Rimbaud). « Parfois, je pense ; et parfois, je suis » (Paul Valéry). « Je suis où je ne pense pas, je pense où je ne suis pas » (Jacques Lacan).

L'inconscient nous échappe comme peut échapper la langue à celui qui parle. Qui, en parlant, veut appliquer des règles de grammaire ? On parle même en dormant, même en état d'ivresse, preuve que se joue là quelque chose de plus fort que nous. Si l'inconscient est structuré comme un langage, cela signifie aussi qu'il *est* un langage. Qu'est-ce qu'un rêve ? Un être de langage. Qu'est-ce qu'un symptôme ? Un signe de langage. La psychanalyse de Lacan est l'application du structuralisme à la philosophie de l'inconscient.

Qu'est-ce que le structuralisme ?

Le linguiste Ferdinand de Saussure est considéré comme l'initiateur de ce qui sera plus tard appelé structuralisme et qui sera une conception et une méthode fédératrices de la plupart des sciences humaines. Une structure est une charpente (le mot vient de l'architecture), un plan, une ossature. Elle est caractérisée par sa stabilité et par le fait que les éléments qui la constituent sont dépendants les uns des autres. Le structuralisme en tant que méthode privilégie l'agencement interne des éléments aux dépens de leur histoire.

Ferdinand de Saussure compare la linguistique structurale (qu'il veut promouvoir) au jeu d'échecs. On peut comprendre l'état actuel d'une partie d'échecs en cours sans connaître le détail des coups joués depuis le commencement : il suffit pour cela de connaître les règles du jeu. En revanche, l'observateur qui arriverait en cours d'une partie de bridge serait incapable de la suivre, car l'état présent du jeu dépend de tous les plis qui ont été faits depuis le début.

Pour Ferdinand de Saussure, l'étude scientifique du langage doit privilégier le point de vue synchronique (celui des relations structurales, les échecs) aux dépens du point de vue diachronique (celui des évolutions, le bridge) : ainsi la fonction du mot « père » en français tient-elle à la relation qu'il peut avoir avec les mots « mère », « homme » et « enfant » et non du fait qu'il dérive du latin *pater*.

La structure contre le sujet

Dans les sciences humaines, la structure est une réalité objective contraignante sur laquelle la conscience du sujet n'a pas de prise. Ainsi comprend-on que, philosophiquement parlant, le structuralisme soit allé de pair avec un antihumanisme résolu.

Une critique radicale de la psychanalyse : Gilles Deleuze

Gilles Deleuze part de la critique que Nietzsche fait de l'illusion de l'identité : les philosophes croient détenir avec leurs concepts des essences stables dont les mots sont les étiquettes. Or, ces essences présupposent l'identification de toutes les différences : parler d'homme, par exemple, c'est supposer une nature identique et stable par-delà les différences dont il est fait abstraction. Si l'on considère que ce sont ces différences qui constituent la nature même des êtres et des choses, alors ce qui est perdu avec le concept, c'est la réalité.

La critique est ancienne : elle est au cœur du nominalisme médiéval et les Mégariques dans l'Antiquité avaient imaginé leurs plus extravagants sophismes en niant la validité du principe d'identité.

Deleuze est un philosophe de la vie et du désir, et qui cherche dans le cadre de la philosophie une langue qui soit aussi forte que celle de la littérature pour traduire la singularité. Car qu'une réalité ne soit pas réductible à un concept général ne suffit pas pour en conclure qu'elle soit impensable. Seulement, il convient de faire un autre usage des concepts.

Deleuze reproche à la psychanalyse d'avoir méconnu la véritable nature du désir qui est inventivité infinie, agencement toujours remodelé, production littéralement *poétique*. En partant du postulat que le désir est manque (l'objet du désir, pour Freud, est toujours déjà perdu), la psychanalyse ne fait qu'actualiser les vieilles lunes du platonisme et du christianisme, donc également de la métaphysique et de la religion. Il n'est pas étonnant dès lors qu'elle ait fonctionné comme une machine répressive, enfermant le désir dans le carré infernal du pipi-caca-papa-maman. La schizanalyse que Deleuze (avec son compère Guattari) appelle de ses vœux dans *L'Anti-Œdipe* est une psychanalyse subversive, qui aggrave les différences au lieu de les gommer (d'où le rôle de modèle dévolu à la schizophrénie négatrice d'unité).

Chapitre 16
Conscience, être, existence

Dans ce chapitre :
- L'indépendance de la philosophie à l'égard des sciences triomphantes
- Bergson, le philosophe de la durée créatrice
- Husserl, fondateur de la phénoménologie
- Heidegger, le philosophe de l'être
- Sartre, le maître de l'existentialisme

Bergson, philosophe de la durée créatrice

La philosophie de Bergson naît en réaction à la tendance dominante des sciences positivistes et matérialistes de la fin du XIXe siècle à traiter les phénomènes de la vie et de la conscience comme des choses physiques. Loin de saisir la réalité dans sa vérité, l'objectivité dont se prévaut la science finit par n'être plus qu'un schéma ou une maquette sans commune mesure avec ce que la vie et la conscience ont d'essentiel : le mouvement et la créativité.

Un précurseur : Maine de Biran

Au début du XIXe siècle, un philosophe français eut cette particularité de construire toute sa pensée à partir de l'observation minutieuse de ses états intérieurs. Contemporain des idéologues qui entendaient constituer une véritable science des idées en traitant celles-ci comme des réalités aussi objectives que la chute des pommes sur la tête de physiciens, Maine de Biran était leur exact opposé : pour lui, il y a une spécificité du monde intérieur vis-à-vis du monde extérieur, une idée n'est pas une chose.

Parti du sensualisme de Condillac, Maine de Biran avait été conduit par fidélité à son expérience vécue à affirmer l'existence du moi comme une force «hyperorganique», c'est-à-dire supérieure au corps, manifestée par le sens de l'effort et retentissant à travers toutes les activités motrices et psychiques. Par ailleurs, le moi selon Maine de Biran ne se saisit pas dans le mouvement abstrait du «je pense» mis en avant par Descartes, le moi n'est pas une pensée mais l'expression d'un sentiment dont le plus important en l'occurrence est celui de l'effort.

C'est cette espèce de métaphysique expérimentale que Bergson retrouve par l'analyse des données immédiates de la conscience lorsque, critiquant le parallélisme psychophysiologique mis en avant par la science, il montre que la conscience et la mémoire sont plus riches que le corps qui les conditionne.

La science fait son cinéma et nous l'impose !

Lorsque nous regardons un film, non seulement nous oublions que c'est une fiction, mais nous oublions aussi qu'en fait ce ne sont pas les images fixées sur la pellicule qui bougent. Le mouvement du cinéma, en effet, est une *impression*, une illusion produite par notre cerveau à partir du défilement rapide d'images (fixes par définition) un peu différentes les unes des autres.

L'illusion vient d'un mécanisme physiologique appelé rétention: lorsque nous voyons se succéder des scènes, notre œil garde pendant une fraction de seconde le souvenir de la précédente. Aussi fait-il spontanément le lien entre les images qui se succèdent rapidement. Si notre cerveau n'avait pas cette mémoire, nous verrions le film comme ce qu'il est matériellement, à savoir une succession d'images fixes.

Bergson se sert de cette comparaison avec le cinéma (à la naissance duquel il a assisté) pour illustrer le décalage qu'il peut y avoir entre la réalité mouvante, continue, et sa traduction statique, discontinue.

Le flux continu des choses de la vie : serpent plutôt qu'oiseau

William James disait de la vie de la conscience humaine qu'elle ressemble à celle d'un oiseau : tantôt elle vole de branche en branche, tantôt elle se pose.

Une autre image figure l'opposition du continu et du discontinu : la trace d'un serpent dans la poussière et celle d'un moineau. Le serpent a rampé, le moineau a sautillé (un physicien a dit que la matière classique rampe comme le serpent tandis que la particule quantique sautille comme un moineau).

Bergson est, à l'instar de Leibniz, un philosophe du continu. Rien dans la réalité naturelle ou physique ne nous montre ces vides et ces ruptures que l'intelligence croit y trouver et qu'elle a en fait introduits elle-même.

D'une manière générale, la réalité est ordonnée dans l'exacte mesure où elle satisfait notre pensée. L'ordre est donc un certain accord entre le sujet et l'objet. C'est l'esprit se retrouvant dans les choses.

Bergson

La durée s'oppose au temps comme l'intuition à l'intelligence

Parce qu'il est matérialisé dans les horloges et les calendriers, le temps de la science est immédiatement pris comme le temps lui-même – alors qu'il n'en est qu'une traduction, une objectivation discontinue, à la manière des images de cinéma. L'aller et retour du balancier, le tic-tac de la montre, aujourd'hui le remplacement soudain d'un chiffre par un autre sur l'écran électronique, tout fait signe pour nous suggérer que le temps s'égrène au lieu de couler.

Bergson appelle *durée* le temps concret, continu de la vie et de la pensée, par opposition au *temps* de la science qui n'en est que la projection dans l'espace. Notre lecture du temps scandée par les nombres se déploie nécessairement dans l'espace. Même les horloges atomiques (que Bergson ne connaissait évidemment pas) sont des mises en espace de la durée.

L'intelligence, qui selon Bergson a une fonction pratique plutôt que théorique, quantifie et spatialise les phénomènes. Face à elle, l'intuition est mieux à même d'épouser la durée dans ce qu'elle a de qualitatif, de continu et d'inexprimable.

> *C'est dans le moule de l'action que notre intelligence a été coulée.*
>
> Bergson

Où l'on retrouve le vieil Achille et la non moins âgée tortue

Les arguments de Zénon d'Élée sont, aux yeux de Bergson, caractéristiques de la façon dont l'intelligence se débarrasse du mouvement, donc de la durée, au profit du seul espace. Les paralogismes de Zénon viennent, en effet, de ce que la course d'Achille et le déplacement de la tortue sont traduits seulement en intervalles spatiaux qui peuvent, à partir de là, être fractionnés à l'infini.

Pourquoi rit-on ? Bergson fut l'un des rares philosophes à s'être intéressé au phénomène du rire auquel il consacra un livre. Bel exemple d'application d'une démarche philosophique à un phénomène banal et concret : le rire selon Bergson vient de l'application du mécanique sur du vivant, c'est-à-dire du contraste entre une souplesse attendue (celle de la vie) et une rigidité inattendue (celle d'une machine). Le comique des films de Jacques Tati – le plus bergsonien des cinéastes – repose sur ce contraste.

La durée est créatrice

La science a imposé l'idée que le temps est une dimension objective indifférente aux événements qui y prennent place. Cette image du *prendre place* indique bien à quel point le temps a été changé en espace. Tout se passe comme si on imaginait le temps comme un contenant, une boîte dans laquelle les événements viendraient effectivement se ranger. Or, la durée est créatrice, que ce soit celle de la vie des espèces (une forme nouvelle d'animal n'est pas contenue dans la précédente, elle n'est pas déduite d'elle), celle de la conscience ou celle de l'histoire. L'expression d'*élan vital* utilisée par Bergson a pour fonction d'écarter la conception mécanique que la biologie, qui avait pris modèle sur la physique, avait introduite.

Dans l'histoire des sociétés humaines, cet élan est celui des héros et des saints qui inventent des formes d'existence, comme l'élan vital a inventé pour les espèces des formes de vie. L'opposition de la morale close (celle de la tradition) et de la morale ouverte (celle du héros et du saint), l'opposition de la religion statique (celle des rites et des dogmes qui fondent l'ordre social) et de la religion dynamique (celle de l'amour) retracent dans leur domaine propre l'opposition de l'instinct, qui est la retombée de l'intelligence dans l'inertie (on songe à une coulée de lave volcanique qui s'est arrêtée, refroidie et solidifiée) et de l'intuition qui épouse le mouvement même de la vie dans ce qu'elle a de libre et d'unique.

Un intellectuel à la fois actif discret et efficace en politique

Bergson, que les photographies représentent en petit monsieur poli et discret et dont on ne peut s'empêcher de penser qu'il devait être bien ennuyeux, fut chargé durant la Première Guerre mondiale d'une importante mission : il s'agissait de convaincre les États-Unis d'entrer en guerre aux côtés des Alliés. Dans le cadre de cette mission officielle (couronnée de succès), l'auteur de *L'Évolution créatrice* fut également l'un des inspirateurs de la Société des Nations (SDN) dont l'objectif était de prévenir la guerre.

La phénoménologie : retour aux choses mêmes

En découvrant cette devise, « retour aux choses mêmes », les mauvaises langues diront peut-être : il était temps !

Qu'ont donc fait les philosophes depuis l'Inde des brahmanes et la Grèce des présocratiques ? Faut-il réellement attendre notre époque pour voir des philosophes s'attaquer aux choses mêmes ? N'est-ce pas avouer que pendant vingt-cinq siècles la philosophie n'a pas cessé de les oublier ?

La métaphysique qui, pour la plupart des philosophes du XXe siècle, apparaît comme la philosophie par excellence, son noyau dur, a tendance à substituer aux choses des abstractions. Et la pensée, coupée des choses, fait comme si ses abstractions étaient la réalité même au point que c'est sur celles-là qu'elle travaille, et non sur celle-ci. Ainsi le monde des mots et des idées s'est-il substitué comme un décor de théâtre au monde des choses. Par exemple, dans les cours de philosophie, la pensée d'un philosophe sera expliquée comme une réalité à laquelle le monde n'aura plus à être confronté.

« Phénomène » est un terme d'origine grecque signifiant « ce qui apparaît ». La métaphysique avait tendance à rabattre l'apparition sur l'apparence, donc sur une espèce d'ombre inconsistante au-delà de laquelle il convenait de chercher la véritable réalité. « Phénoménologie » signifie « étude des phénomènes » - le mot avait déjà été utilisé par Hegel.

Qu'est-ce que la phénoménologie ?

La phénoménologie, qui est le nom que son fondateur Edmund Husserl donne à cette philosophie nouvelle dont, au début du moins, il voulait faire une science rigoureuse, repose sur une double récusation :

- Celle de l'attitude naturelle, empirique, psychologique
- Celle de l'attitude cartésienne, physicaliste, objectivante

Il s'agit avec la phénoménologie de se tenir également éloigné de l'opinion et de la science – ce qui, après tout, est la place même de la philosophie en tant que travail de la pensée.

> *Quiconque veut vraiment devenir philosophe devra une fois dans sa vie se replier sur soi-même et, au-dedans de soi, tenter de renverser toutes les sciences admises jusqu'ici et tenter de les reconstruire.*
>
> Husserl

Toute conscience est conscience de quelque chose !

Husserl a tiré de Franz Brentano l'idée de l'intentionnalité de la conscience. Toute conscience est conscience de quelque chose : cet apparent truisme (rien à voir avec une pensée cochonne) doit s'entendre comme : la conscience n'est pas une chose, une substance, mais une activité, une dynamique. Brentano posait que l'intentionnalité constitue la marque spécifique de l'activité mentale : tous les phénomènes mentaux en sont pourvus tandis qu'aucun phénomène non mental n'en est accompagné (il n'y a pas d'intentionnalité chez le lièvre qui court ni dans le volcan qui entre en éruption).

La phénoménologie récuse les oppositions constitutives de la métaphysique classique : le sujet et l'objet, le moi et le monde. Elle n'est ni réaliste (il n'y a selon elle pas de phénomènes sans conscience) ni idéaliste (les phénomènes selon elle ne sont pas réductibles à la seule représentation). Mais on pourrait tout aussi bien dire que la phénoménologie est à la fois réaliste (il y a un monde qui n'est pas une simple image de la conscience) et idéaliste (il n'y a de phénomènes que pour une conscience intentionnelle).

La saisie des essences

Si la phénoménologie doit devenir une science rigoureuse, elle ne saurait se contenter des descriptions empiriques (telle est la tâche propre de la littérature) ni des catégories logiques. Comment penser et connaître philosophiquement le monde tout en échappant aux contingences de la psychologie empirique et aux nécessités de la logique mathématique – tel est le difficile programme de la phénoménologie. Pour réaliser ce programme, il convient d'opérer une double réduction.

La *réduction eidétique* (*eidos* en grec signifie forme, idée, espèce, essence) est le processus grâce auquel la conscience dépouille la chose de ses éléments empiriques (l'apparence singulière) afin de dégager l'essence. L'expérience du morceau de cire chez Descartes est une réduction eidétique. La phénoménologie est définie comme une science des essences.

La *réduction phénoménologique* (Husserl utilise aussi le terme grec d'*épokhé* signifiant suspension de jugement) est plus radicale encore puisqu'elle met entre parenthèses le monde (sans douter le moins du monde de son existence à la manière sceptique) afin de dégager le sujet pur (c'est-à-dire non empirique) que Husserl nomme *ego transcendantal*. (Pour ce qui est du sens de transcendantal, je renvoie les rescapés parmi les nuls au chapitre consacré à Kant.)

La Terre ne se meut pas !

Tel est le titre provoquant d'un texte de Husserl. Retour à Ptolémée ? Copernic renvoyé à ses beuveries (il était Polonais…) ? On savait que la philosophie pouvait être réactionnaire, mais à ce point !

En fait, il ne s'agit évidemment pas d'effacer d'un trait de plume les découvertes de la science moderne mais de rappeler que le monde dans lequel nous vivons n'est pas celui dont la science nous donne l'image. La phénoménologie a refondé ce *sens du monde* (en quelque sens que l'on prenne l'expression) sans lequel l'existence humaine serait tout bonnement inenvisageable.

La dernière grande entreprise (inachevée) de Husserl, *La Crise des sciences européennes et la phénoménologie transcendantale* (la *Krisis*, simplement, pour les intimes) analyse la façon dont la science physique moderne, à partir de Galilée, a remplacé le monde par une image mathématique qui est à celui-ci ce qu'un nombre peut être à une chose. En nous redonnant le sens du monde, la phénoménologie lutte contre une insouciance et un oubli. En cela, Heidegger sera bien un phénoménologue.

> *Il est absurde de considérer la nature comme étrangère en elle-même à l'esprit et ensuite d'édifier les sciences de l'esprit sur le fondement des sciences de la nature, avec la prétention d'en faire des sciences exactes.*
>
> Husserl

Une école de pensée particulièrement féconde

La phénoménologie partage avec la philosophie analytique la gloire d'avoir été la philosophie la plus influente du XXe siècle. Son impact fut non seulement philosophique mais aussi littéraire et artistique.

Merleau-Ponty, le philosophe de la chair des choses

Les deux principaux ouvrages de Maurice Merleau-Ponty, *Phénoménologie de la perception* et *La Structure du comportement*, ont le même sens fondamental : il faut mettre un terme aux dichotomies par lesquelles la philosophie, relayée par la science, croyait pouvoir rendre compte des phénomènes. Il n'existe pas d'un côté un œil qui perçoit et de l'autre une chose perçue, séparés l'un de l'autre par un abîme infranchissable – de même qu'il n'y a pas d'un côté un être vivant et de l'autre un milieu dans lequel il aurait à inscrire sa vie. Le comportement, comme la perception, manifeste l'*entrelacs* ou le *chiasme* (deux mots utilisés par le philosophe) briseur de dualité. Le terme même de sensible renvoie à cette réversibilité du contenant et du contenu, puisque l'adjectif concerne aussi bien le sujet qui sent que l'objet qui est senti. Il n'y a pas d'un côté une conscience seule active et de l'autre un monde qui attendrait passivement d'être saisi par elle.

Merleau-Ponty appelle *chair* cette réalité de l'englobement que ni l'empirisme englué dans la matière, ni l'intellectualisme perdu dans les abstractions n'avaient su (ou même voulu) traduire. La perception est déjà une interprétation, le comportement, déjà une stratégie. Ils sont (pour reprendre une expression de Heidegger) configurateurs de monde.

Paul Ricœur, la conscience avertie

La démarche de Ricœur, durant sa longue existence de philosophe, est caractéristique de la manière dont, à notre époque, se constituent la plupart des philosophies : non pas un ensemble ordonné de thèses développées de livres en livres, mais l'analyse patiente, méticuleuse, de problèmes précis dont chacun dérive de l'autre comme résidu – la question de la volonté conduisant à poser celle de la volonté mauvaise, donc du mal, puis de l'inconscient, ce dernier problème ouvrant sur la question plus générale du sens et de l'interprétation, et ainsi de suite.

En même temps, Ricœur est un philosophe décalé par rapport au temps contemporain, un «mécontemporain» pour reprendre une expression célèbre. Il ne fut pas de ceux qui sacrifièrent la minimale exigence de rigueur que l'on est en droit d'attendre d'un philosophe au fracas de la radicalité et de l'originalité à tout prix qui enferme la pensée dans la provocation d'une pose artiste.

Entre ceux qui retransmettent tel quel le sujet classique de type cartésien ou kantien (un moi bien campé, source de ses pensées) et ceux qui le remettent radicalement en cause (les structuralistes, en particulier), Paul Ricœur adopte une position moyenne que traduit l'expression de «cogito brisé». Ricœur, qui a retenu les leçons de la psychanalyse et des sciences humaines, considère le moi qui se pose lui-même, qui se fonde lui-même et qui est totalement transparent à lui-même comme un mythe. Il ne récuse pas pour autant la notion d'identité. Seulement, celle-ci se construit au lieu d'être donnée dès le départ.

L'identité des personnes, en effet, n'est pas de même nature que celle des choses. L'identité des choses est compacte, substantielle; celle des personnes est engagée dans la dimension du temps (une distinction qu'un certain nombre de communautarismes aujourd'hui auraient tendance à oublier).

Le concept d'identité narrative proposée par Ricœur est destiné à rendre compte de cette construction progressive: notre capacité à être *soi* est liée à celle de raconter une histoire dans laquelle nous puissions nous reconnaître. L'identité narrative peut concerner une collectivité aussi bien qu'une individualité. L'extraordinaire permanence du peuple juif, par exemple, à travers l'histoire de ses persécutions mêmes, a tenu en bonne partie à cette *récitation* qui a toujours gardé le fils de la mémoire.

On comprend que Ricœur ait été plus particulièrement attentif à la mémoire, et à la fonction qu'elle peut jouer dans notre histoire d'hommes. La distinction qu'il faisait entre le *travail de mémoire* et le *devoir de mémoire* visait à réintroduire la dynamique constructive dans une fidélité qui risquait la momification.

Les équivoques du devoir de mémoire

L'expression « devoir de mémoire » est née dans les premiers témoignages écrits des survivants des camps de la mort nazis – dont le plus célèbre restera *Si c'est un homme* de Primo Levi. Il s'agissait alors d'un devoir que s'imposaient les rescapés à eux-mêmes pour que l'horreur connue par eux et par ceux qui avaient péri par millions ne soit pas oubliée.

Par la suite, le « devoir de mémoire » a été instrumentalisé par les institutions (gouvernement, école, presse…) au point de devenir une espèce de slogan. C'est contre cette fossilisation que Ricœur réagit en parlant de *travail* de mémoire : il ne s'agit pas de commémorer, ni de saluer les morts de loin, ni de s'indigner vaguement contre les bourreaux en se répétant « Plus jamais ça ! », mais de réfléchir – ce qui ne va pas sans effort.

Levinas : de la phénoménologie à l'éthique

La conscience phénoménologique n'est pas isolée, à la différence du *cogito* cartésien. Elle est engagée au milieu des autres dans le monde. «Être avec» (*mitsein* en allemand) est une expression utilisée par les phénoménologues pour signifier le caractère essentiellement solidaire de la vie des consciences.

Emmanuel Levinas a donné au rapport à l'autre un sens neuf et radical. Son ouvrage maître *Totalité et infini* fait jouer l'infini (autrui irréductible au moi et au concept) contre la totalité (la logique englobante, identificatrice) et accorde au premier une supériorité incomparable sur la seconde. La philosophie, depuis les Grecs, s'est mue dans l'espace de la totalité : un système vise à embrasser la totalité de l'être dans un réseau de concepts. Pour Levinas, Autrui (qui a ce privilège d'être écrit avec une majuscule comme s'il était un nom propre, une personne, la Personne par excellence) rend impossible la totalité, car il ouvre sur son flanc une plaie qui ne pourra jamais se refermer.

D'origine juive lituanienne, Levinas, savant versé dans les études talmudiques, aura été de ceux qui ont accordé à l'autre homme la transcendance qui traditionnellement qualifie le seul Dieu. Ainsi opère-t-il une jonction assez extraordinaire entre, d'une part, le monde du mythe qui est celui dans lequel s'inscrivent les textes bibliques et leurs commentateurs talmudiques et, d'autre part, la phénoménologie dont le sens, on ne l'a pas oublié, est de revenir aux choses mêmes telles qu'elles apparaissent à la conscience.

Une phénoménologie du visage

Un philosophe n'invente pas toujours un mot pour désigner un nouveau concept. Nous venons de le voir avec Merleau-Ponty qui s'est servi du terme de *chair* pour lui donner un sens qui n'était plus celui de l'usage courant. Il en va de même avec le *visage* dont parle Levinas, même si l'attache empirique, commune, du mot n'est pas perdue comme avec la « chair ». Un visage n'est pas une face (objective). Il est ce qui, tout en venant de moi, ne m'appartient pas (je ne vois pas directement mon visage) mais est destiné à l'autre. L'autre m'apparaît d'abord comme un visage: celui-ci est le signe d'une transcendance unique (les animaux, même familiers, n'ont pas de visage) à la fois infinie et vulnérable. Le sens du visage est celui d'une *injonction* que je ne peux méconnaître. La première de toutes les injonctions est celle du « tu ne tueras pas », c'est pourquoi on met un bandeau noir sur les fusillés – comme si avant l'exécution matérielle le supplicié avait été sur le plan symbolique une première fois mis à mort.

Heidegger: tout d'abord l'être et ensuite rien que lui

Issue de la phénoménologie, la philosophie de Heidegger s'en démarque nettement par plusieurs traits essentiels : l'intentionnalité de la conscience disparaît, la quête de l'être remplace celle des essences.

La thèse fondatrice de la pensée de Heidegger est que la philosophie, à partir des présocratiques, s'est fourvoyée lorsqu'elle a abandonné son rapport à l'être au profit des différents domaines particuliers, ces «étants» que sont Dieu, le monde, le sujet. Heidegger dit et répète que la métaphysique est l'oubli de l'être au profit des étants (telle est la fameuse *différence ontologique :* l'écart qui sépare les étants de l'être). Il s'agit donc de revenir, par-delà plus de vingt siècles d'histoire de la pensée, à ce sens originel de l'être que les présocratiques avaient su cultiver et les poètes chanter.

> *L'homme est le berger de l'être.*
>
> Heidegger

La poésie jouée contre la science

En somme, la philosophie selon Heidegger doit retrouver le sens de l'être dont les poètes nous donnent un équivalent lorsque, par les mots, surgit une *présence* qu'aucune représentation n'a encore occultée. Le modèle de pensée qui se trouve dans cette démarche révoqué avec la plus grande énergie est la science qui ne fait que plaquer son écran sur les choses.

C'est ainsi que l'on doit comprendre la célèbre thèse, qui a fait scandale : la science ne pense pas. Heidegger ne veut pas dire que la science est bête ou bien qu'elle est sans conscience morale (ce n'est pas là une préoccupation chez ce philosophe) – il veut dire que le savoir perd le sens de l'être parce qu'il place le langage dans une fonction purement instrumentale. Ce qui différencie un poète d'un politicien, c'est qu'il ne prend pas le langage comme un outil mais comme le mode d'apparition de l'être – car, par les mots du poème, les sources et les bois, le ciel et la chaumière *sont*. Le langage, dit Heidegger, est la maison de l'être. Le philosophe devrait être un homme de l'être au lieu d'être un homme de lettres.

La vérité comme dévoilement

On ne sera pas étonné d'apprendre que Heidegger récuse les conceptions formalistes et constructivistes de la vérité en honneur dans les épistémologies modernes. Reprenant l'étymologie grecque, Heidegger définit la vérité comme *dévoilement* de l'être. Il ne saurait évidemment être question d'une invention : la vérité est la *découverte* même.

La conscience disparaît au profit du Dasein

Dasein est un mot courant de la langue allemande et signifie « existence ». Heidegger l'utilise de manière tellement particulière que ses traducteurs français ont choisi pour la plupart d'entre eux d'adopter la transposition littérale d'« être-là ».

Dans *Être et Temps*, son grand œuvre, Heidegger n'utilise pas les termes d'homme ou de conscience : *Dasein* en tient lieu, mais il n'est ni la pensée ni l'être humain. Il est la relation particulière, unique, que cet étant qu'est l'homme entretient avec l'être, car si le *Dasein* n'est pas l'homme, jamais le terme ne pourrait être utilisé à propos d'un autre étant.

Être et temps analyse les structures fondamentales du *Dasein*, c'est en cela que consiste l'*analytique existentiale*. L'adjectif « existential » est un néologisme forgé par Heidegger : il s'oppose à l'existentiel qui concerne l'existence empirique d'un individu. Heidegger dira toujours que sa pensée n'est pas existentialiste, que les existentialistes (Sartre tout le premier) l'ont mal compris en se réclamant de lui. L'existentiel est de l'ordre du vécu, de l'émotionnel, du sentimental : la peur, par exemple, est un état existentiel. L'existential est une structure fondamentale qui signale le rapport du *Dasein* vis-à-vis du néant, ce manque à être. Alors que la peur est toujours la peur de quelque chose, l'angoisse n'a pas d'autre objet que la relation au néant. Heidegger reprochait à Sartre d'avoir édulcoré en états existentiels ce qu'il avait compris comme des existentiaux.

Un exemple d'existential : le souci

Un enfant passe un examen. Dans l'attente des résultats, ses parents ressentent du souci. Le terme renvoie à un état existentiel déterminé, éprouvé par des sujets sensibles en rapport à une situation définie. Lorsque les résultats seront connus, quelle qu'en soit l'issue, le souci disparaîtra avec cette connaissance, de la même façon que le trac de l'acteur ne dure que le temps de l'attente du spectacle.

Le souci que Heidegger analyse dans *Être et Temps* va bien au-delà. Il n'a pas besoin d'être qualifié par son objet empirique – lequel change évidemment en fonction de plusieurs critères. Le sens du souci n'est pas à chercher du côté de l'objet (qui n'est qu'un prétexte), ni du côté de la psychologie du sujet (dont on sait qu'il peut être de nature plus ou moins inquiète), mais dans cette donnée fondamentale que le *Dasein*, à la différence de la pierre ou de l'animal, est sans cesse décalé par rapport à lui-même, donc par rapport au présent. Ce décalage le met soit en arrière soit en avant de lui. Le *Dasein* ne colle pas à soi. L'homme est l'être des lointains, dit Heidegger.

C'est ce décollement par rapport à soi qu'exprime la curieuse façon décrire l'ek-sistence utilisée par Heidegger et qui fait ressortir l'étymologie grecque du mot, la préposition ek- (transformée en ex- par les Latins) signifiant « hors de ». Le *Dasein* ek-siste, ce qui veut littéralement dire qu'il est hors de lui. Pas besoin d'être en colère, donc, pour être hors de soi !

La technique signe le triomphe de la métaphysique !

Pour l'opinion commune, rien de plus opposé et divergent que la métaphysique et la technique. La spéculation abstraite d'un côté, l'action utilitaire de l'autre. Qu'est-ce qui peut donc faire dire, comme Heidegger le répète, que la technique est l'accomplissement de la métaphysique ?

Souvenons-nous (ce n'est pas si ancien) : la métaphysique est oubli de l'être. Tous ceux qui, comme Nietzsche, ont prétendu la dépasser ou la renverser n'ont en réalité fait que la prolonger. Qu'est-ce, en effet, que la volonté de puissance, sinon un moyen de congédier l'être en prétendant donner un nom pour la totalité de l'étant ?

La technique n'a pas affaire à l'être non plus mais aux étants. Contrairement à ce que nous pourrions croire sur la foi de l'identité du nom, le barrage sur le Rhin n'a pas affaire au même fleuve que celui pour lequel le poète Hölderlin avait écrit un hymne de même que la lune chantée par Li Tai Po n'est pas celle sur laquelle les Américains ont débarqué

un jour d'été. En instrumentalisant les étants, la technique aggrave par sa violence l'oubli de l'être caractéristique de la métaphysique.

La philosophie de Heidegger est-elle nazie ?

La question de savoir si Heidegger était nazi ne se pose pas, car la réponse est évidente : non seulement Heidegger s'est inscrit au parti nazi mais son engagement a, jusqu'à sa mort, été beaucoup plus profond qu'il n'a bien voulu l'admettre et surtout, beaucoup plus profond que ses disciples et dévots en France n'ont voulu se l'avouer. C'est de France, en effet, qu'est venu le grand mouvement de réhabilitation qui, après 1945, aboutit à ne plus voir dans l'engagement politique du philosophe qu'une donnée tout à fait indifférente à sa philosophie.

Le nazisme de Heidegger est une vieille affaire. Déjà, en 1944, on reprochait à l'existentialisme de s'inspirer d'un philosophe nazi – ce à quoi Sartre répondait (un peu faiblement sans doute) que Heidegger était un grand philosophe mais qu'il n'avait pas de caractère... Aujourd'hui, la querelle sépare deux camps extrêmes : d'un côté, ceux qui pensent que le nazisme de Heidegger est quelque chose de tout à fait étranger à sa pensée : si l'homme Heidegger a été nazi, sa philosophie ne l'est pas. D'un autre côté, ceux qui pensent, à l'inverse, que la philosophie de Heidegger est foncièrement nazie et que derrière ces abstractions que sont l'être, le *Dasein*, etc., ce sont des thèmes idéologiquement nazis qu'il convient de dénoncer.

Une interprétation moyenne refuse à la fois de négliger (ou de sous-estimer) l'engagement nazi du philosophe et de réduire l'ensemble d'une pensée exceptionnellement riche et complexe à une idéologie spécialement marquée par sa brutale pauvreté. En d'autres termes, il n'y aurait entre la philosophie de Heidegger et le nazisme pas de commune mesure, mais il y aurait aussi de larges espaces de connivences et de rencontres.

Parmi ceux-ci, on pourrait exhiber l'antihumanisme résolu du philosophe. C'est un point qui est resté très largement occulté en France parce que la plupart des philosophes en vogue, à partir des années 1960, n'ont pas cessé de se dire eux aussi antihumanistes. Leur propre antihumanisme leur a littéralement interdit de reconnaître que l'antihumanisme de Heidegger pouvait être le lieu de rendez-vous avec le nazisme. Les chantres de la mort de l'homme ou de son dépassement devraient regarder avec plus d'attention leurs inquiétants alliés.

De fait, l'occultation de l'homme jusque dans son titre d'homme dans les écrits de Heidegger au profit de l'être et du *Dasein* répond comme en écho philosophique à cette occultation autrement violente que le nazisme a promue au nom du Peuple et de la Race.

Enfin, ce que le nazisme de Heidegger peut nous enseigner en guise d'avertissement involontaire, c'est l'incroyable faiblesse de la philosophie et, au-delà d'elle, d'une intelligence sans morale. La preuve que la philosophie n'est pas digne d'une admiration sans partage, c'est qu'on peut l'illustrer d'éclatante façon et n'être qu'un beau salaud. La remarque vaut, d'une manière plus générale, également pour l'intelligence. On peut être à la fois un génie et un pauvre type.

Sartre : une conscience engagée

La pensée philosophique de Sartre s'éveille au contact de la phénoménologie allemande, qu'il découvre tôt, dès les années 1930, et qui lui donne des armes théoriques pour récuser la tradition philosophique française, rationaliste et idéaliste. Avec la guerre de 1939-1945 qui marque un tournant important dans la vie du philosophe, c'est l'histoire avec ses tragédies qui fait irruption. Le problème constant de la philosophie de Sartre fut de penser la liberté absolue du sujet avec les conditions de l'histoire, ce que traduit le concept d'engagement rendu célèbre grâce à lui. Sartre est un homme révolté qui a toute sa vie pensé une révolution qui finalement n'arrive jamais. Sa philosophie de la liberté n'est pas seulement une philosophie, elle est aussi un modèle d'existence – en quoi elle renoue avec cette conception complète de la philosophie qui était celle de l'Antiquité et que la pratique universitaire depuis deux siècles a progressivement fait perdre de vue.

Si l'on ne donne pas sa vie pour quelque chose, on finira par la donner pour rien.

Sartre

L'angoisse, l'épreuve de la liberté, la preuve de la liberté

L'idée que l'angoisse est le signe de la liberté vient de Kierkegaard. Révolution pas toujours nettement aperçue dans l'histoire des idées : les états pathologiques font alors une entrée fracassante dans la philosophie moderne. Ainsi la conscience ne reste-t-elle plus enfermée dans les normes implicites du bien-être qui avaient été les siennes depuis les Grecs.

Sartre avait d'abord songé à intituler son roman *Mélancholia* d'après la célèbre gravure de Dürer où l'on voit un homme pensif entouré des symboles du savoir. C'est son éditeur Gallimard qui a eu cette trouvaille qui allait faire date dans l'histoire de la pensée : le roman s'appellera *La Nausée*. Il pose les bases à partir desquelles *L'Être et le Néant* pourra construire sa théorie : l'existence est contingente, il n'y a entre la conscience et l'être des choses aucune commune mesure.

En face d'un enfant qui meurt, La Nausée ne fait pas le poids.

Sartre

La conscience n'est pas une chose mais une action

Dès ses premiers textes philosophiques sur l'imagination et sur l'émotion, Sartre définit la conscience par l'intentionnalité mise en avant par la phénoménologie : la conscience n'est pas une chose ou un être, à la manière d'un agent, elle est une activité qui donne du sens aux choses du monde en se projetant sur elles de telle ou telle façon. Imaginer, ce n'est pas regarder en spectateur une espèce de film intérieur mais *exister* d'une certaine façon. La néantisation, c'est-à-dire la capacité pour la conscience de trouer l'être des choses par du vide est le signe le plus net de la force de cette conscience : imaginer ses prochaines vacances, c'est néantiser ses soucis actuels ; trembler d'émotion face à l'examinateur d'oral, c'est néantiser la difficulté actuelle, etc. Dans *L'Être et le Néant*, le néant est la conscience (appelée pour-soi par Sartre) face à la chose (l'en-soi). Exister (ici Sartre reprend Heidegger), c'est ne pas être ce qu'on est et être ce qu'on n'est pas. Seul l'homme *existe*, car il est l'être par lequel le néant advient.

> *La conscience est un être pour lequel il est dans son être question de son être en tant que cet être implique un être autre que lui.*

Sartre

(Ce n'était pas uniquement pour vous embêter, mais pour vous donner un exemple de ce que peut un philosophe lorsqu'il se laisse aller.)

La liberté sans limite est le propre de l'existant

La liberté est le versant positif de la contingence : à la différence d'un objet manufacturé, l'homme n'a pas été d'abord pensé par un concepteur. L'existentialisme sartrien exclut la possibilité même de Dieu, qui serait la synthèse de l'en-soi (la compacité de l'être) et du pour-soi (le surgissement de la conscience).

La philosophie de Sartre n'est pas *contre* Dieu – ce qui eût été une autre façon de se déterminer par rapport à lui mais *sans* Dieu, ce qui représente la véritable définition de l'athéisme. C'est ce que signifie cette phrase passablement énigmatique : l'existence précède l'essence.

Chaque être possède ces deux dimensions : il existe et il a telle nature. Sur chaque être, deux questions sont possibles : existe-t-il ? De quoi est-il constitué ? Telles sont l'existence et l'essence. Si l'on se place dans le cadre du monothéisme, Dieu a pensé l'homme avant de le créer : l'essence (l'idée) de l'homme figure dans l'intellect de Dieu avant d'être incarnée – l'essence précède l'existence. L'homme se trouve alors dans la position d'un objet manufacturé par rapport à son fabricant : il faut penser l'objet avant de le réaliser. L'essence précède l'existence. Mais si Dieu n'existe pas, il n'y a nulle part une idée d'homme qui précéderait l'existence de l'homme et la déterminerait. L'existence précède l'essence.

Assumer ce que l'on fait

Dans *Les Mouches*, Sartre donne une forme littéraire et philosophique à ce qui deviendra un lieu commun dépassant très largement le cadre de ce qu'il est convenu d'appeler l'existentialisme : être libre, c'est assumer son acte comme étant le sien, comme étant une part essentielle et inaltérable de soi-même. Après avoir vengé son père en tuant sa mère, Oreste dit à Électre sa sœur : j'ai agi et cet acte était bon. Je le porterai sur les épaules comme un passeur d'eau porte les voyageurs, je le ferai passer sur l'autre rive et j'en rendrai compte. Et plus il sera lourd à porter, plus je me réjouirai car ma liberté, c'est lui. Hier encore, je marchais au hasard sur la terre et des milliers de chemins fuyaient sous mes pas car ils appartenaient à d'autres. Aujourd'hui, il n'y en a plus qu'un, et Dieu sait où il mène : mais c'est mon chemin.

Assumer ce que l'on est devenu

L'existentialisme est une philosophie de la liberté. C'est dans la ligne de cette pensée que Simone de Beauvoir, la compagne de toujours du philosophe, sa mémoire et sa critique vivantes, pourra écrire cette phrase exorbitante mais profondément juste et qui allait avoir des implications culturelles considérables : on ne naît pas femme, on le devient.

Tous les ouvrages que Sartre a consacrés aux écrivains s'efforcent de répondre à cette question: comment Mallarmé est-il devenu Mallarmé, comment Genet est-il devenu Genet, comment Flaubert est-il devenu Flaubert? Sartre a toujours reproché à la psychanalyse d'enfermer l'individu dans la prison des déterminations de son passé. C'est le projet fondamental qu'il se donne lui-même qui détermine l'existant humain et non le poids de son passé qu'il serait condamné à traîner toute sa vie.

L'homme est condamné à être libre.

Sartre

La liberté est toujours en situation

Est-ce à dire que la liberté est sans condition? Sartre connaît aussi bien que quiconque le poids des circonstances, mais celles-ci n'ont par elles seules aucun pouvoir de détermination. La meilleure preuve en est donnée par la diversité des stratégies d'existence. Un enfant est battu, un ouvrier est exploité. Réagiront-ils par la passivité (le fatalisme), la révolte, la fuite dans l'imaginaire? Ces sens divergents ne sont pas fournis par le contexte (même si des données dominantes sont statistiquement repérables) mais dérivent de la manière dont la conscience se situe par rapport à lui.

Le regard croisé

Cet invraisemblable strabisme divergent qui a fait la «laideur» de Sartre (les guillemets ne sont pas là pour neutraliser ce que le terme de laideur peut avoir de politiquement incorrect mais pour lancer un point d'interrogation sur la *réalité* même de cette laideur) pourrait être vu comme le signe symbolique de sa pensée qui n'a pas cessé, à partir de la guerre, de considérer la conscience dans et par le collectif (groupe, société, histoire) et le collectif dans et par la conscience. En somme, la philosophie de Sartre aura été une tentative pour penser ensemble Hegel ou Marx avec Kierkegaard.

La *Critique de la raison dialectique*, l'autre grand ouvrage philosophique de Sartre (le premier étant *L'Être et le Néant*), tâche de répondre à cette difficile question, manquée, selon le philosophe, par les sciences humaines: comment peut-on à la fois comprendre les agents et expliquer leurs actes, comment peut-on rendre compte d'une subjectivité et d'un collectif, qui sont l'un par rapport à l'autre dans une situation d'englobant/ englobé (l'individu comprend le groupe qui le comprend)?

L'enfer, c'est les autres

La pièce de théâtre *Huis clos* met en scène trois personnages qui se retrouvent après leur mort dans une chambre d'hôtel (l'enfer sans diable ni fournaise). Être mort, c'est être réduit à l'ensemble de ce que l'on a fait sans rien pouvoir y changer. La mort, dit Malraux en un sens analogue, change la vie en destin.

La phrase fameuse «L'enfer, c'est les autres», sortie de son contexte, a été comprise de manière triviale sur le mode «La vie avec mon mari est devenue un véritable enfer!» En fait, ce que Sartre voulait dire, c'est que la mémoire des vivants est le seul au-delà des morts (être mort, c'est être en proie aux vivants, dit-il; être mort, c'est n'être plus en situation de pouvoir donner du sens, un autre sens à ce que l'on a dit, fait, été).

Sartre n'a-t-il été qu'un philosophe ?

L'ambition de Sartre jeune fut d'être à la fois Spinoza et Stendhal, philosophe et écrivain. Les ennemis de Sartre, qui sont nombreux (mais plus un philosophe est proche de nous dans le temps, plus il a d'ennemis – Héraclite, par exemple, n'a aucun ennemi) suggèrent qu'il ne fut ni l'un ni l'autre.

L'œuvre de Sartre est colossale et touche tous les domaines: essais, traités, nouvelles, romans, pièces de théâtre, articles. L'écriture foisonnante, proliférante (Sartre la compare parfois à un cancer) trouve son principe d'unité dans le style. Mais il existe également une profonde unité de pensée. C'est justement en n'étant pas «seulement» philosophe que Sartre a été philosophe et l'un des plus grands: le *Saint Genet*, *L'Idiot de la famille* ne sont pas des livres « de philosophie », mais ces ouvrages d'une stupéfiante richesse de pensée contiennent bien davantage de philosophie que le soixantième livre sur l'ontologie de Descartes.

Sartre s'est-il beaucoup plus trompé que n'importe qui ?

C'est à propos de son engagement politique et surtout au début des années 1950, au moment de son compagnonnage avec le Parti communiste, que l'on a dit et répété jusqu'à en être saoul que Sartre s'est trompé.

Sartre était un violent. Il appelait un chat un chat et comme tout écrivain il lui arrivait d'y voir un tigre. Pas de grande philosophie sans imagination et pas d'imagination sans risque. Sartre a beaucoup risqué en écrivant autant.

Mais que signifie au juste « se tromper » en philosophie ou en politique ? Dire quelque chose de faux ? La pensée est très rarement de type mathématique et ne porte pas souvent sur des faits avérés. Dire quelque chose de mauvais ? Quels sont les critères du bon et du mauvais ?

Lorsque Sartre dit : « La liberté de critique est totale en Union soviétique », il profère une énormité qui va bien au-delà de l'*erreur*. Mais lorsqu'il prend la défense du communisme contre la politique américaine au moment de la guerre de Corée, est-ce que cela a un sens de dire qu'il s'est *trompé* ? Le gauchisme peut être déclaré dangereux, idiot, ludique, fou, absurde, tout ce qu'on veut mais peut-il être dit *faux* ? Sartre s'est-il *trompé* en se déclarant solidaire des étudiants en 1968 ? S'est-il trompé lorsqu'il a créé, avec Bertrand Russell, le tribunal destiné à juger les crimes de guerre commis par les Américains au Vietnam, en déplorant que le tribunal de Nuremberg n'ait pas été définitivement constitué comme une conscience mondiale permanente ?

La violence est la confiance dans le pire.

La bêtise est une forme d'oppression.

Sartre

Le tonneau de Sartre : un bidon !

On s'est beaucoup gaussé du tonneau sur lequel Sartre s'était juché pour parler aux ouvriers de Billancourt. Retour à Diogène – le tonneau pour un philosophe n'évoque pas le vin d'abord. Or, si l'on regarde attentivement la photographie, on s'aperçoit que ce n'est pas sur un tonneau que le philosophe est monté mais sur un… bidon ! Seulement « bidon » en français n'a pas de bonnes vibrations. C'est pourquoi le tonneau l'a emporté.

Chapitre 17
Le tournant linguistique de la philosophie analytique

Dans ce chapitre :
- Parler avant de penser
- Un problème de logique qui renouvelle la philosophie moderne
- Wittgenstein et le programme d'élucidation des problèmes

On appelle philosophie analytique le courant de pensée issu des travaux logiques et philosophiques de Bertrand Russell et de Ludwig Wittgenstein. Pourquoi philosophie *analytique* ? Par défiance envers les grands mots et les grandes entités où ne résonnent sans raisonner que des idées vides.

C'est le philosophe américain Richard Rorty qui a popularisé l'expression de « tournant linguistique » pour désigner l'inflexion, sous l'influence de Wittgenstein et de Carnap, que la philosophie du langage, désormais dominante dans le champ de la pensée, et ce malgré la phénoménologie centrée sur la conscience, a fait subir à la philosophie tout entière.

À la question traditionnelle de l'essence « qu'est-ce que ? », qui est une question métaphysique, le tournant linguistique substitue la question de l'énoncé, « comment cela se dit-il ? », qui est une question logique. Ainsi la syntaxe (souvent appelée « grammaire » par les philosophes analytiques) remplace-t-elle la métaphysique.

D'une manière plus générale, on use de l'expression « tournant linguistique » pour désigner une nouvelle manière de poser des problèmes philosophiques en termes de langage, telle qu'elle fut initiée par la philosophie analytique.

On ne change pas de langage comme de chemise

Les philosophes ont mis longtemps à s'aviser que le langage n'est pas le vêtement de la pensée mais son corps. Certes, le moraliste La Rochefoucauld avait déjà écrit au XVIIe siècle qu'il y a des gens qui n'auraient jamais été amoureux s'ils n'avaient jamais entendu parler de l'amour – preuve que l'on savait que les mots peuvent faire bien des choses. Mais nul n'avait tiré de conséquence générale de ce constat : la langue n'est pas une fenêtre ouverte sur le monde mais un écran sur lequel ce sont ses propres images qui se projettent. Aristote ne sait pas qu'il parle et écrit en grec – dont nous savons, nous, que la structure syntaxique détermine pour une bonne part la pensée logique : il ne le *sait* pas au sens où il adhère spontanément, naïvement à la langue grecque. Tous les Grecs, même les plus cultivés, sont convaincus que les peuples qui ne parlent pas grec sont des barbares.

L'ordre des choses, des idées, des mots

Dans une conception harmonique de la réalité, qui fut celle des pythagoriciens, des platoniciens et des stoïciens, puis celle du christianisme (qui l'attacha à son principe créateur, Dieu), l'ordre des idées est une traduction, un reflet, la vérité est adéquation au réel. Et puisque les mots sont les représentants justes des idées, l'ordre des mots peut traduire l'ordre réel des choses. La logique qui est l'art de bien penser reflète le système de la nature et la grammaire qui est l'art de bien parler reflète le système de la logique. Pas d'excès ni de résidu dans le passage d'un ordre à l'autre, puisque l'ordre des choses, celui des idées et celui des mots sont foncièrement le même ordre, qui est en fin de compte celui de la Nature ou celui de Dieu.

La philosophie contemporaine commence avec le soupçon du caractère irréductible de l'ordre symbolique (pensée et langage) par rapport à l'ordre des choses. Par des moyens différents (et dans un style différent), Nietzsche et Wittgenstein furent les maîtres de ce soupçon.

Hegel, voilà l'ennemi !

Il y eut, dans l'Angleterre de la fin du XIXe siècle, tout un courant de pensée philosophique qui, par réaction contre l'empirisme, l'utilitarisme et le matérialisme dominants, fit retour à la grande spéculation incarnée par Hegel. Ce courant dit *néohégélien* fut principalement représenté par F. Bradley et Bernard Bosanquet. Pour Bradley comme pour Hegel, seul le tout est le vrai. C'est contre ce « totalisme » que Bertrand Russell réagit avec force.

L'idée selon laquelle seul l'élément correspond à une donnée sinon objective, du moins claire dérive du nominalisme. Un énoncé a du sens à partir du moment où chacun de ses éléments possède lui-même un sens. La question de savoir quel sens peut avoir une théorie globale comme une religion ou une philosophie est elle-même dépourvue de sens.

Le choix de l'extension aux dépens de l'intension

Le primat accordé à l'analyse sur la synthèse gouverne la conception de la définition des mots.

La métaphysique depuis Platon considère un nom commun comme la désignation d'une essence, d'une nature : définir un cheval ou la justice, c'est énoncer l'essence du cheval, la nature de la justice. Cette essence, on l'appelle *intension* (rien à voir avec l'intention qui ne s'écrit pas de la même façon). Lorsque Hippias, le sophiste dont Platon se moque le plus, définit la beauté en disant que c'est une belle fille, sa définition concerne le domaine d'application du terme : on dit *extension*. L'extension de la beauté, c'est l'ensemble de toutes les choses qui peuvent être dites belles.

La conception métaphysique, platonicienne, de la définition est *intensionniste* (elle cherche l'idée), la conception analytique, logique, issue de Gottlob Frege et reprise par Bertrand Russell et ses successeurs, est *extensionniste* (elle cherche les objets auxquels le terme peut être appliqué).

C'est ici qu'intervient la fameuse théorie des ensembles introduite en mathématiques par Georg Cantor. Un ensemble est un objet logique défini par les éléments qu'il contient et les relations qu'il englobe ou entretient. Si la beauté a un sens, on doit pouvoir déterminer l'ensemble des objets auxquels cette qualité peut s'appliquer (la philosophie analytique donne donc raison à Hippias contre Platon). L'essence est indéterminée, vague, elle dépend de l'humeur de chacun. S'il en va de même avec le domaine d'application, alors on prendra pour guide l'usage courant (on se demandera, par exemple, ce qui dans la langue commune peut être qualifié de «beau» et est effectivement qualifié ainsi).

Ainsi les problèmes philosophiques peuvent-ils être résumés à des questions de logique. Tels sont du moins l'espoir et l'ambition de Russell et de ses successeurs. Un problème qui échapperait à ce test de réduction logique pourra être déclaré dépourvu de sens. Entrent dans cette catégorie les problèmes métaphysiques comme: l'âme est-elle créée par Dieu ou par les géniteurs de l'enfant?

Une difficulté à propos de la théorie des ensembles

La théorie des ensembles serait par conséquent susceptible de constituer un cadre logique afin de résoudre les problèmes de fondement et de vérité qui sont, depuis toujours, ceux de la philosophie.

Or, cette théorie des ensembles, qui était aussi considérée comme capable d'unifier les mathématiques, présente elle-même des difficultés et donc des faiblesses logiques. Ce fut une importante découverte de Russell de montrer que cette théorie ne saurait être complète – c'est-à-dire englober sous ses règles l'ensemble des objets possibles. La théorie des ensembles bute en effet sur le paradoxe de l'autoréférence, dont le Menteur constitue l'expression classique fameuse.

Il existe des énoncés et des situations qui laissent la raison interloquée et mettent à mal la valeur de vérité. On les appelle indécidables. L'énoncé indécidable le plus simple est «je mens». Car si je mens en disant «je mens», je dis la vérité.

Mais si je dis la vérité, alors je mens puisque j'ai dit « je mens ». Conclusion : je dis la vérité dans la mesure où je dis « je mens », et je mens dans la mesure où je dis la vérité.

Le plus grand des ensembles n'existe pas !

Bertrand Russell raisonne ainsi : si la théorie des ensembles est complète et cohérente, il devrait pouvoir y avoir un ensemble de tous les ensembles. Demandons-nous si cet ensemble se contient lui-même ou pas. On peut, en effet, distinguer les ensembles qui se contiennent eux-mêmes (comme un livre qui mentionne son propre titre dans sa table des matières) et les ensembles qui ne se contiennent pas eux-mêmes. L'ensemble de tous les ensembles devrait contenir l'ensemble de tous les ensembles qui ne se contiennent pas eux-mêmes. Seulement, et c'est là que s'est faufilé un gros lézard, il devient impossible pour cet ensemble et de se contenir lui-même et de ne pas se contenir lui-même. Si, en effet, l'ensemble de tous les ensembles qui ne se contiennent pas eux-mêmes se contient lui-même, alors il ne devrait pas se contenir lui-même. Mais, s'il ne se contient pas lui-même, alors il devrait se contenir lui-même puisqu'il contient les ensembles qui ne se contiennent pas eux-mêmes. (Voir aussi le paradoxe du barbier dans le chapitre 33.)

Comment Russell se tire-t-il de ce guêpier logique ? En établissant qu'il n'y a pas, qu'il ne saurait y avoir un ensemble de tous les ensembles, que ce monstre logique n'est pas viable. Il construit par ailleurs une théorie des types destinée à classer et à hiérarchiser les classes, de manière à éviter les paradoxes de l'autoréférence. Le résultat en est qu'un énoncé ne peut se prendre lui-même pour objet car alors nous aurions affaire à deux « types » différents. On ne confondra donc pas le discours avec le discours sur le discours ni le discours sur le discours avec le discours sur le discours sur le discours.

D'où vient cette aporie ? De la confusion des deux plans de l'*énoncé* (ce qui est dit) et de l'*énonciation* (l'action de dire). Dire « je mens », ce n'est pas nécessairement mentir (un menteur ne ment pas toujours) : je peux donc ne pas mentir en disant « je mens ». Cela dit, je ne dispose d'aucun critère pour savoir si, en ce moment même, celui qui parle ment ou pas.

Ne pas tirer de plans sur la comète !

L'empirisme a toujours été d'une méfiance extrême à l'endroit de l'induction, ce raisonnement qui prétend tirer une loi générale à partir d'un nombre forcément limité de cas particuliers. Il est clair que l'induction ne va pas sans risque. C'est un pari, en effet, que la raison fait lorsqu'elle énonce une loi à validité universelle, un pari sur la cohérence et l'homogénéité du réel. Car il est toujours possible que dans l'univers, telle donnée qu'on ignorait, tel paramètre auquel on n'avait pas pensé vienne brouiller les cartes. Or, il suffit d'un seul contre-exemple pour jeter à bas un énoncé universel : nous l'avons vu avec les milliards de merles noirs qu'un seul petit merle blanc suffirait à éliminer.

Pour montrer les limites et les risques de ce mode de raisonnement, Bertrand Russell a parlé de l'induction que pourrait faire à juste titre le poulet qui découvre une relation constante entre la main de la fermière et le beau grain doré – jusqu'au jour où la main nourricière lui tord le cou !

Cela dit, n'ayons pas d'imprudente prudence ! Après tout, des plans sur la comète, on en a tiré et cela a donné de très bonnes prévisions. La comète de Halley revient visiter notre système solaire tous les soixante-seize ans avec une régularité d'horloge. L'injonction selon laquelle il ne faut pas tirer de plans sur la comète s'est avérée inutilement inhibitrice.

Un mathématicien se rebiffe

Aux yeux d'Henri Poincaré, les logiciens qui entendent réduire les mathématiques à la déduction, donc à un jeu formel purement analytique (au sens kantien du mot : il n'y a rien de plus à l'arrivée qu'au départ, ce à quoi on aboutit était en fait déjà contenu au commencement) fait bon marché de l'inventivité, de la fécondité de cette science. Et Poincaré de montrer que le raisonnement par récurrence – qui élargit jusqu'à l'universalité des cas possibles une propriété vérifiée pour 1 et pour son successeur – constitue bien une induction mathématique.

Exemple assassin de raisonnement par récurrence

On dira l'histoire cruelle, mais pas inutilement, parce qu'elle illustre à merveille le raisonnement par récurrence. À Bagdad un sultan, ayant découvert la félonie de l'une de ses maîtresses, décide d'éliminer de sa ville toutes les femmes infidèles. Ordre est donc donné aux maris trompés de tuer leurs épouses en cas de culpabilité. Chaque homme connaît la fidélité ou l'infidélité de toutes les femmes de Bagdad, excepté la situation de sa propre épouse (on suppose, pour la beauté du raisonnement, que tous les hommes de Bagdad sont monogames), lui seul a pourtant le droit de tuer son épouse en cas d'infidélité. Par ailleurs, un héraut annonce chaque soir s'il y a encore, ou non, des femmes infidèles à Bagdad : ce héraut est, de tous les hommes de la ville, le seul à connaître la fidélité ou l'infidélité de toutes les femmes et l'on suppose qu'il n'est pas marié.

Le héraut annonce 82 soirs de suite : « Il y a encore des femmes infidèles à Bagdad ! » Mais, le 83e soir, il peut proclamer : « Il n'y a plus de femmes infidèles à Bagdad ! » La question est de savoir combien il y avait de femmes infidèles à Bagdad et ce qui s'est passé.

Pour résoudre ce problème, il convient d'utiliser le raisonnement par récurrence. Et donc de commencer par l'hypothèse la plus simple. Imaginons qu'il n'y ait qu'une seule femme infidèle à Bagdad. Tous les hommes de la ville la connaissent, excepté le mari trompé. En entendant dire le premier soir qu'il y a une femme infidèle à Bagdad, cet homme en déduit que c'est la sienne, et il la tue. Ainsi le deuxième soir le héraut pourra-t-il dire qu'il n'y a plus de femmes infidèles à Bagdad.

Imaginons à présent qu'il y ait deux femmes infidèles à Bagdad. Les hommes de la ville connaissent deux femmes infidèles, excepté chacun des deux maris trompés, qui n'en connaît qu'une, celle de l'autre. Le premier soir, le héraut dit : « Il y a des femmes infidèles à Bagdad ! » Chacun des deux maris pense alors : en entendant cela, le mari trompé, qui ne doit connaître aucune femme infidèle, en conclura que sa femme l'est et il la tuera. Donc, rien ne se passe le premier soir. Mais lorsque le second soir, le héraut dit: «Il y a encore des femmes infidèles à Bagdad!», alors, chacun des deux maris trompés se dit: puisque le mari de la femme infidèle que je connais n'a pas tué celle-ci, c'est qu'il en connaît une autre qui ne peut être que la mienne, puisque moi je n'en connais pas d'autre. Aussi, le second soir, les deux maris trompés tuent leurs épouses en même temps et le héraut pourra annoncer le troisième soir qu'il n'y a plus de femmes infidèles à Bagdad.

Le même raisonnement peut être poursuivi autant de fois que l'on voudra. Si le héraut a annoncé le 83ᵉ soir qu'il n'y a plus de femmes infidèles à Bagdad, cela signifie que la veille 82 maris ont tué en même temps leur malheureuse épouse et ce en fonction d'un raisonnement impeccablement logique.

Un travail insensé sur le sens

Le logicien philosophe G. Frege fut le premier moderne à mettre de l'ordre dans la question du sens, passablement embrouillée. Les usages de ce terme dans la langue commune aboutissent à des incohérences. Frege appelle *sens* la façon dont nous désignons un référent, c'est-à-dire un objet extérieur. Deux expressions peuvent avoir le même référent et deux sens différents: tel est le cas de «l'étoile du matin» et de «l'étoile du soir» qui toutes deux renvoient à un même objet, la planète Vénus.

Est absurde ce qui, en vertu d'une incohérence interne ou d'une inadéquation entre l'énoncé et son référent, contrevient aux règles élémentaires de la logique et de la grammaire. «Demain j'étais mort», «le cadavre exquis boira le vin nouveau», «la stérilité est une maladie héréditaire», «le premier qui dort réveille l'autre» sont des énoncés absurdes (à condition de supposer, pour la dernière phrase, que celui qui dort ne ronfle pas). Bertrand Russell donne comme exemple d'énoncé absurde: «le roi de France est chauve». Cet énoncé, en effet, n'est pas vrai; mais il n'est pas faux non plus (cela signifierait que le roi de France a plein de cheveux). Il n'a seulement pas de sens dans le réel tel qu'il se présente puisqu'il n'a pas de référent (il n'y a pas de roi de France actuellement); il est absurde en effet d'affirmer un prédicat d'un sujet qui n'existe pas.

Cela a poussé les logiciens de l'école dite empirisme logique à considérer que les propositions métaphysiques sont dépourvues de sens : « Dieu a créé l'homme libre » est un jugement qui, pour les tenants de cette école, n'a pas de sens. Mais que signifie « n'avoir pas de sens » ? Lorsque nous lisons *Alice au pays des merveilles* écrit par un écrivain féru de logique, Lewis Carroll, nous en comprenons toutes les phrases : preuve qu'il y a déjà une cohérence grammaticale. Les situations et les scènes de ce conte sont impossibles, comme sont impossibles les bonds prodigieux que ne cessent de faire ou de subir les héros de dessins animés : mais alors, c'est cet impossible même qui devient le sens principal de ce non-sens. « Le roi de France est chauve » n'a pas de référent ; mais cette phrase a une signification, alors que « peignoir peste Louis XIV descendu petit » n'en a pas.

Sérieux doutes sur la traduction

Willard van Orman Quine a développé plusieurs thèses dites de l'indétermination. Selon la thèse dite de l'*indétermination de l'inférence* (on dit aussi inscrutabilité de la référence – libre à vous de penser que les philosophes compliquent à plaisir…), il serait impossible de savoir avec certitude ce à quoi renvoie un langage inconnu.

Par exemple, si dans une île perdue vous rencontrez un sauvage et que celui-ci s'écrie « galigaï » lorsque détale un lapin, vous ne pourrez pas être absolument certain que « galigaï » signifie « lapin » dans sa langue. « Galigaï » pourrait signifier, par exemple : « Zut ! J'ai oublié d'apporter mon arc ! », ou encore : « Il n'a pas l'air malade, celui-là ! »

L'indétermination de la référence conduit à la thèse, sceptique elle aussi, de l'indétermination de la traduction. Selon Quine, aucune traduction d'une langue dans une autre ne peut être tenue pour certaine. Même le comportement de ceux qui parlent ne permet pas de choisir la traduction correcte de leurs énoncés parmi un ensemble de traductions possibles.

> **L'intraduisible**
>
> La pensée moderne cultive les termes négatifs : l'impossible, l'incommunicable, l'incompréhensible, etc. L'idée que les langues sont foncièrement intraduisibles s'est imposée comme une vérité d'évidence chez nombre de philosophes, dont certains ont effectué plusieurs travaux de traduction…
>
> Plus personne aujourd'hui ne pense, en effet, qu'une transposition parfaite de sens est possible d'une langue à l'autre : traduire, c'est trahir, affirme un dicton italien (« *traduttore, traditore* ». Mais traduire, c'est plus encore que trahir : c'est ajouter et retirer, c'est inventer, c'est produire.

Wittgenstein ou la fin d'un ton grand seigneur

L'expression « ton grand seigneur en philosophie » vient de Kant et visait ceux qui, sous couvert de philosophie, adoptent une posture de prophète. Mais ne fut-ce pas la posture de tous les philosophes, Kant inclus, puisque la prétention exorbitante qui anime la philosophie depuis ses origines jusqu'à aujourd'hui, c'est de dire enfin la vérité de tout ? Wittgenstein a cette particularité, entre autres : il est le premier philosophe à penser sans référence philosophique. Tout se passe comme si, avec lui, il n'y avait pas d'histoire de la philosophie.

Mais ce philosophe sans l'histoire ne fut pas pour autant un homme sans histoires. Après avoir été dans la même classe primaire qu'un certain Adolf Hitler, et avant d'enseigner à l'université, Ludwig Wittgenstein, issu d'une très riche famille autrichienne, a été tour à tour dans le désordre ermite en Norvège, mécène d'artistes sans le sou, combattant volontaire de l'armée austro-hongroise durant la Première Guerre mondiale, prisonnier de guerre en Italie, jardinier dans un couvent, maître d'école dans des villages de Basse-Autriche, architecte, étudiant (à l'âge de 40 ans), serveur dans une cantine, portier, brancardier dans un hôpital londonien, technicien dans un laboratoire d'analyses médicales.

Névrosé obsessionnel grave, il vivait dans un nuage d'insecticide et lavait les sols à la feuille de thé. Grand, osseux, il avait une démarche tellement dégingandée que dans la campagne il affolait les troupeaux. Homosexuel malheureux, il était hostile au vote des femmes sous prétexte qu'elles étaient toutes idiotes et pensait souvent au suicide. Il disait qu'on ne peut être professeur d'université et en même temps sérieux ou honnête. Il se vantait de ne pas avoir lu les œuvres des autres philosophes. Il se fâcha avec pratiquement tout le monde.

Éclaircir plutôt qu'élucider

La philosophie n'est pas plus une science que le strip-tease n'est un art. Elle dévoile les choses, elle n'en donne pas la vérité. Le but de la philosophie, selon Wittgenstein, est la clarification logique de la pensée. La philosophie n'est pas une doctrine mais une activité. Le résultat de la philosophie ne consiste pas dans un ensemble de propositions mais dans le fait que des propositions sont rendues claires.

La juste méthode de la philosophie : ne rien dire sinon ce qui peut se dire. La plupart des propositions et des questions qui ont été écrites sur des matières philosophiques ne sont pas fausses mais dépourvues de sens. Il est impossible de répondre aux questions de ce genre ; tout ce que nous pouvons faire, c'est d'établir qu'elles sont dépourvues de sens.

> *Tout ce qui peut être dit peut être dit clairement ; et ce dont on ne peut parler, on doit le taire.*
>
> Wittgenstein

La question du second Wittgenstein

C'est une question récurrente en histoire de la philosophie : faut-il privilégier l'unité, la cohérence systématique d'une pensée ou bien, à l'inverse, mettre l'accent sur les inflexions, voire les points de rupture et les palinodies ? Lorsque Heidegger parle de tournant (*Kehre*) à propos de sa pensée après *Être et Temps*, faut-il le croire sur parole ? Le Kant précritique n'a-t-il réellement rien à voir avec le Kant de la maturité ?

Wittgenstein n'a publié qu'un seul livre durant toute sa vie; le *Tractatus logico-philosophicus*. Tous les textes écrits ensuite semblent marquer une inflexion. Alors que dans le *Tractatus* Wittgenstein réfléchissait à une idéale correspondance entre les mots et les faits, dans les *Recherches philosophiques* il fait du langage de tous les jours, du langage ordinaire, l'objet principal de sa pensée. Une bonne partie des énoncés de la langue courante ne consistent pas en dénomination d'objets (exemples: «Va-t'en!», «Aïe!», «Au secours!», «Du poivre!», «Excellent!»). Les critères logiques formels sont inopérants lorsqu'il s'agit d'évaluer des énoncés qui répondent bien plutôt à des besoins, à des exigences interprétables à la lumière de critères pratiques qui ne sont ni univoques ni universels. Ce qui est en jeu ici n'est plus le primat de la structure ou de la substance logique du langage mais l'usage d'un monde dans le langage, qui donne sa signification.

On peut se demander, au demeurant, si ce tournant n'est pas, psychologiquement, un retour au point de départ. Wittgenstein a lui-même confié que dans sa famille les actes importaient peu: vous auriez pu tuer quelqu'un, disait-il, seule comptait la manière d'en parler ou le fait d'en parler ou pas. N'est-ce pas le message implicite de cette philosophie?

La prison du langage

Le langage représente ce que Karl Jaspers appelait un englobant: ce qui rend impossible toute position en extériorité. Il n'est pas possible d'être *contre* le langage, car celui qui fait un long discours contre les longs discours fait un long discours. Le silence lui-même est un piège à mots! Le langage dessine le contour de notre monde comme si nous étions pris dans une prison linguistique, y compris dans l'expression de nos sentiments les plus intérieurs, situation dont il nous faut pourtant essayer de nous extraire afin d'atteindre ce que Wittgenstein appelait la mystique et qui correspondait pour lui aussi bien à l'éthique qu'à l'esthétique.

Implications de cette pensée du langage

Un empirisme logique

Dans les années 1920-1930 se réunirent à Vienne (cercle de Vienne) et à Berlin (cercle de Berlin) des logiciens, philosophes, mathématiciens, physiciens qui partagèrent les mêmes idées de base dérivées des travaux de Bertrand Russell et de Wittgenstein. On appelle néopositivisme, positivisme logique ou encore empirisme logique ce courant caractérisé par le refus radical de la métaphysique (rejetée comme dénuée de sens) et par la volonté de refonder le système des sciences sur les deux seules bases qui avaient été reconnues par Hume et Condillac : la cohérence logique et l'observation empirique – d'où la désignation d'empirisme logique donnée à cette école de pensée dont Rudolf Carnap fut le principal et le plus célèbre représentant.

La connaissance n'est plus considérée comme une peinture de la réalité mais comme une composition (le grand ouvrage de Carnap s'intitule *La Construction logique du monde*). D'où l'attention portée à la logique et à la syntaxe puisque, évidemment, il ne saurait y avoir de construction rigoureuse sans règles.

Quand dire, c'est faire

La philosophie analytique est une nébuleuse plus qu'une école ou un courant de pensée. C'est l'attention portée à la question du langage qui constitue son centre commun. Mais, à partir de lui, on repère, évidemment, une diversité et une dispersion extrêmes.

Parmi les travaux des philosophes de cette nébuleuse, ceux de J. L. Austin et en particulier les conférences réunies sous le titre *Quand dire, c'est faire* (la traduction littérale du titre anglais est plus explicite encore : *Comment faire des choses avec des mots*) ont eu un impact considérable. Ce sont eux qui ont introduit la célèbre distinction entre les énoncés constatifs et les énoncés performatifs.

Lorsque je dis « il fait beau », « le chat a attrapé une tourterelle », « Lula est le président du Brésil », je me contente de constater ce qui existe dans le monde. Ces énoncés sont dits constatifs. Lorsque je dis « je te prête ma voiture », « je te donne 50 euros », « viens ici ! », « va au diable ! », je ne me contente pas de dire ce qui est, j'agis d'une certaine manière (par des mots seulement) et réellement je change quelque chose à la configuration du monde. Prêter, donner, commander, insulter, c'est faire quelque chose avec des mots. Inversement, il n'est pas possible d'accomplir sans mots ces actions (je ne peux ni prêter, ni donner, ni commander, ni insulter sans le moyen du langage). Austin appelle performatifs les énoncés qui sont des modes d'action sur le réel.

Un exemple d'énoncé performatif : le négationnisme

« Les nazis n'ont gazé que des poux à Auschwitz » a l'apparence d'un constat. Certes, ce constat est faux, et même bien davantage que faux : aberrant. Mais en tout cas, il paraît difficile, pour reprendre la distinction d'Austin, d'appeler performatif un énoncé de ce genre.

Et pourtant ! La politique d'extermination des Juifs par les nazis devait rester secrète pour d'évidentes raisons : le secret garantissait le succès de l'entreprise. Mais il y avait davantage que cela : dans la conception totalitaire du monde qui était celle des nazis, les Juifs *n'auraient jamais dû exister*. Les éliminer, c'était donc constituer le réel tel qu'il aurait dû être depuis toujours. L'effacement des traces, le crime une fois accompli, n'obéissait pas seulement à l'intérêt pratique de l'assassin : il correspondait à son *fantasme d'inexistence* des Juifs. Cette inexistence annule du même coup le crime : il ne s'est rien passé à Auschwitz (Hitler prévoyait de transformer l'emplacement en jardin d'enfants).

Un négationniste aujourd'hui qui dit : les Juifs n'ont pas été gazés à Auschwitz est donc, de fait, le *complice* du crime puisque son déni en fait intrinsèquement partie. Dès lors, le négationnisme n'est pas « seulement » une opinion (sous-entendu : comme une autre), il est une véritable *action*. C'est pourquoi il est juste qu'il tombe sous les coups de la loi.

La théorie émotiviste de la morale

La philosophie analytique ne s'est pas seulement intéressée à des problèmes logiques. Elle a aussi repris à nouveaux frais les questions de la morale.

La théorie émotiviste de la morale a été illustrée par Alfred Ayer. Sa thèse centrale est que les jugements moraux sont des expressions de certaines émotions et non pas (cette idée a été défendue par nombre de philosophes analytiques) des énoncés au sens logique, susceptibles d'avoir une valeur de vérité. Si je dis, par exemple, que ce jeune homme a fait quelque chose de mal en piétinant la vieille dame qu'il vient de projeter à terre après lui avoir arraché son sac, ce jugement ne peut pas être dit «vrai» (ni «faux», d'ailleurs), il ne fait que témoigner l'émotion négative (mélange de colère, d'indignation, de tristesse et de pitié) qui s'est emparée de moi à ce spectacle ou à cette annonce.

L'émotivisme est une forme de *prescriptivisme*. Le prescriptivisme est opposé au *descriptivisme* (si vous sentez que vous piétinez, ne perdez courage, la lumière est au bout de la nuit). Le descriptivisme est la conception selon laquelle les jugements moraux sont des jugements de fait : selon lui, dire «c'est bien» à propos d'une action ou d'une situation revient à dire : «il est véritable que cela est bien», «c'est un fait que c'est bien». Selon le prescriptivisme, au contraire, le jugement moral est une *action* pratique, et non un simple constat : il ordonne (prescrit) quelque chose, il ne décrit pas. Dire «c'est bien» signifie «*il faut* faire cela».

Chapitre 18
Les avatars de la justice

Dans ce chapitre :
- Des penseurs qui n'ont pas renoncé à l'idée de justice
- Hannah Arendt, l'une des grandes figures philosophiques du siècle
- Tous ensemble ou chacun pour soi ?

Les derniers feux du marxisme

Le marxisme au XXe siècle n'a pas seulement été l'histoire d'une épouvantable catastrophe, même si l'on ne peut (et l'on ne doit) l'oublier. Comment le rêve a-t-il pu tourner au cauchemar ? Cette question est aussi de nature philosophique, et pas seulement historique. Doit-on considérer que les philosophes qui ont pensé dans le cadre théorique du marxisme se sont fourvoyés sous prétexte qu'ils ont été aveugles aux horreurs qu'ils légitimaient ? Plus radicalement encore, doit-on considérer que l'Histoire a jugé une fois pour toutes et que la lutte des classes, la dialectique et le communisme n'ont rigoureusement aucun intérêt philosophique ? Ce serait négliger l'ampleur de ces esprits, hélas oubliés, que sont György Lukacs, Ernst Bloch, Antonio Gramsci et Louis Althusser, pour ne citer que ces quatre noms.

Le Hongrois György Lukacs a été hégélien avant d'être marxiste. Ses travaux d'esthétique figurent parmi les meilleurs du siècle. L'Allemand Ernst Bloch, dans son *Principe espérance*, a tenté de réconcilier la pensée marxiste avec l'esprit d'utopie, élargissant le matérialisme vers l'horizon du possible. L'Italien Antonio Gramsci, le seul grand intellectuel marxiste à avoir eu de grandes responsabilités politiques en Europe occidentale, a accordé à la culture – ravalée au rang de simple superstructure par la vulgate en cours – une fonction historique et sociale décisive.

Le Français Louis Althusser, enfin, a tenté de redonner toute sa vigueur intellectuelle à une doctrine édulcorée et neutralisée d'un côté par la dogmatique sclérosée du stalinisme et, de l'autre, par l'humanisme « bourgeois ». Sa relecture de Marx – qui a souvent été mise en parallèle avec la relecture de Freud par Lacan – a abouti à séparer nettement une période de jeunesse marquée par Hegel (les *Manuscrits de 1844*) et une période de maturité où Marx aurait rompu avec cet humanisme dont le structuralisme est une machine de guerre lancée contre l'humanisme.

De tous les philosophes marxistes contemporains, Althusser est le plus pathétique. Sans tomber dans les rapprochements arbitraires, on pourrait néanmoins se demander s'il n'y a pas un lien entre les graves crises psychiques que le philosophe a connues toute sa vie – et qui ont culminé avec l'assassinat par étranglement de sa femme adorée – et la colossale dépression dans laquelle le marxisme historique a fini par être englouti.

L'école de Francfort, branche dérivée du tronc marxiste

À Francfort, un petit groupe de penseurs radicaux, regroupés autour de Theodor Adorno et de Max Horkheimer, entreprit de constituer une théorie critique de l'Histoire et de la société à partir des données fournies par les sciences sociales et la psychologie. Même après la fermeture de l'école à l'arrivée des nazis au pouvoir, le groupe, réfugié aux États-Unis, continua de s'appeler école de Francfort.

Le vrai est le tout, avait dit Hegel. Le tout est le non-vrai, répond en écho Adorno. La dialectique hégélienne est contestée en tant que machine à tout justifier. Les horreurs du nazisme et de la Seconde Guerre mondiale confortèrent Adorno dans son radical pessimisme : l'Histoire n'est certainement pas cette révélation du bien et du juste que la raison nous promettait depuis deux siècles. On croyait aux lendemains qui chantent, Adorno déchante.

Ce qu'il appelle *dialectique négative* est destiné à faire pièce (au sens de mettre en pièces aussi) à un réel qui n'a certes pas le besoin d'être justifié. L'écriture fragmentaire, aphoristique, a pour fonction de déjouer la totalité mystificatrice. La critique qu'Adorno opère est radicale en ce sens qu'elle remonte à la racine des malheurs du temps, qui n'est autre, selon lui, que la raison des Lumières. En imposant son ordre comme nécessaire, à la fois inéluctable et excellent, la raison n'aurait fait que préparer le militarisme et le despotisme modernes, c'est-à-dire, via la science et la technique, la mise en esclavage et la mise à mort de l'humanité.

À titre d'exemple, la poésie est-elle encore possible après Auschwitz ? Adorno soutenait que non. Or il y a encore eu des poètes. Mais qu'est-ce que signifie la poésie aujourd'hui ? Il n'y a plus guère que les rappeurs de banlieue pour continuer à croire à la vertu des rimes plates.

La raison est-elle coupable du pire ?

Nietzsche avait déjà lancé le poison du soupçon : il y a dans «rendre raison» comme une parenté avec «rendre l'âme»; la mise à la Raison est une mise au pas, bref la raison est du côté du pouvoir et de la violence. Violence sur les choses de la nature, violence dans le monde des hommes. Tout un courant de pensée contemporain a accusé la raison des pires méfaits.

Pour la défense de la raison dont le sommeil, on le sait, engendre des monstres aussi, sans doute convient-il de rappeler l'importante distinction établie par le sociologue Max Weber entre la rationalité des moyens (le rationnel de la technique, par exemple) et la rationalité des fins (le raisonnable de la morale humaine, par exemple). L'un des drames de notre temps tient à l'écart, jusqu'à la contradiction, entre ces deux rationalités : il est arrivé que les projets les plus délirants (les grands travaux du stalinisme, la solution finale des nazis) soient réalisés à l'aide de moyens rationnels. Mais leur usage ne suffirait pas à saper les bases de la rationalité en général.

Il y a rationalité et rationalité

N'allons pas en effet confondre la rationalité avec la systématicité. Une ville systématiquement rasée par les bombes n'est pas une ville rationnellement déconstruite. Héliogabale, l'empereur romain fou, qui finit tué dans les égouts, avait invité à l'un de ses banquets huit bossus, huit boiteux, huit chauves, huit goutteux, huit sourds, huit Noirs, huit Blancs, huit maigres et huit gros. Il serait difficile d'y reconnaître le triomphe de l'esprit logique. En un sens, il n'y a rien de plus rigoureusement cohérent que le délire d'un paranoïaque ; cela n'empêche pas qu'il soit le comble de l'irrationalité. Le plan des camps d'extermination nazis était d'une parfaite rigueur géométrique. Tout ce qui est rationnel n'est pas nécessairement raisonnable.

Marcuse, le philosophe des campus de 1968

Herbert Marcuse bénéficie et souffre (tout dépend évidemment du camp dans lequel on se situe) de la réputation d'avoir été, de Berkeley à Nanterre, l'inspirateur des mouvements étudiants de 1968. C'est sans doute très exagéré, car peu d'étudiants de l'époque avaient lu *Éros et Civilisation* ou *L'Homme unidimensionnel*. Il ne reste pas moins vrai que Marcuse fut l'un des tout premiers penseurs à percevoir ce que pouvait contenir d'aliénation profonde ce régime de liberté que la démocratie occidentale, triomphatrice dans son combat contre le totalitarisme, se targuait d'être.

Installé aux États-Unis après avoir fui l'Allemagne de Hitler, Marcuse analysa avec toute sa force critique ce qu'il appelait la *désublimation répressive* et qui peut être compris comme un autre nom pour le nihilisme annoncé et redouté par Nietzsche : lorsqu'on ne désire plus croire à rien d'autre que son propre bonheur (la société de consommation), ce n'est même plus qu'on est mûr pour l'esclavage, on est déjà esclave.

Habermas, le flambeau de l'universel

Le principal représentant de la seconde école de Francfort, né une génération après les membres de la première, Jürgen Habermas, fait partie de ces philosophes qui se refusent à croire que l'Histoire est terminée ou a dit son dernier mot dès lors que la pire des catastrophes est arrivée. À une époque tentée de cultiver le relativisme sur les débris de tous les idéaux, Habermas fut l'un des rares à continuer de penser dans la lignée de l'universalisme ouverte par Kant. Sa *Théorie de l'agir communicationnel*, largement nourrie de références puisées dans les travaux effectués par les différentes sciences sociales, établit une typologie des actions pour mieux dégager la spécificité de cette action communicationnelle sans laquelle il ne saurait y avoir de monde commun ni au sein d'une société ni, *a fortiori*, à échelle du monde.

Alors que l'action communicationnelle se caractérise par l'égalité des interlocuteurs et l'exigence de vérité des discours qu'elle engage, l'action stratégique (la propagande en est un exemple) et l'action symbolique (comme un spectacle de théâtre), qui sont deux autres types d'action collective, présupposent une foncière inégalité entre les parties et une certaine indifférence, lorsque ce n'est pas, dans les cas extrêmes, comme avec la publicité, un franc mépris à l'égard de la vérité.

Développée par la seconde école Francfort (outre Jürgen Habermas, Karl Otto Apel), l'éthique de la discussion établit les normes universelles d'une communication qui ne serait pas réduite à un moyen de propagande ou de publicité. Ce que le monde moderne, en effet, appelle communication est très éloigné du sens véritable que ce concept véhicule : la plupart du temps, c'est la communauté des hommes qui est purement et simplement oubliée. Sous le terme de communication, ce qui est visé c'est le pouvoir, l'influence, l'impact sur un public passif. Or la communauté humaine n'est réductible ni à un électorat en voie de séduction ni à un marché en voie de fascination.

Prenant sa source dans la philosophie des Lumières, celle de Kant en particulier, l'éthique de la discussion parie sur la bonne volonté des hommes raisonnables engagés dans la voie du dialogue et de l'argumentation.

Notons, pour finir, un scrupule rare en philosophie : après les attentats du 11 septembre 2001 qui ont peut-être inauguré un temps de terrorisme nihiliste global (le seul sens de ce type d'action étant de viser la destruction complète du monde), Habermas a déclaré qu'il se demandait si toute sa théorie n'était pas en train de sombrer dans le ridicule. Que peut, en effet, signifier une théorie de la communication élargie aux dimensions de l'humanité entière si une fraction, même ultraminoritaire de celle-ci, hait cette communication au point de rêver à une destruction physique de tout ? Il est rarissime qu'un philosophe fasse preuve d'une telle lucidité critique, il est plus rare encore qu'un philosophe considère qu'un événement *réel* puisse servir de test pour sa propre théorie.

Hannah Arendt pense le totalitarisme

L'histoire des idées n'a pas bonne presse en philosophie : elle y est volontiers considérée comme un travail d'essayiste au mieux, de journaliste au pire. Les travaux d'Hannah Arendt montrent que la compréhension philosophique des questions ne saurait aller sans une certaine épaisseur historique.

Les deux courants dominants du XXe siècle en philosophie ont, en effet, plutôt cultivé l'amnésie historique : que l'on se porte aux choses mêmes (la phénoménologie) ou aux manières de dire (la philosophie analytique), point n'est besoin de remonter au temps passé : on peut philosopher sans avoir lu un seul livre de Hegel (ce fut sans doute le cas de Husserl et de Wittgenstein). Paradoxalement, le seul philosophe à avoir à notre époque porté dans son esprit la quasi-totalité de l'histoire de la philosophie fut Heidegger, le philosophe de l'être.

Spinoza croyait qu'en matière politique tous les régimes possibles avaient été déjà réalisés, si bien que la tripartition grecque en monarchie/aristocratie/démocratie avait quelque chose d'indépassable. Hannah Arendt fut l'une des premières à comprendre qu'avec le totalitarisme quelque chose d'entièrement inédit avait fait irruption dans l'Histoire.

La théorie politique disposait de plusieurs termes pour désigner ce que, depuis Platon, on interprétait comme une corruption du régime monarchique : on parlait tantôt de tyrannie, tantôt de dictature, tantôt de despotisme. On avait aussi forgé le mot d'absolutisme pour désigner un certain type de monarchie en vigueur en Europe aux XVIIe et XVIIIe siècles. Hannah Arendt comprend que, avec le nazisme et le communisme stalinien, nous avons affaire non pas à de simples dictatures qui n'auraient avec les anciennes que des différences de degré mais véritablement à des régimes d'un type inédit dont il s'agit de déterminer les caractères.

S'inspirant de Montesquieu qui avait défini chacun des régimes par un principe spécifique (l'honneur pour la monarchie, la crainte pour le despotisme, la vertu pour la république), Hannah Arendt voit dans la terreur et plus précisément la terreur continuée le principe sur lequel repose le régime totalitaire.

Certes, la terreur n'est pas quelque chose de nouveau dans l'Histoire: l'homme n'a évidemment pas attendu le XXe siècle pour agir de manière cruelle. Le terme de terreur a d'ailleurs pris un sens politique en 1793 en France lorsqu'il fut revendiqué par les révolutionnaires qui entendaient par ce moyen défendre «la patrie en danger». Seulement, il y a une différence de taille: pour Saint-Just et Robespierre, le régime de Terreur était conçu comme provisoire, un état d'exception. Avec le totalitarisme, la terreur devient l'exercice normal du pouvoir. Loin de constituer une exacerbation triomphale du politique, le totalitarisme représente sa plus radicale destruction.

La controverse sur le totalitarisme

Le concept de totalitarisme a été l'objet de multiples critiques, d'abord de la part des communistes qui n'acceptaient pas que l'on pût ranger dans une même catégorie un régime socialisé de production (soviétique) et un régime capitaliste (nazi), un pouvoir fondé sur un idéal d'égalité et un autre reposant sur la violence raciale. Pour ceux qui, comme Hannah Arendt, pensent qu'il existe une effectivité objective du concept de totalitarisme, les points communs l'emportent sur les différences entre l'Allemagne de Hitler et l'Union soviétique de Staline (terreur permanente, régime de parti unique, culte démentiel du chef, destruction de l'existence privée, etc.).

Du côté libéral, le triomphe de l'utilitarisme

En un sens, il n'est pas excessif de soutenir que la philosophie dominante de notre monde est l'utilitarisme. L'utilitarisme n'a pas bonne presse chez ceux qui croient que l'idéal doit nécessairement se trouver du côté de la gratuité, en quelque sens que l'on entende le terme.

Les grandes idées de Bentham

À l'opposé des morales du principe, de filiation platonicienne et religieuse (le bien défini de manière absolue, en soi, ou par un dieu suprême), l'utilitarisme est une morale conséquentialiste, c'est-à-dire qu'elle définit le bien comme le bon et le bon comme ce qui donne à l'individu un maximum d'avantages. Le principe d'utilité permet de juger toute action en fonction de l'augmentation ou de la diminution de plaisir qu'elle procure.

L'utilitarisme dérive de l'empirisme. Selon lui, l'homme est naturellement gouverné par le plaisir qu'il cherche à atteindre et par la douleur qu'il cherche à fuir. Le plaisir et la douleur sont les deux indicateurs infaillibles de nos actions présentes et futures. Ainsi la morale, telle que la conçoit Bentham, est-elle identifiée à une arithmétique des plaisirs et des peines (l'expression est de lui) : une vie heureuse est celle qui contient le maximum de plaisirs et le minimum de peines.

Cette arithmétique, qui place implicitement chaque individu dans la position d'un banquier de sa propre existence (il convient de faire le plus de bénéfices et d'éviter les déficits) a une application et une extension politiques, par où l'utilitarisme rejoint le libéralisme : la société la meilleure est la plus heureuse et la plus heureuse est celle dont le plus grand nombre de citoyens est heureux et le plus petit nombre malheureux (Aristote avait déjà dit quelque chose d'approchant). L'utilitarisme, comme le libéralisme, se méfie des grands idéaux qu'il juge abstraits et inapplicables sans contrainte : ainsi, dès le départ, a-t-il été d'une grande sévérité à l'encontre d'aventures comme la Révolution française.

Jeremy Bentham (1748-1832), fondateur de l'utilitarisme, a introduit dans la langue commune anglaise un grand nombre de néologismes qui ont fini par devenir dans d'autres langues que l'anglais des mots d'usage courant: notons seulement «déontologie» ou encore plus connu, «international».

John Stuart Mill, un démocrate exemplaire

Esprit encyclopédique marqué par le positivisme et l'utilitarisme de Bentham et de son père, James Mill, lui aussi philosophe, John Stuart Mill fut le second grand nom de cette philosophie. Il eut en particulier l'insigne honneur (on ne se bousculait pas trop du côté des penseurs) d'avoir été le premier philosophe à avoir réclamé l'extension du droit de vote aux femmes! Loin de justifier l'égoïsme, l'utilitarisme de Mill légitimait l'idéal de justice sociale, le bien-être de chaque individu dépendant pour une bonne part de celui des autres.

Pour ceux qui s'inquiétaient de ce que l'utilitarisme pouvait ravaler l'homme au rang de la bête, John Stuart Mill précisait qu'il vaut mieux être un homme mécontent qu'un pourceau satisfait, être Socrate malheureux plutôt qu'un imbécile content et que si l'imbécile et le pourceau sont d'un autre avis, c'est qu'ils ne connaissent qu'un seul côté de la question.

Mill est également le philosophe qui a donné à la notion de tolérance une extension qui caractérise les démocraties d'aujourd'hui. Aux XVIIe et XVIIIe siècles (avec Spinoza, Pierre Bayle, Locke, Voltaire), la tolérance était pensée dans un cadre exclusivement religieux: il s'agissait alors de promouvoir la coexistence des différentes «sectes» chrétiennes dont l'opposition avait mis au XVIe siècle l'Europe à feu et à sang. Petit à petit, la tolérance s'est étendue à d'autres religions que la chrétienne puis, avec la laïcité, aux sans religion.

J. S. Mill est le premier à avoir utilisé la notion de tolérance dans un contexte qui n'est plus religieux mais civil, en d'autres termes pour toutes les croyances, pour toutes les coutumes, pour tous les comportements – à condition bien sûr qu'ils ne contreviennent pas à l'ordre général de la société. Le communautarisme canadien, qui est allé jusqu'à admettre que les musulmans puissent garder leurs lois, doit beaucoup à cette notion élargie de la tolérance – dont certains ne manquent pas de dénoncer les dérives.

Le regain du libéralisme

Face à l'influence croissante du marxisme et à la montée du fascisme en Europe, dans les années 1930, un certain nombre de penseurs ont réactualisé une conception résolument libérale de la société.

Karl Popper dénonce les ennemis de la « société ouverte » – des philosophes qui, comme Platon et Hegel, ont préparé la voie au totalitarisme en liant l'action politique dans la Cité ou dans l'État à une supposée parfaite connaissance du Tout. Diriger la société et l'économie suppose une impossible position en surplomb. Le despotisme et la violence continue sont les conséquences fatales de cette impossibilité.

Le collègue et ami de Popper, autrichien comme lui, l'économiste Friedrich von Hayek, utilise le terme savant de *catallaxie* pour désigner l'organisation spontanée des forces du marché, en l'absence d'intervention politique. Aux antipodes d'un John Maynard Keynes qui, pour contrecarrer les effets désastreux de la crise de 1929, avait inspiré les politiques interventionnistes (le New Deal aux États-Unis) du *Welfare State* (État-providence), Hayek considérait que la planification était un moyen d'action totalitaire car elle suppose une connaissance impossible de la part des dirigeants, lesquels seront bientôt contraints de tricher et violenter les faits.

L'État minimal

Contre l'État-providence, toujours enclin à se mêler de ce qui ne le regarde pas, Robert Nozick plaide pour un État minimal qu'il voudrait voir réduit au rôle de « veilleur de nuit », c'est-à-dire à ses fonctions de surveillance et de police, sans aucune fonction économique ou sociale.

On appelle *libertariens* ceux qui, au nom de la valeur supérieure que constitue la liberté illimitée de l'individu, s'opposent à la conception de l'État-providence.

John Rawls fonde une nouvelle théorie de la justice

La théorie de la justice comme équité de John Rawls vient en grande partie d'une réfutation de l'utilitarisme dominant dans la société et la pensée américaines. Rawls reproche à l'utilitarisme de justifier le sacrifice de la minorité au nom de l'intérêt du plus grand nombre. Ce qui est acceptable pour l'individu ne peut être transposé à l'échelle de la société tout entière : chacun de nous, par exemple, accepte spontanément de sacrifier un avantage immédiat pour un avantage à venir jugé plus grand (il est rationnel de se priver de cinéma pour réviser ses examens). En revanche, il n'est pas admissible, aux yeux de Rawls, que l'intérêt de quelques-uns, sous le prétexte qu'ils ne forment qu'une minorité, soit sacrifié au nom de l'intérêt général.

La théorie de la justice comme équité tente de tracer une voie moyenne entre le libéralisme qui livre la société aux seules régulations du marché (l'État étant réduit à des fonctions de police) et l'interventionnisme de type keynésien, celui qui, dans le sillage de la crise des années 1930, fonda le *Welfare State* (État providence). D'un côté, le collectif est sacrifié à l'individu ; de l'autre, l'individu est sacrifié au collectif. L'équité telle que la conçoit Rawls doit pouvoir concilier la liberté individuelle et la justice sociale. Elle n'est pas égalitariste au sens communiste du terme (l'inégalité n'est pas considérée par Rawls comme mauvaise en soi), le système le plus juste est celui qui, tout en préservant la liberté de chacun, accorde aux plus démunis la situation la meilleure.

La fiction du voile d'ignorance

La pensée de Rawls s'inscrit dans la tradition des philosophies du contrat social : l'ordre politique n'est pas une donnée de nature, spontanée, il est le résultat d'une volonté collective, même si celle-ci n'a pas été explicitement formulée.

Le voile d'ignorance est une expérience de pensée imaginée par Rawls et qui tient lieu d'état de nature dans sa théorie contractualiste. Sous ce voile d'ignorance, il faut se représenter les hommes comme ne sachant rien de leur situation sociale (ils ne savent pas en particulier à quelle couche sociale ils appartiennent). Dans cette situation, ils choisiraient nécessairement, selon Rawls, des principes de justice qui garantiraient à tous la liberté ainsi que le sort le plus favorable aux plus démunis.

Critiques de la théorie de la justice comme équité

La *Théorie de la justice* est devenue en vingt ans l'ouvrage de philosophie le plus lu et celui sur lequel le plus grand nombre d'articles a été écrit pour le XXe siècle.

Dès sa parution, il a subi les attaques conjuguées et divergentes des libéraux qui estimaient que Rawls légitimait le pouvoir de l'État contre la liberté de l'individu et des communautariens qui lui reprochaient son caractère abstrait.

Pour les libéraux, la justice ne peut naître que du libre jeu des intérêts privés : toute intervention extérieure ne peut manquer d'être tyrannique. Les libéraux jouent la règle contre la loi, aussi accordent-ils au contrat bilatéral la toute première place, tant dans les affaires privées que dans les relations internationales.

Pour les communautariens, un homme qui n'est défini ni par le sexe, ni par l'âge, ni par la culture, ni par la religion, ni par l'éducation, ni par le milieu social n'est qu'un fantôme. L'universel n'est lui aussi qu'une idée sans contenu mais accueillant toutes les dérives despotiques. La justice consiste à garantir à chaque communauté le libre exercice de ses usages et coutumes. Il n'y a pas un idéal du juste qui serait valide pour tous.

Michael Walzer a, comme Rawls, tenté de trouver un moyen terme entre un État qui prétendrait définir le bien pour tous et une multitude d'individus séparés comme des atomes et n'ayant entre eux que des relations contractuelles. Il n'y a pas, selon Walzer, de justice (ou d'égalité) générale mais différentes sphères de justice largement autonomes les unes par rapport aux autres. Les types d'égalité ne sont équivalents ni objectivement ni subjectivement: par exemple, l'égalité des chances, l'égalité des traitements et l'égalité des satisfactions non seulement ne coïncident pas mais chacune des trois joue souvent contre les deux autres. Il ne saurait, par conséquent, y avoir dans la société un seul système distributif.

S'inspirant de Pascal qui définissait la tyrannie comme l'empiétement d'un ordre sur un autre (la chair, l'esprit, le cœur devant rester autonomes), Michael Walzer pose que la justice ne se définit pas comme la distribution égale de tous les biens mais comme la sauvegarde de l'autonomie, voire de l'individualité respective des différentes sphères les unes par rapport aux autres.

Hans Jonas, le premier philosophe de l'écologie

Dans son premier grand travail philosophique, Hans Jonas montra l'impact que put avoir pour la suite de l'histoire des idées la gnose, volontiers ravalée au rang anecdotique d'hérésie éphémère. En fait, analyse Jonas, la civilisation occidentale, par la violence de sa technique, repose sur la dualité irréductible de l'esprit et de la nature, le premier devant soumettre et réduire la seconde. La domination sans partage de l'être humain sur un milieu considéré comme purement matériel, indifférent, inerte, est la conséquence lointaine de cette position désastreuse qui devrait conduire à une catastrophe globale si aucune prise de conscience n'intervient pour y mettre fin. Témoin direct des apocalypses politiques, Hans Jonas laissa son nom à l'analyse d'une autre catastrophe dont le péril n'est pas moindre.

Juif allemand, Jonas quitta son pays à l'arrivée de Hitler au pouvoir. Son engagement antinazi le conduisit à porter l'uniforme et à combattre contre son propre pays natal. Un exemple à méditer et à suivre pour faire contrepoids à l'imbécile dicton anglo-saxon: «*Right or wrong, my country.*»

Le principe responsabilité

Le grand œuvre de Jonas, *Le Principe responsabilité*, constitue la première tentative philosophique d'envergure (trente ans après, elle reste la seule, c'est dire si les philosophes sont conscients de leur monde...) pour penser la situation actuelle de l'homme marquée par une inédite vulnérabilité. La puissance technique désormais acquise par l'homme met celui-ci en mesure de bouleverser toutes les conditions qui jusqu'à une date récente étaient encore considérées comme éternelles. L'environnement – totalement négligé par la science économique – et l'être humain lui-même peuvent, pour la première fois de l'histoire, être radicalement mis en question par l'action de l'homme même.

C'est Hans Jonas qui a le premier théorisé le principe de précaution : devant une menace globale, qui risquerait d'anéantir le cadre de vie ou la nature présente de l'homme, il est nécessaire de s'abstenir de faire ce qu'il serait techniquement possible de faire.

Le principe de précaution a connu un tel succès médiatique qu'il a été ensuite utilisé à tort et à travers par des politiques désireux de persuader leurs derniers électeurs de l'infinie sollicitude qu'ils ont pour eux. Ainsi a-t-on parlé de principe de précaution à propos de la vache folle ou de la canicule comme si le terme de prudence ne suffisait pas amplement. Rappelons donc que, pour garder tout son sens, le principe de précaution ne doit être invoqué que là où l'existence collective de l'humanité est en jeu.

L'heuristique de la peur

S'inspirant d'une idée de Hobbes, qui, au lieu de chercher les conditions du régime idéal en matière politique, détermina tout d'abord ce qu'un ordre politique devait éliminer en priorité (la réponse du philosophe anglais fut : la peur d'être tué), Jonas dit que c'est au moment du plus grand péril que nous pouvons savoir ce qui est pour nous le plus important. Or, aujourd'hui, le milieu naturel et l'intégrité physique de l'être humain sont menacés : la pollution risque de détruire l'environnement et les biotechnologies risquent de bouleverser l'être humain (Jonas fut le premier philosophe à évoquer le clonage, à l'époque où personne n'en parlait encore). Loin d'être cette émotion aveugle et irrationnelle qui inhibe ou rend fou, la peur peut être, contrairement à ce qu'affirme le dicton, bonne conseillère.

La nécessité d'une nouvelle morale

La morale classique, celle religieuse du christianisme ou celle philosophique de Kant, était une morale du *prochain :* elle concernait ici et maintenant l'action qui engageait autrui avec l'agent. Or, la puissance technique de l'homme moderne fait désormais sentir ses effets très loin dans l'espace (à l'autre bout de la terre ou l'atmosphère entière pour un accident nucléaire, par exemple) et très loin dans le temps (des déchets peuvent rester radioactifs durant des centaines de milliers d'années) et, de plus, elle peut toucher des hommes qui n'existent pas encore et dont on ne peut même pas avoir idée. D'où la nécessité de repenser la responsabilité. Pour la première fois dans l'Histoire, l'homme peut accomplir des actions dont les effets échappent presque totalement à sa connaissance.

Le monde partagé entre universalisme et différentialisme

Le XXe siècle aura assisté à l'effondrement théorique des deux universels sur lesquels la pensée philosophique reposait depuis vingt-cinq siècles : l'universel de la vérité et l'universel du bien. Scepticisme du côté de la théorie, relativisme du côté de la pratique. Les deux guerres mondiales avec ces traumatismes absolus que représentent Auschwitz et Hiroshima – la possibilité d'une destruction physique totale de l'humanité – ont évidemment accentué ces tendances, d'autant que plus d'un penseur a cru voir dans la raison prétendument universelle la responsable de ces drames irréparables.

L'individualisme en mouvement depuis la Renaissance n'a cessé de gagner tous les secteurs de la vie humaine et toutes les sociétés du monde. Identifié à la valeur de liberté, il ne pouvait que cultiver la différence au nom de l'identité et rejeter l'universel au nom du particulier.

La différence aura été l'un des grands mots (maux?) de ce dernier demi-siècle. Différence irréductible, inexplicable – dans l'oubli de ce que le monde pouvait encore, malgré les drames, avoir de *commun*. Ce n'est pas que le commun ait disparu mais il n'est plus communiste, c'est-à-dire mondial, il est communautariste. « Entre nous » remplace « nous tous ».

Dans *Le Différend*, Jean-François Lyotard montre qu'entre les parties au tribunal il ne saurait y avoir de langage commun. Les traducteurs, de plus en plus idéologues et de moins en moins écrivains, *creusent les différences* (une expression qu'ils chérissent) pour finir par avouer qu'un texte en fait ne saurait être traduit. Avant eux, seuls des religieux croyaient cela (une langue sacrée comme l'arabe d'Allah ne saurait être traduite). Les sciences humaines qui l'ont été de moins en moins (humaines) ont renchéri: chaque culture est un monde opaque aux autres. Terrible défaite de la raison, qui croyait pouvoir tout expliquer, à défaut de pouvoir tout comprendre.

La politique de la reconnaissance

Le Canadien Charles Taylor est le principal théoricien de cette « politique de la reconnaissance », qui est au cœur de la conception et de la pratique du communautarisme.

D'après cette théorie, les différences culturelles représentent une expression essentielle de la dignité humaine. Lorsqu'un État, au nom de l'unité de la nation ou de la république (comme en France) entrave ou interdit la liberté des croyances et des coutumes traditionnelles, il commet une injustice majeure. La reconnaissance des différences culturelles est, aux yeux des communautariens, aussi importante que l'égalité des droits économiques et sociaux.

Le différentialisme aujourd'hui s'est déporté de la race et de la classe (points de vue plombés par les totalitarismes) à la culture et au *genre*. Il n'y a plus d'hommes, mais des Chinois et des Espagnols ; il n'y a plus d'hommes, mais des hommes et des femmes. Or, le contexte de cela, c'est un puissant mouvement de mondialisation et d'uniformisation. La philosophie peut-elle encore nous aider à le comprendre ?

Chapitre 19
Mort et transfiguration : la philosophie au XXIe siècle

Dans ce chapitre :
- Champ de ruines ou bien chantier ?
- Les directions possibles de la pensée philosophique future

Inventaire avant travaux

Les maux de la fin, les mots de la fin

Depuis un bon siècle, les philosophes ont annoncé des fins plutôt que des commencements. Les soubresauts violents de l'Histoire y ont puissamment aidé : ont été tour à tour proclamées la fin de l'histoire, la mort de l'art, la fin des idéaux, la fin des idéologies, la mort de Dieu, la fin du sujet, la mort de l'homme, la fin de l'humanité (par un homonyme qui n'est autre que moi-même). Bref, la fin des haricots, la fin de tout. Pourtant, ça continue de tous côtés. Il y a encore des œuvres, des actions et des événements. Il y a encore des idées et des livres. Il n'y en a même jamais eu autant !

Paysage après la bataille

Dans le paysage laissé vide par la disparition des grands systèmes, la philosophie a eu tendance à se porter vers l'une de ces trois directions pour tenter de survivre à sa crise.

D'un côté, elle s'est diluée dans les idées vagues d'un humanisme bon teint. Cette tendance, qui est largement représentée en France et en Allemagne, marque, contre « l'esprit de 1968 », un retour à la morale et aux droits de l'homme. Seulement, vouée à répéter sur le mode incantatoire ce que tout le monde sait d'avance (il vaut mieux être gentil que méchant, il n'y a rien de tel que la démocratie malgré tous ses défauts, le bonheur est dans le pré…), cette façon de penser est la moins inventive de toutes ; ceux qui s'y adonnent méritent à peine le nom de philosophes.

La deuxième façon par laquelle la philosophie actuelle tente d'échapper au « désert qui croît » (l'expression est de Nietzsche) est, à l'inverse de l'humanisme, la position cynique. Cette manière de faire est aujourd'hui représentée par des auteurs (par ailleurs différents) comme le Slovène Slavoj Zizek ou l'Allemand Peter Sloterdijk (auteur d'un ouvrage intitulé *Critique de la raison cynique*).

Le terme de cynisme est très équivoque. Il recouvre au moins trois réalités. Il désigne d'abord une école philosophique grecque dont Diogène était le plus illustre représentant. Il désigne ensuite l'attitude des riches et des puissants du jour qui méprisent la loi commune et le peuple (qu'ils flattent à l'occasion) et qui bénéficient généralement, grâce à leur position de pouvoir et d'influence, de la plus parfaite impunité (les couloirs des ministères, les studios de télévision et les salles de réunion dans les entreprises sont pleins de ces gens-là). Et puis, il y a un cynisme philosophique contemporain, aussi différent du cynisme philosophique ancien que du cynisme pratique, et que l'on pourrait appeler un « néocynisme ». Il maintient une position également critique vis-à-vis de l'ordre social et économique et vis-à-vis de la morale et du droit des bons sentiments.

Enfin, la troisième façon dont la philosophie tâche de ne pas mourir consiste pour elle à se réfugier dans les petites choses de la vie quotidienne ou bien dans les questions ultraspécialisées dont on est sûr à l'avance qu'elles ne seront occupées par personne.

> ### Chercheur de petite bête
>
> On appelle *micrologie* l'étude et l'écriture des petites choses (qui peuvent par ailleurs déboucher sur de grandes questions). Dans *Ainsi parlait Zarathoustra*, Nietzsche évoque un étrange personnage, «l'homme à la sangsue». Cet homme est un savant, un grand, un très grand spécialiste. Toute sa vie, il a étudié le «cerveau de la sangsue» – personne au monde ne connaît mieux que lui le cerveau de la sangsue. Ainsi est-il très fier de sa compétence.

« La pensée faible »

L'expression a été utilisée et diffusée par le philosophe italien Gianni Vattimo. Elle renvoie à la modestie assumée d'une philosophie qui a pris acte de l'impossibilité pour la raison de comprendre et de connaître la réalité en sa totalité. Elle a également fait son deuil d'un sens unique et nécessaire de l'Histoire – une conception qui avait été défendue par le marxisme. Dans ce contexte dit *postmoderne*, la philosophie doit renoncer au ton grand seigneur qui fut le sien traditionnellement. Elle doit désormais s'efforcer de comprendre par bribes le monde, sans arrogance ni agressivité. Le monde n'est pas comme un tableau étalé devant elle et dont il faudrait dire la vérité définitive, mais un événement dont il convient de recueillir la trace par une attitude particulière d'accueil que Vattimo appelle piété.

Un précurseur : Vladimir Jankélévitch

En un temps où le marxisme et le structuralisme dominaient la scène philosophique en France, Vladimir Jankélévitch maintenait une tradition de pensée moraliste et littéraire. Son attention aux phénomènes les plus imperceptibles de l'existence – désignés par les expressions génériques de « je-ne-sais-quoi » et de « presque rien » – fait de lui le précurseur de ces analyses « micrologiques » dans lesquelles s'illustrent aujourd'hui un certain nombre de philosophes.

Les amis, étudiants ou téléspectateurs se souviendront jusqu'à leur mort de cet homme agile comme le vif-argent qui parlait d'une voix haut perchée et dont l'œil était invariablement caché par une longue mèche blanche sans arrêt relevée. Une philosophie, ce n'est pas seulement une pensée, mais aussi un style. Tout le monde savait cela dans l'Antiquité, mais la leçon avait été quelque peu oubliée.

La mondialisation de la philosophie

La mondialisation n'est pas seulement une affaire de banquier. Il ne faudrait tout de même pas oublier qu'elle a commencé avec la philosophie, il y a longtemps, dans la Grèce ancienne. Ce qui est nouveau aujourd'hui, c'est la dispersion géographique et culturelle des philosophes : de même qu'un athlète des Philippines ou du Zimbabwe peut aujourd'hui gagner une médaille d'or à une épreuve des jeux Olympiques (encore naguère dominés par une petite poignée de pays), des philosophes travaillent actuellement un peu partout dans le monde. On ne les connaît pas encore car, le plus souvent, on ne les traduit pas, mais toujours est-il qu'ils existent.

Internet, à la fois vecteur et signe d'une mondialisation qui ne fait que naître, donne à la philosophie une existence publique qu'elle n'avait jamais eue auparavant. Des milliers de bloggers anonymes lancent des idées dans cet océan de signes, se réunissent en forums de discussion, échangent leurs arguments. Jamais dans toute l'histoire passée on n'aura autant philosophé qu'aujourd'hui.

Chapitre 19 : Mort et transfiguration : la philosophie au XXIᵉ siècle

---

Philosophes ou essayistes ?

La philosophie est partout, dans les cafés et dans les lycées, chez soi et dans la rue. Pourtant, ce n'est pas parce que l'on philosophe que l'on est nécessairement philosophe. Encore faut-il pour cela constituer une œuvre novatrice, c'est-à-dire inventer des concepts susceptibles de donner un sens nouveau aux choses. C'est ainsi qu'on appelle un peu vite « philosophes » des essayistes parfois très talentueux (on pense à Bernard-Henri Lévy, André Glucksmann, Alain Finkielkraut, Pascal Bruckner, André Comte-Sponville, Michel Onfray…), mais qui ne font souvent que transmettre des idées énoncées avant eux ou en dehors d'eux.

La philosophie est aussi dans la rue

Si l'histoire de la discipline nous enseigne quelque chose, c'est que cette pratique que l'on appelle philosophie depuis Pythagore a été exercée de manière si diverse, si contradictoire (on peut faire de la philosophie en prophète, en savant, en poète, en écrivain, en professeur, en amateur, en rêveur, en provocateur, en politique…) qu'aucune modalité ne peut *a priori* être décrétée impossible. C'est probablement en cela que la philosophie se différencie nettement des sciences et des techniques.

Donc, ils sont bien drôles, ces censeurs qui haussent les épaules dans un mouvement de mépris agacé lorsqu'ils entendent parler des cafés philo – comme si la répétition des mots de Plotin, qui résonne (raisonne ?) encore dans les amphithéâtres des facultés était la seule façon de philosopher !

Les cinq sphères de la philosophie

Vue de l'extérieur, la philosophie apparaît comme une espèce de monde unifié. Et les philosophes eux-mêmes colportent volontiers cette légende lorsqu'ils se sentent en danger : rien de tel qu'une menace, réelle ou supposée, pour resserrer les rangs. En réalité, la philosophie est dispersée en cinq lieux principaux, qui ont ménagé peu de passages les uns avec les autres :

- **Les classes de terminales de lycée :** pour l'immense majorité des gens, c'est la seule occasion de contact avec la philosophie.

- **L'université :** la philosophie s'y transmet en vase clos et hermétique, la plupart des professeurs se prennent encore pour les grands prêtres d'un culte qui réunit de moins en moins de fidèles.

- **Les médias :** ils sont fréquentés par ceux que le grand public appelle « philosophes », car pour eux, la philosophie est d'abord incarnée par ces personnages publics.

- **L'espace public des cafés philo et des salles de conférence :** la philosophie s'y pratique de manière libre et quelque peu sauvage.

- **Le bureau de quelques dizaines de philosophes :** ceux-ci exercent une activité de recherche et d'écriture et, dans le meilleur des cas, parviennent à publier des ouvrages qui ne seront lus que par quelques centaines de lecteurs.

La pensée essaie de sauver sa peau

Extraordinaire paradoxe : les philosophes ont presque toujours défini l'homme par la pensée (l'homme est un animal pensant, l'animal ne pense pas). Or, c'est probablement la part « animale » de l'homme qui est la plus humaine. On a fabriqué des machines qui calculent, déduisent, comparent, bref qui pensent. Le jeu d'échecs, unanimement considéré comme un pur exercice d'intelligence, peut aujourd'hui être plus efficacement conduit par un ordinateur que par un cerveau. Quant au calcul, n'en parlons pas. Si la pensée peut être accomplie par une machine, qu'est-ce qui est humain, et rien qu'humain ? Le sentiment ? Le sexe ? Nous voici déportés vers l'animal.

Esprit, es-tu là ?

La distinction du corps et de l'esprit fait partie des évidences communes. Le droit pénal établit la séparation de la violence physique et de la cruauté mentale. Par ailleurs, Victor Hugo dit que Beethoven est la meilleure preuve de l'existence de l'âme : sourd dans ses oreilles de chair, Beethoven entendait encore sa musique.

Autre angle de vue : qu'est-ce qui fait avancer une voiture ? Le moteur ou la volonté du conducteur ? Les deux évidemment. Tout en étant situées sur des plans différents, la cause matérielle et la motivation humaine concourent au même but. Ni le moteur seul, ni la volonté seule ne pourrait faire rouler la voiture. Les rapports du corps et de l'esprit peuvent être compris sous ce modèle.

Influence du corps sur l'esprit ? Nietzsche dit du pessimisme qu'il est une question de digestion. La maladie, le vieillissement sont de formidables coups de butoir que notre corps, ce bélier, frappe contre les portes de notre âme. Combien croient penser, qui ne font que traduire l'état de leurs glandes ou de leurs nerfs ! Dans le gain de force ou dans l'affaiblissement, toute partie du corps vaut pour tout le reste : la calvitie naissante serait mieux vécue si elle ne symbolisait, pour celui qui la subit, la castration.

Inversement, le pouvoir que notre psychisme peut exercer sur notre corps ne paraît pas moins grand. En témoigne le placebo : ce remède n'est pas un médicament, il ne contient aucun principe chimique actif, mais du fait qu'il est absorbé avec l'idée qu'il est un médicament, il possède un taux d'efficacité non négligeable (un tiers, en France, en moyenne). Avec le placebo, c'est l'idée du soulagement qui soulage, l'idée de guérir qui guérit. Spinoza interrogeait : qui sait ce que peut un corps ? Nous interrogeons : qui sait ce que peut une pensée ?

Le mind-body problem

Trois philosophes britanniques s'entretiennent: « *What is mind?* demande le matérialiste.
– *No matter*, répond l'idéaliste.
– *What is matter?* réplique le matérialiste.
– *Never mind* », répond l'idéaliste.

Pour dire « qu'est-ce qu'il y a? », « de quoi s'agit-il? », l'anglais dit « quel est l'esprit? » ou « quelle est la matière? », indifféremment. Pour dire « rien », « cela n'a pas d'importance », l'anglais dit « pas de matière » ou « jamais d'esprit », indifféremment.

Au-delà du dualisme

Les rapports entre l'esprit et le corps (le cerveau) posent aujourd'hui autant de problèmes aux chercheurs qu'aux philosophes du XVIIe siècle. Les grandes options sont analogues : à côté des *réductionnistes* qui entendent tout réduire à un facteur dominant (le cerveau ou l'esprit), il y a les *dualistes* qui accordent autant de réalité et d'importance au corps qu'à l'esprit, autant d'importance et de réalité à l'esprit qu'au corps. Pour le neurobiologiste américain Antonio Damasio, par exemple, c'est Spinoza qui a raison contre Descartes. Ainsi la philosophe américaine Patricia Churchland a-t-elle forgé le terme de *neurophilosophie* pour désigner la philosophie de l'esprit qui prend appui sur les découvertes et recherches des neurosciences.

Il y a bien des voies pour échapper au dilemme dans lequel nous plonge cette question des rapports entre le psychisme et le corporel. On peut, par exemple, concevoir l'esprit comme ce qui émerge à partir du cerveau sans se confondre avec lui. On parle en ce cas de *survenance*. Le « monisme anomal » de Richard Dworkin est ainsi une théorie de la survenance : tous les événements mentaux ne sont pas réductibles à des événements physiques, ils surviennent à partir d'eux à la manière dont, par exemple, un style architectural émerge à partir d'un matériau auquel pourtant il ne saurait être assimilé.

Chapitre 19: Mort et transfiguration: la philosophie au XXIe siècle

Dans les sciences de l'esprit, le *fonctionnalisme* est le point de vue défendu par Hilary Putnam et Jerry A. Fodor et qui, rejetant aussi bien le *monisme* (il n'y a qu'une seule réalité : le corps ou l'esprit) que le *dualisme* se définit comme un matérialisme non réductionniste : il existe selon lui une identité occasionnelle entre les états mentaux et les états physiques. Fondée sur la distinction bien connue en informatique entre le *hardware* (le matériel) et le *software* (le logiciel), cette conception pose que la psychologie d'un système ne dépend pas de la matière qui la constitue mais de la manière dont il est assemblé.

Sommes-nous des machines ?

On appelle *cognitivisme* la conception selon laquelle les fonctions mentales sont analogues au fonctionnement d'un ordinateur et peuvent par conséquent être adéquatement traduites par lui. Le *connexionnisme*, lui, désigne la théorie selon laquelle il est possible de reproduire la pensée par des machines : de même que les réseaux de neurones (les cellules nerveuses qui, dans le cerveau, sont le support organique de la pensée) permettent l'apparition de complexités nouvelles, de même le travail dit massivement parallèle des ordinateurs mis en réseau démultiplie la puissance de leurs calculs.

Les spécialistes de philosophie analytique et des neurosciences ne sont pas très connus pour avoir développé une conception ludique de la philosophie. On trouve pourtant chez eux nombre d'images frappantes destinées à faire comprendre leurs conceptions les plus profondes.

Le fantôme dans la machine

Pour Gilbert Ryle, la séparation établie par Descartes entre un corps matériel et une âme immatérielle aboutit à une fiction – celle du « fantôme dans la machine ». Il n'existe pas une âme ou un esprit qui serait autre chose que le nom commun utilisé pour désigner l'ensemble des opérations déterminées (avoir une intention, éprouver une émotion, comparer des idées...). Descartes et ceux qui l'ont suivi ne font ainsi que commettre une erreur de catégorie.

Pour illustrer ce que peut représenter une erreur de catégorie, Gilbert Ryle imagine la scène suivante. Vous séjournez à Oxford, en Angleterre. Un de vos amis vient vous voir et vous demande à visiter l'université, célèbre dans le monde entier. Vous lui montrez alors les différents bâtiments divisés en départements avec leurs locaux administratifs, les salles de cours et les laboratoires, les gymnases, les campus… À la fin de la visite, votre ami, déçu, vous interpelle presque sur un ton de reproche : « C'est bien, j'ai vu des constructions et des terrains, mais où est l'université d'Oxford ? » À cette désarmante question, Gilbert Ryle donne la réponse : il faudra expliquer à l'ami, à la fois trop matérialiste et trop idéaliste, que l'université n'est pas dans un lieu différent de tout ce qui la constitue mais qu'elle est la façon dont ce qu'il a vu d'elle est organisé.

L'erreur de catégorie consiste à supposer pour un ensemble une réalité indépendante de celle de ses éléments constituants. Descartes comme le brave visiteur de l'université d'Oxford commet une erreur de catégorie : le philosophe classique suppose que, à l'origine des pensées, des émotions, des passions, il y a une réalité active qu'il appelle l'âme ; le visiteur d'Oxford suppose que, en dehors des différents bâtiments et terrains, il existe une entité qui serait la « vraie » université. L'esprit, selon Ryle, n'existe pas à part de ses manifestations, de même que l'esprit d'équipe n'existe pas en dehors de l'équipe. Seulement, ce n'est pas dans chacun des membres de l'équipe que l'on pourra espérer trouver l'esprit d'équipe, justement.

Le sophisme de l'homoncule

Ce raisonnement circulaire consiste à expliquer une fonction mentale comme si dans notre cerveau un petit homme (homoncule) faisait tout le boulot. Or, pour expliquer le travail de l'homoncule, il faudrait lui supposer à son tour une faculté : il y aurait un homoncule dans l'homoncule, et ainsi de suite. Il n'y a pas de raison pour que la série des homoncules emboîtés les uns dans les autres à la manière de poupées russes s'arrête quelque part.

Le philosophe américain Daniel Dennet a objecté qu'on pouvait sauver l'idée à condition que les homoncules accomplissent des tâches de plus en plus idiotes.

Le cerveau dans la cuve

De célèbres expériences de pensée illustrent la difficulté qu'il y a à se représenter l'esprit et son fonctionnement. Celle du cerveau dans la cuve a été présentée par le philosophe américain Hilary Putman. Imaginons que nous ne soyons qu'un cerveau en suspension dans une cuve remplie d'un liquide nutritif et relié à un ordinateur émettant tous les signaux sensoriels que le monde est susceptible d'envoyer. Quelle raison valable aurions-nous de croire que nous ne sommes pas actuellement ce cerveau dans une cuve ?

La chambre chinoise

Autre expérience de pensée, la chambre chinoise a été conçue par un autre philosophe américain, John Searle, pour réfuter la version dure du cognitivisme telle qu'elle a pu être défendue par l'hypothèse de la machine de Turing (voir plus loin). Searle suppose qu'il est enfermé dans une chambre noire et qu'il peut communiquer avec l'extérieur par l'intermédiaire d'un clavier doté de caractères chinois. Il ne connaît pas le chinois, mais il dispose d'instructions appropriées qui lui indiquent la suite d'idéogrammes à fournir en réponse à telle ou telle question, également faite en chinois. Si les instructions sont correctement établies, il pourra répondre avec justesse aux questions posées sans même avoir jamais compris quoi que ce soit. Tout ce qu'il aura fait, c'est manipuler des symboles qui n'auront eu pour lui aucune signification.

Un ordinateur, observe Searle, se trouve dans la même situation : il ne dispose que de symboles et de règles régissant leur manipulation. Searle rappelle ainsi que si le cerveau est un mécanisme, c'est un mécanisme qui a la propriété extraordinaire de produire de la conscience, alors que l'ordinateur ne produit rien, si ce n'est l'état dérivé de l'exécution du programme en cours. Quant à la question de savoir si le cerveau est intrinsèquement un ordinateur, elle paraît absurde, car rien n'est intrinsèquement un ordinateur si ce n'est un être conscient qui fait des computations.

L'intelligence est partout !

On appelle intelligence artificielle (IA par abréviation, AI en anglais) le champ de recherches théoriques et d'applications techniques consacrées à l'étude et à la fabrication de programmes informatiques traitant d'informations d'une manière qui semble analogue au travail de l'intelligence humaine. L'adjectif « intelligent » est aujourd'hui couramment utilisé lorsque des programmes informatiques sont en jeu (on parle d'« armes intelligentes », de « maisons intelligentes », de « vêtements intelligents », etc.).

La société existe encore !

Hölderlin avait prévenu il y a deux siècles : ce qui a fait de l'État un enfer, c'est que l'homme a voulu en faire un paradis. Après l'effondrement historique du communisme, celui qui s'aviserait de vouloir changer la société, ou pire, fonder une société idéale serait immédiatement (et peut-être à juste titre) soupçonné de connivence totalitaire. La société, ainsi, est redevenue, après une courte parenthèse de quelques siècles, ce qu'elle a toujours été : une donnée de fait, au même titre qu'un phénomène de la nature.

Pendant ce temps, avec la mort des derniers dinosaures (Pierre Bourdieu par exemple), la sociologie a repris sa petite musique d'accompagnement : un sociologue aujourd'hui est un spécialiste qui confirme à quel point les gens ont raison de se comporter comme ils le font. Qui prétendra dès lors qu'il n'y a plus là matière à pensée pour la philosophie ?

> ## Trouble dans le genre
>
> C'est le titre d'un ouvrage de l'Américaine Judith Butler, la principale représentante de ce que l'on appelle aux États-Unis les *gender studies*, les « études de genre ». Le *genre* est une façon de dire le sexe en lui retirant toute sa dimension organique et naturelle. Il condense à lui seul toute une théorie : la division des sexes n'aurait rien de physique, elle est une construction sociale, culturelle, destinée à légitimer et à faire perdurer la domination masculine sur les femmes.
>
> Les spécialistes des *gender studies*, qui ont proliféré sur les campus américains, accordent évidemment une attention particulièrement soutenue à tout ce qui peut transgresser le rapport traditionnel hommes/femmes, l'homosexualité et la transsexualité, en particulier. Le mouvement *queer* (le mot signifie « bizarre » en anglais) milite pour l'abolition de l'hétérosexualité stable et l'émergence d'identités sexuelles à la fois multiples, éclatées et provisoires.

La fin de l'Histoire ?

Francis Fukuyama avait fait quelque bruit, il y a une quinzaine d'années, lorsque, reprenant l'expression qu'Alexandre Kojève avait forgée pour traduire la pensée de Hegel, il avait fait état de la fin de l'Histoire. Après l'écroulement du mur de Berlin, l'économie de marché et la démocratie parlementaire n'avaient plus d'ennemis. Un ordre universel s'établit désormais sur la terre. Hegel avait en effet déjà énoncé cette idée difficilement réfutable : que peut-on vouloir au-delà de la liberté universelle ?

Or, il existe ce négatif de taille : il n'est pas impossible que la pulsion de mort finisse par l'emporter. L'homme est loin d'avoir encore tout inventé en matière de pire et, là aussi, il serait étrange, plus qu'étrange, que la philosophie restât indéfiniment muette. Nous sommes à une époque paradoxale où la vérité devient relative et le mal, absolu.

> ## La fin d'un grand récit : Herbert Spencer
>
> Aujourd'hui oublié, Herbert Spencer fut au XIXe siècle l'un des philosophes les plus influents. Sa pensée synthétise le progressisme des Lumières et l'évolutionnisme de Darwin : ainsi l'Histoire et la Nature sont-elles prises dans un mouvement parallèle et convergent : le progrès est une évolution et l'évolution, un progrès. Plus personne aujourd'hui ne croit à cela. D'une part, l'évolution des espèces vivantes nous semble appartenir à un monde tout autre que celui de l'Histoire. D'autre part, nous ne croyons plus au progrès comme à une loi unique nécessaire de l'Histoire. C'est cela que Jean-François Lyotard appelait la fin des grands récits.

Le caractère globalement contradictoire ou indéchiffrable de l'actuelle mondialisation constitue, pour une philosophie qui voudrait se connecter avec le réel présent, un défi de taille. Les tendances à l'unification, repérables aussi bien au niveau du droit international qu'à celui des échanges financiers et économiques, sont contrebalancées par des tendances inverses à la dispersion et à la dissociation. Il est tout aussi aisé d'argumenter en faveur de la thèse du « choc des civilisations » défendue par Samuel Huntington que pour la thèse inverse d'une uniformisation et d'une pacification à terme : en effet, pour qu'il y ait « choc des civilisations », encore faudrait-il qu'il y ait encore des « civilisations »...

L'autre grande inconnue en ce début de siècle touche la nature de l'hyperterrorisme : l'islamisme représente-t-il une idéologie ou bien n'est-il que le masque d'un nihilisme destructeur et autodestructeur ? Ce phénomène s'est-il installé pour longtemps dans les affaires internationales ou bien, à l'inverse, ne s'agit-il que d'une crise passagère qui, comme le terrorisme anarchiste de la fin du XIXe siècle en France, ne marquera pas durablement l'histoire ?

Et Dieu dans tout ça ?

Une inscription loufoque de mai 1968 : « Dieu est mort. Signé Nietzsche. Nietzsche est mort. Signé Dieu. » On nous en aura parlé, du retour du religieux ! On aura même prêté à Malraux cette phrase idiote (preuve qu'elle n'est pas de lui) : « Le XXIe siècle sera religieux ou il ne sera pas. »

Un personnage de Dostoïevski disait : « Si Dieu n'existe pas, tout est permis. » Nombre d'auteurs ont vu dans cette phrase le condensé du nihilisme contemporain. Vieille crainte : déjà au XVIIe siècle, on jugeait impossible une société d'athées – et ceux qui la craignaient prévoyaient une société d'assassins. Aujourd'hui, force est de constater que l'on continue à beaucoup égorger au nom du Dieu clément et miséricordieux. Mais cela change-t-il quelque chose au diagnostic de Nietzsche ?

Dieu est mort. Mort et enterré, bel et bien. Aucune des valeurs dominantes de notre civilisation mondiale (utilité, performance, vitesse, efficacité, exactitude, précision…) n'est religieuse. On dit les Américains profondément religieux mais y a-t-il parmi eux un seul banquier fervent chrétien qui accepterait d'être remboursé dans l'au-delà ? Y a-t-il un cinéma de l'âme ? On n'y voit que des corps ! Les confessions de la télévision ont-elles quelque chose à voir avec ce que l'on appelait de ce mot naguère ? Y a-t-il une dimension sacrée dans le rap ? On n'y entend que des imprécations. Le monde mondialisé est athée, foncièrement, tranquillement athée, et c'est justement cela qui fait enrager les fous d'Allah. Puisque la partie est désormais perdue pour eux, reste à détruire l'échiquier. Là encore, la philosophie n'aurait-elle rien à offrir, ne serait-ce qu'une certaine résistance ?

L'homme en question

L'être humain s'est défini traditionnellement par opposition à Dieu et par opposition à l'animal. Puisque Dieu a été exclu du jeu et que l'animal a été reconnu comme un frère, un troisième pôle a émergé : la machine. CH Turner a observé que ceux qui se prennent pour des machines sont des fous, alors que ceux qui disent que l'homme est une machine sont considérés comme de grands savants.

Le mathématicien anglais Alan Turing a conçu une expérience de pensée susceptible d'éclairer le rapport entre homme et machine. Son hypothèse était que toutes les opérations de la pensée peuvent être effectuées par une machine. Dès lors, il serait possible de construire une machine dont les opérations seraient identiques (et non pas seulement analogues) à celles de la pensée humaine. On appelle *test de Turing* le test susceptible de déterminer si une machine est intelligente ou pas. Un homme pose des questions diverses par téléscripteur et il reçoit par le même moyen, de la pièce contiguë, des réponses dont il ne sait si elles viennent d'un autre homme ou d'une machine. Turing considérait que si, dans au moins la moitié des cas, le juge est incapable de distinguer les réponses humaines des réponses mécaniques, alors la machine qui a fourni ces réponses peut être considérée comme intelligente.

La pomme d'Alan

Génie mathématique, décrypteur de la machine Enigma qui codait durant la Seconde Guerre mondiale les messages secrets des autorités allemandes, Alan Turing est le principal initiateur des travaux qui débouchèrent, à partir de la fin des années 1940, sur l'informatique et la construction des ordinateurs. Terrorisé par un « jury d'honneur » (ignominie équivalente à celle des prétendus « crimes d'honneur ») qui le menaçait de révéler publiquement son homosexualité, Alan Turing s'est suicidé en 1954, à l'âge de 42 ans en mangeant une pomme trempée dans le cyanure. La pomme croquée, qui est devenue le logo d'Apple, fait référence à cet événement à la fois pathétique et honteux, et non pas, comme le croient un certain nombre de gens, au péché d'Adam et Ève.

La crise psychologique de l'homme moderne est plus grave encore que la crise morale (après tout, l'homme moderne n'est pas foncièrement pire que son ancêtre, il dispose seulement de moyens autrement terribles pour exercer sa bêtise et sa méchanceté). De plus en plus d'hommes sont en état de souffrance psychique et, selon toute vraisemblance, les choses ne feront que s'aggraver. Face à ce défi, la pharmacie semble l'avoir définitivement emporté sur la psychanalyse: entre le comprimé que l'on avale et les paroles que l'on débite, il n'y a pas de commune mesure.

L'homme est fatigué et il a de moins en moins envie que les choses continuent. En dehors de toute apocalypse possible, la succession indéfinie des générations ne peut désormais plus être considérée comme assurée. Aussi l'homme se prend-il à rêver d'une sortie qui ne serait pas une échappée illusoire vers le haut de la transcendance (les croyances religieuses). Les sciences et techniques font miroiter l'espoir d'un *posthumain* qui serait à nous ce que nous sommes au singe. Déjà les sportifs, drogués jusqu'à la moelle des os, et les actrices, remodelées des lèvres aux fesses par la chirurgie, nous montrent la voie à suivre: l'être humain tel qu'il est n'a plus de raisons de s'aimer assez pour continuer à vivre indéfiniment ainsi.

Le passé n'est plus source d'admiration (les génies, les héros et les saints ne sont déjà plus de notre monde) mais de récrimination. L'homme qui est mort n'est pas celui dont Foucault exhibait avec délices le certificat de décès à la fin de *Les Mots et les Choses* (une certaine idée d'homme forgée par les sciences humaines depuis deux siècles); non, l'homme qui est mort est peut-être cette réalité physique qui occupe la planète Terre depuis un certain nombre de millénaires et qui s'apprête à abandonner définitivement la partie.

Maintenant, chers Nuls, qui parmi vous oserait encore prétendre que la philosophie est terminée? À vos claviers! Le réel ne cesse pas de se modifier et de se créer sous nos yeux. Tous, à vos pensées! Le travail est loin d'être fini, et il y a peut-être urgence!

Quatrième partie
Partie des dix

Dans cette partie...

Nous aborderons dix grandes questions présentes au carrefour de la pensée contemporaine.

Chapitre 20
Dix grandes questions

Dans ce chapitre :
- Les carrefours de la pensée : choisir sa route
- L'éternel combat entre l'homme et Dieu

Sur la nature de la réalité ou sur l'homme, sur l'origine du langage ou sur celle de la société, sur la vérité ou sur le bien, les débats qui ont agité les philosophes se sont présentés sous la forme de grandes alternatives. Parfois, un parti du centre s'insérait entre les adversaires. Philosopher, ce n'est pas tant choisir son camp que de savoir d'abord en quoi ont consisté ces questions, dont la plupart, comme vous le verrez, n'ont rien perdu de leur acuité.

Le monde existe-t-il en dehors de nous ?

La question semble loufoque. Pourtant, plusieurs traditions de pensée, en Inde et en Europe, ont remis en question l'évidence naturelle de l'existence du monde. Comment une telle chose est-elle possible ?

Spontanément, nous croyons à l'existence des objets et des êtres qui nous entourent. Par exemple, lorsque vous vous pointez à votre travail, le lundi matin, ou bien dans un bureau de recrutement, vous croyez spontanément à l'existence de tout ce que vous voyez – les menus objets comme les personnages les plus importants, les rues de la ville et tous leurs décors.

On appelle *réalisme* le point de vue selon lequel le monde existe en dehors de nous, c'est-à-dire indépendamment de notre pensée. Le réalisme permet de faire une distinction tranchée entre la perception et l'imagination : lorsque j'imagine par la rêverie ou dans le rêve que je suis devenu le champion du monde du saut en hauteur, cette représentation n'appartient pas au monde de la réalité. La preuve, c'est qu'elle est destinée à rester à usage personnel : si je dis, sur la foi d'un rêve ou d'un fantasme, que je suis le meilleur sauteur en hauteur du monde, personne ne me croira.

On distingue en outre le *réalisme naïf* ou *empirique* et le *réalisme scientifique*. Le premier correspond à l'attitude spontanée que nous avons vis-à-vis du monde : nous faisons globalement confiance aux choses, nous savons que si la clé ne se trouve plus à l'endroit où nous l'avons mise, c'est que nous l'avons égarée ; nous ne croirons pas que cette clé a disparu d'elle-même, ou qu'elle n'est qu'une simple image de notre esprit. Le réalisme scientifique, de son côté, sait faire la différence entre les apparences et la réalité objective : l'image du Soleil par exemple, qui est une apparence qui frappe nos yeux, n'est pas la même chose que le Soleil réel qui est distant de 150 millions de kilomètres en moyenne de la Terre. On ne dira pas, par conséquent, que le Soleil est un petit rond jaune orange ou blanc qui a quelques centimètres de diamètre et qui grossit quand il tombe sur la ligne d'horizon.

Ainsi, lorsque Le Verrier a découvert, au milieu du XIXe siècle, la planète Neptune, il n'a pas cru que l'existence de cette planète dépendait de lui : il était clair pour lui, comme pour la quasi-totalité des scientifiques, que cette planète, même sans nom, existait avant sa découverte et aurait existé tout de même, si cette découverte n'avait pas eu lieu ou n'avait pas eu lieu à cette époque. Pour un réaliste, les éléments et les êtres de la nature existent même si on ignore leur existence.

Dans l'usage courant du mot, le réalisme renvoie aux choses « concrètes », c'est-à-dire au monde entier qui nous entoure et que l'on peut saisir par les différents organes de notre sensibilité. Or, dans sa définition philosophique, le réalisme peut désigner l'attitude de celui qui attribue une réalité indépendante, séparée, à des entités abstraites. Tel est le cas du platonisme qui attribue la réalité la plus haute aux Idées (on parle justement pour le désigner de *réalisme platonicien*). Ainsi, pour Platon, le cercle idéal, parfait, est réel, tandis que le rond sensible n'est qu'une apparence éphémère.

Aujourd'hui, il n'y a plus guère de platoniciens parmi les philosophes en bonne santé. En revanche, nombre de mathématiciens, convaincus de l'existence réelle des objets dont ils s'occupent, même parmi les plus abstraits, sont de vrais platoniciens : on parle encore de *platonisme mathématique* pour désigner le point de vue selon lequel les objets mathématiques sont découverts, et non pas inventés. Ne dit-on pas, d'ailleurs, des *êtres* mathématiques à propos d'objets abstraits comme des nombres, des fonctions ou des figures ? Ainsi, du point de vue du platonisme mathématique, π, qui est un nombre transcendant et qui exprime le rapport de la circonférence d'un cercle à son diamètre, possède une réalité objective plus intense que celle de n'importe lequel des Nuls lecteurs de ce livre, parce que π, à la différence de ceux-ci, est éternel !

À l'opposé du réalisme, l'*idéalisme* est le point de vue selon lequel la « réalité » n'existe que dans la mesure où nous nous la représentons. En d'autres termes, d'après l'idéalisme, il n'y a pas de réalité en soi, indépendamment de nos représentations mentales.

Le bouddhisme en Inde, l'immatérialisme de Berkeley en Europe ont proposé cette stupéfiante conception. Quoi ?! Une chose n'existerait que dans la mesure où j'y penserais ? Ainsi une salle vidée de ses occupants tomberait-elle dans le néant absolu. Pour reprendre l'exemple de la planète Neptune, celle-ci n'aurait jamais existé si les astronomes n'avaient eu le bon goût de la déterrer (ce qui, pour un objet céleste, est une façon de parler…).

L'argument des idéalistes n'est pas facile à réfuter : il part du simple constat que nous n'avons jamais accès directement aux choses elles-mêmes mais à leur image ou à leur idée. Ainsi, ce n'est pas le Soleil que je vois, mais une image. Or, une image n'existe que pour un œil, ou pour un esprit s'il s'agit d'une image mentale. Le bon sens suggère que l'idéalisme est délirant – au sens littéral, le délire consistant à confondre ses représentations psychiques avec la réalité. Si le monde n'était qu'un ensemble de représentations, qu'est-ce qui nous assure que nous ne rêvons pas, ou que nous ne délirons pas ?

Des positions intermédiaires sont possibles entre le réalisme et l'idéalisme. On appelle *phénoménisme* le point de vue selon lequel la connaissance ou la pensée n'ont pas affaire aux choses elles-mêmes mais à la façon dont elles nous apparaissent. Le phénoménisme, à la différence de l'idéalisme, ne nie pas forcément l'existence en soi du monde ; seulement, il affirme qu'il est comme tel inaccessible.

N'allons pas croire que ce débat est clos. Les physiciens, et plus particulièrement ceux qui s'occupent de mécanique quantique, se posent implicitement toujours ce type de question : quel est au juste le genre de réalité que leurs équations «traduisent» ? Il existe également des astrophysiciens bouddhistes qui pensent que l'Univers n'est qu'une image produite par le cerveau humain… Inutile de préciser qu'ils ne sont pas toujours bien vus de leurs collègues !

D'où vient l'homme ?

Il existe trois réponses globales à cette question. La première est que l'être humain vient de la terre, de la nature, du sol de son pays, un peu à la manière d'une plante. De nombreux mythes dans les sociétés traditionnelles développent cette conception. L'image de la terre mère se retrouve un peu partout. Elle implique qu'il existe autant de lignées que de pays. Le matérialisme et l'évolutionnisme reprennent cette conception à l'époque moderne : débarrassés des mythes et des légendes, ils énoncent que l'humanité est le produit de facteurs purement matériels, qui ont été entraînés dans une lente et longue évolution.

Deuxième hypothèse, deuxième théorie (qui fut celle défendue par la plupart des philosophes classiques) : l'être humain est le produit d'un esprit supérieur (Dieu) qui l'a créé ainsi en fonction du projet qu'il a conçu. Si les religions monothéistes (judaïsme, christianisme, islam), qui sont créationnistes, se sont farouchement opposées à l'évolutionnisme (leur combat est loin d'être terminé, surtout chez les fondamentalistes protestants et musulmans), c'est qu'elles ne peuvent concevoir que l'être humain soit le produit du hasard. Par définition, la création divine est parfaite : elle doit rester ce qu'elle a été dès l'origine.

Une troisième conception sur l'origine de l'être humain consiste à le représenter comme le produit de soi-même. Déjà, au XVe siècle, l'un des fondateurs de l'humanisme, l'Italien Pic de la Mirandole, comparaît l'homme à un caméléon : à la différence des animaux pourvus d'un instinct déterminé, l'homme est apte à prendre un nombre indéfini de formes. Cet humanisme prométhéen est l'inspiration première de tous ceux qui, aujourd'hui, pensent que les biotechnologies seront bientôt capables de fabriquer un posthumain qui dépassera en capacité l'être humain « naturel ».

Mais il existe une autre façon de penser que l'être humain se fait lui-même, indépendamment de Dieu ou de la nature : c'est de le définir comme un être de *culture*, comme *esprit* toujours en évolution ou encore comme *liberté* illimitée (une dimension présente chez Pic de la Mirandole). Pour Marx et pour Sartre, par exemple, l'homme se fait lui-même à travers l'histoire et selon sa liberté créatrice. Certes, il possède un corps qui ne vient pas de lui, mais ce corps lui-même ne cesse d'être (re)modelé selon les exigences et les normes de la société.

Quelle est la nature de l'être humain ?

Les stoïciens définissaient, à partir d'Aristote, l'homme comme « animal raisonnable », c'est-à-dire comme un être capable de penser et d'agir selon les normes du vrai et du juste. La pensée chrétienne du Moyen Âge déplace cette « raison » du côté de « l'âme », créée spécifiquement par Dieu (les parents n'ayant en quelque sorte en charge que le corps), mais l'idée est voisine : la partie essentielle de l'être humain est divine ou d'origine divine. Et lorsque Descartes écrit « Je pense, donc je suis », il s'inscrit dans cette tradition (alors même que sa philosophie représente cette révolution de faire du *moi*, du sujet personnel, le fondement et le lieu de la pensée).

À partir du XVIIe siècle, les empiristes contestent cette théorie. Déjà, les matérialistes de l'Antiquité avaient ou bien nié l'existence de l'âme ou bien, ce qui était plus fréquent, réduit l'âme à une expression du corps. Les empiristes, eux, accordent à la *sensibilité* la toute première place. Définir l'homme comme un être sensible, c'est faire de la pensée un phénomène dérivé. La sensibilité sert aux empiristes à expliquer aussi bien l'origine de la connaissance que celle des jugements moraux.

Mais sentir signifie aussi éprouver, ressentir, être ému, affecté. Telle est la définition de l'homme que donne Rousseau et avec lui une bonne partie des penseurs des Lumières, qui, ainsi, préparent la voie à la génération romantique.

«Ah! Frappe-toi le cœur, c'est là qu'est le génie», écrira bientôt Alfred de Musset.

Tous les philosophes et penseurs qui viennent après Hegel, au XIXe siècle, définissent la nature de l'être humain par une dimension et une force irrationnelles:

- **Le besoin chez Marx:** c'est le besoin qui pousse l'homme à travailler et enclenche la dynamique de l'histoire avec ses guerres et ses révolutions.
- **La volonté de puissance chez Nietzsche:** tout être cherche la puissance, vise à augmenter sa puissance.
- **La pulsion chez Freud:** même si la pulsion doit être distinguée de l'instinct, elle est liée à l'organisme, elle a une dimension organique. Il en va ainsi avec les deux pulsions dégagées par Freud à la fin de sa vie: la pulsion sexuelle (la libido, symbolisée par Éros) et la pulsion de mort (Thanatos).

Du côté des sciences, l'image de l'être humain qui a été développée est celle d'un vivant, d'un animal produit par une longue et lente évolution (on compte plusieurs millions d'années depuis la bifurcation qui a séparé à jamais la ligne évolutive des singes et celle qui a donné naissance à l'*Homo sapiens* moderne).

Un autre modèle concurrence celui de l'animal pour définir l'homme: celui de la machine. Déjà au XVIIIe siècle, le philosophe matérialiste La Mettrie avait proposé cette idée d'homme-machine. Il s'agissait alors, à la suite de la théorie développée par Descartes de l'animal-machine, de rendre compte des mécanismes du corps sans faire intervenir d'autres forces que naturelles. À partir de 1945, avec les études faites d'un côté sur le cerveau, de l'autre sur les ordinateurs, l'idée s'est peu à peu imposée que le cerveau – qui est le centre des fonctions vitales et cognitives – fonctionne comme une très puissante calculatrice.

À partir du XIXᵉ siècle, une autre série de questions touche directement l'image que l'on se fait de l'homme : ce sont celles qui envisagent un dépassement de celui-ci. Trois modèles de ce dépassement ont été proposés :

- Le *surhumain* de Nietzsche est un dépassement moral et culturel.
- L'*ultrahumain* de Teilhard de Chardin est un dépassement métaphysique. Teilhard de Chardin, qui fut l'un des rares hommes d'Église (il était jésuite) à intégrer la théorie de l'évolution dans sa pensée, imaginait que l'évolution devait pour l'homme se poursuivre jusqu'au Christ, qu'il appelait Point Oméga (oméga est la dernière lettre de l'alphabet grec). « Tout ce qui monte converge », disait Teilhard de Chardin. Ceux qui aujourd'hui, parmi les scientifiques, pensent qu'il n'y a pas de raison de croire que l'évolution est terminée pour ce qui concerne l'être humain posent évidemment le problème sur un autre plan que Teilhard de Chardin (lequel d'ailleurs était aussi un éminent paléontologue).
- Le *posthumain* de certains biologistes et informaticiens, surtout outre-Atlantique, désigne un dépassement ou bien biologique (on dit aussi biotechnologique) de notre être, ou bien *cybiontique*. La connaissance de plus en plus précise des mécanismes biologiques et cérébraux permet en effet aujourd'hui d'envisager une action directe sur des fonctions vitales ou cérébrales. Nous sommes évidemment ici aux frontières de la science-fiction, mais il est clair que le désir de sortir de l'humain est aujourd'hui de plus en plus tenace.

Quelle est la nature de l'être vivant ?

Doit-on assimiler l'être vivant (animal, homme) à une machine ou bien possède-t-il des caractères spécifiques qui dépassent les forces et les fonctions mécaniques ?

On appelle *mécanicisme* le premier point de vue et *organicisme* le second. Pour le mécanicisme, le vivant n'est qu'une machine un peu plus compliquée que celle que l'on fabrique, tandis que selon l'organicisme, l'être vivant possède des traits qui ne peuvent pas être simplement déduits de la mécanique.

Le *vitalisme* est ainsi une forme d'organicisme : il suppose chez les êtres vivants une force vitale de nature foncièrement différente des forces mécaniques.

Depuis le XVIIe siècle, les grandes découvertes de la biologie semblent donner raison au mécanicisme : le médecin anglais Harvey, découvreur de la circulation du sang, comparait celle-ci à la circulation de liquides dans des tuyaux : le cœur est comme une pompe. Plus tard, on établira couramment des analogies entre la respiration et la digestion, par exemple, et des mécanismes physiques comme la combustion ou la décomposition.

Mais l'organicisme ne s'est pas pour autant avoué vaincu. La complexité de l'être vivant semble défier toute simplification physique ou chimique. Dans un passage célèbre de sa *Critique du jugement*, Kant fait remarquer que l'être vivant possède une finalité interne dont la machine semble dépourvue : une blessure, par exemple, se cicatrise, alors qu'on ne verra jamais une montre se réparer toute seule. Et puis un être vivant se reproduit, ce qu'une machine serait bien incapable de faire.

Aujourd'hui, tous les succès de la pharmacie et de la chirurgie, de la médecine en général, militent en faveur du mécanicisme, mais leurs limites – et elles sont nombreuses – laissent encore une bonne marge de pensée pour le point de vue organiciste.

D'où vient la société ?

À cette question, que les Grecs se posaient déjà, quatre réponses ont été données.

La première est que la société vient de Dieu ou des dieux. Elle a une origine transcendante. Dans la plupart des sociétés traditionnelles, l'ordre social est censé représenter en plus petit l'ordre cosmique tout entier. Dans le cadre de la pensée chrétienne, tout dérive du Dieu unique créateur.

Autre hypothèse : la société vient de la nature. Ce qui peut s'entendre en plusieurs sens. Aristote disait qu'il faudrait être un dieu ou une bête sauvage pour vivre seul : l'homme est fait pour vivre en société. Avant Aristote, Platon avait fait dériver la division du travail de la nécessité de satisfaire les besoins (qui sont une base naturelle de l'existence humaine). Plus tard, avec l'essor des sciences sociales, l'idée devient courante que la famille – dont l'origine est elle-même censée être naturelle – est à la fois une petite société et le noyau formateur de la société (un clan est constitué de plusieurs familles, une tribu, de plusieurs clans, une peuplade, de plusieurs tribus, etc.).

Troisième réponse possible : la société vient de la volonté des hommes eux-mêmes. Telle est la fameuse théorie du contrat social qui devient dominante à partir de Hobbes. L'idée de contrat social exclut Dieu et la nature comme origines de la société. Sur la nature de ce contrat, les philosophes ont divergé : certains, comme Hobbes, ont mis l'accent sur le calcul, l'intérêt, la pensée rationnelle ; d'autres, comme Rousseau, ont insisté sur la dimension affective.

Enfin, la société peut être envisagée comme une formation spontanée émergente. L'idée de contrat social, en effet, n'échappe pas au cercle vicieux : comment expliquer que des hommes qui n'ont rien en commun et qui ne parlent même pas la même langue puissent *s'entendre* sur la manière de vivre ensemble ? La société est une espèce d'ordre que personne n'a vraiment voulu mais auquel chaque membre contribue pour sa part. La théorie de la société comme phénomène spontané émergent a l'avantage de faire l'économie de l'hypothèse lourde de la volonté, sans pour autant retomber dans le mythe d'une origine divine ou naturelle.

Quel est le moteur de l'histoire humaine ?

Là encore, Dieu a été le premier servi… On appelle *providentialisme* la conception selon laquelle Dieu conduit les affaires humaines depuis l'origine (la création) jusqu'à la fin des temps. À ne pas confondre avec le *fatalisme* : alors que le Destin est aveugle, la Providence – son nom le dit : *providere* signifie « voir à l'avance » en latin, « providence » ayant ainsi le même sens que « prévoyance » – est suprêmement intelligente et juste. Bossuet, au XVIIe siècle, a développé une conception providentialiste de l'histoire : la succession des empires par exemple (de l'empire perse à l'empire macédonien d'Alexandre le Grand, puis de l'empire grec à l'empire romain, et enfin de l'empire romain à l'empire chrétien) est prévue et voulue par Dieu. Les rois sont des pions sur son échiquier.

À partir du XVIIIe siècle, Dieu a été aimablement congédié et l'homme a pris sa place. Si l'Italien Giambattista Vico est considéré comme le premier philosophe de l'histoire, c'est qu'il fut le premier à reconnaître dans l'histoire une suite d'événements humains et rien qu'humains. Cela dit, le caractère humain de l'histoire pose un problème dérivé : l'histoire est-elle le produit de la *volonté* humaine (c'est ce qu'ont pensé la plupart des révolutionnaires à partir du XVIIIe siècle) ou bien celui des intérêts et des passions, presque toujours aveugles et sourds ?

Une troisième conception globale est possible : l'histoire ne serait ni dirigée par Dieu ni produite par l'homme lui-même, mais serait plutôt une succession de faits où se mêleraient le hasard et la nécessité. La nécessité est repérable du côté des grandes tendances techniques et économiques (la mondialisation actuelle, par exemple, apparaît comme une nécessité de ce type). Le hasard semble s'imposer au niveau politique (la succession des régimes, le rôle des chefs, les mille petits événements qui peuvent changer, sinon le monde, du moins l'image que l'on s'en fait).

D'où vient le langage ?

Là encore, la réponse métaphysique fait à Dieu la part belle. Dans la Bible, il est dit que Dieu donne à Adam le pouvoir de nommer les animaux et les choses de la terre. De nombreux mythes des sociétés traditionnelles font du langage un don surnaturel.

Mais on peut assigner au langage une origine naturelle et non surnaturelle. On fera la comparaison avec les bruits des animaux (pour les peuples anciens, il n'y avait aucun doute que les animaux parlaient). On insistera aussi sur le fait que le langage parlé sort nécessairement d'un corps et d'un esprit, qui sont des données naturelles.

Troisième hypothèse, qui est aujourd'hui massivement considérée comme la bonne : le langage est une convention humaine. Certes, il a bien une base physiologique que l'être humain n'a pas créée lui-même, mais les signes qui servent à exprimer et à communiquer sont des inventions. Ferdinand de Saussure, le créateur de la linguistique moderne, est même allé jusqu'à dire que les signes sont arbitraires.

D'où viennent les idées ?

Selon la théorie innéiste qu'admettaient la plupart des philosophes rationalistes de l'âge classique (Descartes, Leibniz), les idées existent dès l'origine dans l'esprit humain : soit parce que Dieu (encore lui !) l'a voulu ainsi, soit parce que c'est un fait de nature (c'est comme ça parce que c'est comme ça !). En fait, l'innéisme ne parlait que de *certaines* idées.

Descartes admettait trois sortes d'idées : les idées innées, qui sont présentes en nous dès la naissance, les idées *adventices*, qui viennent de notre expérience, et les idées fictives, qui sont forgées par notre esprit. Toutes les idées ne sont donc pas innées (aucun philosophe ne l'a d'ailleurs prétendu), seules les plus générales (comme les catégories chez Kant) sont censées l'être.

Selon la théorie empiriste, les idées sont issues de l'expérience. Locke nie l'existence d'idées innées. Il admet en revanche que, à partir des idées issues de l'expérience, l'entendement invente des combinaisons nouvelles : ainsi, si l'idée d'homme et celle de crime sont toutes deux issues de l'expérience, l'idée d'homicide provient de la combinaison des deux (Locke appelle ce type d'idée une idée complexe).

Selon la théorie constructionniste, les idées – c'est-à-dire en fait, comme on l'a précisé, certaines idées – proviennent de l'activité propre de l'esprit humain. La comparaison avec l'art musical pourrait ici être éclairante : de même que les mélodies sont produites par l'imagination à partir de signes (les notes) eux-mêmes établis par convention, les idées sont des productions de l'esprit humain. D'où cette question assez vertigineuse sur laquelle plus d'un cheveu a été arraché et plus d'une dent s'est cassée : comment expliquer que nos idées, forcément arbitraires si l'on suit cette hypothèse, collent à ce point à la réalité objective, ce que l'on peut constater grâce aux techniques les plus performantes ?

Quelle est l'origine de la morale ?

Deux grandes réponses possibles : ou bien les valeurs morales viennent de Dieu (décidément !), ou bien elles ne viennent pas de lui, mais de l'homme lui-même.

Au commencement, la morale et la religion ne sont pas séparées l'une de l'autre : la Thora et le Coran sont des textes à la fois moraux et religieux. Les obligations, les interdits et les autorisations sont censés venir de Dieu lui-même – d'où leur caractère sacré, d'où la gravité des fautes commises par les hommes.

Autre solution : les valeurs morales viennent de l'homme lui-même. À partir de cette thèse plusieurs bifurcations sont possibles. Est-ce spontanément que l'homme possède un sens moral, un sentiment moral ? L'indignation devant le mal, par exemple, est-elle innée ? Ou bien ne s'agit-il pas plutôt d'un acquis social formé par l'éducation et le milieu social ? Par ailleurs, les valeurs morales sont-elles issues de la raison, ou bien de l'émotion et du sentiment ? Chez Kant, la loi morale est l'expression de la raison ; pour les empiristes anglais, à l'inverse, la vie morale dérive plutôt d'un ensemble d'impressions : une mauvaise action suscite en moi une impression désagréable – surtout si elle est dirigée contre moi ! – alors qu'une bonne action suscite en moi (même remarque) une impression agréable.

Quelle est la nature de la vérité ?

Il existe trois grandes positions sur ce problème. D'abord celle du *platonisme* : la vérité existe objectivement, elle est indépendante de l'esprit humain qui la découvre. Vérité se dit *aléthéia* en grec, qui signifie « dévoilement ». Dans le cadre de la pensée chrétienne la vérité sera conçue comme de nature divine ou d'origine divine.

Une autre grande position est celle du *rationalisme* : la vérité est issue de la raison humaine. Ce point de vue peut s'articuler avec le précédent : on peut, en effet, considérer que la raison travaille à partir d'idées qui ont une origine transcendante (telle était la position de Descartes et de Leibniz au XVIIe siècle).

Enfin, il y a l'*empirisme* : la vérité est le produit d'une abstraction progressive opérée par l'esprit à partir des données des sens.

Alors que le platonisme (ou le réalisme) finit par confondre la vérité et la réalité (dans la langue commune, on dit « un vrai imbécile » pour dire « un imbécile réel »), l'empirisme les sépare : la vérité n'est plus que l'*expression* de la réalité. On peut séparer encore plus radicalement la vérité du réel en la considérant comme une construction plus ou moins arbitraire ou conventionnelle.

Cinquième partie
Annexes

Dans cette partie...

Une bibliographie sélective vous fournira les indications les plus précieuses pour aborder les grands philosophes, car les montagnes les plus rudes ont toujours une voie d'accès relativement facile. Découvrez enfin les quelques grands sites philosophiques proposés sur Internet : la philosophie honnête et au net grâce au Net !

Annexe A
Pour aller plus loin

La philosophie a la réputation d'être accessible aux seuls philosophes. C'est vrai de nombreux livres de philosophie, mais pas de tous. Même parmi les grands classiques, il y a des livres que tout le monde peut lire et comprendre avec un minimum d'effort d'attention.

Voici une liste de quelques grandes œuvres parmi les plus fondamentales et d'un abord aisé, dont un débutant pourra prendre connaissance. Sauf mention contraire, les ouvrages cités ont été publiés dans la collection de poche Garnier-Flammarion, qui a publié la plupart des grands classiques de la philosophie.

René Descartes

Le *Discours de la méthode* («je pense, donc je suis») est accessible, malgré les difficultés qui peuvent provenir de la langue classique de l'époque. Les *Lettres* sont d'une particulière richesse de pensée et d'un abord assez facile.

Baruch Spinoza

Les *Lettres* sont sans doute la meilleure porte d'entrée. On peut également lire le *Traité de la réforme de l'entendement*.

Gottfried Wilhelm Leibniz

Les *Nouveaux essais sur l'entendement* sont une reprise critique des *Essais concernant l'entendement humain* du philosophe anglais Locke. Cet ouvrage permet donc de saisir les principes de la pensée de Leibniz ainsi que ceux de l'empirisme dans une langue toujours vivante.

Blaise Pascal

Le caractère dispersé des *Pensées* donne au lecteur une grande liberté d'approche, comme pour les fragments des présocratiques. Parmi les opuscules, la *Préface du Traité du vide* et *De l'esprit géométrique* sont les plus intéressants pour un lecteur moderne.

John Locke

On lira avec plaisir le *Second traité du gouvernement civil*.

David Hume

Le *Traité de la nature humaine* est un grand classique de la philosophie, qui ne présente pas de difficultés techniques particulières.

Cesare Beccaria

Des délits et des peines est un chef-d'œuvre clair et concis de philosophie du droit.

Jean-Jacques Rousseau

Le *Discours sur l'origine et les fondements de l'inégalité parmi les hommes* est plus facile que *Du contrat social*.

Emmanuel Kant

Pour ceux qui veulent prendre connaissance d'une pensée particulièrement difficile, la *Dissertation de 1770* et les

Prolégomènes à toute métaphysique future constituent les meilleures introductions.

Les *Fondements de la métaphysique des mœurs*, d'une lecture facile, permettent d'aborder la pensée morale de Kant. Les *Leçons d'éthique* et les *Leçons de métaphysique* (Livre de Poche) permettent d'aborder par le meilleur biais la pensée du philosophe. La lecture des *Opuscules*, et en particulier de l'*Idée d'une histoire universelle du point de vue cosmopolitique*, est profitable et beaucoup plus aisée que celle des trois *Critiques*.

Friedrich Hegel

Les cours de Hegel sont ce qui permet d'aborder le plus aisément cet immense auteur : *L'Esthétique*, les *Leçons sur la philosophie de l'histoire* (en particulier son introduction intitulée *La Raison dans l'histoire*). Pour ce qui concerne le système hégélien dans son ensemble, on pourra lire les additions des articles des trois volumes de *L'Encyclopédie des sciences philosophiques* (Vrin) : ce sont des éclaircissements écrits à la suite des articles (particulièrement difficiles à comprendre, eux) destinés aux étudiants du philosophe. Dans le troisième volume (*La Philosophie de l'Esprit*), vous trouverez des trésors de pensée à portée d'œil et de cerveau.

Arthur Schopenhauer

Le Monde comme Volonté et comme représentation. L'ouvrage est considérable mais, écrit dans un style lumineux, il ne présente pas de difficulté globale de compréhension. Son découpage permet une lecture partielle.

Auguste Comte

Son *Discours sur l'esprit positif* est une bonne introduction à sa philosophie.

Søren Kierkegaard

Le Concept de l'angoisse ou *Les Miettes philosophiques* (Gallimard) sont peut-être la meilleure porte d'entrée à la pensée de ce philosophe. On peut lire *Le Journal d'un séducteur* (Gallimard) comme un grand texte littéraire.

Karl Marx

Les Manuscrits de 1844, *La Question juive*, le *Manifeste du parti communiste* (Livre de Poche). Pour prendre avec tout le sérieux qu'il mérite ce très grand philosophe.

Friedrich Nietzsche

Ecce homo est une présentation de Nietzsche par lui-même, écrite dans un style allègre. Il est peut-être la meilleure introduction à la pensée d'un philosophe difficile. On pourra aussi lire avec plaisir *Le Gai savoir*, composé de courts chapitres séparés (aphorismes). Les deux volumes des *Œuvres* de Nietzsche dans la collection «Bouquins» chez Robert Laffont comportent un index très utile : cherchez un thème qui vous intéresse et reportez-vous à ce que Nietzsche en a dit!

Sigmund Freud

La meilleure introduction à la psychanalyse reste l'ensemble des conférences que Freud prononça lui-même et qui furent réunies sous le titre d'*Introduction à la psychanalyse* (Payot). Mais vous pouvez aussi ouvrir n'importe quel ouvrage de Freud : à l'opposé extrême de Lacan (qui se disait son fidèle disciple…), Freud avait à cœur d'être compris de tous.

Henri Bergson

En dehors de *Matière et Mémoire*, les livres de Bergson ne présentent pas de difficultés techniques particulières. On lira avec profit *Les Deux Sources de la morale et de la religion* et *L'Évolution créatrice* (PUF).

Gaston Bachelard

Ses ouvrages consacrés à l'imaginaire (*L'Air et les Songes*, *L'Eau et les Rêves*, *La Psychanalyse du feu*, *La Terre et les Rêveries de la volonté*, *La Terre et les Rêveries du repos*, tous édités aux PUF) sont d'une lecture aisée et toujours passionnants à découvrir. Parmi les ouvrages épistémologiques, *Le Nouvel Esprit scientifique* (PUF) est peut-être le plus abordable.

Martin Heidegger

Les Concepts fondamentaux de la métaphysique (Gallimard) est peut-être l'ouvrage le plus abordable de l'auteur. En même temps, il présente l'avantage de constituer un exposé synthétique de sa pensée.

Ludwig Wittgenstein

Le *Traité logico-philosophicus* (Gallimard) peut dérouter par son style lapidaire mais des néophytes ont été littéralement saisis par lui dès la première lecture. Les *Remarques philosophiques* peuvent être lues de manière vagabonde.

Jacques Lacan

Les *Séminaires* (Seuil, une douzaine de volumes sont parus) sont passionnants à lire (grâce en partie à l'extraordinaire dramaturgie de la parole du maître) et infiniment plus faciles à comprendre que les *Écrits*.

Jean-Paul Sartre

Les *Réflexions sur la question juive* (Gallimard) constituent avec la conférence *L'existentialisme est un humanisme* (Nagel) des introductions convaincantes à la pensée existentialiste. On sera également intéressé par *Les Mots* («Folio», Gallimard), ouvrage dans lequel Sartre dit comment et pourquoi il est devenu écrivain philosophe. Pour les plus téméraires, qui ne sont rebutés ni par l'épaisseur de l'ouvrage ni par la petitesse des caractères, *L'Être et le Néant* (Gallimard) n'est pas, disons pas toujours, si difficile qu'on l'a dit. On peut en lire des extraits ou des chapitres au hasard.

Hannah Arendt

Les *Origines du totalitarisme* («Quarto», Gallimard) ne présentent pas de difficultés de compréhension particulière. On les lira aussi comme des livres d'histoire. *Condition de l'homme moderne* et *La Crise de la culture* (tous deux publiés chez Pocket) se signalent par leur exceptionnelle richesse de pensée.

John Langshaw Austin

Quand dire, c'est faire est un recueil de conférences abordable par le plus large public.

François Dagognet

Essayez *Le Cerveau citadelle* et *Le Corps multiple et un* (Les Empêcheurs de penser en rond) parmi un ensemble proliférant d'œuvres remarquables par leur exceptionnelle probité d'écriture.

Michel Foucault

La Volonté de savoir et *Le Souci de soi* (Gallimard), qui sont les deux premiers volumes de *L'Histoire de la sexualité* qui devait en comprendre six, sont compréhensibles par un lecteur moyen. Par ailleurs, ils traitent d'un sujet plus affriolant que la théorie de la connaissance.

Michael Wälzer

Ce philosophe américain contemporain écrit aussi pour un large public (et pas seulement pour ses confrères). Les *Sphères de justice* sont compréhensibles par tous les Nuls de bonne volonté.

Peter Sloterdijk

On pourra lire avec profit d'un œil critique ses *Règles pour un parc humain*.

Annexe B
Liens utiles

Au sujet de l'Internet, on hésite entre deux images : celle de la forêt où l'on se perd et celle de l'océan où l'on se noie. Cependant, il ne faut pas négliger cette source d'information qui se veut l'héritière (il n'y a qu'à constater l'utilisation des mêmes mots) des forums et agoras où, dans l'Antiquité, on discutait des problèmes de la cité.

Les sites consacrés à la philosophie sont très nombreux et ils sont presque tous bons. Il suffit de taper au hasard « philosophie » dans un moteur de recherche, ou un mot dont on voudrait connaître le sens, ou encore le nom d'un philosophe, pour se voir proposer toute une gamme de produits de bonne qualité.

Une difficulté attend celui qui voudrait donner des conseils utiles et des adresses de références définitives : la durée de vie éphémère de la plupart de ces sites. Hasardons-nous néanmoins à fournir quelques pistes encore tracées en cette année 2007.

- **Evene (www.evene.fr):** Une extraordinaire banque de citations. L'inconvénient tient à ce que la boutade d'un médiocre (mais célèbre) animateur de télévision peut se retrouver sur le même plan que la pensée autrement profonde de Kierkegaard et de Nietzsche. Mais les Nuls sauront faire la différence.
- **Philagora (www.philagora.net):** On y trouve de tout, à l'image de la philosophie elle-même, depuis les fiches de préparation pour le baccalauréat jusqu'au corrigé des sujets les plus pointus, en passant par les forums de discussion. Il est impossible de n'y comprendre rien.

- **Webphilo (www.webphilo.com)**: Pourquoi ne pas retourner sur les bancs du lycée? Des sujets de dissertation expliqués, des extraits de textes et même des œuvres entières de philosophes classiques, des citations élucidées. Pour commencer, et même pour continuer, un guide très efficace.
- **Wikipedia (www.wikipedia.org)**: La très célèbre encyclopédie en ligne rédigée par les internautes eux-mêmes. Les articles pour la plupart sont bien faits, complets et faciles d'accès. Désormais, tous les grands philosophes et toutes les grandes notions ont leur article. Il suffit de taper un nom ou un mot dans la fenêtre prévue à cet effet, et le tour de la question est réalisé.

Index

A

Abélard (Pierre), 188
Adler (Alfred), 317, 327, 330
Adorno (Theodor), 376-377
Alembert (Jean Le Rond d'), 14, 112-115
Althusser (Louis), 375-376
Anselme (saint), 30, 155
Appel (Karl Otto), 379
Archimède, 55
Arendt (Hannah), 117, 380-381
Aristote, 15, 16, 18, 53, 58, 86, 109, 115, 131, 138, 152, 153, 186, 201, 203, 212, 245, 248, 324, 382, 415, 418
Augustin (saint), 28, 79, 81
Austin (John Langshaw), 371-372
Ayer (Alfred), 373

B

Baader (Franz Benedict von), 185
Bachelard (Gaston), 297, 325
Bacon (Francis), 4, 11-17, 75, 112, 113, 146, 222, 224
Bakounine (Mickaël), 257
Balzac (Honré de), 130
Barbaro (Francisco), 58
Baumgarten (Alexander Gottlieb), 109, 166
Bayle (Pierre), 45, 47, 127, 383
Beaumarchais (Pierre-Augustin Caron de), 12, 325
Beauvoir (Simone de), 353
Beccaria (Cesare Bonesana), 117-118
Beethoven (Ludwig van), 185, 207, 397
Benda (Julien), 217
Bentham (Jeremy), 382-383
Bergson (Henri), 4, 331-337
Berkeley (George), 71, 84, 92-94, 413
Bernard de Chartres, 75
Bertanlanffy (Ludwig von), 292
Bloch (Ernst), 375
Boccace (Jean), 128
Borgia (César), 275
Boyle (Robert), 93
Bosanquet (Bernard), 361
Bossuet (Jacques Bénigne), 67, 419
Bradley (Francis Herbert), 361
Bréhier (Émile), 229, 241
Brentano (Franz), 339
Bruno (Giordano), 77
Buber (Martin), 240
Buffon (Georges Louis, comte de), 108
Bunge (Mario), 292
Buridan (Jean), 60
Burke (Edmund), 170
Butler (Judith), 403

C

Calderon (Pedro), 35
Calvin (Jean), 26
Cantor (Georg), 288, 367
Carnap (Rudolf), 293, 359, 371
Carroll (Lewis), 367
Chateaubriand (François-René de), 75

Chaplin (Charlie), 249
Charcot (Jean-Baptiste), 309
Christine de Suède, 28
Churchland (Patricia), 398
Coleridge (Samuel Taylor), 319
Coménius, 27
Comte (Auguste), 4, 7, 99, 178, 219-228, 257
Condillac (Étienne Bonnot de), 85, 92, 102-104, 334, 371
Confucius, 160
Constant (Benjamin), 163
Copernic (Nicolas), 141, 298, 308
Cudworth (Ralph), 70
Cues (Nicolas de), 77

D

Dagognet (François), 297-298
Dali (Salvador), 328
Damasio (Antonio), 398
Dante, 179
Darwin (Charles), 308, 404
Deleuze (Gilles), 274, 330-331
Démocrite, 242
Dennet (Daniel), 401
Derrida (Jacques), 5, 298, 303-305
Descartes (René), 6, 12, 23-39, 44, 49, 52, 55, 62, 63, 67, 74, 76, 79, 93, 94, 109, 110, 114, 123, 125, 178, 230, 286, 323, 329, 399, 415, 416, 421
Diderot (Denis), 14, 108, 112-115, 122, 123, 124, 131, 153, 222
Diogène, 352
Dilthey (Wilhelm), 302
Donne (John), 11
Dostoïevski (Fiodor), 67, 250, 405
Duhem (Pierre), 293
Dürer (Albrecht), 351
Dworkin (Richard), 398

E

Eichmann (Adolf), 164
Einstein (Albert), 100, 140, 141, 164, 290, 291
Engels (Friedrich), 241, 246, 254, 255
Épicure, 123, 242
Euclide, 43, 75

F

Fénelon (François), 19
Fellini (Federico), 63
Feuerbach (Ludwig), 213, 244
Feyerabend (Paul Karl), 299
Fichte (Johann Gottlieb), 186-190, 208
Fodor (Jerry Alan), 399
Foucault (Michel), 299-301, 407
Fourier (Charles), 184
Francfort (école de), 376-380
Frege (Gottlob), 361, 366-367
Freud (Sigmund), 25, 225, 266, 270, 307, 308-331, 416
Fukuyama (Francis), 403

G

Gadamer (Hans Georg), 303
Galilée, 12, 13, 34, 35, 114, 147
Gassendi (Pierre), 69, 70, 84, 106, 112
Gide (André), 169
Gödel (Kurt), 290
Goethe (Johann Wolfgang von), 124, 171, 177, 184, 187, 211
Goodman (Nelson), 6, 301
Goya (Francisco de), 320
Gramsci (Antonio), 375
Grotius (Hugo), 122
Guattari (Félix), 331

H

Habermas (Jürgen), 130, 379-380
Harvey (William), 33, 418
Hayek (Friedrich von), 384
Hegel (Georg Wihlelm Friedrich), 4, 31, 53, 163, 177, 179, 291, 187, 191, 192, 195-218, 231, 236, 242, 246, 253, 255, 265, 307, 338, 354, 361, 376, 380, 384, 403, 416
Héliogabale, 378
Heidegger (Martin), 237, 298, 303, 342, 345-350, 352, 380
Heisenberg (Werner), 291
Héraclite, 181, 277, 355
Herder (Johann Gottfried von), 109, 185, 190
Hilbert (David), 288
Hippocrate, 62
Hobbes (Thomas), 4, 17-22, 69, 70, 84, 90, 91, 285, 286, 388, 419
Holbach (Paul Henri, baron d'), 108, 126, 153, 244
Hölderlin (Friedrich), 179, 181, 182, 207, 402
Horkheimer (Max), 376
Hugo (Victor), 115, 397
Humboldt (Guillaume de), 185
Hume (David), 85, 94-101, 140, 371
Huntington (Samuel), 404
Husserl (Edmund), 4, 338-341

I

Israeli (Isaac), 285

J

Jacobi (Friedrich-Heinrich), 180
James (William), 288, 335
Jankélévitch (Vladimir), 394
Jansénius, 78
Jaspers (Karl), 258, 370
Jésus, 213

Jonas (Hans), 7, 387-389
Jung (Carl Gustav), 327

K

Kafka (Franz), 117
Kant (Emmanuel), 7, 59, 84, 94, 95, 105, 106, 109, 112, 117, 130, 137-175, 178-192, 196, 197, 200, 209, 211, 214, 224, 262, 265, 293, 370, 379, 389, 418, 421
Keynes (John Maynard), 384
Kierkegaard (Soren), 4, 195, 229-240, 269, 270, 351, 354
Kojève (Alexandre), 403
Kuhn (Thomas), 298

L

Lacan (Jacques), 305, 329-330
Lamennais (Félicité de), 250
Lamourette (Antoine-Adrien), 129
La Fontaine (Jean de), 33
La Mettrie (Julien Offray de), 108, 125, 416
Laplace (Pierre-Simon de), 140, 296
La Rochefoucauld (François, duc de), 273, 360
Las Casas (Bartolomé de), 122
Lavater (Johann Kaspar), 130
Lavoisier (Antoine), 291
Leeuwenhoek (Antoni van), 13
Leibniz (Gottfried Wilhelm), 27, 44, 53-67, 73, 93, 94, 109, 127, 139, 184, 263, 286, 293, 294, 307, 335, 421
Lessing (Gotthold Ephraim), 128, 180
Levi (Primo), 343
Levinas (Emmanuel), 344-345
Le Verrier (Urbain), 412
Lévi-Strauss (Claude), 192
Locke (John), 51, 58, 59, 84, 85-91, 383, 421

Lukacs (György), 385
Luther (Martin), 26, 174
Lyotard (Jean-François), 390, 404

M

Machiavel (Nicolas), 17, 19, 43, 275
Maine de Biran, 333-334
Malebranche (Nicolas), 27, 57, 71-74, 93, 94, 123
Malherbe (François de), 170
Malraux (André), 355
Mandeville (Bernard de), 119-120
Marcuse (Herbert), 378
Marx (Karl), 4, 51, 115, 184, 195, 202, 241-260, 270, 287, 354, 376, 415, 416
Maupassant (Guy de), 265
Maupertuis (Pierre Louis Moreau de), 108
Merleau-Ponty (Maurice), 5, 341-342, 345
Meslier (Jean), 123
Mesmer (Franz-Anton), 184
Métraux (Alfred), 246
Michelson-Morlay, 204
Mill (John Stuart), 383
Molyneux (William), 86
Montaigne (Michel de), 26, 28, 80, 89, 115, 232
Montesquieu (Charles-Louis de), 91, 105, 115-117, 118, 160, 381
Moore (George Edward), 278
More (Henry), 70
More (Thomas), 16, 21
Moritz (Karl Philipp), 109

N

Napoléon, 217
Neuman (Franz), 22
Newton (Isaac), 14, 16, 53, 96, 108, 124, 140, 149, 178, 222, 298
Nietzsche (Friedrich), 4, 7, 100, 171, 195, 234, 265, 267-281, 299, 300, 307, 331, 348, 360, 377, 392, 393, 397, 405, 416, 417
Novalis, 179, 180, 182, 184, 185
Nozick (Robert), 384

O

Occam (Guillaume d'), 84
Œdipe, 313-316
Orman Quine (William van), 293, 367

P

Pascal (Blaise), 74-82, 114, 115, 235, 268, 313, 387
Pasteur (Louis), 124
Péguy (Charles), 23, 163
Peirce (Charles Sanders), 288
Philon d'Alexandrie, 52
Pic de la Mirandole (Jean), 415
Platon, 15, 16, 51, 53, 70, 79, 109, 115, 159, 179, 212, 258, 290, 307, 361, 362, 363, 380, 384, 418
Plaute, 19
Plotin, 61
Poincaré (Henri), 364
Pope (Alexander), 66
Popper (Karl), 294-297, 384
Proudhon (Pierre Joseph), 257
Proust (Marcel), 97, 235, 265
Ptolémée, 141
Pufendorf (Samuel von), 20, 122
Putnam (Hilary), 399, 401
Pythagore, 395

R

Rawls (John), 385-386
Reid (Thomas), 84, 106
Ricardo (David), 241
Rimbaud (Arthur), 329
Ricœur (Paul), 270, 342-343

Robespierre (Maximilien de), 116, 381
Rorty (Richard), 288, 359
Rousseau (Jean-Jacques), 51, 66, 89, 109, 114, 117, 122, 131-136, 160, 416, 419
Russell (Bertrand), 99, 141, 195, 289, 294, 359, 361-364, 371
Ryle (Gilbert), 399, 400

S

Sade (Donatien-Alphonse-François de), 271
Saint-Just (Louis Antoine de), 115, 381
Saint-Martin (Louis Claude de), 129, 130
Saint-Simon (Claude-Henri de Rouvroy), 219, 256
Sartre (Jean-Paul), 234, 347, 349, 350-357, 415
Saussure (Ferdinand de), 330
Say (Jean-Baptiste), 241
Schelling (Friedrich Wilhelm Joseph von), 181, 182, 183, 190-192, 208
Schiller (Friedrich von), 180, 184, 185
Schleiermacher (Friedrich), 179, 181, 302
Schlegel (Friedrich), 182
Schmitt (Carl), 189
Schopenhauer (Arthur), 4, 85, 195, 234, 261-266, 269, 307
Searle (John), 401
Shaftesbury (Anthony), 108, 119
Shakespeare (William), 12, 35, 214, 229, 253
Shelling (Friedrich), 178
Sloterdijk (Peter), 392
Smith (Adam), 119, 120-121, 241
Socrate, 137, 160, 170, 233, 238, 239
Spencer (Herbert), 404
Spinoza (Baruch), 6, 17, 22, 42-52, 53, 60, 61, 69, 94, 108, 109, 180, 181, 184, 199, 206, 251, 274, 291, 302, 383, 397
Stahl (Friedrich Julius), 295
Stattler (Benedikt), 178
Swedenborg (Emanuel), 130
Swift (Jonathan), 93

T

Tati (Jacques), 336
Taylor (Charles), 390
Teilhard de Chardin (Pierre), 417
Thalès, 121, 143
Thomas d'Aquin (saint), 203
Turing (Alain), 406

U

Valéry (Paul), 163, 323, 329
Van Eyck (Jan), 26
Vattimo (Gianni), 393
Vico (Giambattista), 110, 192, 420
Vinci (Léonard de), 114, 215
Voltaire, 45, 47, 66, 106, 110, 121, 126, 127, 128, 133, 234, 241, 383

W

Wagner (Richard), 180, 184, 186, 265, 267, 269
Walpole (Horace), 213
Wälzer (Michael), 387
Weber (Max), 215, 271, 377
Whitehead (Alfred North), 294
Wilde (Oscar), 208
Wittgenstein (Ludwig), 359, 360, 368-370, 371
Wolff (Christian), 139, 153

Z

Zénon d'Élée, 336
Zizek (Slavoj), 392

> *« Pour les Nuls »,
> la collection de tous
> les savoirs !*

Disponibles dans la collection « Pour les Nuls »

Culture générale

Histoire

Titre	Auteur	Prix	ISBN
La Grèce antique	Stephen Bachelor, Marie-Dominique et Marc Porée Rongier	22,90 €	978-2-7540-1602-5
La Seconde Guerre mondiale	Robert Belot, Klaus-Peter Sick	22,90 €	978-2-7540-0818-1
Le Gaullisme	Chantal Morelle	22,90 €	978-2-7540-0821-1
La Chine	Angélina Boulesteix	22,90 €	978-2-7540-1145-7
La Culture générale, 2e édition	Florence Braunstein, Jean-François Pépin	22,90 €	978-2-7540-1628-5
La Culture générale illustrée, 2e édition	Florence Braunstein, Jean-François Pépin	29,90 €	978-2-7540-1275-1
La Révolution française	Alain-Jacques Czouz-Tornare	22,90 €	978-2-7540-0811-2
Les Années 60	Stéphane Benhamou	22,90 €	978-2-7540-0610-1
Le Socialisme	Alain Bergounioux, Denis Lefebvre	22,90 €	978-2-7540-0817-4
La Mythologie illustrée	Collectif	29,90 €	978-2-7540-0989-8
Les Grandes Civilisations	Florence Braunstein, Jean-François Pépin	22,90 €	978-2-7540-0605-7
La Première Guerre mondiale	Jean-Yves Le Naour	22,90 €	978-2-7540-0616-3
La Ve République	Nicolas Charbonneau, Laurent Guimier	24,90 €	978-2-7540-0620-0
Le Moyen Âge	Pierre Langevin	22,90 €	978-2-7540-0563-0
L'Histoire de la Suisse	Georges Andrey	22,90 €	978-2-7540-0489-3
Paris	Danielle Chadych, Dominique Leborgne	22,90 €	978-2-7540-0168-7
L'Égypte ancienne	Florence Maruéjol	22,90 €	978-2-7540-0256-1
La Mythologie	Christopher W. Blackwell, Amy Hackney Blackwell	22,90 €	978-2-7540-0257-8

Titre	Auteur	Prix	ISBN
L'Histoire de France illustrée	Jean-Joseph Julaud	29,90 €	978-2-7540-0110-6
Léonard de Vinci	Jessica Teisch, Tracy Barr	22,90 €	978-2-7540-0037-6
L'Histoire de France	Jean-Joseph Julaud	22,90 €	978-2-8769-1941-9

Religion

Titre	Auteur	Prix	ISBN
Le Coran	Malek Chebel, Sohaib Sultan	22,90 €	978-2-7540-0982-9
La Torah	Arthur Kurzweil, Victor Malka	22,90 €	978-2-7540-0978-2
Le Christianisme	Richard Wagner, Père Denis Metzinger	22,90 €	978-2-7540-0991-1
L'Islam	Malcolm Clark, Malek Chebel	22,90 €	978-2-7540-0531-9
Le Judaïsme	Josy Eisenberg	22,90 €	978-2-7540-0596-8
La Bible illustrée	Éric Denimal	29,90 €	978-2-7540-0274-5
Le Catholicisme	John Trigilio, Père Pierre Lartigue	22,90 €	978-2-7540-0182-3
La Franc-Maçonnerie	Christopher Hodapp, Philippe Benhamou	22,90 €	978-2-7540-0150-2
Le Bouddhisme	Jonathan Landaw, Stephan Bodian	22,90 €	978-2-7540-0062-8
La Bible	Éric Denimal	21,90 €	978-2-8769-1800-9
Sagesse et Spiritualité	Sharon Janis	21,90 €	978-2-8769-1769-9

Société

Titre	Auteur	Prix	ISBN
La Mondialisation	Francis Fontaine, Sylvie Goulard, Brune de Bodman	22,90 €	978-2-7540-0778-8
L'Instruction civique	Guillaume Bernard, Frédéric Monera	22,90 €	978-2-7540-0979-9
L'Europe, 2e édition	Sylvie Goulard	22,90 €	978-2-7540-1213-3
L'Écologie	Franck Courchamp	22,90 €	978-2-7540-0554-8
La Géopolitique	Philippe Moreau Defarges	22,90 €	978-2-7540-0623-1
La Justice	Emmanuel Pierrat	22,90 €	978-2-7540-0553-1
La Philosophie, 2e édition	Christian Godin	22,90 €	978-2-7540-0460-2
L'Économie	Michel Musolino	22,90 €	978-2-7540-0351-3
La Politique	Philippe Reinhard	22,90 €	978-2-7540-0335-3
La Géographie française	Jean-Joseph Julaud	22,90 €	978-2-7540-0245-5

Sciences et techniques

Titre	Auteur	Prix	ISBN
L'Histoire de l'aviation	Philippe Benhamou	22,90 €	978-2-7540-1146-4
L'Histoire des sciences	Vincent Jullien	22,90 €	978-2-7540-0977-5
La Physique	Dominique Meier (sous la dir. de)	22,90 €	978-2-7540-0915-7
La Conquête spatiale	Michel Polacco	22,90 €	978-2-7540-1143-3
Les Maths	Jean-Louis Boursin	22,90 €	978-2-7540-0093-2
L'Astronomie	Stephen Maran, Pascal Bordé	21,90 €	978-2-8769-1634-0

Beaux-arts

Titre	Auteur	Prix	ISBN
Le Louvre	Daniel Soulié	22,90 €	978-2-7540-1404-5
La Télévision	Marie Lherault, François Tron	22,90 €	978-2-7540-0976-8
Les Séries télé	Marjolaine Boutet	22,90 €	978-2-7540-0912-6
Le Rock	Nicolas Dupuy	22,90 €	978-2-7540-0819-8
L'Histoire de la peinture	Jean-Jacques Breton, Dominique Williatte	22,90 €	978-2-7540-0812-9
La Danse classique	Evelyne Cisneros, Scott Speck, Florence Balique	22,90 €	978-2-7540-1045-0
L'Histoire du cinéma	Vincent Mirabel	22,90 €	978-2-7540-0609-5
Le Jazz	Dirk Sutro, Stéphane Koechlin	22,90 €	978-2-7540-0779-5
L'Histoire de l'art illustrée	Jean-Jacques Breton, Philippe Cachau, Dominique Williatte	29,90 €	978-2-7540-0493-0
L'Histoire de l'art	Jean-Jacques Breton, Philippe Cachau, Dominique Williatte	22,90 €	978-2-7540-0229-5
L'Opéra	David Pogue, Claire Delamarche	22,90 €	978-2-7540-0244-8
La Musique classique	David Pogue, Claire Delamarche	22,90 €	978-2-7540-0151-9

Langue française

Titre	Auteur	Prix	ISBN
La Littérature française	Jean-Joseph Julaud	22,90 €	978-2-7540-0061-1
Le Français correct	Jean-Joseph Julaud	21,90 €	978-2-8769-1640-1

Régionalisme

Titre	Auteur	Prix	ISBN
La Bretagne	Jean-Yves Paumier	22,90 €	978-2-7540-1297-3
La Corse	Thierry Ottaviani	22,90 €	978-2-7540-1546-2

... en Poche

Titre	Auteur	Prix	ISBN
Sagesse et Spiritualité	Sharon Janis	11,90 €	978-2-7540-1758-9
L'Égypte ancienne	Florence Maruéjol	11,90 €	978-2-7540-1739-8
L'Histoire de France – tome 1 Des origines à 1789	Jean-Joseph Julaud	11,90 €	978-2-7540-0180-9
L'Histoire de France – tome 2 De 1789 à nos jours	Jean-Joseph Julaud	11,90 €	978-2-7540-0181-6
Paris Rive droite	Danielle Chadych, Dominique Leborgne	11,90 €	978-2-7540-0694-1
Paris Rive gauche	Danielle Chadych, Dominique Leborgne	11,90 €	978-2-7540-0695-8
La Culture générale – Histoire, géographie, art et littérature	Florence Braunstein, Jean-François Pépin	11,90 €	978-2-7540-0798-6
La Culture générale – Sciences, sports, loisirs et spiritualité	Florence Braunstein, Jean-François Pépin	11,90 €	978-2-7540-0799-3
La Franc-Maçonnerie	Philippe Benhamou	11,90 €	978-2-7540-0696-5
Le Bouddhisme	Jonathan Landraw, Stephan Bodian	11,90 €	978-2-7540-03148
La Philosophie – tome 1 Antiquité, Moyen Âge et Renaissance	Christian Godin	11,90 €	978-2-7540-0796-2
La Philosophie – tome 2 Du XVIIe siècle à nos jours	Christian Godin	11,90 €	978-2-7540-0797-9
L'Astrologie	Rae Orion	11,90 €	978-2-8769-1999-0
La Littérature française – tome 1 Du Moyen Âge au XVIIIe siècle	Jean-Joseph Julaud	11,90 €	978-2-7540-0611-8
La Littérature française – tome 2 Du XVIIIe siècle à nos jours	Jean-Joseph Julaud	11,90 €	978-2-7540-0612-5
Le Français correct	Jean-Joseph Julaud	11,90 €	978-2-8769-1924-2

Vie pratique

Cuisine

Titre	Auteur	Prix	ISBN
Les Cuisines du monde	Philippe Chavanne	22,90 €	978-2-7540-0103-8

Titre	Auteur	Prix	ISBN
Le Vin, 4ᵉ édition	Laure Liger, Ivan-Paul Cassetari	22,90 €	978-2-7540-0961-4
La Cuisine	Bryan Miller	21,90 €	978-2-8769-1683-8

Santé

Titre	Auteur	Prix	ISBN
Les Maladies cardiovasculaires	Dr Philippe Abastado	22,90 €	978-2-7540-1591-2
Le Sexe, 2ᵉ édition	Dr Ruth K. Westheimer, Dr Marianne Pauti	22,90 €	978-2-7540-1497-7
Maigrir avec la méthode Montignac	Michel Montignac	22,90 €	978-2-7540-1586-8
Le Corps humain	Dr Patrick Gepner	22,90 €	978-2-7540-1121-1
La Maladie d'Alzheimer	Christian Derouesne, Jacques Selmes	22,90 €	978-2-7540-1058-0
Améliorer sa mémoire	John B. Arden	22,90 €	978-2-7540-0323-0
Maigrir	Jane Kirby, Dr Jocelyne Raison	22,90 €	978-2-7540-0005-5
Bien s'alimenter	Carol Ann Rinzler	21,90 €	978-2-8769-1897-9

Bien-être

Titre	Auteur	Prix	ISBN
Les Huiles essentielles	Elske Miles	22,90 €	978-2-7540-1596-7
Shiatsu et Réflexologie	Synthia Andrews, Bobbi Dempsey, Michel Odoul	22,90 €	978-2-7540-0981-2
Le Développement personnel	Collectif	29,90 €	978-2-7540-0865-5
Zen ! La Méditation, 2ᵉ édition	Stephan Bodian	22,90 €	978-2-7540-0322-3
Le Tai-Chi	Thérèse Iknoian	22,90 €	978-2-7540-0137-3
Les Massages	Steve Capellini, Michel Van Welden	22,90 €	978-2-7540-0060-4
La Méthode Pilates	Ellie Herman	21,90 €	978-2-8769-1767-5
Le Yoga	Georg Feuerstein	21,90 €	978-2-8769-1752-1
Le Feng Shui	David Kennedy	21,90 €	978-2-8769-1687-6

Psychologie

Titre	Auteur	Prix	ISBN
La Pensée positive	Averil Leimon, Gdadeana McMahon, Béatrice Millêtre	22,90 €	978-2-7540-1821-0
L'Adolescence	Michel Fize	22,90 €	978-2-7540-1412-0
Exercices de programmation neuro-linguistique	Romilla Ready, Kate Burton, Béatrice Millêtre	19,90 €	978-2-7540-1593-6

Titre	Auteur	Prix	ISBN
Exercices de thérapies comportementales et cognitives	Rhena Branch, Rob Willson, Béatrice Millêtre	19,90 €	978-2-7540-1592-9
Les Relations amoureuses	Florence Escaravage, Kate M. Wachs	22,90 €	978-2-7540-1499-1
Apprendre mieux	Marie Joseph Chalvin	22,90 €	978-2-7540-1261-4
Le Langage des gestes	Joseph Messinger	22,90 €	978-2-7540-0597-5
La Confiance en soi	Kate Burton	22,90 €	978-2-7540-0647-7
Le Coaching	Jeni Mumford	22,90 €	978-2-7540-0353-7
La PNL	Romilla Ready, Kate Burton	22,90 €	978-2-7540-0169-4
L'Hypnothérapie	Mike Bryant, Peter Mabbutt	22,90 €	978-2-7540-0504-3
Les Thérapies comportementales et cognitives	Rob Willson, Rhena Branch	22,90 €	978-2-7540-0246-2
La Psychologie	Dr Adam Cash	21,90 €	978-2-8769-1802-3

Puériculture

Titre	Auteur	Prix	ISBN
La 1re année de Bébé	James Gaylord, Michelle Hagen, Dr Eric Saban	22,90 €	978-2-7540-1511-0
La Grossesse, 2e édition	Dr Joëlle Bensimhon, Dr Eddleman, Dr J. Stone	22,90 €	978-2-7540-1429-8

Droit pratique

Titre	Auteur	Prix	ISBN
L'Assurance	Laurence de Percin	22,90 €	978-2-7540-1073-3
Le Divorce	Martine Valot-Forest	22,90 €	978-2-7540-1479-3
Préparer sa retraite	Laurence de Percin	22,90 €	978-2-7540-0792-4
L'Immobilier, 2e édition	Laurence Boccara, Catherine Sabbah	22,90 €	978-2-7540-0530-2

Finances personnelles

Titre	Auteur	Prix	ISBN
Payer moins d'impôts, 3e édition	Robert Matthieu	22,90 €	978-2-7540-1630-8
La Bourse	Gérard Horny	22,90 €	978-2-7540-0637-8
Les Finances personnelles	Pascale Micoleau-Marcel (sous la dir. de)	22,90 €	978-2-7540-0630-9

Maison

Titre	Auteur	Prix	ISBN
Un potager	Charlie Nardozzi	22,90 €	978-2-7540-1675-9
Le Bricolage, 2ᵉ édition	G. et K. Hamilton, Frank Lecor	24,90 €	978-2-7540-1426-7
Vivre écolo	Liz Barclay, Michael Grosvenor, Franck Laval	22,90 €	978-2-7540-0707-8

… En Poche

Titre	Auteur	Prix	ISBN
La Cuisine pas chère	Héloïse Martel, André Le Letty	11,90 €	978-2-7540-1772-5
Le Code de la route, édition 2010	DFC Production	14,90 €	978-2-7540-1563-9
L'Armagnac	Chantal Armagnac	11,90 €	978-2-7540-1613-1
Le Diabète	Dr Alan Rubin, Dr Marc Levy	11,90 €	978-2-7540-1436-6
Les Massages	Steve Capellini, Jocelyne Rolland, Michel Van Welden	11,90 €	978-2-7540-1330-7
S'arrêter de fumer	Pr B. Dautzenberg, Dr D. Brizer	11,90 €	978-2-7540-1293-5
Les Tests du Code de la route	DFC Production	14,90 €	978-2-7540-0751-1
Le Vin	Laure Liger, Yvan-Paul Cassetari	11,90 €	978-2-7540-0087-1
La Cuisine	Brian Miller, Alain Le Courtois	11,90 €	978-2-8769-1872-6
Le Sexe	Dr Ruth	11,90 €	978-2-8769-1956-3
Maigrir	Jane Kirby	11,90 €	978-2-8769-1870-2
Zen ! La Méditation	Stephan Bodian	11,90 €	978-2-7540-0000-0
Le Feng Shui	David D. Kennedy	11,90 €	978-2-8769-1871-9
Un bureau feng shui	Holly Ziegler, Jennifer Lawler	11,90 €	978-2-8769-1949-5
La Méthode Pilates	Ellie Herman	11,90 €	978-2-7540-0223-3
Le Yoga	Georg Feuerstein, Larry Pane	11,90 €	978-2-7540-0063-5
Guérir l'anxiété	Dr Martine André, Dr Charles Eliott, Dr Laura Smith	11,90 €	978-2-7540-1195-2
Les Thérapies comportementales et cognitives	Rob Willson, Rhena Branch	11,90 €	978-2-7540-1074-0
La PNL	Romilla Ready, Kate Burton	11,90 €	978-2-7540-0879-2
La Psychologie	Dr Adam Cash	11,90 €	978-2-8769-1957-0
Le Bricolage	Gene Hamilton, Katie Hamilton	11,90 €	978-2-7540-0373-5

Business

Titre	Auteur	Prix	ISBN
Trouver un job	Joyce Lain Kennedy, Nicolas Barrier	22,90 €	978-2-7540-1092-4
Le Marketing, 2ᵉ édition	Alexander Hiam	22,90 €	978-2-7540-0688-0
La Comptabilité	Laurence Le Gallo	22,90 €	978-2-7540-0617-0
Créer sa boîte	Laurence de Percin	22,90 €	978-2-7540-0492-3
Le Management	Bob Nelson	21,90 €	978-2-8769-1952-5
Business Plans	Paul Tifany, Steven D. Peterson	21,90 €	978-2-8769-1712-5
La Vente	Tom Hopkins	21,90 €	978-2-8769-1670-8

… en Poche

Titre	Auteur	Prix	ISBN
Le Marketing	Alexander Hiam	11,90 €	978-2-7540-1598-1
Le Management	Bob Nelson	11,90 €	978-2-7540-0454-1
Business Plans	Paul Tiffany, Steven D. Peterson	11,90 €	978-2-7540-0094-9
La Vente	Tom Hopkins	11,90 €	978-2-8769-1950-1

Loisirs

Sports

Titre	Auteur	Prix	ISBN
Le Tennis	Patrick McEnroe, Peter Bodo, Guy Tambon	22,90 €	978-2-7540-1757-2
Les Arts martiaux	Jennifer Lawler, Nicolas Dupuy, Éric Le Cam	22,90 €	978-2-7540-1052-8
Courir	Tere Stouffer Drenth, Philippe Maquat	22,90 €	978-2-7540-1044-3
Gym et Musculation	Cyndi Targosz, Jean-Pierre Clémenceau	22,90 €	978-2-7540-1059-7
L'Équitation	Audrey Pavia, Marie Martin	22,90 €	978-2-7540-0732-0
Le Golf	Gary McCord	22,90 €	978-2-7540-0078-9
La Voile	J.-J. Isler, Peter Isler	22,90 €	978-2-7540-0059-8

Musique

Titre	Auteur	Prix	ISBN
Exercices de piano	David Pearl, Marc Rozenbaum	19,90 €	978-2-7540-1337-6

AUBIN IMPRIMEUR

Achevé d'imprimer en avril 2010
N° d'impression L 73672
Dépôt légal, avril 2010
Imprimé en France